160°   150°   140°   130°   San Francisco 120°
VEREINIGTE

W0046087

Wendekreis des Krebses

Hawaii- oder Sandwich-Inseln

Kauai
Oahu
Honolulu Molokai
Hawaii

20°

10°

Palmyra
Fanning
Christmas

Äquator

Penrhyn
Manihiki-Inseln
Manihiki
Suwarrow

Nuka-hiva Marquesas-Inseln
Hiva-oa

10°

Fakarava
Gesellschafts-
Tahiti Inseln
Cookinseln

Paumotu- oder
Niedrige Inseln

20°

Wendekreis des Steinbocks

Austral- oder
Tubuai-Inseln

Pitcairn

30°

- - - 1. Reise mit der *Casco* 28.6.1888–24.1.1889
········· 2. Reise mit der *Equator* 24.6.1889–7.12.1889
——— 3. Reise auf der *Janet Nicholl* 11.4.1890–26.7.1890

160°   150°   140°   130°   120°

mare

Fanny und Robert Louis
Stevenson

SÜDSEEJAHRE

**Eine ungewöhnliche Ehe
in Tagebüchern und Briefen**

Herausgegeben und
aus dem Englischen übersetzt
von Lucien Deprijck

mare

Die Deutsche Nationalbibliothek verzeichnet
diese Publikation in der Deutschen Nationalbibliografie;
detaillierte bibliografische Daten sind im Internet
unter http://dnb.ddb.de abrufbar.

Die vorliegende Übersetzung des Tagebuchs
von Fanny Stevenson basiert auf der von Charles Neider
herausgegebenen Ausgabe *Our Samoan Adventure*,
die 1956 bei Weidenfeld & Nicolson, London,
erschienen ist. Die Übersetzung der Briefauszüge
von Robert Louis Stevenson basiert auf der von
Sidney Colvin herausgegebenen Ausgabe *Vailima
Letters*, die 1895 bei Methuen & Co., London,
erschienen ist.

Deutsche Erstausgabe
2. Auflage 2016
© 2011 mareverlag, Hamburg

Lektorat Meike Herrmann
Einband- und Schubergestaltung
Simone Hoschack / Petra Koßmann,
mareverlag, Hamburg
Karten Peter Palm, Berlin
Typografie Farnschläder & Mahlstedt, Hamburg
Schrift Adobe Caslon Pro
Druck und Bindung
Druckerei C. H. Beck, Nördlingen
Printed in Germany
ISBN 978-3-86648-152-7

www.mare.de

Die Vertreibung ins Paradies

VORWORT

Man muss sich klarmachen, mit wem man es hier zu tun hat: mit nicht weniger als zwei der ungewöhnlichsten und faszinierendsten Persönlichkeiten ihrer Zeit. Der eine ein Literat von Weltrang, einer der berühmtesten und gefeiertsten Schriftsteller der englischsprachigen Literatur, die andere eine Frau mit einem – für ihre Zeit – denkbar unkonventionellen Lebenslauf, eine Abenteurerin, deren wechselvolle Geschichte so manche Biografie ausgewiesener männlicher Erlebnisträger in den Schatten stellt.

Auf der einen Seite der behütete Sohn aus gutbürgerlichem Hause in Edinburgh, der, akademisch gebildet, lebenslang gegen seine Lungenkrankheit ankämpft und dem somit das Dasein eines kränklichen Schöngeistes aufgezwungen ist. Auf der anderen Seite die Amerikanerin aus dem Mittelwesten, von den Wechselfällen des Lebens zu einer Eigenständigkeit erzogen und so emanzipiert, dass sie sich als Ikone jeglicher Frauenbewegung geradezu aufdrängt.

Dabei war auch der literarische Schöngeist ein Rebell und eher einem abenteuerlichen Leben zugeneigt – einerseits bedingt durch die Krankheit, andererseits in dem erstaunlich ausgeprägten Willen, ihr zu trotzen. Und so kommt es, dass er, der viktorianische Sprachkünstler, als Dandy, als Bohemien, als Aussteiger gilt, umso mehr, nachdem er seine spätere Frau kennengelernt hat.

Wenn Fanny Vandegrift und Robert Louis Stevenson kein denkwürdiges Paar waren, wer dann? Mehr als zehn Jahre Altersunterschied lagen zwischen ihnen – er der Jüngere, wohlgemerkt –, ein

Ozean, ein kultureller und gesellschaftlicher Klassenunterschied und die Konventionen der Zeit. Ein hoffnungsvoller Spross aus presbyterianisch-schottischer Familie konnte nicht eine viel ältere, gerade erst geschiedene Amerikanerin mit zwei Kindern heiraten. Für eine Mutter von Mitte dreißig kam allein die Liaison mit einem jungen angehenden *Man of letters* nicht infrage. Alles stand dieser Verbindung entgegen: der Zeitgeist, die gesellschaftlichen Schranken, religiöse Barrieren, Angehörige, Freunde, die Öffentlichkeit. Zustande kam sie trotzdem – und führte in eines der merkwürdigsten Abenteuer, die in der Literaturgeschichte zum Tragen kommen, zu einem Aussteigerdasein wider Willen in der Südsee. Aussteiger wider Willen – auch das ein Widerspruch in sich, wie so vieles, was ihre Biografien und ihre Tagebücher und Briefe offenbaren.

Diese Tagebücher und Briefe sind es, die von einer ambitionierten – und verzweifelten – Unternehmung Zeugnis geben. Auf der Suche nach einem Klima, einem Ort, wo ihr Mann (vielleicht) noch einige Jahre leben kann, ist sie bereit, noch einmal – ein weiteres Mal – ganz von vorne anzufangen. In Samoa, am Ende der Welt, ist er bereit, seinem Schicksal ins Auge zu blicken. Eine Rückkehr wird es nicht mehr geben. Bald wissen das beide, und bald wird beide diese Tatsache auf ihre Art bedrücken.

Als Robert Louis Stevenson am 13. November 1850 in Edinburgh in seinem Elternhaus, Howard Place No. 8, geboren wurde, war Fanny in Indianapolis bereits zehn Jahre und acht Monate alt und durchlebte eine insgesamt glückliche und unbeschwerte Kindheit im amerikanischen Mittelwesten, der damals noch als Grenzland galt. Auch Stevensons Kindheit möchte man beinahe als glücklich bezeichnen. Er wurde in begüterte Verhältnisse hineingeboren, in eine Dynastie von Ingenieuren. Thomas Stevenson, der Vater, war von Beruf Leuchtturmbauer, wie zuvor bereits Großvater Robert und Urgroßvater Alan Stevenson. Louis sollte diese Linie fortsetzen, das galt als selbstverständlich. Dass dieser von der Mutter, Margaret Isabella Balfour, und dem Kindermädchen Alison Cunningham mit aller Hingabe umsorgt wurde, hatte jedoch spezielle Gründe: die Krankheit des Jungen, um dessen Leben man fortan kaum zählbare Male fürchten musste. »Cummy« nannte er als Kind die Frau, die sich vorwiegend um ihn sorgte, ihn mit Geschichten, Liedern und Spielen ablenkte – und ihn um viele Jahre überlebte. Später widmete er ihr seinen Kinder-Gedichtband *A Child's Garden of Verses* und schrieb ihr als Zwanzigjähriger: »Glaub nicht, dass ich jemals diese langen, bitteren Nächte vergesse, in denen ich hustete und hustete und so unglücklich war und Du so geduldig und liebevoll mit einem armen, kranken Kind. Wahrlich, Cummy, ich wünsche mir, dass aus mir ein Mann wird, der es wert ist, dass man über ihn spricht, und sei es nur, damit all Deine Mühen nicht vergebens waren.«[1]

Das feuchte Klima im Norden am Firth of Forth war der Gesundung des Kindes nicht förderlich, auch nicht die klammen, zugigen Häuser, in denen man lebte. Doch Stevenson liebte seine schottische Heimat und würde sich später bitter nach ihr zurücksehnen, zu Zeiten, als eine Rückkehr – immer noch aus gesundheitlichen Gründen – nicht möglich war. Er lernte sein Land kennen, unter anderem während der Exkursionen mit dem Vater entlang der Küste und per Schiff zu den Leuchttürmen seiner Vorfahren. Die Sommermonate verbrachte man abseits der klammen Straßenschluchten Edinburghs in Landhäusern, zunächst Colinton Manse, später Swanston Cottage, was der Gesundheit jedes Mal förderlich war.

Literarische Ambitionen zeigten sich früh. Bereits als Sechsjähriger schrieb Stevenson an einer »History of Moses«, die Mutter führte stolz Tagebuch über die Fortschritte und frühen sprachlichen Fähigkeiten ihres Sohnes. Eine erste essayistische Veröffentlichung des

---

1 Sidney Colvin (Hg.): *The Letters of Robert Louis Stevenson*, New York 1911, Band I, S. 37 (Übersetzung L. D.).

Sechzehnjährigen über einen Aufstand, *The Pentland Rising*, wurde vom Vater (in einhundert Exemplaren) gutwillig finanziert.

Doch das Verhältnis des Jugendlichen zu seinen Eltern war gespannt, Konflikte ergaben sich vor allem mit dem strengen Vater. Zu dessen Leidwesen zeigte sich Stevenson aufmüpfig und trat mit seinem Lieblingscousin Bob (eigentlich Robert Alan Mowbray oder kurz R. A. M.) einem Club bei, dessen erklärtes Ziel die Auflehnung gegen die elterlichen Werte war. Er kleidete sich gern unkonventionell, gefiel sich in der Rolle des Dandys und trieb sich mit einem Notizbuch bewaffnet bevorzugt in den zwielichtigen Vierteln Edinburghs herum, wo er in Gesellschaft von Spelunkengängern, Tagelöhnern, Dieben und Prostituierten verkehrte. Dass er dort ein junges Mädchen von zweifelhaftem Ruf namens Kate Drummond kennen- (und lieben) lernte, ist eine Legende. Die Namensgleichheit mit seiner Romanheldin Catriona Drummond kommt wie ein allzu verlockendes Indiz daher.

Einerseits förderte der Vater die literarischen Ambitionen seines Sohnes, doch als dieser immer offensichtlicher von einem Broterwerb als Dichter träumte, reagierte Thomas Stevenson typisch väterlich. Ein Berufsabschluss wurde zur Bedingung gemacht, man einigte sich auf ein Jurastudium. Dass Stevenson – allein gesundheitlich bedingt – die Ingenieurlaufbahn nicht einschlagen würde, damit hatte sich der Vater schweren Herzens abgefunden.

Stevenson wurde Anwalt, doch zur Ausübung des Berufes kam es nie. Reisen in besseres Klima füllten einen großen Teil seines Lebens aus. Währenddessen kam es zu ersten ernst zu nehmenden Veröffentlichungen – Essays, Reiseberichte, Erzählungen – und noch sehr bescheidenen Erfolgen. Blutstürze, immer neue Rückfälle begleiteten sein Leben, doch in Phasen der Besserung legte Stevenson einen erstaunlichen Lebenswillen und unverhoffte Zähigkeit an den Tag. Ärzte und Freunde rieten zur Schonung – Stevenson unternahm Reisen, Wanderungen, Kanufahrten. Eine solche Fahrt mit Bob Stevenson auf den Flüssen und Kanälen Belgiens und Frankreichs führte zum ersten veröffentlichten Buch, *An Inland Voyage*. Bereits 1878 in dem Essay *Aes Triplex* hatte er seine trotzige Lebenseinstellung definiert: »Es ist besser, so gut zu leben, wie es geht, als täglich auf dem Krankenbett dahinzusterben. Geh unbeirrt ans Werk, und sollte der Arzt dir auch nicht einmal ein Jahr, sollte er zögern, dir auch nur einen Monat zu geben, gib dir tapfer einen Stoß und sei dankbar für eine einzige Woche.«[2]

Die an Anbetung grenzende Schwärmerei für eine um zwölf Jahre ältere Frau, Fanny Sitwell, führte zu einer Flut von Briefen. Sie blieb für ihn unerreichbar. Die von ihrem trunksüchtigen Mann getrennt lebende Mutter eines kleines Sohnes erhörte statt seiner den Mentor und Freund Sidney Colvin, der lebenslang – und über den Tod hinaus – einer der größten Förderer blieb.

Ironie des Schicksals, dass auch die Frau, der er 1876 in Frankreich begegnete, Fanny hieß. Gleichheiten gehen über den Namen hinaus. Auch Fanny Vandegrift war um einiges älter, gut zehn Jahre, auch sie hatte bereits eine Ehe hinter sich, auch sie war Mutter. Die Flut der Briefe an Fanny Sitwell riss genau zu dem Zeitpunkt ab, als er die Fanny kennenlernte, die ihr Leben mit ihm teilen würde. Dabei schien auch sie bei ihrer ersten Begegnung – und noch für längere Zeit – unerreichbar zu sein.

Dieses Treffen fand in Frankreich statt, in Grez, einem malerischen Ort etwa sechzig Kilometer südöstlich von Paris, wo sich Künstler und ausgewiesene Bohemiens allsommerlich ein Stelldichein gaben. So auch Bob Stevenson und sein Cousin Louis.

Doch bis dahin war es für Fanny ein langer, langer Weg.

2 Robert Louis Stevenson: *Travels with a Donkey/Virginibus Puerisque*, hg. von H. Bell, London 1936, S. 194 (Übersetzung L. D.).

Am 10. März 1840 war Fanny als Frances Matilda Vandegrift in Indianapolis, Indiana, geboren worden, erstes Kind des Holzgroßhändlers Jacob Vandegrift und seiner Frau Esther Keen. Die Vorfahren waren schwedischer und niederländischer Abstammung, dennoch war Fanny, wie sie von Beginn an genannt wurde, von einem auffallend dunklen Hauttyp. Das Tragen von Hauben wurde zur besonderen Pflicht, denn noch dunkler sollte dieses Kind nicht werden, das in Gehabe und bevorzugten Spielen zudem eher wie ein Junge daherkam.

Die Gegend war noch nicht sonderlich zivilisiert, noch war Indiana Grenzland zum kaum erschlossenen Westen. Der Vater war einer der wenigen, die es zu einem Haus aus Stein gebracht hatten. Sechs Geschwister folgten in die Szenerie einer recht glücklichen Kindheit, doch die Umgebung und die Umgangsformen waren rau. Die Zukunftsperspektiven einer Frau bestanden im Allgemeinen aus Hochzeit und Mutterschaft, das möglichst zeitig, und im Alter von siebzehn Jahren stand Fanny vor dem Traualtar neben dem gut drei Jahre älteren Samuel Osbourne, Sekretär des Gouverneurs von Indiana und zu diesem Zeitpunkt ein Mann mit Karriereaussichten.

Doch Sam Osbourne war vor allem ein Mann, den es nicht lange an einem Ort hielt – und der notorisch zur Untreue neigte. Nach Ausbruch des Bürgerkrieges trat er – als Südstaatler – der Armee des Nordens bei und brachte es innerhalb eines halben Jahres zum Rang eines Captain. Doch damit war seine Begeisterung für eine militärische Laufbahn vollständig erschöpft. 1863 zog es ihn nach Kalifornien und von dort aus nach Nevada, wo sich viele Abenteurer in den Silberminen schnellen Reichtum erhofften.

Fanny würde ihrem Mann oft hinterherreisen müssen, zuweilen, um festzustellen, dass er am Bestimmungsort schon nicht mehr zu finden war. Mit der kleinen Tochter Isobel (»Belle«), die 1858 geboren worden war, reiste sie von Indiana zunächst nach Kalifornien. Dass diese Unternehmung nicht über Land führte, sagt einiges über die mangelnde Erschließung des »Wilden Westens« in seiner klassischen

Phase. Die Fahrt ging stattdessen über New York und dann per Schiff über Panama nach Kalifornien. Schon in ein solches Abenteuer hätten sich die meisten ihrer Zeitgenossinnen gar nicht erst begeben, denn allein die Zugfahrt in Panama war eine Prüfung – Fanny jedoch nutzte die Gelegenheit, das Grab ihres Jugendfreundes George Marshal zu besuchen, der dort als Soldat umgekommen war.

Sam war bereits in Nevada, Fanny folgte ihm. Im Minencamp Austin am Reese River lag das Ende der Zivilisation. Dort gab es in rauer, gebirgiger Umgebung nichts als Bretterbuden und Schlamm. Und Männer: Silbergräber, Abenteurer, Indianer. Fanny lebte dort acht Monate lang als eine von insgesamt sieben Frauen in einer Holzhütte am Hang, durch deren Fenster die daherkommenden Kerle und immer wieder auch Pajute-Indianer hineinglotzten. Gefährlich wurde es jedoch erst, wenn die Indianer sich *nicht* blicken ließen, dann drohten Überfälle. Fanny erlebte auch diese. Die Bedingungen – Hygiene, medizinische Versorgung, Verpflegung – waren katastrophal. Doch hier zeigte sich zum ersten Mal ihre Gabe, sich in jeder Lebenslage selbst zu behelfen und das Beste aus allem zu machen. Ihre Geschicklichkeit, ihre Erfindungsgabe im Gärtnern, Kochen und Nähen machten sich jetzt bezahlt. Sie lernte dazu – auch Schießen und wie man Zigaretten dreht.

Im März 1865 zog es Osbourne nach Virginia City, wo er sich nur noch stärker der Silbergräberei widmete, wie einige Jahre zuvor Mark Twain, der in der Redaktion des *Territorial Enterprise* seine ersten journalistischen Erfahrungen gesammelt hatte. Virginia City war weit größer als Austin und besser versorgt, doch abenteuerliche Behausungen und Schlamm gab es auch hier, in einer Welt der Saloons und Glücksspieler. Mehr oder weniger Gesetzlose bewegten sich weitgehend unbehelligt. Mit Schießereien musste man ständig rechnen. Hier gab es mehr Frauen als in Austin. Ihr Ruf war nicht immer makellos. Sams Hang zu kleinen Affären wurde offenbar, das Eheglück war ernsthaft getrübt.

Die Minen brachten nichts ein, und die nächste Stufe für Sam Osbourne war das Goldfieber. Er zog aus nach Montana, in wildes Indianerland, war für unbestimmte Zeit verschwunden. In San Francisco war die Zusammenkunft bei unbestimmtem Datum vereinbart, dorthin reiste Fanny schließlich mit ihrer Tochter, dort erhielt sie die Nachricht, Sam sei bei einem Indianerangriff umgekommen.

Fanny kleidete sich in Schwarz, verdiente den Lebensunterhalt für sich und Belle als Änderungsschneiderin in einem Bekleidungsgeschäft, wo sie sich als Französin ausgab. Und lernte einen Mann namens John Lloyd näher kennen, einen Bekannten Sams, dem sie bereits in Austin begegnet war. Doch eines Tages stand Sam Osbourne vor der Tür, überraschend lebendig, der erfolglosen Gräberei nach Bodenschätzen überdrüssig.

Ein neuer Anfang, ein neuer Versuch, die Ehe zu retten. Sam fand Arbeit, die Familie bezog ein Haus, im April 1868 wurde Sohn Lloyd geboren. Doch Sams Hang zur Untreue war nichts, was sich ändern ließ. Schon kurz nach Lloyds Geburt vollzog Fanny eine erste Trennung, reiste – wiederum über Panama – zu ihren Eltern nach Indianapolis und blieb dort ein Jahr. Dann ein neuer Versuch, die Rückkehr zu Sam nach Kalifornien. 1871 wurde der zweite Sohn Hervey geboren, ein engelhaft schönes, aber kränkliches Kind, das großer Fürsorge bedurfte. Fanny war indessen stärker auf ihre eigene Zukunft, ihre eigenen Neigungen bedacht. Sie begann zu malen und folgte ihrer nunmehr sechzehnjährigen Tochter Belle an eine Kunstschule in San Francisco. 1875 war auch dieser Anlauf zu neuem Familienglück gescheitert. Ihre emotionale Bindung an Sam und der Druck der gesellschaftlichen Konventionen konnten den Entschluss nun nicht mehr verhindern: sich von ihrem Ehemann endgültig zu trennen und mit ihren drei Kindern nach Europa zu gehen.

Es war ein mutiger Schritt. Ein Schritt zu Unabhängigkeit und Selbstverwirklichung. Fanny war mittlerweile fünfunddreißig. Sie wollte sich selbst, aber auch ihren Kindern eine bessere Zukunft erkämpfen, was ohne die finanzielle Unterstützung von ihrem Noch-Ehemann freilich nicht möglich gewesen wäre. Kein Zweifel, dass Sam Osbourne, sich seiner charakterlichen Unzulänglichkeiten sehr wohl bewusst, seine Frau und seine Kinder liebte. Doch auch er muss anerkannt haben, dass ein Zusammenleben unter den gegebenen Umständen nicht mehr möglich war.

Für drei Monate ging es zunächst nach Antwerpen, wo man in einer Pension freundschaftlich aufgenommen wurde. Doch der kleine Hervey erkrankte, und die örtlichen Kunstakademien blieben Frauen verschlossen. In Paris sollten die Bedingungen besser sein, für ein Kunststudium wie auch klimatisch, und dorthin zog Fanny mit ihren Kindern. Lloyd ging zur Schule, die Damen studierten an der Académie Julien, doch die finanzielle Unterstützung war knapp, die Wohnverhältnisse allzu bescheiden. Herveys Tuberkuloseerkrankung verschlimmerte sich dramatisch, er starb im April 1876, nur fünf Jahre alt.

Der Verlust ihres Sohnes war in Fannys Leben ein tiefer Einschnitt. Wochen- und monatelang hatte sie zusehen müssen, wie er litt. Er hatte sich unsäglich gequält. Und sie sich mit ihm. Selbstvorwürfe wogen schwer: Hatte sie mit ihrer Übersiedlung nach Europa diese Tragödie heraufbeschworen? Nach Herveys Tod verfiel Fanny – zum ersten, aber nicht zum letzten Mal in ihrem Leben – in einen Zustand tiefer Depression, ja geistiger Verwirrung.

Sam Osbourne war kurz vor Herveys Tod angereist, blieb für einige Zeit, reiste jedoch bald wieder zurück nach Kalifornien. Und Fanny ging mit Belle nach Grez, der malerischen Stadt der Künstler und Bohemiens, wo auch viele Amerikaner logierten. Dort, in diesen Künstlerkreisen, erregten Mutter und Tochter einiges Aufsehen, standen bald im Mittelpunkt. Belle, die Achtzehnjährige, wurde umschwärmt, aber auch für die Sechsunddreißigjährige ergaben sich hier Aussichten auf ein ganz neues Leben – vielleicht sogar neues Glück?

Zeitzeugen und Biografen versuchten verschiedentlich den Eindruck zu erwecken, die Begegnung von Fanny Osbourne (wie sie damals noch hieß) und Louis Stevenson (wie ihn jedermann nannte) wäre eine Art Liebe auf den ersten Blick gewesen. Andere haben das bestritten, und auch die Fakten sprechen dagegen. Nach übereinstimmenden Schilderungen war es zunächst Bob Stevenson, der Cousin, der auf Fanny Eindruck machte. Dieser jedoch schwärmte für Belle – die wiederum umwarb einen irischen Maler. Das Beziehungsgeflecht war kompliziert. Kurz nach der ersten Begegnung verschwand Stevenson für einige Monate wieder von der Bildfläche, auch dies nicht eben ein Hinweis auf eine bereits entflammte Liebe zu Fanny. Und war Louis überhaupt angetan, Damen auf Anhieb zu beeindrucken, ein mittelgroßer, schlanker, vielmehr hagerer und kränklich, ja zerbrechlich wirkender Jüngling? Belle beschrieb ihn in einem Brief als »wohlgefälligen hässlichen Mann«[3]. Eindruck – und mitunter nachhaltigen – machte Stevenson gewöhnlich erst, wenn er sprach und den Betrachter den Ausdruck seiner Augen entdecken ließ. Stellvertretend für viele beschrieb Mark Twain in Erinnerung an eine Begegnung Stevenson als derart dürr, dass seine Kleider ihn umschlotterten wie eine Puppe. »Sein langes Gesicht, das glatt herabfallende Haar, sein dunkler Teint und sein grüblerisch-melancholischer Ausdruck vervollständigten dieses Bild, das nur dafür geschaffen zu sein schien, die ganze Aufmerksamkeit auf Stevensons eindrucksvollstes Merkmal zu lenken: seine herrlichen Augen. Unter dem Dach der Brauen glühten sie feurig und machten ihn schön.«[4]

Biografen haben sich stets rührend darum herumgedrückt, unumwunden zu sagen, dass auch Fanny auf den ersten Blick keine Schönheit war. Zuweilen nimmt man die umständlichen Umschreibungen mit Schmunzeln zur Kenntnis. Nein, regelrecht schön kam sie nicht daher, klein, eher stark gebaut, eher matronenhaft von Figur, mit einem anscheinend etwas ausdruckslosen Gesicht. Und doch muss sie,

---

3 Ian Bell: *Dreams of Exile*, New York 1992, S. 105 (Übersetzung L. D.).
4 Mark Twain: *Autobiographie*, deutsch von Gertrud Baruch, München 1967, S. 404.

nach übereinstimmenden Beschreibungen, eine charismatische Person gewesen sein, auch sie mit ausdrucksvollen Augen, auch sie jemand, deren Schönheit es zu entdecken galt. Ihr spröder Humor, der nicht zuletzt aus ihrem Tagebuch spricht, mag zu dieser Wirkung beigetragen haben.

Im Herbst 1876, als Louis zurück in Grez war, kamen sie einander näher, lernten sich kennen. Der Mann, den sie als »schlanken, hageren Schotten mit einem Raphaelsgesicht«[5] beschrieb, entdeckte seine Zuneigung offenbar eher als sie. Ihr blieb sein Gehabe zunächst fremd, ja bedenklich. Manchmal lachte er unbeherrscht, ohne ein Ende zu finden, dann wieder brach er von jetzt auf gleich in Tränen aus. Die unkontrollierbaren Emotionen ließen sich nur dadurch stoppen, dass er seine Finger überdehnte, bis es schmerzte. Sie hielt ihn für verrückt, für todkrank – und für ein literarisches Genie, wie schon Freunde und Förderer Stevensons vor ihr.

Auch den folgenden Sommer verbrachte man gemeinsam in Grez, und bald wurde Fannys Pariser Wohnung zum gemeinsamen Quartier. Die entscheidende Annäherung war offenbar vollzogen. Doch kaum eine Phase in Stevensons Leben hat den Betrachtern mehr Rätsel aufgegeben als diese. Der genauere »Werdegang« ist nicht zu eruieren. Wie ernst war diese Liaison aus Fannys Sicht? Und warum überhaupt verliebte sich Stevenson nicht eher in ihre Tochter Belle, die doch nur acht Jahre jünger war als er und in Grez so manchem den Kopf verdrehte?

Wie glücklich war diese Beziehung? Wie glücklich kam sie zustande, und wie glücklich endete sie? Bei der Beschäftigung mit beider Leben und Wirken, beim Lesen der Tagebucheintragungen und Briefe wird dies unvermeidlich zur zentralen Frage. Eine Frage, die nur schwer – und vielleicht gar nicht – zu klären ist. Für deren Beantwortung es

---

5 Ian Bell: *Dreams of Exile*, New York 1992, S. 105 (Übersetzung L. D.).

jedoch Anhaltspunkte gibt. Und so wird die Lektüre der Einträge und Briefe bald über die eher profanen Äußerlichkeiten hinaus zu einem wachsamen Beobachten, zum Lesen zwischen den Zeilen. In der Frage, ob und in welchem Maße Louis und Fanny Stevenson miteinander glücklich waren, hat es unter den Biografen im Laufe der Zeit Staatsanwälte und Verteidiger gegeben. Auf den ersten Blick waren sie ein so glückliches Paar. Doch bei näherem Hinsehen müssen Zweifel aufkommen – und die Frage: Wie hätten sie denn auch glücklich sein können unter den Umständen, die sich für sie ergaben?

Waren die Anfänge unkompliziert? Die Begegnung in Grez, die Zweisamkeit in Paris? Fraglos und eindeutig: nein. Fanny war noch verheiratet, sie war älter, sie war hin- und hergerissen zwischen ihren eigenen Wünschen und Bedürfnissen und der Verantwortung für ihre Kinder, ihren Bedenken und dem Druck der gesellschaftlichen Konventionen. Eine solche Beziehung ging man nicht leichten Herzens ein. Ihre Entscheidung, im August 1878 zurück nach Kalifornien zu gehen, sagt viel – wenn auch nicht viel im Detail. Die Tatsache, dass Stevenson bald alles stehen und liegen ließ, um ihr nachzureisen, sagt alles. Vielleicht wollte die Zeit diese Beziehung nicht, vielleicht war sich Fanny alles andere als sicher, ob sie diese Beziehung wollte, aber Stevenson wollte sie um jeden Preis. Hier ist der Romantik ausreichend Raum gegeben.

Und doch waren es auch und vor allem finanzielle Aspekte, die die Dinge lenkten. Fanny war in Geldnöten, denn Sam Osbourne hatte seine Zahlungen eingestellt. Louis war nahezu mittellos, bis zum literarischen Erfolg sollte es noch einige Jahre dauern. Im August 1878 kehrte Fanny nach Kalifornien zurück, Louis begab sich auf eine einsame Wanderung in den französischen Cevennen, traktierte einen störrischen Esel mit Schlägen und träumte nachts unter Sternenhimmeln von Fanny. Ein Buch wurde daraus, *Travels with a Donkey,* und noch heute ist Stevensons damaliger Wanderweg in der Nähe von Le Monastier Pilgerroute und Touristenattraktion.

Monate vergingen. Louis schrieb: den Reisebericht der Wanderung, Essays, Geschichten. Und litt unter der Trennung, so arg, dass sich die Freunde sorgten. Unterdessen vollzog sich in Kalifornien ein letzter Versuch in Sachen Osbourne. Die Familie lebte wieder unter einem Dach, die Kinder hatten ihren Vater, der Vater hatte nach wie vor Frauengeschichten. Und Fanny hatte nichts als die Scherben eines Lebens, das sie nicht mehr ertragen wollte. Ende Juli 1879 schrieb sie Louis ein Telegramm unbekannten Inhalts. Dieser kratzte Geld zusammen, ließ alles hinter sich und buchte eine Fahrt auf dem Emigrantenschiff *Devonia* über den Atlantik.

Am 19. März 1880 heirateten Fanny und Louis in San Francisco – und man kann von Glück sagen, dass es dazu überhaupt noch kam. Louis' Reise war ein Horrortrip gewesen: zuerst auf dem engen Schiff, dann stundenlang Schlange stehend in New York, in Kälte und Regen, schließlich im überfüllten Überlandzug, bereits krank und im Fieber. Kaum hatte er sich in Kalifornien leidlich erholt, brach er auf zu einem Ritt in die Wildnis oberhalb von Monterey, wo er erschöpft vom Pferd fiel und drei Tage unter freiem Himmel lag, ehe er von Jägern halb tot gefunden wurde. Bei der Trauungszeremonie war der Bräutigam nur noch Haut und Knochen. Fannys Schwester Nellie schrieb später in der Biografie über Fanny: »Sie unternahm diesen Schritt in der fast sicheren Überzeugung, binnen weniger Monate Witwe zu sein. Ihre kühnsten Hoffnungen gingen dahin, ihm seine letzten Tage noch so angenehm und glücklich wie möglich zu gestalten, und dass dieses Opfer mit vierzehn üppigen Jahren an seiner Seite belohnt würde, in denen es ihr vergönnt war zu sehen, wie er durch sein Genie Ruhm und Vermögen erlangte, hätte sie sich nicht einmal erträumen können.«[6]

Hatte Fanny ein Opfer gebracht, am Ende aus Mitleid? Böse Zun-

6 Nellie Van de Grift Sanchez: *The Life of Mrs. Robert Louis Stevenson*, London 1920, S. 77f. (Übersetzung L. D.).

gen würden später behaupten, sie habe ihn tatsächlich nur in dem sicheren Wissen geheiratet, demnächst Witwe und Erbin seines elterlichen Vermögens zu werden.

Wie auch immer, Sam Osbourne hatte das Feld geräumt, die Scheidung war vollzogen worden, Fanny und Louis waren Mann und Frau. Daheim in Großbritannien zeigte sich niemand erfreut darüber. Keiner von Louis' Freunden würde Fanny jemals lieben. Dass es Fanny immerhin gelang, die Eltern in Edinburgh für sich zu gewinnen, ist aufschlussreich. Besonders der – doch so konservative – Vater war unerwartet angetan.

Den Gang der folgenden Jahre bis zu Stevensons Tod würde seine Krankheit bestimmen. Unmöglich, in Schottland zu bleiben. Doch auch in Bournemouth an der englischen Südküste blieb Stevensons Leben eine andauernde Zitterpartie zwischen Blutstürzen und nur leidlicher Besserung. Aufenthalte in Frankreich und im schweizerischen Davos zeigten kaum Effekt. Während der Autor sich literarischen Ruhm erschrieb – mit Werken wie *Treasure Island, The Strange Case of Dr. Jekyll and Mr. Hyde, Kidnapped (The Adventures of David Balfour)* –, blieb sein Zustand desolat. 1887, nach dem Tod des Vaters, sollte ein Aufenthalt in Amerika Besserung bringen. In den Adirondacks um den Saranac Lake im Staate New York verbrachten die Stevensons einen eisigen Winter. Ärzte rieten zu einem milden, tropischen Klima. Und so ging es 1888 von San Francisco aus erstmals in die Südsee, an Bord des Schoners *Casco*. Eine zweite Reise auf der *Janet Nicholl* erfolgte im Jahr darauf. Das letzte Kapitel im Leben des oft schon Totgesagten hatte begonnen. Seinen Hoffnungen auf entscheidende Besserung und die Rückkehr nach Europa standen die Tatsachen gegenüber: Das Südseeklima, die Aufenthalte auf See taten ihm gut, dagegen brachten allein schon Abstecher nach Neuseeland und Australien verheerende Rückfälle.

Auf der Samoa-Insel Upolu hatte man Land erworben, nahe dem Dorf Vailima auf einem Grundstück gleichen Namens. Dort ließ sich Stevenson nieder – und mit ihm Fanny, erfahrene Pionierin und Abenteurerin. Jahre des Kampfes gegen die Krankheit hatten sie hinter sich, immer in Angst vor dem drohenden Tod des Mannes, der mittlerweile ein weltweit gefeierter Schriftsteller war. Sein »Output« war fast beängstigend, immer neue Erzählungen, Romane, Artikel und Briefe. Zahlreiche Briefe an Freunde. Viele davon an Sidney Colvin, seinen Förderer in England. Und auch Fanny schrieb. Tagebücher. Versuchte sich zuweilen gar an Erzählungen. Ihr Tagebuch über die Südseereise mit der *Janet Nicholl* würde sie vor ihrem Tod noch für den Druck vorbereiten. Das Tagebuch, das sie während der letzten Jahre in Samoa führte, blieb hingegen unvollendet und unüberarbeitet. Nicht nur das: Auch sorgfältige Streichungen wurden von ihren Kindern in diesen handschriftlichen Aufzeichnungen vorgenommen, sodass ein Teil unleserlich wurde. Erst Jahrzehnte später konnte man diese Passagen anhand neuer technischer Möglichkeiten wieder lesbar machen, und im Jahr 1956 wurde Fannys Tagebuch veröffentlicht, angereichert mit Auszügen aus den Briefen von Louis, auch diese oft tagebuchartig.

Diese Aufzeichnungen bieten Einblicke wie durch das Guckloch eines Panoptikums, Einblicke in eine erstaunliche, denkwürdige Szenerie. Am Rande der Zivilisation begibt sich ein ungleiches Paar in die tropische Wildnis, um ganz neu anzufangen, notgedrungen, durchaus ein wenig verzweifelt, und doch entspricht das diesen beiden Abenteurerseelen. Das Roden des Geländes, das Anlegen von Pflanzungen, der Bau eines Hauses, der Umgang mit den Eingeborenen, das Einfinden in eine fremde Kultur, eine ganz andere Welt wird zum echten, realen Abenteuer – und zur Prüfung. Ein neues Leben muss begründet, ein ganzer Familienclan mit diversen Verwandten und Bediensteten muss unterhalten und finanziert, eine Ehe muss erhalten werden. Alles stets im Wettlauf mit dem drohenden Tod des Dichters, der mit eisernem Fleiß seine letzten Werke schreibt. Fanny ist unermüdlich im Einsatz, Louis schreibt wie besessen. Und wird

in politischen und kriegerischen Konflikten zum Anwalt der Eingeborenen. Denn unverhofft hat man sich in ein politisches Wespen-
nest gesetzt. Nur auf den ersten Blick ist diese kleine Welt eine Idylle.
Die Widrigkeiten sind von erdrückender Vielfalt. Dies ist nicht bloß
die Geschichte von Menschen, die sich für einige Jahre in der Südsee niederlassen. Es ist der letzte Akt eines Dramas. Eine ultimative
Gelegenheit. Im Leben aller Beteiligten werden diese Jahre entscheidend sein: Dreh- und Angelpunkt für die Überlebenden, Schluss-
akkord für den einen, um den sich alles dreht.

Fannys Tagebuch, unbearbeitet, wie es ist, erscheint wie ein Roh-
diamant. Das bedingt einige Ungereimtheiten im Text und offene
Fragen bei der Lektüre. Insgesamt sind die Eintragungen von berü-
ckender Naivität. Und doch drängt sich, wenn man genauer hinsieht,
die Frage auf: Inwiefern ist dies wirklich ein intimes Tagebuch? Ist es
nicht vielmehr von vornherein auf spätere Veröffentlichung angelegt?
Denn insgesamt sind die Einträge oberflächlich gehalten, nur selten
bricht sich ein vertraulicher Ton Bahn bei der Niederschrift von in-
timen Gedanken und Nöten, wie sie eigentlich für ein Tagebuch cha-
rakteristisch sein sollten. Doch selbst die intimeren Notizen erscheinen letztlich wie Botschaften, zuweilen wie Anklagen. »Ich schreibe
dies nieder in der Hoffnung, dass Louis es sieht ...«, heißt es an einer Stelle ganz unmissverständlich. Hier will sich jemand mitteilen.
Einerseits der Öffentlichkeit, andererseits dem Mann, um den sich
das ganze Leben in Vailima dreht.

Interessant wird das Tagebuch auch durch das, was es verschweigt.
Denn Klagen über das eigene Befinden, über Krankheit und Krisen
sind Fanny Stevensons Sache nicht. Besonders hier benötigen wir als
Ergänzung die Stimme ihres Mannes. Er ist es, der in seinen Briefen
gerade das anschneidet, was wir in Fannys Niederschrift vermissen.
Und so liegt ein besonderer Reiz darin, wie sich Fannys Einträge und
Louis' Briefnotizen ergänzen. Es bietet sich Gelegenheit, die Zeit
in Vailima aus zwei Perspektiven zu erleben. Schon Charles Neider

hat 1956 als Herausgeber von Fannys Tagebuch dieses durch Auszüge aus diversen Briefen und Texten Stevensons ergänzt, der gerade dann spricht, wenn seine Frau schweigt. Ein geschicktes Verfahren, das im hier vorliegenden Band, bei anderer Textauswahl, beibehalten wird. Während wir erleben, mit welchem Eifer sie sich ihrer Aufgabe als Pflanzerin hingibt, beobachten wir den berühmten Autor bei der Konzeption und Erstellung seiner Werke. Zwei Sichtweisen offenbaren sich, wenn nicht gar zwei verschiedene Welten, und doch nimmt auffällig oft der eine zu den Belangen des anderen Stellung. Fanny kommt weit ausführlicher zu Wort; sie ist es vor allem, die das Leben in Vailima vor unseren Augen erstehen lässt. Sie ist Berichterstatterin, Erzählerin und Malerin in Worten, doch bei aller nüchtern anschaulichen Beschreibung bricht auch immer wieder die Kämpferin, die leidenschaftliche Verfechterin, die Frau durch. So wird etwa ihr glühendes Bekenntnis zu Häuptling Mataafa als »ihrem« König für den Leser zu einem mitreißenden Höhepunkt der Lektüre.

Beim Blick durch dieses literarische Schlüsselloch sind wir Beobachter und Detektiv – und finden Idylle und Tragödie eng miteinander verwoben. Über weite Strecken folgen wir vor allem Fannys Bericht, doch gegen Ende, als sie verstummt, muss Robert Louis Stevenson – in seiner reichen, kunstvollen Sprache – für sie zu Ende erzählen, der Mann, den die Eingeborenen »Tusitala«, den Geschichtenschreiber, nennen.

Die politische Situation in Samoa bedarf einiger Erläuterung: Samoa stand zu jener Zeit unter gemeinsamer Oberherrschaft Deutschlands, Amerikas und Großbritanniens. Es war eine aus der Not geborene Gemeinschaft. Jede Macht verfolgte ihre eigenen Interessen, hatte ihre eigenen Vorstellungen. Insbesondere darüber, welcher samoanische Häuptling als König einzusetzen war, herrschte Uneinigkeit. Laupepa, der amtierende Herrscher, war den Deutschen ein Dorn im Auge, sie brachten einen Anwärter namens Tamasese auf den Thron.

Die Briten und Amerikaner jedoch erklärten Mataafa zum Gegen-könig, es kam zu einer Auseinandersetzung, bei der Mataafa am 18. Dezember 1888 eine deutsche Marineeinheit vernichtend schlagen konnte und die deutsche Botschaft in Brand setzte. Die Ereignisse schienen zu eskalieren, Krieg zwischen den drei Mächten lag in der Luft. Entschärft wurde dieses Pulverfass aus dem fernen Berlin von Reichskanzler Otto von Bismarck. Er sandte einen neuen Konsul nach Samoa, und am 14. Juni 1889 unterzeichneten die drei Mächte den so-genannten Berliner Vertrag. Über die gleichen Rechte von Deutschen, Briten und Amerikanern sollte ein neutraler Oberster Richter wa-chen, ein schwedischer Diplomat namens Conrad Cedarcrantz. Eine Landkommission wurde eingesetzt. Die Häuptlingsfrage war jedoch noch immer nicht hinreichend geklärt. Die Deutschen sprachen sich mittlerweile für Laupepa aus, während die Briten und Amerikaner an Mataafa festhalten wollten. Beide Führer residierten in ihren Heimat-dörfern, Laupepa galt offiziell als König. Die meisten Samoaner je-doch standen hinter Mataafa, der sich ja bereits in der Vergangenheit als führungsstark und siegreich im Kampf erwiesen hatte.

Als die Stevensons sich 1890 auf Upolu niederließen, schwelte die-ser Konflikt einer erneuten kriegerischen Auseinandersetzung entge-gen. Die drei Konsuln der Mächte, der Oberste Richter Cedarcrantz und die beiden rivalisierenden Könige Laupepa und Mataafa (Tama-sese stand immer noch als dritter Anwärter im Hintergrund) waren die Hauptakteure in einem Machtspiel, das sich durch Stevensons Ankunft nur komplizierte. Denn seine Berühmtheit machte den Au-tor zu einem Mann von Bedeutung. Er bezog sehr bald Stellung, und zwar weniger im Interesse einer der Mächte (obwohl er selbstredend die britische favorisierte) als vielmehr im Interesse der Ureinwohner, zu deren Ratgeber, Anwalt und Freund er immer mehr avancierte. Den Machthabern war der prominente Neuling dabei zunehmend ein Dorn im Auge.

Was Fannys Tagebuch und Louis' Briefe beschreiben, sind zu-

nächst weniger die politischen Prozesse als vielmehr das Pionierdasein in einer fremden Welt. Es geht um Saatgut und Nutzpflanzen,
um Pferde und Nutzvieh, um den Umgang mit den eingeborenen Bediensteten. Doch im Verlauf der vier Jahre ändern sich die Schwer-
punkte deutlich, und so lässt die Zeit in Vailima vier Phasen erkennen, vier Akte eines Schauspiels, die auf einen dramatischen Höhepunkt hinführen. Familiäre Beziehungen, Krisen und ein drohender
Krieg zwingen die Protagonisten zu Stellungnahmen – und Positions-
bestimmungen. Und Position beziehen sie deutlich. Denn wir haben
es mit außergewöhnlichen Charakteren zu tun, und das wird daran
deutlich, wie sie handeln. In der kolonialen Welt des 19. Jahrhunderts
sind sie ein Anachronismus. Sie sind unangepasst, unbequem, ein
Kuriosum, für den damaligen wie auch für den heutigen Betrachter.
Sie nehmen Partei für die Eingeborenen, setzen sich für sie ein. Sie
beeindrucken durch ihren politischen Weitblick über den Horizont
ihrer Zeit hinaus, durch ihre humanistische und uneigennützige Ein-
stellung. Durch ihre Entschlossenheit, die Dinge zu meistern. Wider
Willen zwar, sind sie jedenfalls Aussteiger, und das allein schon im
Geiste, denn sie haben sich den Konventionen ihrer Zeit nie mehr als
nötig gebeugt.

Beide sind Kämpfer. Kopfschüttelnd zwar und zuweilen schmun-
zelnd, kann man ihnen die Sympathie nur schwerlich verweigern.

Dramatis personae: Louis und Fanny, zeitweise Fannys Sohn Lloyd,
ihre Tochter Belle mit ihrem Ehemann Joe Strong und Sohn Austin,
Margaret Stevenson, für mehrere längere Aufenthalte, Graham Balfour, der Cousin, während längerer Besuche.

Ach ja, und die zentrale Frage: Waren sie miteinander glücklich,
war ihre Liebe echt und »groß«? Die Leserin, der Leser möge sich darüber selbst ein Urteil bilden.

I

»Ich liebe alles, was sprießt«

Pionierdasein am Ende der Welt

September 1890 – April 1891

FANNY   September 1890

Ankunft in Vailima am [Lücke] September. Der Stand der Dinge ist
ziemlich unbefriedigend, man hat den Äußerlichkeiten mehr Beachtung geschenkt als praktischen Erwägungen. Ein sehr schmuckes und
aufwendiges Gebäude, das sehr an einen Pavillon in einem deutschen
Biergarten erinnert, wurde im Winkel oberhalb des kleinen Wasser-
falls errichtet. Aber es gibt keinen Unterschlupf für die Schweine und
keinen Hühnerstall. Ich übertrug dem Zimmermann das Aufstellen
der Betten (*nicht* solche, wie wir sie bei Hoffnung bestellt hatten), und
Louis veranlasste, dass man den Pavillon mit Brettern verkleidet, damit er ihn nutzen kann, um darin zu arbeiten.

Als wir am Morgen gerade mit dem Frühstück fertig waren, erschien der »Zeugwart« von der *Lübeck*, dem Dampfer, der uns her-
brachte, und fragte, ob es hier Arbeit für ihn gebe, bis Weihnachten,
denn für den Zeitpunkt erwartet er einiges an bestellten Waren, mit
denen er einen Laden eröffnen will. Ich habe ihn vom Fleck weg für
alle anfallenden Arbeiten verpflichtet. Er scheint sehr arbeitswillig
und gutmütig zu sein, aber auch äußerst ungeschickt und nicht sehr
gut im Englischen.

Wir machten uns daran, Kisten zu öffnen und herauszuholen, was
wir fürs Erste brauchen, aber angesichts der bevorstehenden Regen-
zeit hat der Hühnerstall Vorrang, und meine armen Cochins*[1], die ich
in einer Kiste aus Sydney hergebracht habe, machen nicht den Ein-

---

1 Begriffe und geografische Bezeichnungen, die bei ihrer ersten Erwähnung
   mit einem * gekennzeichnet sind, finden sich im Glossar, S. 389–394, erläutert.

druck, als wären sie großen Anforderungen gewachsen, und außerdem kommen wir nicht an die Eier, solange die Hühner irgendwo im Busch legen. Es stellte sich als nahezu unmöglich heraus, Paul (der ehemalige Zeugwart heißt Paul) meine Anweisungen verständlich zu machen, und ich bin fast daran verzweifelt. Es gelang uns, aus Stämmen, die der Zimmermann zurückgelassen hatte, ein Grundgerüst zu bauen, aber es besaß keine Schräge für ein Dach, und Paul war nicht dazu zu bringen, die Stämme entsprechend zuzuschneiden. Nicht dass es ihm an Bereitschaft mangelte, aber er verstand mich nicht. Schließlich konnten wir es unter äußersten Schwierigkeiten errichten und mit einer Seite an einem Baum festnageln. Ich schätze, es misst etwa zwölf Fuß im Quadrat.

Am nächsten Tag entdeckte ich zu meiner Freude ein großes Knäuel Kordel, aus Kokosfasern geflochten, das ich auf einer der Linieninseln* gekauft habe. Ich weiß noch, wie ich dafür ausgelacht wurde. Ich sagte: »Ich fühle es in den Knochen, dass ich diese Kordel in Vailima brauchen werde.« Und ich packte sie in meinen Reisekoffer, zum Spott meiner Familie, die vorschlug, ich solle als Baumaterial auch noch Kokospalmenzweige und Korallenstücke mitnehmen. Am Morgen übergab ich meine Kordel an Ben (den »Boss« der »Boys«, die draußen arbeiten) und trug ihm auf, mit seinen Männern in den Busch zu gehen und junge Bäume zu schneiden, damit wir den Hühnerstall *faa Samoa** fertig bauen konnten. Er ist nun fertig, und zwar sehr stark und solide, und ich habe angefangen, einen Eiervorrat anzulegen.

Mittendrin, als das Grundgerüst gerade stand, kam der Missionar, Mr. Claxton[2], angeritten, um uns einen Besuch abzustatten. Als Gastgeberin gab ich ein trauriges Bild ab, beschmutzt, wie ich war, schäbig gekleidet, das Haar vom Wind und von der Hitze zerzaust, mit einem blutenden Knöchel, wo ich mir die Haut aufgeschürft hatte.

---

2 Personen von Bedeutung für das politische und gesellschaftliche Leben im Samoa der 1890er-Jahre finden sich in einem Personenverzeichnis, S. 393–394, aufgeführt.

Ich überließ den Gast – der beständig sagte: »Ich werde nicht lange bleiben, Mrs. Stevenson, ich gehe gleich wieder« – Louis, während ich mich in achtbarere Kleidung hüllte.

Nachdem er gegangen war, kam mein alter Freund [Lücke] (das bedeutet »Gelingen«) in voller Montur auf einen ersten Besuch, ein prachtvolles Exemplar der Gattung Mensch. Er trug ein sehr knappes *Lava-lava**, dessen Dürftigkeit aber ausgeglichen wurde durch die Größe des Kranzes, den er um den Hals trug. Der Kranz war aus vier Reihen von Blüten geflochten und reichte ihm bis mitten auf die Oberschenkel. Er brachte ein Präsent aus Fisch und Brotfrucht, Letztere zum Teil gebacken, zum Teil roh. Ich hatte bereits ein Huhn für die Mahlzeit vorbereitet und geröstete wilde Bananen, beides noch in Apia gekauft, und ich fand, es blieb uns nichts anderes übrig, als ihn an unseren Tisch zu bitten, obwohl mir klar war, dass dies ein schlechtes Exempel darstellte und sich dieser Besuch unweigerlich bald wiederholen würde.

Und tatsächlich erschien er anderntags mit einem weiteren kleinen Präsentkorb. Nach ausgiebigem Abwägen beschlossen wir ihn zu verabschieden, bevor die Mahlzeit aufgetischt wurde. Das war ein denkbar peinlicher Akt, jedoch absolut notwendig. Als Paul das Abendessen ankündigte, in ebendem Raum, wo wir saßen, erhob sich Louis von seinem Stuhl, ging hinüber zu [Lücke], streckte ihm die Hand entgegen und sagte *Tofa**, den Abschiedsgruß. Ich tat das Gleiche, und wir setzten uns zum Essen nieder, nachdem wir somit das Schäbigste getan hatten, was man einem Samoaner zumuten kann. »Einsamer Esser« ist eine spöttische Beleidigung. Unser Freund verzog sich auf die rückwärtige Veranda, und wir nahmen unsere Mahlzeit ein und mussten uns fragen, ob wir aus einem guten Freund einen Feind fürs Leben gemacht hatten. Er jedoch kehrte zurück, sobald wir uns vom Tisch erhoben, und ließ sich nicht nur einige Zigaretten geben, sondern bettelte auch um eine Flasche Petroleum, was ich entschieden ablehnte.

Am übernächsten Tag war er wieder da und brachte einen Korb mit *Poli sami**, Brotfrucht und etwas Fisch. Nachdem wir bereits deutlich gemacht hatten, dass wir nicht bereit waren, ihn in die Familie aufzunehmen, schickten wir ihm wenigstens eine Platte mit Gaben aus unseren Vorräten nach draußen auf die Veranda.

Am Tag nachdem Mr. Claxton da gewesen war, bekamen wir Besuch von Pater Gavet, einem Priester der katholischen Mission[3]. Zu meinem Leidwesen sprach er kein Englisch, und ich verstand nur Bruchstücke von dem, was er sagte. Mein Bedauern war groß, denn ich hätte gern mit ihm über so manches gesprochen. In der Mission gab es einen heiklen und kuriosen Vorfall. Pater Gavet hatte gerade in der Zeitung einen Bericht darüber gelesen, dass man einige Chinesen in Chicago dabei überrascht hatte, wie sie die Überreste einiger ihrer toten Landsleute für den Export in Dosen konservierten. Auf entsprechende Vorwürfe hin erklärten sie, es sei Ware für den Südseehandel. Welche Gefühle ergriffen also den Pater, als einer seiner Leute mit einem menschlichen Zahn zu ihm kam, den man in einer der Rindfleischkonserven gefunden hatte! Vergeblich versuchte er ihnen plausibel zu machen, dass es sich um den Zahn einer Kuh handelte, eines Schafes, irgendeines Tiers und jedenfalls nicht den eines Menschen – sie wussten es besser und verkündeten, sie seien keine Kannibalen. So blieb dem Priester nichts anderes übrig, als selbst von der Mahlzeit zu essen. »Mit welchem Appetit, kann man sich wohl denken«, sagte er.

Ben und seine drei Boys haben nicht nur den Hühnerstall gebaut, sondern auch die Koppel vom Wildwuchs befreit. Dort wollen wir unser Pferd halten und hoffentlich auch eine Kuh. Der Zimmermann ist dabei, die Koppel mit Draht einzuzäunen. Das Gras verbreitet

---

3 Die London Missionary Society, eine 1795 gegründete christliche Organisation
   mit missionarischen Schwerpunkten im Südpazifik und in Afrika. Seit 1830
   mit Niederlassung in Samoa. Heute Teil der Council World Mission (CWM).

sich durch Ableger und geht nicht ohne Weiteres an, doch wenn es wächst, wächst es gut und verdrängt jegliches Unkraut. Es ist ein Import aus Amerika und heißt »Büffelgras«. Ich habe gehört, dass Rinder damit zwar gut gedeihen, die Milch aber nicht fett und die Butter nicht gut wird; wenn man den Kühen allerdings zusätzlich Papayas und Bananen und das duftige Riedgras zu fressen gibt, das die Samoanerinnen in ihre Kränze flechten, wird die Butter ausgezeichnet. Papaya-Bäume sehe ich überall aufschießen und habe Ben Anweisung gegeben, sie allesamt stehen zu lassen.

Gestern Abend streifte ich umher und säte hier und da Samen von Melonen, Tomaten und Limabohnen, wo mir ihr Wachstum aussichtsreich erschien, da mein Garten warten muss, bis aller Wildwuchs beseitigt ist, schließlich wäre es ein Unding, das Gras zu gefährden, wenn seine Wurzeln gerade festen Halt gewinnen. Ich habe etwas Luzernen-Saat mitgebracht und will es damit probieren. Mr. Moors sagt, dass seine Versuche damit fehlgeschlagen seien, aber ich nehme an, Sorgfalt ist dabei das Entscheidende. Als Pater Gavet hier war, gab ich ihm ein Päckchen Saat für eigene Versuche. Da und dort wachsen hiesige Wassermelonen in großer Anzahl, aber die Qualität der Früchte ist dürftig, und wenn sie gerade essbar sind, vertilgen die Ratten das ganze Fruchtfleisch. Gestern und heute Morgen brachte man mir jeweils eine ausgehöhlte Schale. Unser einziger Nachbar, Mr. Schmidt, legt jede Nacht Gift aus, und ich sollte wohl dasselbe tun. Ich befürchte zwar, dass Bens Katze die vergifteten Ratten fressen könnte, doch dann frisst sie die von Mr. Schmidt ebenso wie die unseren.

Seit zwei Tagen fliegt ein dummer Vogel unter unserem Dach herum. Er huschte durch die offene Tür herein, und ich dachte, er würde das Haus auf demselben Weg auch wieder verlassen, aber nein. Das arme Ding flatterte den ganzen Tag umher und verbrachte die Nacht an unzugänglicher Stelle auf der mittleren Dachverstrebung. Gestern stellte ich Stühle so in Reihe, dass ich ihn mit einem an einem langen Speer befestigten Papierbündel hin und her scheuchen konnte, in der Hoffnung, er würde sich tiefer hinabschwingen und durch eine der Türen und Fenster hinausfliegen, die ich alle geöffnet hatte. Doch obwohl ich mit dem Speer herumfuhrwerkte, bis ich die Arme vor Erschöpfung kaum noch hochbekam, flog er unbeirrt immer am Dachfirst entlang. Momentan sehe ich ihn nirgends und kann nur hoffen, dass er hinausgefunden hat, während ich draußen beim Bau des Schweinestalls nach dem Rechten sah.

Wir besitzen drei Schweine, einen stattlichen importierten weißen Eber und zwei schmale Säue. Sie hausen in einer großen runden Abtrennung, die mit ihren Steinmauern wie eine antike Befestigungsanlage aussieht. Eine weitere Sau befindet sich noch an Bord der *Janet Nichol*[4]; ich bekam sie auf Savage Island* als Frischling von der Frau eines Mischlings namens Johnny. Man hat mir versprochen, das Schwein zu versorgen, bis die *Janet* Samoa erreicht, wo sie festmachen wird. Einige süße Kokosnüsse zur Aussaat müssten auch noch in einer der Truhen sein, die anscheinend übersehen wurden, als meine Sachen an Land geschickt wurden. Ich gehe davon aus, dass sie zusammen mit dem Schwein wiederauftauchen werden. Bei einem Schlachter in Sydney hatte ich auch eine schwarze Berkshire-Sau bestellt, kann mir aber vorstellen, dass der Schlachter die Ernsthaftigkeit meines Auftrags bezweifelte, bis es zu spät war, das Tier zu verschiffen. Da sein Vertrauen mittlerweile durch das Erscheinen eines respektablen, geschäftsmäßigen älteren Herrn wiederhergestellt wurde, der ihm bezüglich des Schweins eine Nachricht von mir überbrachte, habe ich Grund zu der Annahme, dass ich es demnächst an Bord der *Lübeck* erwarten darf.

An Geflügel habe ich fünf Cochin-Hühner und zwei junge Hähne

---

4 Auf der *Janet Nicholl* reisten die Stevensons vom 11. April bis zum 26. Juli 1890 durch die Südsee. Fanny Stevenson schreibt den Namen des Schiffes durchgängig – und eigentlich unkorrekt – mit nur einem l.

mitgebracht, dazu gibt es eine unbestimmte (bis zur Errichtung des Hühnerstalls stetig abnehmende) Anzahl von schwarzen spanischen und diversen einheimischen Hühnern.

Die Bäume, die auf der Lichtung belassen wurden, sind von immenser Größe, wahrlich majestätische Bäume, um deren Stämme sich Schlingpflanzen winden und in deren Astgabelungen Orchideen wachsen. Man sagte mir, dass ein Naturforscher hier kürzlich zwei neue Gattungen der Letzteren entdeckt hat. Mr. Chalmers (Tamate), der Missionar aus Neuguinea, hat versprochen, mir viele verschiedene Arten zu schicken. Er und Mr. Claxton kamen am Samstagnachmittag zu uns heraufgeritten. Sie überbrachten die Neuigkeit, dass der Dampfer *Richard* durch den Streik in Sydney aufgehalten wurde, und so wird Tamate nicht so bald abreisen können, wie er erwartete – was für uns gute Nachrichten sind, denn wir lieben Tamate, und Louis hofft sehr darauf, ihn auf die Herveys* begleiten zu können.

Unsere großen Bäume sind belebt mit Vögeln, die zu bestimmten Stunden der Nacht und am Morgen aus voller Kehle zwitschern. Obwohl sie nicht eigentlich singen, ist ihr Gezeter sehr musikalisch und schön anzuhören.

Gestern, an einem Sonntag und Feiertag, ging Ben mit seinem Gewehr in den Busch zur Jagd. Er kam mit einigen kleinen Vögeln zurück, die aussahen wie Papageien und zum Bersten fett waren. Die Vorstellung, Vögel zu essen, die man mit Käfigen und Schaukeln und Stangen in Verbindung bringt, bereitete mir gewisse Schuldgefühle, doch da wir nichts anderes hatten, sah ich mich genötigt, sie zuzubereiten, und sie ergaben eine ganz ausgezeichnete Mahlzeit. Ich habe irgendwo gelesen, dass der Dodo und einer seiner Verwandten, die »Zahntaube«*, immer noch auf dieser Insel zu Hause sind. Es wäre wunderschön, einen Dodo als Haustier zu haben. Das ist eines der Dinge, die ich mir wünsche.

Unser Haus hat uns viel Anlass zur Sorge gegeben. Es ist eine kleine Hütte, die später einmal als Nebengebäude dienen soll, mit drei Räumen im oberen Stockwerk und zweien zu ebener Erde. Wir wohnen im oberen Bereich; einer der Räume von vierzehn mal sechzehn Fuß Größe dient als Ess- und Wohnzimmer, ein anderer, erheblich kleinerer, ist unser Schlafzimmer. Den dritten, etwa zehn Mal sechs Fuß großen benutzen wir vor allem als Speisekammer und Vorratsraum. Das große Zimmer unten wird bewohnt von Ben, seiner Frau und einem etwa zwei Jahre alten kleinen Mädchen sowie von den drei Kanaken[5], die für Ben arbeiten. Ben stammt von der [Lücke]-Insel, einer der Burschen von [Lücke], der dritte und vierte sind, glaube ich, Samoaner, wie auch Bens Frau. Mrs. Ben ist eine prächtige, stramme junge Frau mit einer guten Figur, einem nichtssagenden Gesicht und einer beispiellosen Veranlagung zur Untätigkeit. Sie trägt gewöhnlich nur ein knappes Stück Stoff um die Hüften, erscheint aber manchmal auch in einem gestreiften Baumwollumhang. Das Baby bleibt meist nackt, ist jedoch im Besitz eines Kleidungsstücks von der Größe eines Taschentuchs. Dem Anschein nach ist es ein gutes, stilles kleines Ding, hat jedoch die unschöne Angewohnheit, mit dem Mund direkt aus dem Hahn des Wassertanks zu trinken. Zu wissen, dass samoanische Kinder anfällig sind für eine schreckliche Krankheit namens Frambösie*, die ansteckend und bei weißen Erwachsenen unheilbar ist, trägt nicht dazu bei, dass ich diese Unart wirklich gutheißen könnte. Den kleinen Raum neben unserer Vorratskammer nutzt Ben zum gleichen Zweck. Hier verstaut er seine Fässer mit Salzfleisch, seine Petroleumbehälter, Reis und Schiffszwieback, den Proviant für die Männer, darüber hinaus einige Spaten und Schaufeln und Äxte und Messer; abgesehen von den Messern alles in denkbar ungepflegtem, desolatem Zustand.

Ich fürchte, ich habe Ben heute Morgen sehr gekränkt. Samstag-

---

5 »Kanake« bedeutet in manchen polynesischen Sprachen »der Mensch« und wurde eine verbreitete Bezeichnung der Weißen für die Südseeinsulaner.

abend erschien hier ein alter Mann, vermutlich ein Verwandter seiner Frau, und blieb über Sonntag. Die Samoaner aus der Gegend von Apia sind allesamt unverbesserliche Diebe, deshalb war ich unweigerlich ein wenig besorgt um einige Kisten, die unverschlossen in Bens Räumlichkeiten verstaut sind. Allerdings wollte ich Bens sonntäglichem Besuch auch keinen Riegel vorschieben. Doch als ich heute Morgen den alten Mann vorfand, wie er, unverrückbar wie ein Möbelstück, eine hölzerne Kopfstütze beanspruchte, die er auf der oberen Veranda entdeckt hatte, hielt ich die Zeit für eine Abwehrstrategie gekommen. »Jeder, der sich hier aufhält, nachdem seine Geschäfte abgeschlossen sind oder sein Besuch beendet ist, muss arbeiten«, erklärte ich und schickte den Mann zum Steineausgraben. Er war darüber bestürzt, und als ich hinausging, um nachzusehen, wie er sich machte, da hatte er die Boys, die den Schweinestall bauten, schon überredet, ihm zu helfen. Ich schickte sie zurück an ihre Arbeit, und der alte Mann verschwand, aber ich vermute, er treibt sich noch irgendwo hier herum.

Doch zurück zum Haus. Es sagte uns in jeder Beziehung zu, abgesehen von der Farbe. Unser Wohnzimmer, welches sich zum Blechdach hin öffnet, das selbst eine hässliche Farbe hat, ist vier Fuß hoch in einem kalten Schwarz gestrichen. Darüber in einem noch kälteren, noch widerwärtigeren Weiß. Die Türen haben eine kühle, bleierne Farbe. Überhaupt wirkt hier alles kalt und wie tot. Wir inspizierten unsere Kisten und brachten einige Stücke sehr dunkler *Tapa** zutage, im Grundton von einem satten, fast schwarzen Kastanienbraun, und die Figuren darauf treten in Schattierungen von einem rötlichen bis zu einem sehr hellen Milchkaffeebraun hervor. Einige Teile eigneten sich als Borten, und als sie angebracht waren – und obwohl sie nur die beiden Hauptseiten des Raumes bedeckten –, zeigte sich das Erscheinungsbild des Raumes ganz verändert. Über der Tür, die die beiden Zimmer verbindet, befestigten wir ein großes, flaches Stück rosafarbener Koralle von Nanouti*, ein Geschenk von Käpt'n Reid auf der

Equator[6]. Wir beauftragten den Zimmermann damit, in einer Ecke des Raumes und zu beiden Seiten der Fenster Regale zu bauen. Außerdem nagelte er für mich Bretter zu einem couchförmigen Gestell zusammen, auf das ich eine mit einem Tuch bedeckte Matratze legte. Über den hölzernen Tisch liegt eine alte rosafarbene Decke gebreitet. Wenn wir die Lampe anzünden und die kleine japanische Dose aufstellen, aus der Buhach*-Rauch aufsteigt – denn wahrhaftig, es *gibt* hier Moskitos –, fühlen wir uns recht behaglich und heimisch. Wir haben vor, die Wände bald fertigzustellen und einige unserer schönen Matten auszulegen.

FANNY   30. September 1890

Der Schweinestall, mit dem wir gestern begonnen hatten, ist fertig. Ich gebe zu, er ist ein ziemlich unansehnliches Ding, aber die eine oder andere Kletterpflanze dürfte ihn schnell in ein schmuckes Objekt verwandeln. Tamate war gestern hier, um sich zu verabschieden, denn unerwartet war sein Dampfer angekommen. Ich schickte Ben und den Rest der Boys mit dem Handkarren hinunter nach Apia. Sie kamen sehr spät zurück, viel zu schwer beladen, und hatten mehr Wein zu sich genommen, als gut für sie war. Den Wein haben wir im Fass gekauft, als wir in Noumea* waren, und in Apia wurde er in Flaschen abgefüllt.

Heute Morgen entdeckte ich, dass alle einheimischen Hühner aus dem Hühnerhaus entkommen waren, durch die Spalten an den Seiten, wo das Dach aufliegt. Dabei sollte man meinen, dass dort nicht einmal eine Fliege durchpassen würde. Ben hat alle Ritzen abgedichtet, und damit dürften sie sicher verwahrt sein. Während ich im

---

6 Auf der *Equator* reisten die Stevensons vom 24. Juni bis zum 7. Dezember 1889 durch die Südsee, von Hawaii nach Samoa.

Schweinestall nach dem Rechten sah und Louis unten im Pavillon arbeitete, glückte es dem dummen Vogel, ins Freie zu gelangen. Ich war ergebenst dankbar, ihn los zu sein, denn ich musste immer wieder daran denken, was er an Durst und Hunger und Angst zu leiden hatte. Louis dachte nicht daran, für Dummheit auch noch Mitgefühl zu verschwenden. Ich gab Anweisung, mithilfe von Nägeln Löcher in einen Milchkochtopf zu stanzen und diesen in das Loch im Wasserfass einzupassen, wo die Leitung hineinführt, und hoffe, dass dadurch die Moskitos spürbar weniger werden.

Gestern kam Henry, Louis' früherer Sekretär, ein Vollblut-Samoaner aus Savaii, zu Besuch. Als er sich um den Posten als Sekretär bewarb, sagte er, er hoffe, im Zuge seiner Arbeit möglichst »lange Ausdrücke« zu erlernen. Wir mögen Henry nicht besonders, der sich stets als faul erwies, wenn ich ihn um einen kleinen Dienst bat, etwa einen Stuhl zu tragen oder die paar Schritte hinüber zur Mission zu gehen. Doch wollten wir ihn nach wie vor ermutigen, denn er ist in vieler Hinsicht intelligent und ein sehr fortschrittlicher Samoaner. Gestern erkundigte er sich nach einer Anstellung, und da es absolut nichts zu tun gab, sagte Louis, er wolle ihm dreimal wöchentlich einen Shilling geben, wenn er zu uns heraufkäme, um für uns die Post zu befördern. Da er sich vermutlich ohnehin in etwa so oft hier einfinden wird, bedeutete das einen Shilling für jeden Besuch. Er war drauf und dran abzulehnen, doch dann zeigte er sich einverstanden, wohl aus Furcht, dadurch eine mögliche bessere Chance zu verpassen.

Er erzählte eine merkwürdige Geschichte aus Apia, möglicherweise ganz verdreht. Demzufolge hätten sich einige der Schwarzen auf der deutschen Plantage irgendwie Schnaps verschafft und dann im Rausch einheimische Polizisten mit Äxten und Stöcken angegriffen. Das Seltsame an der Geschichte ist, dass man den Polizisten nicht erlaubte, die Schwarzen zur deutschen Plantage zu verfolgen, um sie dort festzunehmen.

Louis ist auf dem unscheinbaren kleinen Pony, das sich unter unseren Besitztümern fand, hinunter nach Apia geritten.

Dr. Stuebel, der deutsche Generalkonsul, erschien gerade, als ich mich zu meiner sehr einfachen Mahlzeit niederließ: ein wenig durchgeschmortes Hammelfleisch, gekochte Papaya und Brotfrucht mit einem Glas Wein und Wasser.

Ein merkwürdiges Schicksal scheint jede Art von Pferdezubehör in Samoa zu befallen: Zaumzeug geht kaputt, Sättel zerfallen in ihre elementarsten Bestandteile, und überhaupt wird jedes Reiten gewissermaßen zu einem Akt gesteigerter Wachsamkeit. Ich war glücklicherweise in der Lage, Dr. Stuebel ein Stück starkes Seil für die Ausbesserung seines Zaumzeugs anbieten zu können. Ich darf annehmen, dass es ihm gute Dienste tat und ihn sicher nach Hause brachte, denn es wäre für mich entsetzlich, wenn einer Person etwas zustoßen würde, die ich so sehr mag und bewundere, wie ich Dr. Stuebel mag und bewundere.

Es scheint, dass reichlich Papayas auf der Lichtung sprießen, was mich für die zukünftigen Kühe freut. Paul und ich haben viele Jersey-Kartoffeln gesetzt, was nur ein Experiment darstellt, da sie in Samoa angeblich nicht gedeihen. Wir haben einige Kisten mit Erde gefüllt und darin Tomaten, Artischocken und Auberginen gesät. Vor einigen Tagen schickte uns Mr. Carruthers ein halbes Dutzend sehr schöner Ananas, und sobald wir sie gegessen haben, pflanzen wir die Triebe.

Mrs. Ben scheint heute »auf die Barrikaden« zu gehen, und darunter hat der arme Ben zu leiden. Sie läuft umher und schüttelt den Kopf, dass die Schlüssel, die sie über ein Ohr gehängt trägt, an ihrem Backenknochen rasseln. Es hat sie sehr verärgert, als Paul ihr sagte, sie solle ihr Bad nicht unter dem Hahn des Wassertanks nehmen. Das Baby hat die ausgesprochen unschöne Angewohnheit, am Endstück des Hahns zu saugen. Ich gedenke dem morgen ein Ende zu machen, indem ich ein Stück raues Blech darum befestige.

Ich habe Lloyd einen langen Brief geschrieben, in dem ich unser

Leben hier beschreibe, und sehe mich etwas verwirrt und unsicher, ob ich nicht Dinge wiederhole, die ich bereits gesagt habe. Mrs. Schmidt schickte uns einen Laib Brot. Ich weiß, man sollte einem geschenkten Brot nicht ins Maul schauen, aber Brot ist mir auch nicht lieber als Schiffszwieback. Bei einem neuen Versuch mit Hefe habe ich heute das richtige Rezept gefunden.

FANNY   6. Oktober 1890

Ich war in der Zwischenzeit zu beschäftigt, um auch nur ein Wort zu schreiben. Doch ich habe einiges erreicht, denn der Zuckermais ist zum guten Teil gepflanzt, auch Erbsen und Zwiebeln, Kopfsalat und Rettich. Meine Limabohnen gehen auf und einige der Cantaloupe-Melonen. Mr. Carruthers war hier und nahm eine kleine Minzewurzel und noch einige Ableger der Granadilla* mit, die um den Pavillon gesetzt wurden. Er erzählte uns, dass einer unserer Boys Melonen zum Kauf angeboten habe, die er bei uns gestohlen hat. Nun sind sie zwar nicht essbar, aber es hat mich doch gehörig empört. Ich bin überzeugt, dass ein ziemlich gewiefter junger Mann, sehr hübsch, mit mattrot gefärbtem Haar, der Schuldige ist. Mir ist schon seit einigen Tagen aufgefallen, dass er sich auch vor der Arbeit drückt. Wir sollten an ihm bald ein Exempel statuieren.

Bens Frau Va ist ein armseliges Geschöpf. Vor einigen Tagen hörte ich sie Ben am Abend ausschimpfen wie ein Mannweib. Dann rannte sie plötzlich schreiend die Straße hinunter zum Wasserfall, und nach diesem hysterischen Anfall kam sie zurück und stimmte in die Familiengebete ein. Beim nächsten hysterischen Ausbruch sollte auch an ihr ein Exempel statuiert werden. Ben ist ein ausgezeichneter und verlässlicher Bursche, und es ist ein Jammer, dass er mit einer solchen Gefährtin geschlagen ist. Mrs. Bens Armut hat mich, an samoanischen Verhältnissen gemessen, schon gewundert, ich habe bei ihr nie eine andere als die eine alte Matte gesehen, mit der sie sich nachts zudeckt, gebettet auf einige alte Matten von mir. Doch Louis gab mir zu bedenken, dass Ben ein Fremder war, ohne Familienbande, und folglich eine so schlechte Partie, dass Vas Verwandte möglicherweise von Hochzeitsgeschenken Abstand genommen haben. Und das führte uns zurück in die Zeit auf Butaritari*, als der heruntergekommenste aller Strandstreuner, Arthur Wise, uns, während wir zu Tisch saßen, in beleidigender Absicht zurief: »Wisst ihr, wen ihr da zum Essen bei euch habt? *Der Mann ist nicht von dieser Insel!*« Was das betrifft, haben wir es nicht besser gemacht als er.

Es erscheint völlig unmöglich, dafür zu sorgen, dass uns Sendungen aus Apia hier oben erreichen. Wir schicken allerlei Listen und Benachrichtigungen dort hinunter, doch abgesehen von Krause, dem Fleischer, reagiert niemand darauf. Es sollte einen doch sehr verwundern, wenn es in einer Stadt weder Spaten noch Harke zu kaufen gibt, in der man ohne Mühe den besten Champagner bekommt, ganz zu schweigen von sämtlichen Zutaten für Mischgetränke.

Mittlerweile hat sich bestätigt, dass Henry den Kampf zwischen der Polizei und den Schwarzen verzerrt dargestellt hat. Die Schwarzen waren betrunken, und einer von ihnen wurde von der Polizei eingesperrt. Seine Kumpane brachen ins Gefängnis ein und befreiten den Gefangenen. Die Polizisten setzten sich zur Wehr, und es entstand ein allgemeiner Tumult, der für die Schwarzen schlecht ausging.

Wie vereinbart kam Henry wieder, blieb einige Stunden und half mir dabei, Kisten auszupacken. Er erkundigte sich nach Arbeit, und nach einigem Feilschen wurde vereinbart, er solle am Montag kommen und mir helfen, Bäume zu pflanzen, und Bäume für mich beschaffen, außerdem mehrmals die Woche nach Apia reiten und dort Besorgungen machen. Jeden Tag sollen er und Louis sich gegenseitig Lektionen in Samoanisch und Englisch erteilen. Der Lohn dafür sind zehn Dollar pro Monat plus Verpflegung, ich werde ihm eine

Decke zur Verfügung stellen, und Henry wird unten mit Bens Familie schlafen und mit Paul essen.

Wir litten schon arg unter einem Engpass an Proviant, bis Ben gestern einiges Geflügel erlegte, ein großes Stück Fleisch aus der Stadt kam, Paul zwei Tauben brachte und Mrs. Blacklock[7] mit frischen Tomaten erschien. Anschließend tauchte meine Irin auf, eine dünne, aber fröhliche Erscheinung, mit gekochter und roher Brotfrucht und *Poli sami*. Dann kam Ben mit noch mehr *Poli sami*, und heute nun brachte eine junge Eingeborene von Mrs. Blacklock stattliche Bananen, lange grüne Bohnen, ein Dutzend Eier und einen Blumenstrauß. Mrs. Blacklock sah gestern sehr hübsch und herausgeputzt aus. Sie übte sich nach Kräften in Konversation und sang während der Gesprächspausen selbstzufrieden mit gedämpfter Stimme. Im Heraufreiten hatte sie eine süß duftende Kletterpflanze abgerissen und sie sich mit achtloser Grazie um die Hüfte geschlungen, sodass sie ihr in zwei langen Ranken bis fast zu den Füßen hinabhing. Ben kam mit acht kleinen Papageien zurück. Zwischen Hungersnot und Festgelage scheint es hier nichts zu geben.

Vergangene Nacht glaubten wir das Knattern von Gewehren zu hören, doch es war nur Paul, der sich im Musikpavillon erfolglos an einem Tisch versuchte. Der Zimmermann, Mr. Willis, der Ehemann von Laulii, die ihre Lebensgeschichte niedergeschrieben hat (und das sehr gut, soweit man sie in ihren eigenen Worten gewähren ließ), brachte die Pläne für unser Haus. Er wird die Kosten überschlagen und uns Bescheid geben.

Gestern Morgen kam die Milchfrau mit leeren Händen und brachte heute Morgen zwei Flaschen, in der Überzeugung, das würde es wettmachen.

---

7 Eine Eingeborene, die Ehefrau von William Blacklock, dem Vizekonsul in Samoa, der später Konsul wurde.

Ein Tag ohne besondere Ereignisse. Letzte Nacht regnete es heftig, sehr zu meiner Freude, denn meine Gärten brauchen die Feuchtigkeit. Danach hätte ich gern gutes Wetter gehabt, doch es regnete weiter. Unsere Küche ist sechs oder acht Yards vom Haus entfernt, und so wurde das Kochen zu einem fortlaufenden Abenteuer. Ich hatte am Abend Teig für Brot angesetzt und wollte gleich morgens backen. Ein schwarzer Boy brachte vom Zimmermann ein morsches Brett, gerade zur rechten Zeit; ich legte es auf der rückwärtigen Veranda auf einen Stuhl und kniete davor auf dem Boden, ein Tuch um die Schultern, um den Regen abzuhalten. Der Teig gelang gut, doch der Versuch, ihn zu backen, brachte mich fast zur Raserei. Mit dem Teig in der Pfanne, einen Schirm über dem Kopf, rannte ich zur Küche, doch zu meiner Bestürzung war das ganze Holz durchnässt, und der Wind trieb den Rauch zurück in den Ofen, aus dem durch jede nur mögliche Öffnung beißende Rauchschwaden hervorquollen. Paul rannte dorthin, wo der Zimmermann zuletzt an der Arbeit gewesen war, und kehrte mit einer Kiste voller Späne zurück, die wir auf dem Ofen trockneten, wobei wir reichlich Rauch ein- und ausatmeten. Dann rief ich nach Ben und wies ihn an, die Hälfte eines Petroleumkanisters aus Blech über den äußeren Teil des Ofenrohrs zu nageln, um es vom Wind abzuschirmen. Das half ein wenig, doch der Regen prasselte auf den Ofen ein, und obwohl wir Unmengen von Spänen verbrauchten, blieb er kalt. Schließlich baute ich aus Kisten eine Barriere um den Ofen, und das brachte einen gewissen Erfolg, sodass es mir im Laufe einiger Stunden gelang, ein Huhn fürs Mittagessen halb zu backen, halb zu trocknen. Da war das Brot längst erledigt, und ich fast auch.

Paul und ich hielten Kriegsrat und beschlossen, die Boys unten im Pavillon einzuquartieren. Ihr Zimmer machen wir zur Küche und zum Esszimmer, ein Ende wird als das eine, das andere als das andere dienen. Eine Ecke reservieren wir für die Unterbringung von Vorräten, Sätteln, Koffern etc., und Paul wird in dem kleinen Vorratsraum schlafen. Unterdessen hat Louis zwei der Boys zu Mr. Carruthers geschickt, die Pflanzen und Bäume holen, die er uns versprochen hat, und übergab ihnen außerdem eine kleine Ledertasche mit Briefen, die Mr. Carruthers aufgeben soll. Auf dem Höhepunkt meines Ärgers erschienen drei Eingeborene und sagten, sie hätten ein »Bullimakaw« zu verkaufen. Dieser Name war äußerst passend, denn es war schwierig auszumachen, ob es sich bei dem Tier um einen Bullen oder eine Kuh handelte. Es gab jedenfalls keine Anhaltspunkte dafür, dass es geneigt wäre, Milch zu geben. Wir sagten den Männern, sie sollten es wieder mitnehmen: »Bullimakaw nicht gut.« Es war aber gar nicht so einfach, die Bestie loszuwerden, das frische junge Gras war für ihren Geschmack zu verlockend. Die Männer zogen und zogen an ihrem Ende des langen Seils – dieses Seil war sehr lang, denn offensichtlich fürchteten sie sich davor, der Kreatur nahe zu kommen, die extrem bissig aussah und ein stattliches Paar Hörner aufzuweisen hatte. Plötzlich jedoch schickte sich das Bullimakaw an aufzubrechen; es verschwand und schleifte einen der Männer in äußerst grotesker Manier hinter sich her.

Gleich nach dem Mittagessen zeigte sich Henry. Dann kamen die schwarzen Boys mit den Bäumen und der Ledertasche zurück. Als wir Letztere öffneten, lag darin der wichtigste der von Louis besorgten Briefe. Es war äußerst ärgerlich. Anstatt die Tasche Mr. C zu übergeben, wie es ihnen aufgetragen worden war, hatten sie sie vor ihrer Ankunft geöffnet und die Briefe herausgenommen, außer diesem einen. Glücklicherweise kam kurz darauf einer von Mr. Cs Boys auf einem Botengang herauf, und wir konnten ihm den Brief mitgeben.

Zu meiner Freude fand ich unter den Pflanzen zwei Mangobäume und entdeckte zu meiner Verwunderung außerdem einen Strauch, der die Pest von Tahiti ist und das auch hier bald sein wird, sollte er als Zierstrauch gepflanzt werden.

Im Laufe des Nachmittags löste sich der Regen in Nebel auf, und Henry und ich begannen mit dem Anpflanzen. Ein Stück vom Haus entfernt sah ich drei oder vier wunderschöne junge Männer, gefolgt von einem Trupp Hunde, die unsere Straße in Richtung Busch passierten. Ich habe selten graziösere, elegantere Geschöpfe gesehen als diese armen Burschen, die ich pflichtgemäß des Geländes verweisen musste. Sie trugen große Messer und Äxte und hatten Hüte aus frischen grünen Bananenblättern. Ihre Köpfe schützten sie mit großen Bananenblättern wie mit einem Schirm vor dem Regen. Bevor ich sie erreichen konnte, waren sie außer Sicht, aber Louis schickte ihnen Ben nach, mit der Warnung, dass die Straße tabu sei. Man darf annehmen, dass er diese Nachricht aus Furcht nicht überbrachte, denn später am Tag kamen die jungen Burschen mit langen Weidenzweigen beladen und singend zurück. Louis ging hinaus und trat ihnen entgegen, forderte sie auf, ihre Bündel zu Boden zu werfen, und ließ Paul die Riemen durchschneiden, die sie zusammenhielten. Mit Henrys Hilfe konnte er ihnen erklären, dass sie in Zukunft auf der öffentlichen Straße bleiben müssten, die nicht weit von unserer entfernt liegt. Wenn sie nach dieser Warnung noch einmal kämen, würde man ihnen ihre Lasten und außerdem ihre Messer und Äxte abnehmen; für heute dürften sie ihre Bündel wieder zusammenbinden und weiterziehen. Die ganze Unterredung wurde von Louis im strengsten Ton geführt, den er aufbringen konnte, jedoch mit einem von Lächeln erfüllten Gesicht. Mit einem beiderseitigen freundlichen *Tofa* gingen sie ihres Weges, kaum betrübter, doch, wie ich glaube, klüger als zuvor.

Nachdem wir alle Wurzeln eingepflanzt und uns etwas Ruhe gegönnt hatten, griffen Henry und ich zu Hacke und Spitzhacke und beschlossen den Nachmittag mit der Aussaat von Zuckermais. Inzwischen war der Ofen – sehr verspätet – so heiß geworden, dass man sich ihm kaum nähern konnte.

Bens Frau ging gestern mit dem Kind fort, angeblich zu ihrem kranken Vater. Ich trug Paul auf, während ihrer Abwesenheit für die Boys zu kochen. Wir inspizierten Bens Vorräte und fanden alles in heillosem Durcheinander. Es gab säckeweise weiße und rote Bohnen, aber Ben sagte, sie seien ungenießbar. Kein Wunder, denn Va setzt sie erst etwa eine halbe Stunde vor dem Essen zum Kochen auf. Paul setzte einen Topf voll auf den Ofen und ließ noch weitere in Wasser aufquellen. Einmal aufgetischt, wurden sie für ausgezeichnet befunden. Ein Drittel einer großen Brotkonserve (Schiffszwieback) fand ich absolut ungeeignet zum Verzehr, von Maden wimmelnd und fast ganz verdorben. Der Boden des Vorratsraums war nass von herausgetropfter Salzlake aus den Fleischfässern, und allgemein waren die Dinge in beklagenswertem Zustand. Morgen werden wir gründlich sauber machen und alles ganz neu ordnen.

Ich halte Paul für einen großartigen, grundanständigen Kerl. Ich weiß nicht, wie ich noch ohne ihn auskommen sollte. Keine Arbeit ist ihm zu viel, und keine Widrigkeit bringt ihn aus dem Gleichgewicht. Louis gab ihm zum Mittagessen eine Flasche Bier. Meines Erachtens hätte er Champagner verdient, obwohl das Bier zweifellos mehr nach seinem Geschmack ist, wie übrigens auch nach meinem. Obwohl er vorhat, nicht länger zu bleiben als bis Weihnachten, zeigt er an allem so großes Interesse, als wäre dies sein eigenes Zuhause, für den Rest seines Lebens.

Amüsant fand ich, wie Henry sich schon bald nach unserer Ankunft das Wort »unser« angeeignet hat. Er spricht von unserem Haus, das gebaut werden soll, unseren Bäumen und überhaupt von unseren Angelegenheiten. Heute nach dem Essen, als wir den Abend auf der vorderen Veranda verbrachten, fragte er, ob wir vom Krieg der Geister gehört hätten. Man hat uns etwas in dieser Richtung erzählt, was ich nicht wirklich verstanden habe, unter anderem, dass die Weißen fürchteten, es habe eine unheilvolle politische Bewandtnis. Wir waren sehr froh, von Henry nun die ganze Geschichte zu erfahren. Hier ist die Geschichte, so gut ich sie behalten habe.

Die Geister von Upolu befinden sich im Krieg mit den Geistern von Savaii. Des Nachts kann man an den zunächst gelegenen Orten von Upolu und Savaii den Lärm von Kanonen und Gewehrfeuer und die Rufe von Kämpfenden vernehmen. Menschen sind in Trance versunken, mit völlig erstarrten Gesichtszügen wie bei Leichen, und die Geister sprechen durch ihre Münder. Eine Frau hat einen kräftigen Schwimmer aus dem Meer steigen sehen. Er hechtete an Land und rannte in den Busch, wobei er unsichtbar und wieder sichtbar wurde, und daran erkannte die Frau, dass es ein Geist war. Vor einigen Tagen wurde der Missionar von Savaii, der Arzt ist und einen Medikamentenschrank hat, abends von einem zweimaligen Klopfen am Fenster aufgeschreckt, auf das das Schreien und Stöhnen einer Schar Verwundeter folgte. Er blickte nach draußen und sah dort eine Vielzahl von Geistern in menschlicher Gestalt, die alle schreckliche Wunden aufwiesen und für ihre Verletzungen Medizin brauchten. Der Missionar hastete los, um seinen Diener zu rufen, bei dessen Erscheinen die Geister unsichtbar wurden und nicht mehr zu hören waren.

»Und wer blieb Sieger in diesem Krieg der Geister«, fragten wir, »Upolu oder Savaii?«

»Savaii«, war die Antwort.

»Und«, fragten wir, »welche Bedeutung geben die Samoaner all dem?«

Die Geister, erfuhren wir, hätten durch die Münder der Menschen gesprochen, die in Trance verfielen, und gesagt, dies seien die Vorzeichen eines bevorstehenden Krieges in Samoa. Dass sich die Ankunft des Obersten Richters[8] so lange verzögert, hat das Denken der Samoaner in Aufruhr gebracht, und sie scheinen sich von Malietoa [Laupepa] abzuwenden. Zwei Parteien, die sich vorher uneins waren

---

8 Das Amt des Obersten Richters (»Chief Justice«, bei Fanny häufig zu »CJ« – deutsch: »OR« – abgekürzt) bekleidete Conrad Cedarcrantz. Der Oberste Richter fungierte als unabhängiger Schiedsmann in den Angelegenheiten der drei Mächte.

und jede für sich in Opposition zu Malietoa standen, sind jetzt bestens befreundet. Wenn ein abergläubisches Volk in den Krieg ziehen will, dann findet es ohne Weiteres ermutigende Vorzeichen. Wir sind im Besitz von zwei Pistolen und zwei Packungen Munition, eine spärliche Bewaffnung für Kriegszeiten.

Beim Pflanzen fragte ich Henry, was für diese Arbeit die beste Jahreszeit sei, und meinte damit die feuchte, die trockene oder die Übergangszeit.

»Wir Samoaner«, antwortete er, »gehen immer nach dem Mond. Nur wenn wir zur Zeit des großen runden Mondes pflanzen, erwarten wir Fruchtbarkeit.«

FANNY   10. Oktober 1890

Nach Henrys Englischlektion neulich abends erzählte er uns, dass die Eingeborenen von nichts anderem mehr reden als vom Krieg. Sie seien des Wartens auf den Obersten Richter müde und glaubten nicht mehr daran, dass er kommt. Er stellte sehr viele Fragen über Theologie, was mich ziemlich beunruhigte, doch Louis hatte passende Antworten parat. Ich fürchte immer, mich in Widerspruch zu dem zu begeben, was die Missionare gelehrt haben, und den Eingeborenen dadurch die Köpfe zu verwirren. Insbesondere wollte er wissen, ob es stimme, dass alle heidnischen Völker, die vom Christentum nichts wissen, der Verdammnis geweiht seien. Nach seinem Verständnis waren sie es. Ohne Zweifel leistet Henry gute Arbeit und führt sich gut.

Ben macht einen betrübten Eindruck, weil es im Musikpavillon zu viele Mücken gebe – sagt er. Doch wie ich weiß, ist das der Ort, der vor allen anderen von dieser Plage verschont bleibt, und so forschte ich nach einem anderen Grund für sein Verhalten. Mir fiel ein, er habe vielleicht die Befürchtung, dass ihm die Obhut über die Vorräte der Männer aus den Händen genommen werde. Louis ging sofort hinaus und sagte ihm, dass Paul nichts mit den Vorräten zu tun und immer erst Ben zu fragen habe, wenn es sich um Derartiges handele. Ben ging lächelnd und offenbar recht beglückt davon, also habe ich mit meinem Verdacht wohl richtiggelegen.

Mr. Carruthers half uns dabei, einen Ort für den Küchengarten zu finden. Bevor man anfangen konnte zu graben, musste die Stelle noch vom Bewuchs befreit werden. Faliali wurde sogleich mit dieser Arbeit betraut, und Louis bewaffnete sich mit einem großen Buschmesser und ging ihm zur Hand. Er wäre immer noch bei der Sache, doch die Blasen an seinen Händen gehen tief, und noch schlimmer sollte man sie nicht werden lassen. Das Dumme an der Sache ist nur, dass die Dinge sehr nachlässig gehandhabt werden, wenn Louis nicht mit F gemeinsam arbeitet.

Heute gab es einen Regenschauer, und die Burschen rannten, nackt bis auf ihren Lendenschurz, los, um sich unterzustellen. Einige wurden Pfeife rauchend im alten Küchenhaus gefunden. Als Henry sah, dass Bens Mannschaft die Arbeit stehen ließ, lief er hinaus und sagte Ben, er müsse sie zurückrufen, doch Ben zögerte und traute sich nicht. Daraufhin übernahm Henry diese Aufgabe selbst und machte sich mit ihnen daran, Unkraut zu jäten, um ein Beispiel zu geben – was viel mehr war, als ich jemals von ihm erwartet hätte. Als er mit mir darüber sprach, sagte er, Ben könne niemanden an die Arbeit rufen, »mein Herz jedoch«, sagte er, »ist stark«.

Gestern fragte Paul, ob er hinunter nach Apia gehen könne, um einiges zu erledigen. »Ich würde gern heute gehen«, sagte er, »und noch einmal am Sonntag, wenn die *Lübeck* ankommt, und danach, Mrs. Stevenson, lassen Sie mich nicht mehr gehen. Tun Sie's nicht, sorgen Sie dafür, dass ich hierbleibe.«

Ich dachte mir schon, dass diese Bemerkung etwas zu bedeuten habe, und war deshalb nicht sonderlich überrascht, als er sturzbetrunken zurückkam. Wir sahen ihn herauf reiten und in seinem Sattel höchst bedenklich schwanken. Das Absteigen besorgte er auf dem kürzesten Weg, indem er herunterfiel, sobald das Pferd angehalten hatte.

Heute ist er ein sehr blasser und reumütiger Paul, doch bislang haben wir darüber kein Wort verloren. Louis wird ihm morgen mitteilen, dass, wenn er zur Ankunft der *Lübeck* nach Apia möchte, sie beide gemeinsam hingehen und auch gemeinsam zurückkehren werden. Er hatte nichts zum Anziehen, womit er hätte gehen können, also lieh ich ihm einen Hut, eine Schärpe und Louis' einziges Paar Schuhe.

Es kam mir vor, als sei eine meiner gelben Hennen bereit zum Brüten und es sei an der Zeit, sie mit Eiern zu versorgen. Damit ich die Eier, die ich ins Nest tat, von neu gelegten auch sicher unterscheiden könnte, versah ich jedes Ei rundum mit einer schwarzen Bleistiftmarkierung. Als alles fertig war, verließ ich den Hühnerstall und linste von draußen durch die Pfähle. Madame Henne gluckte sich über das Nest, wie ich es bei Hühnern schon oft gesehen habe, wich jedoch dann beim Anblick der markierten Eier mit einem überraschten und ängstlichen Schrei zurück. »Was ist los?«, riefen die beiden Hähne und eilten mit lang gestreckten Beinen herbei. Sie wichen ebenfalls zurück, genau wie die Henne zuvor, hielten aufgeregt eine Konsultation ab und wagten es schließlich, die Eier mit ihren Schnäbeln zu berühren. Da hatten sich schon alle fünf gelben Hennen um das Nest versammelt, und bald reckten die anderen Hühner hinter ihnen die Hälse, um einen Blick auf das Wunder zu erhaschen. Nachdem beide Hähne die Eier ein wenig herumgeschubst hatten, kamen die Hennen ein Stück näher und versuchten, die schwarzen Markierungen von den Eiern zu picken. Währenddessen herrschte die ganze Zeit über ein großes Durcheinander aufgeregter Konversation. Am nächsten Morgen war mehr als die Hälfte der Eier zerstört, und um die restlichen zu retten, musste ich sie wieder entfernen.

Mr. Carruthers und Mr. Maben, der Landvermesser, haben einen der Bäche bis zum Ursprung verfolgt. Sie fanden eine Quelle, und dort, wo wir ihn nutzen wollen, misst der Wasserfall an die zweihundert Fuß. Mr. Carruthers beschrieb die Stelle als Erster und nahm Mr. Maben, der sehr skeptisch war, mit dorthin. Er sagt, er habe auch eine wahre Bananenplantage und eine Menge Taro* an einem der Bäche entdeckt. Sobald es Louis' Hand besser geht, will er sich daranmachen, einen Pfad dorthin zu schlagen.

Auf dem Pfad am Bach, wo der Garten entsteht, gibt es im Abstand von einigen Yards merkwürdige Trennlinien aus Steinen, die vom Ufer des Baches hinauf zu den Hängen führen. Ich weiß nicht, ob es nur oberflächliche Trennlinien sind oder richtige Mauern oder wie weit sie an den Ufern reichen, aber im Zuge der Gartenarbeiten werden wir es leicht herausfinden können. Henry sagt, bevor Weiße nach Samoa kamen, lebten die Eingeborenen allesamt im Inland und nicht an der Küste, wie es heute der Fall ist.

Es ist sehr schwierig, die Männer bei der Arbeit zu halten. Louis und Henry behalten sie nun beide im Auge. Sarkasmus ist die einzig nützliche Waffe im Umgang mit ihnen, doch lässt sie sich ohne Kenntnisse des Samoanischen nur schwer einsetzen. Ich habe für Henry und Ben Moskitonetze gemacht und Henry einige Hemden gegeben. Ich bin sicher, ihm bedeuten diese kleinen Geschenke mehr als aller Lohn, den er bekommt. Der Garten, den Paul und ich angelegt haben, und der, den Henry und ich angelegt haben, gedeihen wunderbar, Erbsen und Zuckermais zeigen sich bereits, während die Limabohne sich als recht robust erweist. Ich lasse noch mehr Saatgut kommen, insbesondere von Gräsern, mit denen ich Versuche anstellen möchte. Zwei Mann wurden eingesetzt, ein Stück Land nahe dem Haus frei zu machen, wo ich Mais pflanzen will, mit dessen grünen Blättern man ein Bullimakaw füttern kann, wenn wir eins bekommen. Wie ich höre, erwartet der Schlachter einige Milchkühe, und ich darf mir Chancen ausrechnen.

Gestern unterbrachen mich Dr. Stuebel und Mr. Schmidt, die zu Besuch kamen. Ich bewundere Dr. Stuebel sehr. Sie überbrachten die
Neuigkeit, dass die eingeborenen Würdenträger heute in einer Versammlung über die Bedeutung der geheimnisvollen Vorzeichen berat-
schlagen wollen, die so beunruhigend und für die Eingeborenen so
verwirrend sind. Die Zeichen folgen jetzt dichter und schneller auf-
einander. Man hat einen Fisch gefangen, den Mr. S gesehen und
von dem er gegessen hat und der nur aus dem Kopf bestand, ohne
Schwanz, eine entsetzliche Kreatur, von der behauptet wird, dass ein
Stich der Flossen den sicheren Tod bedeutet, und auf seinem Rücken
war ein Wort in Eingeborenensprache auszumachen, das schnappen
oder beißen bedeutet und Krieg und Verderben ankündigt. Man hat
einen roten Aal gefangen, und einer der Flüsse führte Blut, und das
Schlimmste war ein Hund, der eine Zeremonie des Kavatrinkens*
störte. Als Henry uns vom Krieg der Geister erzählte, belustigte es
uns, dass er nur ein einziges der berichteten Ereignisse bezweifelte:
dass die Geister den Doktor aufgesucht hätten. »Was das betrifft«,
sagte er, »bin ich mir nicht sicher.«

Ben ist offensichtlich bereit, mit jedermann Streit anzufangen, der
nur darauf eingeht. Er beschwerte sich gestern bei Paul darüber, dass
die Männer nur einmal täglich Fleisch bekämen, und das, nachdem
die Regelung der Versorgung allein in seine Hände gelegt worden sei.
Er sagte, dass Schwarze einmal täglich Fleisch bekommen müssten
und Samoaner zweimal. Diese Unterscheidung muss einem seltsam
vorkommen, wenn man sich klarmacht, dass die Schwarzen doppelt
so viel arbeiten wie die Samoaner. Apropos arbeiten: Draußen fällt
ein alles durchdringender Regen, und mittendrin sehe ich Henry
mit einem Schirm über dem Kopf und Paul in einem Regenmantel,
die dabei helfen, das Land für den Mais zu jäten. Louis hat gestern
Abend mit Ben ein Gespräch geführt, das hoffentlich fruchtbar war,

aber da kann man nie sicher sein. Wenn wir mit Ben sprechen, duckt er sich weg und hockt mit der Demut des eingeborenen Untergebenen am Boden und nimmt kichernd und mit kriecherischem Einverständnis alles hin. Wenn er eine strikte Anordnung an die Boys weitergeben soll, ist es das Gleiche, doch kommt keine Anordnung jemals bei den Boys an. Er ist für uns von allergrößtem Wert und doch ein unbeschreibliches Ärgernis. Louis hat auch Paul ins Gebet genommen wegen des Zustands, in dem er neulich aus Apia zurückkam. Paul weinte und schwor, es werde nie wieder vorkommen. Die Worte »Paul, ich habe mich geschämt, als ich dich vor den schwarzen Boys vom Pferd fallen sah« haben offenbar starken Eindruck gemacht.

FANNY   14. Oktober 1890

Mr. Moors erschien gestern Morgen bei uns und blieb den ganzen Tag. Am Nachmittag kam Mr. Willis, der Zimmermann, heraufgeritten. Er ist der Ehemann von Laulii, einer Samoanerin, die ihrem Mann ein denkwürdiges Buch mit Erinnerungen diktierte, und ein sehr dummer Amerikaner. Solange Laulii in ihren eigenen Worten sprach, war das Buch bezaubernd, es wurde jedoch vulgär und ordinär, sobald eine andere Hand für sie übersetzte.

Zum Mittagessen gab es Huhn und pürierte Kartoffeln und geschnittene Ananas in Rotwein. Da mein Brot erneut ein Fehlschlag war, machte ich amerikanische Soda-Teigfladen in der Pfanne, wie Mr. Moors sie gern isst. Als die Mahlzeit zur Zufriedenheit gedieh und ich mir selbst gratulierte, weil es schließlich gelungen war, den Herd zu befeuern, blickte ich Paul an und sagte: »So hat sich doch noch alles zum Guten gewendet.«

»Ja«, war seine Antwort, »nur bei mir nicht.«

Da sah ich, dass sein Gesicht totenbleich war und seine Züge ihm entglitten, während ihm der Schweiß herunterlief. Er hatte sich für das Servieren umgezogen und das Flanellhemd gegen ein leinenes mit Rückenverschluss getauscht. Er gab an, er habe schreckliche Schmerzen unterhalb der Schultern. Ich sagte, er solle auf sein Zimmer gehen und sein Flanellhemd wieder anziehen, lief dann nach oben und erzählte es Louis. Louis brachte den trockenen Schröpfzylinder, dessen Anwendung den Schmerz in Pauls Körper an verschiedene Stellen wandern ließ. Ich schlug vor, ihm Salicyl* zu geben, was geschah. Ich machte mich wieder ans Kochen und ließ Paul in seinem Bett zurück, ein bleiches Wrack, der Schröpfzylinder steckte ihm noch am Rücken. Am Abend war der Schmerz fast vergangen, doch war der Mann deutlich gezeichnet.

Vom Balkon aus sahen wir die *Lübeck* in den Hafen von Apia einlaufen. Mr. Moors versprach, unsere Briefe hinaufzuschicken. Louis erzählte mir, dass unser Freund, der »Buschmann«, der am Samstag mit Brotfrucht und *Poli sami* zu uns kam, sich nach Arbeit erkundigt habe und er keinen Weg sehe, ihn mit Anstand abzuweisen. Es ist eine unangenehme Situation, denn F war sehr freundlich, doch ich schätze ihn nicht als harten Arbeiter ein und befürchtete, er könne den Boys ein schlechtes Beispiel geben, die wir außer Faliali und Ben alle am Samstagabend entlassen haben, im Vertrauen darauf, dass uns Henry eine neue Truppe verschaffte. Heute Morgen erschienen fünf kräftige Burschen, aber ich habe keine Ahnung, wie sie arbeiten, weil Henry, der einige von ihnen mit dem Wagen in die Stadt schicken sollte (Pakete holen, unter anderem von der *Lübeck*), alle fünf losschickte, um die Arbeit für drei zu erledigen. Zu unserer Erleichterung ist der Buschmann nicht aufgetaucht.

Nachdem Mr. Moors und Mr. Willis gegangen waren, fand sich Louis bereit, mir das Bananengrundstück zu zeigen, und nahm ein Messer mit, um den Pfad frei zu schlagen. Auf diese Art den eigenen Grund zu erforschen, ist äußerst aufregend. Anfangs führte der Weg über einen recht offenen Pfad, den Louis bereits frei geschlagen hatte, aber nach und nach verengte er sich, und es wurde trügerisch sumpfig unter den Füßen. Mehrmals standen wir knöcheltief in Schlamm und Wasser, und Louis musste Lianen und hohen Bewuchs niedermachen, die uns den Weg versperrten. Und bald darauf rief Louis: »Bitte sehr, dein Bananengrundstück!«

Wirklich, da waren sie: kräftige junge Bäume in großer Zahl, dicht an dicht, viele mit Fruchtstauden über den seltsamen violetten Blüten, inmitten von üppigem Unterholz, die Wurzeln in träge dahinfließendem Wasser. Hier und da reckte der Taro seine gigantischen, dunkelgrün glänzenden Blätter. Louis war das zu viel, er begann an Ort und Stelle mit dem Roden, während ich bis zum Ende der Plantage weiterging. Ein-, zweimal blieb ich fast im Sumpf stecken und konnte mich nur aus dem Schlamm ziehen, indem ich mich an eine robuste Pflanze klammerte.

Louis rief nach mir, so als ob er mir antwortete, und ich eilte zu ihm zurück. Als ich ihn erreichte, sagte er, er habe den Ruf eines Vogels für meine Stimme gehalten und angenommen, ich hätte den Weg verloren. Ich half ihm eine Weile und zog das kleinere Unkraut, ständig in Todesangst, mit einer giftigen Kletterpflanze in Berührung zu kommen, mit der ich bereits Bekanntschaft gemacht habe und von der ich immer noch gezeichnet bin. Nur schweren Herzens zerstörte ich reißender Hand die schönsten Arten von Farn, die ich jemals gesehen habe. Doch ich tat es tapfer – und beschloss, irgendwann zurückzukommen und eine Auswahl davon mitzunehmen. Einige der zarteren Kletterfarne waren unbeschreiblich schön und die Baumfarne einfach prächtig. Zuweilen füllte sich beim Ausrupfen einer Pflanze die Luft um mich her mit dem süßen Duft ihrer abgerissenen Blätter.

Es war eine berückende Arbeit, obwohl wir durchnässt und voller Schlamm waren, doch bald schwirrte mir der Kopf, und ich schlug vor, zurück zum Haus zu gehen und für etwas zu essen zu sorgen. Es gelang mir gerade noch, eine Mahlzeit zu bereiten, dann brach ich völlig ein – mein prachtvoller Bananensumpf hatte mir Fieber eingebracht, und das erschreckend schnell. Ich konnte die ganze Nacht nicht schlafen und schrak immer wieder hoch, mit hämmerndem Herzen und Puls und schrecklichen Kopfschmerzen. Heute Morgen gab mir Louis eine Dosis Chinin, das bald wirkte, doch nahm er selbst keines, was er hätte tun sollen, denn er hatte ebenfalls einen Anflug von Fieber, auch wenn er das erst viel später zugab.

Die Schweine mussten getränkt werden, als ich von meinem tückischen Sumpf zurück war, aber ich fragte mich, wie das zu bewerkstelligen wäre. Paul war zu krank, Henry war fort, und ich befürchtete, für Louis könne es gefährlich sein, Wassereimer zu wuchten. Ich ging und ging an der steinernen Mauer entlang, doch schien sie uneinnehmbar und unüberwindlich zu sein. Vielleicht hätte ich es selbst hinüber geschafft, doch auch ich konnte keinen vollen Eimer bewältigen. Noch während ich grübelte, kam glücklicherweise einer der Schmidt-Jungen, ein Bursche von vielleicht vierzehn Jahren, zu uns herüber, um dem invaliden Paul Gesellschaft zu leisten. Ich bat ihn, die Aufgabe für mich zu übernehmen, wozu er sich freudig bereit erklärte. So gingen wir hinunter zum Schweinepferch, und ich sah ihm zu, wie er erst eine, dann eine zweite Position erkletterte. Schließlich goss er zu meiner Verwunderung sorgsam das Wasser über die Mauer und sagte: »Da, so ist's gut.« Und dann: »Aber diese Schweine werden den richtigen Platz wohl nicht finden. Sie haben kein Gespür.«

»Ach, sie werden schon rechtzeitig kommen«, war meine Antwort. Doch nachts rief ich mir das merkwürdige Geräusch des Wassers in Erinnerung, als es über die Mauer gegossen wurde, und so ging ich frühmorgens vor allen anderen dort hinunter und stieg mit etwas Mühe an derselben Stelle hinauf, die der Schmidt-Junge sich ausgesucht hatte. Mein Verdacht bestätigte sich: Er hatte den Eimer in ein Loch im Erdboden geleert. Ich glaube nicht, dass solche Söhne einem Pionier von Nutzen sind.

Ich fürchte, meine gelben Hühner sind ziemlich missraten. Heute sah ich, wie eines bedächtig anfing, ein frisch gelegtes Ei zu verspeisen. Es stand tatsächlich beim Nest und wartete, bis es gelegt war. Für dieses Huhn sollte ich wohl eine Eierschale mit Cayennepfeffer füllen. Ich habe auch schon einen Hahn an einem Ei herumpicken sehen. Der Ertrag ist nicht annähernd so gut, wie er sein sollte.

Mr. Moors' Mann brachte uns gestern Abend Briefe von der *Lübeck*, einer davon ganz reizend illustriert von Belle, einer von Mrs. Stevenson[9] und einer von Mrs. Williams an Belle sowie einige an Louis.

Heute Morgen erhielt Paul den Auftrag, zum Dampfer zu gehen, und Louis hatte versprochen, hinunterzureiten und mit Dr. Stuebel zu essen. Paul ging sofort nach dem Frühstück los und Louis etwa um halb elf. Die Boys versuchten alle sechs wie ein Mann, das Pony einzufangen, und waren damit eine halbe Stunde zugange. Inzwischen führte Louis einen verzweifelten Kampf beim Ankleiden. Ich befand mich in einem Dämmerzustand, vom Fieber und vom Chinin, und konnte ihm nicht helfen. Schließlich ging er, und ich wagte mir nicht auszumalen, wie er angezogen war. Er war kaum außer Sicht, als ich all das entdeckte, was er gesucht hatte, nämlich genau dort, wo es hingehörte, und direkt vor mir.

Da die Männer mit dem Wagen fort waren, konnte ich Ben auch Mais pflanzen lassen, worauf er sich, wie er mir versicherte, perfekt verstand, denn hatte er nicht den ganzen ersten Schub gepflanzt, der der Plünderung durch die Ratten zum Opfer gefallen war? Gegen drei gingen Henry und ich hinunter, um Kürbiskerne zwischen den Mais zu setzen. Zu meinem Entsetzen sah ich, woran der erste Schub Mais zugrunde gegangen war. Bens Vorstellung vom Pflanzen sah so aus, die Erde einige Zoll tief wegzugraben, eine Handvoll Mais hineinzustreuen und mit dem Fuß ein paar Blätter über die Stelle zu schieben. Es wäre ein wahres Wunder, wenn auf diese Art überhaupt etwas keimen würde. Dagegen hat jedes Saatkorn, das Henry und ich vor einigen Tagen gesetzt haben, die Erdoberfläche bereits durchbro-

9   Gemeint ist Stevensons Mutter, Margaret Balfour Stevenson.

chen. Ben erhielt eine Lektion im Pflanzen, wobei wir darauf achteten, dass er auch verstand, worum es ging, aber der größte Teil des Feldes muss neu bepflanzt werden.

Nachdem die Kürbisse gesät waren, gingen Henry und ich zum Musikpavillon, um zu sehen, wie es um unseren dortigen Anbau bestellt ist, und inspizierten unterwegs die Kartoffelhügel. Viele der Kartoffeln sind im Boden verfault, doch es gibt auch welche, die sprießen. Auf den leeren Hügeln streuten wir Kürbiskerne aus und befreiten jeden abseitsstehenden Halm, der von Unkraut überwuchert zu werden drohte. Schließlich verlegten wir uns gar darauf, einzelne Hügel frei zu jäten, und arbeiteten so bis fast zur Dunkelheit, als wir von Sitione[10] unterbrochen wurden, der mit Ananaspflanzen beladen daherkam, gefolgt von einem kleinen Jungen mit einer der größten Ananas, die ich jemals gesehen habe. Auf dem Weg zurück zum Haus setzten wir die Ananas aus und sprachen über die Wahrscheinlichkeit, dass es Krieg geben würde.

Sitione sagte, in Tutuila werde gekämpft, aber dass es hier Krieg geben würde, glaube er nicht. Ich dachte mir, ein als Krieger geschätzter Mann wie er könnte einigen Einfluss besitzen, und sprach deshalb über die unvermeidlichen Konsequenzen, die ein Krieg unter den Samoanern nach sich ziehen würde. Eine Herrschaft der Deutschen – das ist ihr Schreckgespenst. Sitione weiß recht gut Bescheid und ist äußerst besorgt um die Wahrung des Friedens. Seine Schulter, an der er im letzten Krieg so schrecklich verwundet wurde, scheint wirklich in Ordnung zu kommen, seit Dr. Funk[11] sie operiert hat. Der Arzt war sich beinahe sicher, dass der Arm schließlich amputiert werden müsste, doch seine Künste und Sitiones Konstitution haben ihn gerettet. S zeigte mir eine große Pistole, die in einem Patronengürtel an seiner Hüfte steckte, und versuchte, damit eine Vampirfledermaus

---

10 Einer der samoanischen Häuptlinge, der später den Namen Amatua annahm.
11 Dr. Bernhard Funk, Arzt in Apia.

zu treffen, verfehlte sie jedoch. Henry versicherte mir neulich, dass die Vampirfledermaus – oder Fliegender Fuchs, wie sie hier genannt wird – sich gut zum Essen eignet. Ich glaube *nicht*, dass ich Fledermäuse essen könnte.

Paul war bei der Rückkehr ziemlich nüchtern, doch durch die Zugluft auf der *Lübeck* waren seine Schmerzen zurückgekehrt. Ich gab ihm eine weitere Dosis Salicylate, und binnen Kurzem war der Schmerz verschwunden. Er hat einen Brief von seinem Vater erhalten, einem wohlhabenden Deutschen, der ihm mitteilte, dass Waren zur Bestückung eines Ladens unterwegs seien und im Februar ankommen sollten, und für Geld sei auch gesorgt.

Sitione hat mir Brotfruchtbäume angeboten, ich muss nur einen Mann schicken, der sie holt. Mrs. Blacklocks Mutter brachte uns heute zwei stattliche Brotfrüchte. Die Boys kamen spät zurück und waren nur leicht beladen für fünf.

Meine Sau aus Sydney ist in Apia angekommen, doch weil sie nur 37 Shilling kostet, hege ich Zweifel bezüglich ihrer Qualität. Aber in Samoa ist ein Schwein ein Schwein.

FANNY   23. Oktober 1890

Die Sau ist eine sehr kleine, sehr gewöhnliche Sau. Sie kommt mir ganz so vor wie das gefällige Tier von der *Janet Nichol,* sie ist auch ebenso gefleckt. Sie wird bald Nachwuchs bekommen, und derzeit hat sie in ihrem kleinen Stall drei Stiefkinder, von Mr. Moors, die mit ihr zusammen hierherkamen. Ich befürchtete, die anderen Schweine würden sie stören, und habe deshalb unter großen Schwierigkeiten ein separates Abteil für sie errichtet, denn lange konnte ich weder Beni [Ben] noch Paul erklärlich machen, was es zu bauen galt. Beni schlug vor, es aus Weidenzweigen zu errichten und mit Steinen zu stützen, und Paul brachte einige Bretterteile, die er als Pfosten einzusetzen gedachte. Ich war sicher, dass beide Vorhaben nichts taugten, denn vor Kurzem haben sich ein paar der ansässigen Schweine unter der schweren Steinmauer hindurchgegraben und sind entkommen. Als sie begriffen, worum es mir ging, waren sie voller Zustimmung und arbeiteten eifrig, wie sie beide es tatsächlich stets tun. Ich zeigte ihnen, wie sie eine Reihe von Pfosten einschlagen sollten, je einen Stamm breit voneinander entfernt, etwa alle zehn Fuß. Zwischen diese Pfosten legten wir weitere Holzklötze, einmal rund um den Pferch, sodass das Ende eines Klotzes auf dem Ende eines anderen lag. In einer Ecke wurde für Madame Piggy ein Schlafgemach eingerichtet: Bretter, Schindeln, Teile von Kisten, geplättete Petroleumbehälter aus Blech und einige Kokospalmenzweige von Mr. Schmidt fanden Eingang in diese Konstruktion.

Henry hat rund um das Hühnerhaus einen Zaun aus Weidenzweigen errichtet, aber der Bau des Tores war für Paul zu schwierig. Gestern brachte er Scharniere und einen Riegel an. Paul ist durchaus ein Mann mit beachtlichen Qualitäten – doch Geschicklichkeit gehört nicht dazu. Er nahm das Tor heraus, und prompt ging es in seinen Händen in Stücke. Ich sah, wie er es mit einem Ausdruck der Verwirrung und Verzweiflung mit einer Axt bearbeitete, wobei sich für jeden befestigten Pfahl ein anderer wieder löste. Ich ging ihm zu Hilfe und zeigte ihm, wie es zu machen sei, hielt die Scharniere und den Riegel, während er sie festnagelte. Ich kam knapp ohne Verletzung davon – zu meinem Erstaunen. Jedes Mal, wenn er die Axt hob, war ich in akuter Gefahr, enthauptet zu werden, und jedes Mal, wenn die flache Seite des Werkzeugs abwärtssauste, zitterte ich vor Angst, denn ich rechnete damit, einen oder zwei Finger einzubüßen, wenn nicht die ganze Hand.

Der alte Hahn taugt wirklich nichts. Er folgt jeder Henne zu ihrem Nest, hockt in Erwartung des Eis über ihr, und sobald es gelegt ist, schlägt er seinen Schnabel hinein, schleudert es auf den Boden und ruft seinen Harem zum Kannibalenschmaus. Wir haben ihm schon die Flügel gestutzt und ihn in den Schweinestall gesteckt, doch ist er ohne Weiteres wieder herausgeklettert und auf dem Weg zurück zum Hühnerhaus triumphierend an uns vorbeimarschiert.

Irgendetwas, ich weiß nicht, was, hat fast den ganzen Mais vernichtet, den Beni gepflanzt hat, und den Zuckermais, den ich gesät habe. Es mögen die Ratten sein oder ein wildes Huhn. Ich habe das Huhn im Verdacht und habe Beni aufgetragen, es zu erlegen.

Für den Kopfsalat hatte ich einen zu sonnigen Platz gewählt, also suchte ich nach einem besseren und fand ihn (wie ich hoffe) ein Stück die Straße hinunter, die Mr. Carruthers eingerichtet hat, sozusagen an ihren Ufern. Als ich dorthin ging, um zu graben, begleitete mich Louis und machte sich in einer Art verbissenem Eifer ebenfalls ans Graben. Ich hatte ein relativ großes Stück geschafft, als ich wegen dreier enormer Blasen an der Hand schließlich aufhören musste, während Louis durch Sieben und Klauben eine sehr kleine Stelle von Steinen und Unkraut befreite. Ich ließ ihn dort schwer schuftend zurück und ging nach Hause, um Mittagessen zu machen. Als ich mich für einen Moment niedersetzte, um auszuruhen, versank ich in einen Zustand der Leere und verlor für annähernd eine halbe Stunde das Kochen völlig aus dem Sinn. Als Louis hereinkam, steif vor Schmerz in seiner langen, gebeugten Statur, schlammbeschmiert und hungrig, war noch keine Mahlzeit auf dem Tisch. Und ich eine ganz und gar schuldige Kreatur.

[[Louis meint, ich habe eine Bauernseele, nicht so sehr, weil ich es liebe, mich in der Erde und mit der Erde zu beschäftigen, sondern weil ich das Bewusstsein liebe, dass es meine eigene Erde ist, worin ich wühle. Besäße ich die Seele eines Künstlers, dann hätte der Stumpfsinn des Besitzens keine Macht über mich. Mag sein, dass er recht hat. Ich kann einem Kind meine Liebe ebenso schenken wie einem Stück Land. Wenn ich säe oder Wurzeln pflanze, dann pflanze ich damit ein Stück meines Herzens und habe nicht den Eindruck, dass es allein um die Betätigung und das Vergnügen geht. Doch ich fühle mich Gott näher, wenn die zarten Blätter treiben, und ich weiß, dass ich auf eine Art Schöpfer bin. Über einem Beet junger Erbsen schmilzt mein Herz dahin, und eine Blüte an meinem Rosenbusch ist wie ein Gedicht aus der Hand meines Sohnes. Nachdem ich einen perfekten Garten geschaffen hatte und er mehrmals verkauft und wiedergekauft worden war, sah ich ihn aufgewühlt, die Ranken niedergerissen, meine Bäume zu Feuerholz zerhackt, die Blumen entwurzelt – in Kartoffeln gepflanzt. Es hätte mich nicht stärker treffen können, hätte ich mein liebstes Reitpferd krummbeinig und abgezehrt vor einen Pflug gespannt gefunden. Jedenfalls glaube ich, dass wir unser Heim im besten Licht erscheinen lassen: Wir besitzen etwas Wahrhaftiges und niemals die vergänglichen Freuden des Künstlers. Ich liebe die Erde nicht nur, wenn sie schön ist, sondern auch, wenn sie anderen hässlich erscheint. Ich kann nicht achtlos mit ihr umgehen und sie gleichzeitig lieben. Meine Habe, mein Haus sind mir teuer geworden, und ich kann die Fäden, die uns verbinden, nicht lösen, ohne dass etwas zerbricht.]][12]

Gestern Abend spazierten Louis und ich den Pfad hinter dem Haus entlang. Die Luft war mild und angenehm warm und von den köstlichsten Gerüchen erfüllt. Beim Jäten geschieht es oft, dass mir ein Schwall der süßesten Düfte entgegenschlägt, wenn ich eine Handvoll sogenannten Unkrauts ausreiße. Inzwischen kann ich viele der Pflanzen unterscheiden. Eine davon, eine grobblättrige Vertreterin mit starker, widerstandsfähiger Wurzel, soll angeblich giftig sein. Eine andere, die im Wachsen wie eine Lilie erscheint, auch wenn sie meines Wissens keine Blüten treibt, verströmt ihren Geruch nur im Schatten.

Ich glaube, ich habe den Ylang-Ylang-Baum entdeckt, den angeblich so manches Geheimnis umrankt. Auch Dr. Stuebel will ihn

---

12 Passagen in doppelten eckigen Klammern waren im Originalmanuskript des Tagebuchs übermalt und wurden nachträglich wieder lesbar gemacht.

hier ausgemacht haben, was es für mich schlüssig erscheinen lässt. Laut Henry destilliert einer der Priester ein Parfüm aus ebendiesem Baum. Er scheint nicht sehr hoch zu wachsen – jedenfalls habe ich nirgendwo große Exemplare gesehen – und hat merkwürdig feine Blätter von sehr zarter, frischer Grünschattierung. Die Blüten wachsen in Trauben, sind von grünlichem Weiß, kehren sich am Baum ins Braune und werden dann von den Eingeborenen gern für ihre Kränze verwendet. Ich weiß noch, dass ich sie anfangs für eine Art Seetang hielt. Ich wage es kaum zu sagen, aber sie riechen wie alte Stiefel. Zumindest wenn sie braun sind. Ein anderer duftender Baum weist etwas auf, das ich erst bestimmen kann, wenn ich es in Händen halte, Blüte oder Frucht, in dunklem Rot und würzig im Geruch. Es gibt im Busch auch einen grässlichen Baum, der nach Dung riecht. Wir kamen an einem vorbei, als wir zum ersten Mal die Straße zu Mr. Carruthers entlanggingen, und mir wurde beinahe schlecht.

Was uns gestern Abend aus dem Haus und auf unseren Spaziergang trieb, war ein Laubfrosch mit Stentorstimme[13]. Er saß in einem Baum nahe der vorderen Veranda versteckt und machte einen Lärm, als werde eine Säge geschliffen, nur fünfzigmal so laut. Mir klingelten davon die Ohren …

Ich musste soeben unterbrechen, um Paul zu zeigen, wie man einen Knoten bindet, der sich nicht wieder löst. Bei seinem letzten Besuch fand Mr. Moors sein Pferd halb stranguliert durch eine lose Schlinge um seinen Hals, weil Paul es draußen im Gras festgemacht hatte. Ich habe gerade einen der Hähne mit einem festen Knoten am Bein festgebunden und darf annehmen, dass es dem nächsten Pferd in Pauls Obhut besser ergehen wird.

Doch zurück zu dem Laubfrosch. Wir setzten uns am Abend an den Tisch, und welcher Schrecken ergriff uns, als wir einen zweiten Laubfrosch hörten, der direkt über unseren Köpfen vom Dachvor-

---

13 Stentor: bei Homer ein Sänger mit der Stimmkraft von fünfzig Männern.

sprung aus sein Organ erschallen ließ. Louis ging hinaus und stocherte mit einem Stock in Richtung Dach, während ich vom Tisch aus mit einem Besen herumfuchtelte. Er begann von Neuem, und noch einmal wurde gestochert und gefuchtelt. Ich hatte das schreckliche Gefühl, ihn tödlich verletzt zu haben, doch als er, nachdem wir im Bett und schon halb eingeschlafen waren, wieder anfing, Sägen zu schleifen, wünschte ich, ich hätte es. Seine Darbietung war jedoch halbherzig, obwohl er uns mit zwei Ausbrüchen bedachte, und dies außerhalb der Saison, denn draußen waren die Frösche längst verstummt, und er erhielt keinerlei Antwort.

Es gab einen sehr heftigen Gewitterregen. Nachts fiel der Regen mit solcher Gewalt, dass wir einander nicht mehr verstehen konnten und meinten, das Haus müsse unter dem Gewicht des vielen Wassers zusammenbrechen, das darauf niederging. Mitten in der Nacht erhob sich Louis, machte Licht und begann Gedichte zu schreiben. Ich sorgte mich um den höher stehenden Mais und fürchtete, er werde umknicken und verderben. Die Gedichte erwiesen sich als nicht übel, und der Mais stand noch so aufrecht, wie man es sich nicht besser wünschen konnte.

Paul kam soeben mit dem anderen Hahn zu mir, um ihn am Fuß festbinden zu lassen.

»Diesmal machst du das, Paul«, sagte ich, »und ich schaue mir an, wie du gedenkst, Mr. Moors' Pferd festzubinden.«

Er machte am Ende des Seils einen Knoten, wie ich es ihm gezeigt hatte, dann ein Stück oberhalb noch einen losen Knoten, durch welchen der erste hindurchgeschoben werden sollte. Es war gut, dass ich es Paul selbst versuchen ließ, denn er hielt sorgsam den fertigen Knoten in den Fingern und führte die Schlinge über den Fuß des Hahns.

Gestern brachten unsere Männer die letzten von fünfhundert Kokosnüssen herauf, die Henry irgendwo für fünf Dollar gekauft hatte. In Apia ist kein Mais mehr zu bekommen, und so muss ich das wenige, was ich noch habe, für die Aussaat bewahren. Mr. Moors schickte

mir eine Kiste mit fürchterlich verfaulten Kartoffeln als Schweine-
futter. Paul und ich pickten die guten für den eigenen Gebrauch heraus und kochten den Rest für die Schweine. Es war mir unerträglich,
die armen Tiere mit solchen Abscheulichkeiten zu füttern. Deshalb
begab sich Henry erneut auf die Suche nach Kokosnüssen, die sich
auch für die Hühner eignen. Die Hälfte davon wollen wir einpflanzen. Sämtliche unserer Brotfrüchte treiben neue Blätter. Tatsächlich
scheint alles, was wir angepflanzt haben, zu gedeihen, abgesehen von
dem Mais, der auf so unerklärliche Weise ausgerissen wurde. Das
Bananenfeld ist weitgehend gerodet, doch ist es recht schwierig, dort
Männer bei der Arbeit zu halten.

»Zu viele Teufel, ich ängstlich«, erklärte Lafaele, der früher als erwartet zurückgekommen ist. Überall im Busch gebe es Teufel, glaubt
man hier, Kreaturen, die Menschengestalt annehmen und diejenigen
töten, die mit ihnen sprechen, doch unser Bananenfeld ist über Gebühr verrufen für die Gegenwart dieser Dämonen.

Heute sollten wir eigentlich zu dem Fest eines eingeborenen Richters gehen, doch es regnet zu heftig für solch eine Unternehmung.
Hier folgt eine Übersetzung der Einladung. [fehlt]

LOUIS   3. November 1890

[...] Den ganzen Vormittag an *South Seas* gearbeitet und das Kapitel
beendet, in dem ich am Samstag hängen geblieben war. Fanny, furchtbar angeschlagen von Rheuma und Blessuren, die sie sich auf dem
ruhmreichen Feld der Betätigung im Freien – bei der Schweinejagd –
zugezogen hat, war nicht in der Lage, Treppen zu steigen, also saß
sie auf der hinteren Veranda, und immer wieder drangen ihre Kom-
mandos zu mir durch. »Paul, nimm dafür einen Spaten – grab zuerst
ein Loch. Wenn du so weitermachst, wirst du dir den Fuß abhacken!
Und du, Boy, was hier machen? Haben nichts zu tun? Du gehen zu

Simile [Henry], er dir geben Arbeit. Peni, du sagen dem Boy, er gehen zu Simile. Wenn Simile ihm keine Arbeit geben, du ihm sagen, er soll gehen. Ich ihn hier nicht wollen. Dieser Boy nicht gut.« Peni (von weit her, bestätigend): »Jawohl, Sir!« Fanny (nach einer langen Pause): »Peni, du sagen dem Boy, er gehen zu Simile! Ich nicht gernhaben, er den ganzen Tag hier stehen. Ich nicht bezahlen diesen Boy. Ich ihn sehen ganzen Tag. Er nichts machen.«

Mittagessen, Rindfleisch, Sodabrötchen, gebackene Bananen, Ananas in Bordeaux, Kaffee. Versuche, ein Gedicht zu schreiben, sinnlos. Spiele Flageolett. Dann heimlich ab ins Farmer- und Pionierdasein. Vier Trupps auf unserem Grund bei der Arbeit, ein lebendiges Bild, Äxte krachen, und Rauchschwaden ziehen, alle Messer sind im Einsatz. [...]

LOUIS   November 1890

[...] Mein *Woodman*-Gedicht steht, ich habe mich in eine neue Geschichte geflüchtet, die mir regelrecht durch den Kopf geschossen ist, in einem der ehrfürchtigen Augenblicke, als ich allein in diesem erschütternden Dschungel war: *The High Woods of Ulufanua*. [...] Sehr merkwürdig, sehr extravagant, soweit ich das sagen kann, doch vielgestaltig und anschaulich, mit einer schönen Liebesgeschichte und einem guten Ende. [...]

FANNY   5. November 1890

Auch wir sind jetzt mit der Furcht der Eingeborenen vor *Aitus** oder Geistern infiziert. Louis hat einen Pfad in den Busch geschlagen. Er bekennt, dass der Anblick von allem, was einer menschlichen Gestalt irgendwie gleicht, ihn veranlassen würde, sich in Windeseile und mit dem Herzen in der Hose davonzumachen. Eines Nachts war die Welt scheinbar voller seltsamer und überirdischer Geräusche. Als Louis flüsterte: »Horch! Was war das?«, lief es mir kalt den Rücken hinunter, doch es war nur das Zischen eines Feuers auf der Lichtung. In derselben Nacht wurden wir von etwas geweckt, was wie ein Aufruhr im Hühnerhaus klang. Paul, Louis und ich rannten alle gleichzeitig hinaus, konnten aber nichts sehen. Am Morgen fanden wir ein totes Hühnchen mit herausgerissenem Herzen. Henry meint, der Übeltäter sei ein kleiner, wunderschöner Vogel. Doch wir waren schon ganz so weit, an einen *Aitu* zu glauben. Wir wurden arg von Laubfröschen geplagt, die ins Haus gelangen und einen Aufruhr veranstalten, der in keinem Verhältnis zu ihrer Größe steht, sodass man sie deshalb kaum für die Ursache halten mag.

Wir haben mit Henry vertraglich vereinbart, dass er die fünf Morgen Land für das [neue] Haus für 20 Dollar pro Morgen rodet. Er kommt gut voran, doch denke ich, dass es uns mehr als die 100 Dollar kosten wird. Er verpflichtet ständig neue Männer. Der Bruder von Mataafa (ich weiß nicht, ob das so richtig geschrieben ist) hat angeboten, den Vertrag von Henry zu übernehmen. Nach langem Überlegen und Rücksprache mit uns lehnte dieser ab. Der gesittete Herr stattete Louis und mir einen formalen Besuch ab, sprach mit honigsüßer Stimme ein perfektes Englisch und verschwand, um nach einigen Tagen zurückzukehren – in der Rolle eines Arbeiters. Ich stand am Hinterausgang, als mir ein sehr großer, ansehnlicher, stolzer Eingeborener auffiel, der über den Pfad auf das Haus zukam. Er war bekleidet mit einem sehr kurzen *Lava-lava*, das an einer Seite graziös aufgeschürzt war, einem Schulterumhang aus fransigen rotbraunen Blättern und trug hinter dem Ohr eine große rote Hibiskusblüte. Mir fiel die besonders schöne Farbe seiner Tätowierungen auf – er schien von der Hüfte bis unter die Knie in eine dunkelblaue Spitzenhose gekleidet zu sein –, und ich war völlig verblüfft, als der Mann sich in äußerst ansprechender europäischer Manier vor mir verbeugte und mir in korrektem Englisch einen guten Morgen wünschte. Unnötig zu erwähnen, dass er als Arbeiter kein Gewinn war. Noch Stunden nachdem die Arbeitszeit begonnen hatte, faulenzte er herum, erklärte den Männern, sie seien Narren, für einen so geringen Lohn zu arbeiten, tat sich gegenüber Henry in jeder Beziehung hervor und verlangte noch vor der Zeit einen vollen Tageslohn.

Henry kam hinterher zu uns, gab sich sehr besorgt, ob er sich so verhalten habe, wie ein englischer Aufseher es unter diesen Umständen getan hätte, und erklärte, dass dieser Mann im Rang über ihm stehe. Doch als er herausfand, dass der feine Herr versucht hatte, ihn zu hintergehen, behandelte er ihn wie jede andere gewöhnliche Person und zahlte ihm nicht mehr, als ihm zustand. Wir dachten, Henry würde ihn womöglich des Grundstücks verweisen, doch da wusste er noch nicht, welchen Intrigen seine Männer ausgesetzt waren.

Die letzte überirdische Neuigkeit ist, dass zwei [Lücke] Männer beim mitternächtlichen Fischen im Hafen ein großes Kriegskanu sahen, das Apia ansteuerte und recht weit landeinwärts fuhr, sodass sie die Masten durch die Bäume erkennen konnten. Sie eilten herbei, um zu sehen, was das zu bedeuten hatte. Im Boot saßen vier Männer, Fremde, die die Fischer aufforderten, ihnen beim Rudern zu helfen. Das taten die Fischer – und wunderten sich unterdessen, warum der Strand von Apia voller tanzender Menschen war. Am Morgen kehrten sie sofort zurück, um das seltsame Gefährt noch einmal in Augenschein zu nehmen, das sie nahe dem Tivoli[14] verlassen hatten, doch es war nicht mehr zu sehen. Einer der Männer begab sich zu Bett, oder besser gesagt, zu seiner Matte, und ist nun dem Tode nah.

Die Zeitung meldet, dass die Eingeborenen die Waffen einlösen, die sie vor einiger Zeit verpfändet haben, und jede Möglichkeit nutzen, um an Munition zu kommen. Die Dinge nehmen eine bedrohliche Wendung.

14 Das einzige Hotel in Apia.

Mein Garten sieht fast wie ein richtiger Garten aus, dank Lafaele und einem sehr ansehnlichen Samoaner. Er erinnert außerdem an einen Friedhof, denn die angelegten Beete haben in etwa die Größe und Form von Gräbern. Jedes Mal, wenn ich in den Garten gehe, fragt Lafaele, ob ich auch *wirklich* Kohl zu pflanzen gedenke. Pflanzte ich keinen Kohl, wäre es für ihn, als hätte er seine Zeit verschwendet und wäre betrogen worden. Somit bin ich geradezu gezwungen, Kohl zu pflanzen. In einiger Entfernung vom Haus habe ich am Rande des Grundstücks eine große Zahl von Zitrusbäumen in voller Frucht vorgefunden, Zitronen und Limonen.

Eines Tages, als mir der Sinn nach einer Entdeckungsreise stand, verirrte ich mich im Busch. Sich im tropischen Busch zu verirren, ist etwas sehr Beängstigendes. Die Vegetation ist so dicht, dass es keine Schatten gibt und der Stand der Sonne sich als ein unlösbares Geheimnis darstellt. Und doch birgt diese Angst auch ein nur schwer zu erklärendes Element der Freude. Hätte ich nicht befürchten müssen, Louis durch meine Abwesenheit zu beunruhigen, wäre ich bewusst immer tiefer in den Wald gegangen. Schließlich vertraute ich auf meinen Instinkt, der mich in einer Stadt stets verlässt, im Busch jedoch selten, wenn überhaupt, und binnen Kurzem fand ich mich am Rande der Lichtung wieder.

[[Ich bin sehr niedergeschlagen, denn meine Eitelkeit liegt blutend darnieder wie ein frisch gefällter Baum. Louis sagt mir, ich sei keine Künstlerin, sondern die geborene Bäuerin. Ich dachte oft selbst, *dies* sei das glücklichste Leben, und nicht eines für die Kritiker. Doch ist es äußerst bitter, wenn man mir versichert, was ich sein wollte, auch wirklich geworden zu sein. Natürlich meinte ich eine Bäuerin ohne Ambitionen. Wenn ich es beizeiten gewusst hätte, dann hätte ich mir das möglicherweise alles erspart! Ich habe über meine Gefühle nachgegrübelt und zu tief ins Glas geschaut, und jetzt schäme ich mich. Louis versichert mir, dass die Bauernzunft eine höchst interessante sei und er mich immens bewundere.]]

Gerade habe ich die Zeitungsnotiz über den Tod einer Engländerin gelesen. »Obwohl sie weder persönlichen Charme noch Schönheit besaß«, heißt es in dem Journal, »war sie eine höchst interessante Frau.« Ich frage mich, was sie von dieser Beschreibung gehalten hätte. Louis sagt, es könne niemanden stören, wenn über ihn gesagt wird, er sei kein Künstler, solange er nicht mit seiner künstlerischen Arbeit die Familie ernährt; nur dann wäre es eine Beleidigung. Nun, ich könnte mit der Arbeit, die ich tue, ob künstlerisch oder sonst wie, nicht einmal eine Fliege ernähren.

[[Ich muss an einen von Louis' Freunden denken, ein Dichter, glaube ich, der auf die Frage, warum er so düster dreinblicke, ausrief: »Ich will Anerkennung und bekomme nicht genug davon!« Ich fürchte, ich will keine Anerkennung für etwas, was ich nicht besitze. Ich hasse es so sehr, eine Bäuerin zu sein, dass es mir ein wahres Vergnügen ist, bei landwirtschaftlichen Aufgaben zu versagen.]]

Meine Hühner wollen nicht legen, und wenn, dann werden die Eier von den Hähnen gegessen, die Louis als »cril bitens«[15] bezeichnet. Die Schweine, die ich verabscheue und fürchte, klettern ständig aus ihrem Pferch und richten allerlei Unheil an, und wenn ich an die Kuh denke, die ich bekommen soll, verlässt mich der Mut. Ich liebe alles, was sprießt, aber Nutztiere sind nichts für mich. Außerdem habe ich ihnen gegenüber Schuldgefühle, weil mir klar ist, dass, selbst wenn sie um die Tötung herumkommen, ihnen doch auf meine Anordnung hin die Jungen abgenommen werden. [Etwa 35 fehlende Wörter]

Überall, wo das Land gerodet ist, sieht man Papayas aus dem Boden schießen. Es gibt männliche und weibliche Bäume; die männlichen haben kleine weiße Blüten und die weiblichen große, die einer Lilie ähneln. Ich habe wilden Ingwer entdeckt. Ich habe lange gerätselt, worum es sich handelt, denn der Geruch der Blätter ist mir im-

---

15 Schottischer Dialektausdruck, bedeutet etwa »Miststücke«.

mer wieder begegnet. Mr. Carruthers sagte mir, dass die Kurkuma fast genauso aussieht, nur die Wurzel ist sattgelb. Es gibt noch eine weitere duftende Pflanze von ähnlichem Wuchs, aber größer, eher wie niedriges Bambus- oder Zuckerrohr. Im Garten haben die Männer vor Kurzem einen Pilz ausgegraben, der in feinstes spitzenartiges Gewebe gehüllt war. Ich wünschte, ich wäre in diesen Dingen nicht so unwissend. Erst heute fand ich etwas, Wurzel oder Pilz, das sowohl Henry als auch den Männern unbekannt war.

Louis ist nach Apia hinuntergegangen, weil ein Mann, den er kaum kennt, ihn brieflich bat, jemanden zu besuchen, dem es nicht gut geht. Es ging ihm selbst nicht gut genug für einen solchen Gang, doch eine Bitte wie diese konnte er nicht abschlagen. Kurz bevor er ging, erschien ein katholischer Priester, der für seine Kirche sammelte. Er sprach Englisch mit starkem französischen Akzent. Sein Gehabe hatte so viel von einem Eingeborenen, dass ich im Stillen dachte, er müsse schon lange in Samoa sein. Und war doch überrascht, als er uns sagte, er sei ein Mischling.

Wie wir erfahren, ist die *Janet Nichol* in einen Hurrikan geraten und so schwer beschädigt worden, dass man gezwungen war, nach Sydney zurückzukehren. Es tut mir leid, das zu hören, denn nach all den Monaten, die ich an Bord verbracht habe, ist mir die »Jumping Jenny« doch ans Herz gewachsen.

Paul war den ganzen Tag damit beschäftigt, die verfallene Eingeborenenhütte auf dem Land der Schmidts instand zu setzen und als vorübergehenden Unterstand für die zwei Zugpferde herzurichten, die wir an Bord der *Richmond* erwarten. Ich ging hinüber, um zu sehen, wie er vorankam. Die Trennwand, die er zwischen den Boxen errichtet hatte, war gute Arbeit, doch unglücklicherweise stützte ich meine Hand darauf und brachte damit die gesamte Konstruktion zum Einsturz, wobei fünf Pfosten herunterkrachten und mich fast zerquetschten. Paul war zu diesem Zeitpunkt nicht vor Ort, und so suchte ich eilig Lafaele, der nach meinen Anweisungen einen der

Pfosten aufstellte und die anderen vier entfernte, und bevor Paul zurück war, hatte das Ganze eine feste Grundlage. Er ist seitdem dabei, das Dach mit Petroleumbehältern auszubessern, aber das Ergebnis habe ich noch nicht gesehen. Und ehrlich gesagt befürchte ich Schlimmes. Da meine eigene gekränkte Eitelkeit mich so schmerzt, nehme ich durchaus Anteil an Pauls Enttäuschungen. Der arme Kerl arbeitet so hart und ausdauernd, und die Ergebnisse sind so erbärmlich.

Ich war soeben draußen auf der Veranda, um mit Paul zu sprechen. Es ist jetzt halb neun und sehr dunkel, denn der Mond ist noch nicht aufgegangen und der Himmel bedeckt. Die Luft ist frisch, von einer feuchten Süße und erfüllt von all den duftenden Blättern und Blüten. Ich kann das Meer am Strand von Apia hören. Es ertönt ganz regelmäßig, wie Keuchen, oder eher wie das rhythmische Schnurren einer riesigen Katze. Grillen und Laubfrösche und zahllose andere Insekten und Kleintiere zirpen und picken und erzeugen die unterschiedlichsten Geräusche, die zusammen eine Harmonie ergeben. Manchmal lässt einen der Schrei eines Vogels aufschrecken, vielleicht ebenjener Vogel, der mein armes Hühnchen ermordet hat.

Als ich in der Tür stand und hineinblickte, erschien mir das Zimmer wie in leuchtende Farben getaucht, leuchtend und ineinanderfließend. Dabei gibt es dort nicht mehr als die *Tapa* an den Wänden (die wirklich schön ist), die Koralle, die rosafarbenen und kastanienbraunen Fenstervorhänge aus gröbstem Kattun, eine abgenutzte, alte und fleckige rosafarbene Tischdecke, einige bedruckte Kissen und die Pandanus-Matten auf dem Boden. Louis' Bücher mit ihren blauen, roten und grünen Einbänden und insbesondere ihren Goldlettern machen in ihren sechs Regalen einiges her, und die beiden Kava-Schüsseln, auf die ich so viel Mühe verwendet habe wie ein junger Mann auf seinen Meerschaum, haben eine fein und vielfarbig schillernde Färbung angenommen. Ich kann meine eigene Kava mit Genuss daraus trinken, doch als ich sie einmal einem echten Kava-Trinker anbot, nahm er sie nicht so freudig entgegen, wie ich es mir ausgemalt hatte. Ein weiterer Misserfolg, aber vielleicht ein künstlerischer, was mir natürlich weniger gut gefallen würde.

Henry leidet an einer Fußverletzung. Er und Paul waren im Hühnerstall mit Axt und Nägeln zugange. Paul legte die Axt mit der Schneide nach oben auf den Boden und stellte sich mit einem Fuß darauf. Henry wollte nicht zurückstehen und folgte seinem Beispiel, aber er war barfuß, während Paul schwere Stiefel trug. Das Ergebnis war verheerend.

FANNY   15. November 1890

Wir konnten nicht zum Ball des englischen Konsuls gehen, für den Louis voreilig zugesagt hatte, weil es schüttete. Am Samstag sollten Rennen und Spiele stattfinden, aber das Wetter war so schlecht, dass alle Festlichkeiten mit Ausnahme des Balls verschoben wurden. Henry machte sich am Samstagmorgen auf nach Apia, zu Pferde oder vielmehr auf einem Ponyfohlen, das eher aussah wie eine Ratte. Er borgte von mir Zaumzeug und hat den Kinnriemen verloren, ritt aber auf seinem eigenen Sattel – wenn man ein solches Stückwerk aus zerbrochenen Holzteilen und Lumpen und dem Geruch nach altem Leder einen Sattel nennen will.

Die Kaltblüter für den Wagen sind aus Auckland gekommen, ein Paar große, sanftäugige, friedliche Graugescheckte. Es war eine Freude zu sehen, wie sie sich nach der langen Reise über das Gras hermachten, und amüsant zu beobachten, wie Jack[16] auf sie reagierte. Zuerst beäugte er sie überrascht, offenbar wie vom Donner gerührt angesichts der Größe dieser beiden Zugpferde (die er offensichtlich als solche erkannte) aus den Kolonien[17]. Dann setzte er sich vor ihnen

---

16 Stevensons Pferd.
17 Gemeint ist Australien, das erst 1901 unabhängig wurde.

74

in Positur, tänzelte und bäumte sich auf und galoppierte um sie herum. Die beiden großen Zugpferde betrachteten ihn mit verhaltener Neugier. Das eine sagte zum anderen: »Ich nehme an, wir haben es hier mit einem sogenannten Kanaken zu tun. Merkwürdige Kreatur.« Und dann widmeten sie sich wieder ihrem Mittagsmahl und ignorierten den armen Jack und seine Annäherungen.

Als wir schon zu Bett gehen wollten, vernahmen wir aus dem Stall einen beunruhigenden Lärm. Es hatte den ganzen Tag stark geregnet und nieselte immer noch, das Unkraut auf dem Weg zum Stall reichte mir bis zur Hüfte und triefte nur so. Die Aussicht war zwar nicht verlockend, doch wir stapften wacker mit Laterne und Schirm nach draußen. Als wir die Einzäunung erreichten, wo der Stall steht, oder besser gesagt, stand, bemerkten wir zwei große weiße Objekte, die sich undeutlich in der Dunkelheit abzeichneten. Wir traten näher, und schon standen wir unseren beiden Pferden von Angesicht zu Angesicht gegenüber. Sie hatten sich die Seiten und das eine Ende ihrer Behausung weitgehend einverleibt. Es muss ihnen ziemlich verrückt vorgekommen sein, sich in einem essbaren Stall wiederzufinden. Als wir eintraten, war ihre Wiedersehensfreude allem Anschein nach groß. Doch zu unserer Bestürzung fanden wir sie ineinander und in die Überreste der Trennwand verstrickt, von der nur noch Lafaeles Pfosten stehen geblieben war. Louis kroch zwischen ihren großen haarigen Hufen durch und konnte nach langem und geduldigem Ringen den Knoten von einem der nassen Seile öffnen, während die Pferde von oben an seinem Kopf herumschnüffelten und ihn beschnupperten. Er erwartete jeden Augenblick, dass er ihm abgebissen würde, denn, so sagte er, wenn die Pferde in diesen fremdartigen Gefilden einen essbaren Stall vorfänden, könnten sie leicht auf die Idee kommen, auch den Stallknecht zu probieren.

Am nächsten Morgen bat mich Beni, zum Hühnerhaus zu kommen. Er hatte unseren besten Hahn gefangen unter einem Eingeborenenkorb in der äußeren Umzäunung gefunden, wo er die ganze

Nacht im strömenden Regen gelegen hatte. Es konnte kein Zweifel bestehen, dass wir einen Dieb in Ausübung seiner Tat gestört hatten. Laut Vereinbarung mit Mr. Moors schickten wir die beiden Zugpferde gestern hinunter nach Apia, den Wagen holen. Der Mann, den wir als Kutscher eingestellt hatten, erwies sich als betrunken, und offenkundig war er auch in nüchternem Zustand unfähig. Er wurde auf der Stelle entlassen, und Henry, der noch nie in seinem Leben etwas auf Rädern gefahren oder vermutlich auch nur bestiegen hatte, wurde losgeschickt, das Ganze nach Vailima hinaufzufahren. Beunruhigt angesichts des von Henry eingeschlagenen Tempos, hastete ihm Mr. Moors nach. Pferde und Wagen waren jedoch schon gut zwanzig Minuten oben, bevor er uns erreichte, außer Atem und schweißtriefend, als ob er einen Fluss durchquert hätte. Er erwischte uns in einer schönen Klemme. Henry war die furchtbare, in der Tat beinahe unpassierbare Straße mit insgesamt 1300 Pfund Gewicht in höchstens zwanzig Minuten heraufgekommen, und eines der armen Zugpferde machte wahrhaftig den Eindruck, als sei es dem Sterben nahe. Der Schweiß rann ihm in Strömen herab, als es mit bebenden Flanken und hängendem Kopf so dastand, und am schlimmsten war, dass ihm Blut aus der Nase lief. Ich schickte Paul nach oben, um die Decken von meinem Bett zu holen, doch er holte seine eigenen, die wir dem Tier überwarfen. Auf der Suche nach etwas zum Abreiben griff ich mir auf die Schnelle zwei Stücke von meinem Unterzeug. Louis mit dem einen und Paul mit dem anderen rieben das blutende Pferd ab, und dann machten wir uns mit vereinten Kräften daran, den beiden das Geschirr abzunehmen. Keiner von uns hatte auch nur die geringste Vorstellung, wie man das anstellte, und so griff sich jeder eine Schnalle und löste sie, und schließlich wurden die Zugpferde von dem Durcheinander befreit.

Henry und Lafaele, beide sichtlich besorgt und verzweifelt, erhielten von Louis den Auftrag, die Pferde langsam die Straße zum Wald auf und ab zu führen, denn wenn man sie in dieser Verfassung still stehen ließ, würden sie sich am Ende verkühlen. Sie gingen weiter, als Louis im Sinn gehabt hatte, verschwanden zwischen den Bäumen, sodass er ihnen schließlich nachging und sie dort alle still auf einem Fleck im feuchten, kalten, zugigen Wald fand, denn die Boys hatten es so verstanden, dass sie dorthin geschickt wurden, weil es dort kühler war.

Und da erschien Mr. Moors. Er sah sofort, dass der Wagen übel gelitten hatte; eines der vorderen Räder neigte sich in äußerst bedenklichem Winkel. Dass Henry nicht abgeworfen worden war, blieb uns ein Rätsel, ebenso wie die Tatsache, dass das Ganze nicht zusammengebrochen war. Wir hatten einen Wagen von amerikanischer Bauart bestellt, das, was man einen »amerikanischen *lumber wagon*« nennt, doch was man uns schickte, ist in Neuengland als *carryall* bekannt und wird gewöhnlich für den Transport kleiner Pakete und häufiger noch für Ausflugsfahrten genutzt.[18] Er ist für uns absolut nutzlos – und hat 125 Dollar gekostet. Die Bestellung muss beim Händler falsch angekommen sein, denn ich weiß noch, wie ich mehrmals sagte: »Ihr bestellt da einen *spring wagon* (so lautet ein anderer Name für den *carryall*) und keinen *lumber wagon*.« Aber niemand hörte auf mich. Als es um Wagen ging, hätten sie der Bauersfrau vertrauen sollen.

Diese traurige Geschichte der ersten Fahrt von Apia zu uns herauf ließ Henry ziemlich ausgezehrt und alt aussehen. Er tat mir sehr leid, aber es gab nicht ein Wort der Schuldzuweisung, denn wir wussten, dass er nichts dafür konnte.

18 Ein »*lumber wagon*« ist ein Wagen für den Transport. Als »*carryall*« bezeichnet man einen vierrädrigen Personenwagen für Ausfahrten.

Louis ging gestern Abend hinunter, um mit dem Zimmermann zu sprechen, und blieb über Nacht vor Ort, denn S [Lücke][19] gibt ein Fest zum Geburtstag seiner Tochter. Die adoptierte Tochter[20] von S wurde kürzlich (?) zur Dorfjungfrau gekürt. Das ist eine große Sache, und zweifellos mussten viele Hühnerhöfe und Schweineställe ihren Tribut zollen, denn jeder Gast bringt ein Geschenk mit. Anlässlich des letzten großen Festes wurden einem Mann zehn Schweine gestohlen. Jack, auf dem Louis geritten ist, wurde mir heute Morgen zurückgeschickt, doch ich hatte Kopfschmerzen und war ohnehin zu müde, mich aufzumachen.

Ich war sehr in Sorge wegen unserer eigenen Hühner, denn ich habe einen großen Eingeborenenkorb entdeckt, den jemand außer Sicht verstaut hat, und als ich kurz nach Mitternacht einen Aufruhr unter den Hühnern hörte, verlor ich keine Zeit und eilte zum Ort des Geschehens. Paul folgte mir, denn ich hatte ihn geweckt, indem ich nach Pussy rief, als ich an seiner Tür vorbeikam. Ich wollte die arme Puss von dem schrecklichen Verdacht des Hühnermordes reinwaschen, der seit einiger Zeit auf ihr lastet. Doch während Puss bei Paul unschuldig schlummerte, sah ich auf dem Boden ein fast ausgewachsenes totes Huhn mit aufgerissener Kehle liegen. Als ich mich näherte, sah ich eine Ratte wegrennen – damit hat sich in der Sache jeder Zweifel erübrigt.

Als ich am frühen Abend alleine dasaß (Paul war bei den Schmidts), wurde ich von einem seltsamen, gespenstischen Geräusch zwischen Husten und Ächzen aufgeschreckt. Ich wusste die Schweine sämt-

---

19 Gemeint ist Seumanutafa: Häuptling von Apia.
20 Gemeint ist Seumanutafas Tochter Fanua. Da Fanua zu Stevensons Zeit
    die Ehefrau von Mr. Gurr, einem Nachbarn der Stevensons, war, muss ihre
    Ernennung zur Dorfjungfrau allerdings länger zurückliegen.

lich im Stall, der Mond schien hell genug, sodass ich alles um mich herum gut erkennen konnte, doch es war nichts zu sehen. Mir fiel Lafaeles Geschichte von einem Teufel ein, den er gesehen und gehört haben wollte. Ich hatte ihn ein Stück in den Busch geschickt, damit er einige Bananenableger holte, die ich dortgelassen hatte. Zu meiner Empörung sah ich ihn mit seinem Freund Maya umkehren.

»Du willst doch nicht, dass ich dir helfe?«, fragte ich.

»Ich ängstlich«, war Lafaeles Antwort, »dort zu viele Teufel.«

Und dann berichtete er, dass er selbst einen gesehen habe – in Gestalt eines schwarzen Burschen – und andere gehört, die einen schrecklichen Lärm gemacht hätten, »so«, und da machte er genau das Geräusch, das ich letzte Nacht hörte.

Mit den beiden einheimischen Säuen haben wir wirklich unsere liebe Not. Nichts von Menschenhand Errichtetes kann sie in irgendeiner Umzäunung halten. Sie sind jetzt draußen und verwüsten das Grundstück, während Henry, Lafaele und Maya Taro pflanzen. Vorgestern ging Paul mit allen Männern, die er nur anheuern konnte, hinüber zur deutschen Plantage und holte Orangen-, Brotfrucht- und Mangopflanzen und noch mehr Kakaosaat. Am selben Tag bekamen wir die Pflanzen aus Sydney geliefert: eine Chinesische Persimone*, einen Japanischen Rosinenbaum, einen Granatapfel, elf Navelorangen und viele Erdbeeren, Letztere nahezu, wenn nicht völlig verdorben. Paul und ich pflanzten das Sydney-Zeug, während Henry und ein Freund sich um den Rest kümmerten. Am Abend und die ganze Nacht hindurch hatten wir raues Wetter.

Hier werde ich soeben von Henry unterbrochen, der sich erkundigt, wie man Ananas pflanzt. Ich wünschte, ich könnte mit einem Fotoapparat festhalten, wie er da in der Tür steht, mit dem festen Blick eines Mannes von Bedeutung und gekleidet wie eine *Huri**. Um seine Lenden hat er ein Stück weißen Baumwollstoff geschlungen, ein breiter Kranz herabhängender Farne windet sich um seine Stirn, kreuzt sich hinten am Kopf und reicht um den Hals nach vorne bis auf die

Brust, wo er zu einer Art Knoten aus grünen Pflanzenfasern geknüpft ist. Henry ist eigentlich ein unauffälliger junger Mann, doch sieht er gerade jetzt wunderschön aus, wobei der unpassende Ausdruck seiner Augen den Eindruck nur verstärkt.

Der Sturm, von dem ich sprach, war für Menschen, die in einer solch verletzlichen Behausung leben, sehr beängstigend. Selbst bei gutem Wetter erbebt das Haus, als wolle es zusammenbrechen, sobald jemand schnell die Treppe hinaufgeht, und das leichte Blechdach ist an den Dachvorsprüngen alles andere als dicht und steht sämtlichen Winden offen. Keine Lampe blieb am Brennen, und da Paul die Lampe, die wir für solche Notfälle bereithielten, zerbrochen hatte, saßen wir im Halbdunkel. Am späten Nachmittag hüllte uns eine Wolke ein, sodass wir nicht weiter sehen konnten als im Londoner Nebel. Und der Sturm nahm noch zu, peitschte die Zweige der Bäume umeinander und bog manchmal sogar ihre Stämme und beugte sie zu Boden. Durch das Fenster konnten wir sehen, wie der Regen in immer neuen Lagen herunterkam. Dann und wann ertönten bedrohliche Schläge auf unserem Blechdach, als ob der große Hartholzbaum, der beim Haus steht, uns zu Leibe rückte. Ich habe ihn mir danach genau angesehen, und es kann kein Zweifel darüber bestehen, dass es dieser Baum war, ein stattlicher Bursche mit einem Umfang von an die sechs Fuß auf Höhe unseres oberen Stockwerks. Unter unseren schlecht schließenden Türen drang Wasser ein, die Streichhölzer waren feucht und zündeten nicht, und das allgemeine Unbehagen und die klamme Feuchtigkeit vermittelten einem das Gefühl, man sei auf See. Ich wünschte, wir hätten ein oder zwei unserer grünen Segel einholen können, was mich an Ah Fuh[21] erinnerte: daran, welche Ängste er bei schlechtem Wetter an Land ausstand und wie sehr er sich dann wünschte, auf See zu sein. – Werde unterbrochen von ei-

---

21 Ein chinesischer Koch, der während der Seereisen durch die Südsee in Diensten der Stevensons gestanden hatte.

nem jungen Schotten, der um einen Posten als Bediensteter bittet. Er ist erst dreiundzwanzig und hat eine kranke Frau und ein kleines Baby.

FANNY   2. Dezember 1890

Louis ist nach Apia hinuntergegangen, in der Hoffnung auf Post von einem Kutter, der hinüber nach Tutuila fährt, um das Postschiff nach San Francisco zu erwischen. Henry und ich schreiben beide unsere Tagebücher, an dem einzigen Tisch, den es in diesem Haus gibt. Der arme Henry hat in letzter Zeit viel durchgestanden. Vor allem hat man ihn zum Opfer einer Fälschung gemacht. Einer seiner Boys brachte einen Brief, vorgeblich von einem Mann, dem er Geld schuldete, ich glaube, es waren sechs Dollar. Henry bekam von Louis eine Anweisung über den Betrag, steckte sie in einen Umschlag und übergab diesen dem Boten. Durch einen glücklichen Zufall sah er kurz darauf an der Straße den Boten, wie er seelenruhig den Brief öffnete und die Anweisung herausnahm. Er ging den Übeltäter an und steckte die Anweisung wieder zurück in den Umschlag. Ein Stück weiter die Straße hinunter wartete ein Komplize, der jedoch bei Henrys Attacke flüchtete und seitdem nicht wieder gesehen wurde. Hinterher stellte sich heraus, dass der Brief selbst gefälscht war. Henry brachte seinen Mann prompt ins Gefängnis und erschien heute Morgen vor dem einheimischen Richter, um gegen ihn auszusagen. »Euer Ehren« war mit dieserart Verbrechen noch nicht in Berührung gekommen und wusste nicht recht, wie er damit umgehen sollte. Zu meinem Bedauern kam der Schurke mit einer Strafe von zehn Dollar davon.

Das erinnert mich an eine Rechnung, die neulich den Konsuln geschickt wurde. Wie es scheint, ist man dort für den Unterhalt von Malietoa [Laupepa] verantwortlich. »Wöchentlicher Aufwand an Kost für 1 König«.

Henry hat erneut berichtet, dass er den Teufel gesehen hat, als er jüngst aus Apia zurückkam, doch ich bin nicht ganz schlau daraus geworden. »Zwei junge Damen, sehr *feine* junge Damen, *sehr* feine junge Damen« hatten anscheinend einen Spaziergang unternommen. Sie waren »sehr *fein* angezogen«, bekleidet mit »*feinen Lava-lavas* aus *sehr* feinen Ti-Baum-Blättern*«, und trugen Kränze aus würzigen Beeren und Blättern um den Hals. Dann folgte irgendetwas von einem Häuptling, mit dem sie offenbar speisen wollten, doch schließlich nahmen sie Abstand davon, weil eine von ihnen mit piepsiger Stimme (von Henry gewissenhaft imitiert) sagte, dass sie gekochten Fisch rieche, diesen Leckerbissen jedoch lieber roh esse. Ich konnte dem wiederum nicht folgen, doch jedenfalls hörte man spät in jener Nacht eine Männerstimme rufen (sehr gequält, laut Henry): »Oh, mein Gott! Rette mich! Rette mich!« Und dann »sahen sie die Geburt eines Geistes auf dem Wasser«.

Doch ich bin von Henrys Sorgen abgekommen. Heute musste er zum Richter, um seine Anklage gegen den Betrüger vorzubringen. Sein Pferd durfte er an einen Baum binden und ließ es so zurück. Als er zurückkam, war das Seil gelöst, und er musste dem Pferd eine Viertelmeile weit hinterherrennen. Er muss wohl zu dem Baum zurückgegangen sein und einer Frau Vorwürfe gemacht haben, denn sie schlug ihm mit einer Reitpeitsche übers Gesicht. Unverzüglich und sehr unritterlich erwiderte er den Schlag, und dann, wie er sagte, »bekam sie für jeden, den sie mir gab, einen zurück«. Die unglückliche Frau muss es ziemlich dick bekommen haben, denn die Peitsche (meine Peitsche) war zerbrochen und in Fetzen.

Louis sagte: »Du solltest wissen, Henry, dass wir Frauen nicht schlagen. Wenn sie uns schlagen, tun wir gar nichts.«

Henry blickte ob dieser Eröffnung verdattert drein, doch dann erhellten sich seine Gesichtszüge, und er sagte stolz, wenn ein weißer Mann an Stelle der Frau gewesen wäre, dann hätte er ihn nicht geschlagen.

Mir ist einiges über samoanische Sitten klar geworden. Man darf die Menschen nicht direkt nach ihrem Namen fragen. Ich fürchte, ich habe oft dagegen verstoßen, denn wenn ich an jemandem Gefallen finde, dann bitte ich ihn, mir seinen Arm zu zeigen, damit ich seinen Namen lesen kann, der gewöhnlich zwischen Handgelenk und Ellenbogen eintätowiert ist.

Gestern strauchelte eines der Zugpferde mit dem Wagen, und Mr. Hay[22] musste es mit aller Kraft aufrecht halten, denn es waren Pflöcke im Weg, und das Pferd wäre auf grauenhafte Weise zu Tode gekommen. Er rief nach Henry und seinen Männern, die aus dem Busch herbeigerannt kamen, wo sie Baumstämme verbrannt hatten. Nachdem der Wagen fort war, blieben Louis und ich dort und zeigten den Männern, wie sie die Pflöcke herausreißen sollten. Es amüsierte uns, dass sie nicht nur wie gewöhnlich mit Farnen und Blumen bekränzt waren; jeder von ihnen hatte auch einen enormen schwarzen Schnurrbart aufgemalt.

Einmal, als ich Lafaele traf, war sein Kopf in Kalk getaucht, weiß wie der von Pater William, mit Backenbart und einem netten kleinen schwarzen Schnurrbart. Zu seinem größten Vergnügen musste ich mich nach seinem Namen erkundigen.

Lafaele und Monga leben beide in ständiger Besorgnis. Es geht das Gerücht um, dass ich mit beiden unzufrieden sei. Monga beschränkt sich darauf, zu erahnen, was ich von ihm möchte, und mich mit seinen schönen Augen anzuschmachten. Mir ist nie etwas »betörender« vorgekommen als der Ton, in dem er heute zu mir sagte: »Hier ist ein kleines Kleines.« Er ist sehr klug, dieser Monga, denn er übertreibt es nicht. Jedenfalls habe ich ihn heute zum ersten Mal dabei erwischt, wie er sich drückte. Er hatte sich von der Gartenarbeit weggeschlichen und Lafaele alleine den Teufeln überlassen und lungerte

---

22 Ein weißer Bediensteter. Nach der Ankunft in Vailima stellten die Stevensons zunächst nur Weiße an. Nach und nach traten jedoch Eingeborene an deren Stelle.

dann in der Nähe des Kochs herum, der das Abendessen zubereitete. Er zeigte sich nur für einen kurzen Moment beschämt und schnappte sich dann einen brennenden Ast vom Feuer, als sei er in großer Eile, ging den Weg hinauf zu Lafaele und gab dabei vor, eine Fackel zum Anzünden von Feuerholz zu überbringen. Doch da das Feuer seit einer Stunde mit heller Flamme brannte, forderte ich ihn auf, das Theater zu beenden.

Lafaeles Strategie ist viel gröber als die von Monga. Wenn man ihn direkt zur Rechenschaft zieht, blökt er wie ein Lamm, und an Louis gerichtet ist jedes zweite Wort »Papa« und an mich »Mama«. »Papa, ich schuften wie der Teufel« ist eine gängige Aussage. Doch gewöhnlich kommen auf ein Wort zu eigenen Gunsten zwei zuungunsten von Monga. »Dieser Kerl, er nicht arbeiten«, und: »Dieser Kerl nicht gut«, oder: »Dieser Kerl sprechen viel böse.«

Doch wann immer es etwas Augenfälliges zu erledigen gibt, ist der gut aussehende Monga allen voran. Vor einigen Tagen sah ich abends, wie er stumpfsinnig mit einem Löffel gegen eine Blechtasse schlug.

»Was machst du denn da?«, fragte ich.

»Rufen Männer zusammen«, war die Antwort.

Da bemerkte ich einen Bienenschwarm, der sich auf einem Papayazweig niederließ. Monga nahm eine Kiste, steuerte furchtlos die summende Masse an, schüttelte sie in ihren Behelfsbienenstock und stellte die Kiste triumphierend gegen einen Baum. Inzwischen war sein nackter Körper schwarz vor Insekten, doch nicht eines stach. Die anderen Männer zeigten entweder Angst oder großes Erstaunen, denn nur wenige, und nicht einmal unser Henry, hatten jemals Bienen gesehen. Monga guckte dann ziemlich dumm, als man seine vergeblichen Bemühungen aufdeckte, die neuen Haustiere mit kaltem Reis zu füttern.

Heute wurden drei Eier vermisst, offenbar zu drei verschiedenen Zeiten, zuerst von Miss Schmidt, dann von Paul und schließlich von Henrys Koch. Monga hat sie angeblich genommen, und als Beweis wurde vorgebracht, man habe ihn beobachtet, wie er sozusagen mit Eiern zu tun gehabt habe. Doch da ich zur fraglichen Zeit mit ihm zusammen war (wir waren auf der Suche nach Hühnernestern und fanden zwei im Gras), konnte ich diese Beweise gegen ihn nicht gelten lassen. Sollte Monga der Dieb sein, würde dies bedeuten, dass ich sein Komplize war. In den beiden Nestern haben wir insgesamt sieben Eier gefunden, und sie gehören ohnehin alle mir.

Ich war ziemlich krank und bin immer noch schwach. Als Louis das letzte Mal in Apia war, lud man ihn ein, mit Mr. Sewall, dem amerikanischen Konsul, zu essen. Man schickte eine Nachricht zu mir herauf, bat mich, ich solle dazukommen, und das tat ich dummerweise, ohne zu ahnen, dass der Fluss zu hoch stand, um ihn zu durchqueren. So war es jedoch, und ich musste eine lange, ermüdende Strecke gehen und kam mehr tot als lebendig an. Den Rückweg hätte ich nicht mehr geschafft, also schickte uns Mr. Sewall in einem Boot zu Mr. Moors. Stadt und Hafen waren bei Nacht unbeschreiblich schön. Am nächsten Tag kehrten wir nach Vailima zurück, und ich fühlte mich sehr krank, wie stets, wenn ich übernächtigt bin, und hielt den armen Louis die ganze Nacht auf Trab. Er gab mir Laudanum, das jedoch zum ersten Mal die Schmerzen nicht betäuben konnte. Heute kam Mr. Sewall zu Fuß herauf, beschwerte sich, er sei halb gelähmt, doch er sah so frisch aus wie eine Rose. Er wollte mir in seiner Eigenschaft als Konsul in einer juristischen Angelegenheit helfen. Sehr ärgerlich, dass ich das entsprechende Dokument erst finden konnte, als er wieder fort war.

Ich bin soeben aus dem Garten gekommen, wo ich ein frisch umgegrabenes Stück Erde mit Sellerie bepflanzt habe. Beim Selleriepflanzen schnitt ich mir mit der Gartenschaufel in die Hand, was eine stark schmerzende Wunde verursachte. Lafaele sah seine Stunde gekommen und eilte zu einer Pflanze, die in der Nähe wuchs, und rief unterdessen nach einem von Henrys Männern, von dessen *Lava-lava* er einen Streifen abriss, der als Verband diente. Er nahm ein Blatt und rieb es zwischen seinen Fingern, hielt es ans Feuer und legte es auf die brennende Wunde. Der Schmerz war wie weggezaubert und ist seitdem verschwunden. Es ist das zweite Mal, dass mir Lafaeles Fähigkeiten als Medizinmann zugutekommen. Ich hatte vorgehabt, ihn heute zu entlassen, ihn und Monga, doch nach der Behandlung mit dem Blatt hatte ich nicht das Herz, und ich konnte Monga nicht wegschicken, nur weil er zu Unrecht beschuldigt wurde, in meiner Begleitung Eier entwendet zu haben. So sind sie beide weiterhin bei uns.

Ich fürchte, mit den Schmidts geht es rapide bergab. Anfangs, nach unserer Ankunft, tauschten wir noch kleine Aufmerksamkeiten aus, ich schenkte ihnen hübsche Schmuckeier und dann und wann etwas Zucker, sie schenkten mir Bananen aus ihrem Garten, ein paar grüne Orangen und grüne Papayas – was ich beides nur aus Höflichkeit annahm. Heute erhalte ich eine Rechnung für eine kleine Arbeit, die Mr. Schmidt für mich erledigt hat, die Geschenke inklusive.

Henry scheint eine Pua-Pflanzung* entdeckt zu haben. Er brachte so viel davon herunter, wie seine Männer tragen konnten, und will es am Fluss anpflanzen. Heute fällt ein wirklich nützlicher Regen, sacht und warm und nicht wie gewöhnlich rau wie in nordischen Gefilden. Wir sind sehr froh darüber, nicht nur wegen meines Gartens, sondern auch, weil der Tank leer ist. Pauls Füße sind von Moskitostichen wund. Ich muss hier aufhören und ihm etwas zur Linderung geben.

FANNY   ?. Dezember (Freitag)

Pauls Füße sind so weit verheilt, dank der Borsäure, die ich auf die wunden Stellen gegeben habe. Borsäure ist in den Tropen eine unentbehrliche Medizin.

Louis hat aus Apia die erschreckende Nachricht mitgebracht, dass es eine weiße Frau war, Mrs. Bell, an der sich Henry mit seiner Pferdepeitsche versucht hat. In ganz Apia verbreitet sich die Geschichte, und man sagt uns alle Sorten von Übel voraus, die uns über Henry ereilen würden. Einer sagt: »Er ist ein schlechter Kerl«, ein anderer: »Sein Gesicht gefällt mir nicht.« Mr. Carruthers ereiferte sich über seine Feigheit. Doch sollte man nicht vergessen, wie unterschiedlich unsere und die Sitten der Samoaner sind. Wenn hier eine Frau zuschlägt, dann bekommt sie es ebenso zurück wie ein Mann, und das gilt nicht als Schande. Ich bin froh, dass es Mrs. Bell war und niemand anders, obwohl ich nicht glaube, dass es in Apia außer Mrs. Bell überhaupt eine zweite weiße Frau gibt, die eine Attacke in dieser Art ausgeführt hätte. Nun, ich will es nicht hoffen. Familie Bell wird als *die* Plage von Apia angesehen. Sie betteln – und beißen dann nach der Hand, die sie füttert.

Ein Herr, der sich einmal durch Bells hartnäckiges und unverschämtes Betteln belästigt fühlte, hielt zwischen Daumen und Zeigefinger einen goldenen Sovereign hoch.

»Ich gebe Ihnen den«, sagte er, »wenn Sie versprechen, mir niemals mehr nahe zu kommen und mich nie wieder anzusprechen.«

Man sollte erwähnen, dass er dieses beleidigende Angebot mit einer sehr offenherzigen kritischen Beschreibung von des Mannes Charakter und Benehmen einleitete.

»Ich nehme den Sovereign«, war Bells begierige Antwort.

Vor Kurzem erschien Mrs. B überraschend im einzigen Wohnraum, über den wir verfügen und der tagsüber Louis und seiner Arbeit geweiht ist. Was er der Dame entsprechend kühl auch erklärte, die sich jedoch nicht im Mindesten entmutigt zeigte, mit ihrer Tochter auf der Veranda Platz nahm und sagte: »Oh, das ist doch nicht weiter schlimm.« Offensichtlich dieses trostlosen Herumsitzens schnell müde, folgte sie mir bald – ich war zum Bananenfeld im Busch gegangen –, solange der Pfad bequem zu gehen war. Dann ließen sich die beiden gemütlich auf einem Baumstamm nieder, um meine Rückkehr abzuwarten. Ich sah sie schon von Weitem, aber um sicherzugehen, dass ich nicht falschlag, fragte ich die junge Dame, als sie auf mich zukam, nach ihrem Namen.

»Miss Bell«, antwortete sie lächelnd. »Darf ich Ihnen meine Mutter vorstellen?«

Ich blieb stehen und betrachtete die Frau, die noch auf dem Baumstamm saß, mit stechendem Blick.

»Ich fürchte, ich dränge mich auf«, bemerkte sie, offenbar ein wenig verlegen.

Ich ließ meinen Blick noch einen Moment lang auf ihr ruhen und sagte dann: »Ja, ich bin sehr beschäftigt.«

Ich bin mir nicht sicher, ob das nicht einer der Gründe für ihre rüde Attacke auf Henry war. Sie hätte am liebsten mir die Peitsche übers Gesicht gezogen. Arme Seele, ich unterstelle ihr keine bösen Absichten, und es tut mir äußerst leid für die Tochter, doch von einer Person wie der Mutter möchte ich nicht mehr belästigt werden. Gestern stand Henry vor dem einheimischen Friedensrichter, der ihm ein Bußgeld von fünf Dollar auferlegte, herabgesetzt auf vier, weil Mrs. Bell einen Dollar dafür zahlen musste, dass sie im Handgemenge seine Jacke zerrissen hatte.

Mit dem Postkutter erhielten wir heute einen Brief von Mrs. Stevenson, und ihre beiläufige Erwähnung von Lloyd ist das Erste, was wir von ihm hören. Was ist bloß aus den Briefen geworden, die wir von ihm hätten bekommen sollen? Irgendetwas geht fürchterlich schief im kolonialen Postamt, anscheinend erhält niemand Briefe, außer auf dem Weg über San Francisco. Ich bekam auch einen Brief von Nelly[23], die schreibt, dass mein Haus, das bald abgerissen werden sollte, abgebrannt ist, einschließlich der Hecke, die es in einigem Abstand umgab. Ich habe dort zwei Kisten mit Dingen zurückgelassen,

---

23 Nellie Van de Grift Sanchez, Fannys Schwester. Sie schrieb 1920 über Fanny die Biografie *The Life of Mrs. Robert Louis Stevenson.* Auch dort erscheint ihr Vorname in der Schreibweise »Nellie«, während Fanny stets »Nelly« schreibt.

die für niemanden großen Wert besitzen als für mich selbst. Ich fürchte, das ist alles verloren, darunter auch ein Porträt meines Urgroßvaters.

Ich habe Monga entlassen, zu Lafaeles unaussprechlicher Freude. Heute Morgen war ich im Garten mit dem Ausdünnen und Umpflanzen von Rüben beschäftigt. Ich habe versuchsweise eine Reihe Sellerie gepflanzt, die sehr schön anzusehen ist. Verschiedene Bohnenarten gedeihen, aber der jüngste starke Regen hat meine Erbsen vernichtet. Aus meinen Körben keimt die Kakaosaat hervor, und auch vieles andere grünt bereits.

Gestern schickte ich Lafaele für einige Zeit an die Arbeit an Mr. Schmidts Zaun, als Wiedergutmachung für den Schaden, den die beiden weißen Zugpferde in seinem Garten angerichtet haben, als sie die Hecke der Koppel durchbrachen. Seitdem sind Mr. Moors' Pferde jede Nacht bei uns gewesen, sind hier herumgelaufen, haben mich geweckt, meinen Mais gefressen und schließlich Pauls Ente, die im Gras angebunden war, niedergetrampelt und getötet. Wir haben Mr. Moors eine Nachricht geschickt, und sein Zaun wird ausgebessert, worüber ich sehr froh bin, denn Louis erwog bereits, sie zu erschießen, wenn sie noch eine dritte Nacht Schaden anrichteten. Ich war durch den Verlust meines Maises so aufgebracht (ich hatte ihn eigenhändig gepflanzt), dass ich regelrecht einen persönlichen Hass auf die Pferde entwickelte und ihre Erschießung nicht im Geringsten bedauert hätte. Aber ein verwundetes Pferd auf unserem Grundstück wäre dann doch zu viel der Rache gewesen – und Louis ist kein guter Schütze.

Der Sonntag war für die Pferde der Tag der Bewährung, und seitdem haben sie sich sehr ordentlich benommen. Mrs. Schmidt hatte mir am Tag zuvor erzählt, man habe die beiden Zugpferde über das große Tor springen sehen. Dass schwere Kaltblüter zu einem solchen Sprung fähig wären, hielt ich kaum für möglich, doch wurde die Geschichte von Lafaele bestätigt, der erklärte, auch er habe »das Pferdemädchen nach drüben springen« sehen. Paul und ich nagelten sofort ein Brett über beide Tore, in der Hoffnung, die Zugpferde seien dumm genug, es als Barriere anzusehen.

Louis ist hinunter nach Apia gegangen (wo er sich noch befindet), und ich blieb zu Hause. Gegen elf kamen Mr. Maben, der Landvermesser, und Mr. Blacklock, der amerikanische Vizekonsul, zu Fuß herauf. Wir saßen auf der vorderen Veranda, wo ich gerade die beklagenswerte Geschichte von den Pferden erzählt hatte.

»Schauen Sie sich die beiden großen Grauen an«, sagte Mr. Blacklock. »Sie haben nichts Gutes im Sinn, so wahr ich hier sitze.«

Ich schaute hin, sah die beiden Zugpferde jedoch ganz friedlich unter dem Baum stehen.

»Ich sage Ihnen, die führen etwas im Schilde«, fuhr Mr. Blacklock fort. »Beachten Sie nur mal die gewitzte, vertrauliche Art, wie sie die Köpfe zusammenstecken. Die fressen kein Gras, die hecken etwas aus.«

Wir hatten kaum die Köpfe gewandt, als uns ängstliches und wütendes Wiehern aufschreckte.

»Lauf, Paul, lauf!«, schrie ich, obwohl mir schleierhaft ist, was Paul hätte ausrichten können. Wäre er rechtzeitig zur Stelle gewesen, hätte er bloß ein freiwilliges Opfer abgegeben. Doch bevor es dazu kommen konnte, war längst alles vorbei. Das Erste, was ich sah, war eines von Mr. Moors' Pferden in einer Ecke der Koppel, wo die Limonenhecke und der Stacheldrahtzaun zusammentreffen. Es schlug nach den beiden Grauen aus, die es bedächtig und mit Absicht weiter und weiter in die Ecke drängten. Als es sich kaum noch wenden konnte, tauschten sie die Plätze und stürzten los. Schneller, als ich es hier niederschreiben kann, traten sie die bedauernswerte Kreatur durch den Stacheldrahtzaun, der glücklicherweise nicht sehr stabil gebaut war und unter dem Gewicht nachgab. Drei Pfosten waren umgefallen und die Drähte aus den Krampen gerissen. Ich zitterte und ahnte Schlimmes, als ich die Widerhaken untersuchte. Zu meinem Schrecken zeigten sich hier und da Spuren von Blut. Moors' Pferd war bald gefunden, auf seiner eigenen Koppel, es hatte von der Begegnung mit den Zugpferden keine wesentlichen Blessuren davongetragen. Nur am Hinterteil hatte es Haare eingebüßt und einen oder zwei lange Kratzer vom Stacheldraht. Pferde machen anscheinend beinahe so viel Ärger wie Schweine.

Apropos Schweine: Die Schweinedame aus Sydney hat schließlich Nachwuchs bekommen, ursprünglich sieben an der Zahl, durch unglückliche Umstände jedoch reduziert auf sechs. Sie gab sich sehr vornehm und empfing uns mit äußerst geziertem Grunzen. Wir hatten Stroh und Kokospalmenzweige zu ihr hineingeworfen, die sie zu einer runden Lagerstatt arrangiert hatte, sodass es aussah wie ein riesiges Vogelnest. Am nächsten Tag regnete es heftig, und der Gedanke, dass das Nest nicht vom Dach geschützt war, machte mich neugierig genug, hinunterzugehen und nachzusehen, wie es um die Gnädigste stand. Das eitle Ding hatte sich auf das Podium zurückgezogen, das Paul gebaut hatte, und überließ seine Ferkel im kalten Regen seelenruhig ihrem Schicksal. Henry kam dort vorbei, nur mit einem aufgeschürzten *Lava-lava* bekleidet. Er sprang über die Umzäunung, zog entrüstet das Podium unter der feinen Dame hervor und schob Schweine und Nest in die trockene Ecke.

Die wilde schwarze Sau ist ein wunderschönes Tier. Ihre hellen, klugen Augen sind groß und von einem hübschen, sachten Braun. Ihre lange Schnauze ist vollkommen gerade, und sie hat Beine wie ein Hirsch. Nicht unbedingt für Speck gemacht, aber in sicherer Obhut schön anzusehen. In ihren Bemühungen zu entkommen lässt sie bisher nicht nach. Nacht für Nacht, wenn ich wach werde, kann ich sie dabei hören. Ich würde sie sicher bald lieb gewinnen, doch wie Louis so treffend sagt: »Schließe Freundschaft mit einem Schwein, und das Essen von Schweinefleisch wird zur Spielart des Kannibalismus.«

Die *Archer* hat angelegt und ist wieder abgefahren. Sie brachte uns Briefe, durchnässt vom Meerwasser, das bei schwerer See das Deck überspülte. Ein Stück Borte, das ich bestellt hatte, ist fast unbrauchbar. Kapitän Henry und Mr. Hird[24] kamen zu Besuch, beide sehen sehr gut aus. Als ich das Schwein von Savage Island zur Sprache brachte, waren sie verwirrt und gaben vor, nicht zu wissen, was aus ihm geworden war. Schließlich sagte der Kapitän: »Nun, ich habe einen ganzen Tag lang versucht, dieses Schwein von der *Janet* herunterzubekommen, doch als ich es zum letzten Mal sah, war es angekettet an Deck, und mehr weiß ich nicht von dem Schwein.« Ich weine dem Savage Islander jedenfalls keine Träne nach.

Sie überbrachten schlechte Nachrichten von Penrhyn*. Die Lepra, die sich schon vereinzelt gezeigt hatte, als wir dort waren, ist ausgebrochen und hat sich mit solcher Macht verbreitet, dass die Menschen es selbst mit der Angst bekamen und die Befallenen aussetzten. Angeblich ist in Apia eine Frau aus Hawaii schwer leprakrank. Heute kam Seumanu[tafa] uns besuchen, oder besser, wie er selbst sagte, um Geld zu borgen. »Und das ist der Grund, warum ich hier bin.« Louis führte mit ihm ein sehr ernstes Gespräch über Lepra und die schreckliche Gefahr, die Samoa bedrohe. Seumanu hat ein schönes, kluges Gesicht und lächelt ein wenig wie unser geliebter Tembinoka[25]. Seine Frau, eine »große Häuptlingsfrau«, ist Henrys Tante.

---

24 Beide von der *Janet Nicholl*. Ben Hird war dort Frachtaufseher.

25 Mit Tembinoka, dem König von Apemama, verband die Stevensons eine besondere Freundschaft. Auf Apemama machten sie während ihrer Reise auf der *Equator* für sechs Wochen Station.

Was Henry dieses Mal von der Welt der Geister zu berichten hat, ist ein bisschen verständlicher als zuletzt. Demnach gibt es einen bösen weiblichen Geist, dessen Name »Kommt zu mir zu Tausenden« bedeutet. Er erscheint manchmal in Gestalt eines unwirschen alten Weibes und erbittet Gefälligkeiten von alleinstehenden Frauen. So fragt sie zum Beispiel barsch nach einem Schluck Wasser. Antwortet man ihr in der Sprache der Häuptlinge und bringt ihr höflich das Wasser, bleibt das ohne Folgen. Doch wenn nicht, dann wartet sie, bis ihr Opfer schläft, nimmt von dem dahindämmernden Körper Besitz und verbringt die Nächte damit, über die Berge zu jagen oder lustig zu zechen. Die Person, die unter diesem Bann steht, niemals erholsamen Schlaf findet und nicht recht begreift, warum, siecht nach und nach dahin und stirbt schließlich. Zuweilen verkörpert der Geist auch einen Mann. Wenn er in dieser Gestalt Gefallen an einem Mädchen findet, dann ist die Unglückliche dem Tod geweiht, weil der Dämon auf ihren Geist aus ist. Es geschieht oft, dass er sich in schöne junge Männer verliebt, deren Schicksal damit besiegelt ist. In einem der benachbarten Dörfer lebte ein junger Mann, ein Bekannter von Henry. Er war sehr schön, sehr klug und sehr gut und spielte infolgedessen die Rolle, die der Dorfjungfrau entsprach. Dies war das erste Mal, dass ich von einem »Dorfjunggesellen« hörte, doch Henry sagt, es sei verbreitet. Die *Aitu fafine* (weiblicher Geist oder Teufel) fand diesen guten und klugen und schönen Jungen so unwiderstehlich, dass sie ihm zunächst das Leben nahm und dann seinen Geist. Ihre Vorgehensweise, oder besser, die Anzeichen dafür, sind wohlbekannt. Die Person nimmt zuerst am ganzen Körper eine wunderschöne rosige Färbung an, und ihr Kopf fühlt sich leer an. Dann wird das Blut durch die Haut sichtbar, und das Fleisch wird transparent, »so«, sagt Henry und hält die Finger geschlossen vor das Licht der Lampe. Bald darauf kommt das Ende, und die *Aitu fafine* ist mit ihrem neuen Bräutigam auf und davon. Bei Henrys Bekanntem waren die Symptome ganz deutlich, es kann also kein Zweifel bestehen.

Louis sagt, es sei kein Wunder, dass die Samoaner sich nach Einbruch der Dunkelheit draußen im Busch fürchteten. Als er das letzte Mal von Apia nach Hause kam, stand kein Mond am Himmel, und es war sehr dunkel, vor ihm und um ihn her, und überall im Busch zeigte sich am Boden ein phosphoreszierendes Leuchten von verrottendem Holz. Es war, sagte er, als führte ihn sein Weg über den Schlund der Hölle. In derselben Nacht wurde ein betrunkener Mann von der *Sperber* von seinem Pferd abgeworfen und lag stundenlang bewusstlos auf der Straße.

Der Oberste Richter wird nun in weniger als zwei Wochen hier erwartet. Entgegen allen Protesten hat der König sämtliche Häuptlinge eingeschworen, ihm Ehre zu erweisen. Das wird etwa so sein, als zögen Heuschrecken an einem Kornfeld vorbei. Die Frage ist: Wie gedenkt man sie zu füttern? Ich fürchte, zum großen Teil mit den Schweinen und Hühnern anderer. Ich denke nicht, dass die Missionare meine Verteidigungsmaßnahmen billigen werden. Nichts könnte ich mit mehr Sicherheit sagen. Ich habe den runden Deckel eines kleinen Fleischfässchens genommen und darauf einen abschreckenden Kopf mit großen Augen und einem breiten offenen Mund gemalt, der eine Doppelreihe spitzer Zähne entblößt. Anstelle von Haaren ist der Kopf von Flammen umgeben. Die Flammen, die Iris der Augen und die spitzen Zähne habe ich mit Leuchtfarbe gemalt. Es macht mir beinahe selbst Angst. Die *Aitu fafine,* sollte ich hinzufügen, hat rotes Haar, das sehr weit vom Kopf absteht, und eine sehr gute Figur. Die Brüste sind wohlgeformt, was ansonsten bei Samoanerinnen eine der Schwächen ist.

94

Henry hat entdeckt, dass wir unsere eigene *Aitu fafine* haben. Sie lebt
in der Quelle, die unseren größten Fluss speist. Sie bewegt sich nach
Art eines Windstoßes. Und sie ist es, vor der Lafaele so große Angst
hat. Er hat Henry erzählt, dass er eines Tages, als er im Garten arbeitete, im Busch hinter sich ein seltsames Geräusch hörte und einen
Windstoß bemerkte, der durch die Bäume jagte, die raschelten und
beängstigend schwankten.

Der junge Mann, der den Betrug begangen und Henrys Brief geöffnet hat und dafür eine Strafe von zehn Dollar erhielt, wurde vom
Häuptling seines Dorfes ein weiteres Mal verurteilt, und zwar zur
Zahlung von sechs Fass gesalzenem Fleisch, jedes im Wert von fünf
Dollar. Drei dieser »bösen jungen Männer« stehen Henry zufolge
miteinander im Bunde, obwohl sie sich dem Vernehmen nach vorher
gegenseitig bestohlen haben.

Als der amerikanische Generalkonsul vor Kurzem eine Feier ausrichten wollte, musste er feststellen, dass er seine Fahne nicht hissen
konnte, denn jemand hatte die Seile gestohlen. Da er ein großes Herz
hat und ein glühender Verteidiger der samoanischen Rasse ist, wollte
er den Verlust geheim halten, doch als Mataafa vor Ort war, erfuhr
er von der Sache und war äußerst aufgebracht. Als der Konsul am
nächsten Morgen vor die Tür trat, stolperte er auf der Schwelle über
etwas, was sich bei näherer Betrachtung als der Missetäter erwies,
der an Händen und Füßen gefesselt war. Es blieb ihm nichts anderes
übrig, als den Mann vor Gericht zu bringen, da die Angelegenheit nun öffentlich geworden war und nicht mehr vertuscht werden
konnte. Zum Schrecken von Mr. Sewall lautete die Strafe auf sechzig Peitschenhiebe und sechs Monate Zwangsarbeit. Natürlich nahm
der Großherzige den Dieb in Schutz, und seine Strafe wurde auf drei
Monate Zwangsarbeit gemildert. Bald nach diesen Ereignissen betrat
eine Dame das Konsulat und kam an einem jungen Mann vorbei, der

sich sonnte und selbstzufrieden rauchte. Er grüßte sie leichthin wie eine alte Freundin. Sie sah genauer hin und traute ihren Augen nicht, als sie den Mann erkannte, den man jüngst zur Zwangsarbeit verurteilt hatte. Woraufhin der unverschämte Strolch seine Zelte vor dem Konsulat aufschlug und dort nun seine Freunde empfängt und sich die Zeit mit Rauchen und Schwatzen vertreibt.

Der Zimmermann ist fleißig bei der Arbeit am Stall, der bereits überdacht ist. Henry und seine Boys bauen oder vielmehr graben einen Hurrikan-Schutzraum. Ich habe es mir gestern angesehen, ein großes Schlammloch, auf dessen Grund sich massives vulkanisches Felsgestein abzeichnet. Ich gab sofort Anweisung, einen Abflussgraben anzulegen – es sei denn, sie wollten es als Schwimmbecken benutzen –, aber ich glaube nicht, dass sie schon damit begonnen haben. Das Loch dürfte bereits recht voll gelaufen sein, da der Regen letzte Nacht in fürchterlichen Sturzbächen niederging.

An den vergangenen beiden Tagen zeigte sich der Abend in einem sehr seltsamen und beunruhigenden Licht. Am Himmel ein weißliches Leuchten, Bäume und nackter Erdboden sienarot, mal heller, mal dunkler, und die Vegetation in sattem, krassem Grün mit einem zarten weißen Hauch. Es regnet immer noch, und die ganze Welt ist klamm und ungemütlich.

Drei der besten gelben Hennen brüten im Gras. Eine habe ich mitsamt den Eiern in die Küche getragen. Wenn wir sie zum Bleiben bewegen können, werden ihr die anderen bald folgen.

Die Schmidts haben endlich eine Kuh mit Kalb bekommen, von der *Richmond*. Sie kamen gestern. Das Kalb irrte bei strömendem Regen umher, doch niemand wagte Gustav, den Sohn, zu wecken, damit er es hereinholte; es war gegen acht. Mit dem Geld sind sie offenbar am Ende, denn für eine Büchse Mehl haben wir im Austausch nur Dank erhalten.

Henry möchte einen Vorschuss auf seinen Lohn in Höhe von 120 Dollar haben, um gemeinsam mit seinem Cousin ein Stück Land zu kaufen. Wir denken darüber nach. Paul befürchtet offenbar, die Dinge könnten sich ändern, und möchte, dass wir einen Vertrag mit ihm machen. Er möchte außerdem dringend wissen, welche seine Aufgaben sein werden. Lafaele, dem vor Kurzem die Frau weggelaufen ist, wird neu verheiratet – oder ist es bereits –, diesmal vor dem Konsul. Er sagt, dass er wirklich nicht länger in Apia bleiben könne und sich dauerhaft an uns binden wolle. Wo seine Frau und er schlafen würden, sei ihm egal, und sie würden »arbeiten wie die Teufel«. Sollte mir die neue Frau aus irgendeinem Grund nicht passen, könne ich sie einfach umbringen, und Lafaele würde mir dafür nicht böse sein und weiterhin wie der Teufel arbeiten.

Gestern Nachmittag zeigte sich ein seltsames großes Schiff nicht weit von Apia, wo es derzeit liegt. Es tauschte mit der *Sperber* Signale aus. Wir können nicht sagen, was es ist oder was es vorhat. Die *Richmond* brachte einen Brief von Tamate. Wir haben seine Bücher mit zunehmender Hochachtung für Tamate gelesen.

LOUIS   soundsovielzwanzigster Dezember 1890[26]

[…] Fanny hat an ihren Ohrenschmerzen nicht wenig zu leiden. Sie wird nicht mitkommen können nach Sydney, sie hasst das Meer zu dieser stürmischen Jahreszeit. Ich möchte sie nicht zurücklassen. Und so schallt es immer aufs Neue zu uns herauf, ein Dampfer nach dem anderen, und es wird wohl so enden, dass niemand von uns fährt. Sie hat derzeit eine fürchterliche Pechsträhne. Ein Petroleumbehälter ist in der Küche geborsten. Vor Kurzem ist das Pferd des Zimmermanns in ein Nest mit vierzehn Eiern getreten und hat aus unseren Hoffnungen Omelette gemacht. Das Los eines Bauern ist wahrlich

---

26 Stevenson datiert diesen Brief auf »Monday, twenty-somethingth of December, 1890«.

kein glückliches. Und es sieht entschieden nach wirklich üblem Wetter aus. Ich wünschte, Fannys Ohr würde heilen. [...]

LOUIS   Weihnachten 1890

Gestern, wie hätte man da schreiben können? Meine Frau fast verrückt vor Ohrenschmerzen; der Regen fiel in weißen Kristallgebilden und trommelte den Teufelsmarsch auf unser Blechdach, ein *Tutti* hämmernder Rammböcke; der Wind fegte mit einem seltsamen, dumpfen Grollen hoch über uns hinweg und stürzte dann wieder voll auf uns nieder, dass die riesigen Bäume auf der Koppel aufheulten, händeringend und mit gewaltigen Armen fuchtelnd. Die Pferde standen wie blöde im Stall. Das Meer und das Flaggschiff draußen in der Bucht verschwanden hinter Sturzbächen von Regen. So ging es den ganzen Tag. Ich verschloss meine Manuskripte in dem Metallkasten, für den Fall, dass ein Hurrikan heraufzog und das Haus zerstörte.

LOUIS   Heiligabend 1890

[...] Vergangene Nacht wurden aus unserem Schweinepferch drei Tiere gestohlen. Der große Lafaele kam meiner Frau seltsam vor, deshalb verwickelte sie ihn in ein Gespräch und wandte dabei den folgenden amüsanten Trick an. Man nähert die beiden Zeigefinger den Augen desjenigen, der vor einem sitzt, und wenn er sie schließt, berührt man die Augenlider mit dem Zeige- und Mittelfinger der linken Hand und schlägt ihm mit der rechten (die nach seinem Wissen nicht frei ist) auf Kopf und Rücken. Lässt man ihn die Augen öffnen, sieht er wieder beide Zeigefinger vor sich, die sich entfernen. »Was war das?«, fragte Lafaele. »Mein Teufel«, sagte Fanny. »Ich ihn geweckt, meinen Teufel. Jetzt alles gut. Er gehen und fangen den Mann,

98

der mein Schwein geholt.« Etwa eine Stunde später erschien Lafaele
in weiteren Erkundigungen. »Oh, alles gut«, sagte meine Frau. »Irgendwann dieser Mann gehen schlafen, und Teufel auch dorthin
schlafen gehen. Irgendwann dieser Mann sehr krank. Mir ganz egal.
Warum er holen mein Schwein?« Daran hat Lafaele schwer zu kauen.
Ich glaube nicht, dass er selbst derjenige ist, obwohl es wohl sein könnte, aber er wird wissen, wer es war, und wird möglicherweise heute
Abend etwas von dem Schwein zu essen bekommen. Aber dann dürfte es ihm an Appetit mangeln!

FANNY   12. Januar 1891

Es ist lange her, dass ich Tagebuch geschrieben habe. Zunächst hatte
ich einen sehr schmerzhaften Abszess im Ohr, und dann ist Louis
nach Sydney gereist, und mir fehlte die Zeit. Am Heiligen Abend waren wir unten bei Mr. Moors. Wir hörten, das Barometer sei gefallen,
und man erwarte einen Hurrikan. Ich bemerkte nicht, dass der Wind
sich schon vor unserem Aufbruch gedreht und es aufgeklart hatte,
aber Louis fiel es auf. Da er ohnehin nach Apia gehen wollte, machte
er mich nicht darauf aufmerksam, dass die Sturmgefahr vorüber war.
Ich war jedenfalls froh, dass wir gingen. Wir blieben über Weihnachten, denn Mr. Moors gab aus dem Stegreif eine Gesellschaft, bei der
der allbekannte Mr. Baker der wichtigste Gast war. Es gab an der
Seite des Vaters auch einen jungen Mr. Baker. Er hatte ebenfalls einen Abszess im Ohr gehabt, wie auch viele andere Leute. Ich kann
nicht sagen, dass ich Mr. Baker wirklich mochte, wenn ich mich auch
eines gewissen Interesses für einen Menschen mit einem so einzigartigen und ereignisreichen Werdegang nicht enthalten konnte. Er war
feist und eingebildet, mit einer honigsüßen Stimme und honigsüßem
Lächeln. Ich war die einzige weiße Frau dort. Außer mir gab es zwei
samoanische und eine sehr charmante Mischlingsdame. Letztere

setzte sich wie ein kleines Kind ans Klavier und spielte Fingerübungen und Teile des »Yankee Doodle«, und das schätzungsweise eine volle Stunde lang.

Vergangene Woche brachte man mir eine Kuh von der deutschen Plantage. Aus der Ferne (von Nahem sah ich sie nicht) wirkte sie verdächtig wie ein Bullimakaw. Eine ganze Herde Kühe wurde heraufgetrieben, um diese eine bestimmte auf den Weg zu bringen.

»Hätte man sie nicht besser vorher angebunden?«, fragte ich den Weißen, der zum Haus heraufgeritten war.

»Auf keinen Fall«, antwortete er mit Nachdruck. »Bleibt ihr mit einem Seil vom Leib!«

»Ich fürchte, das klingt nicht nach einem umgänglichen Tier«, sagte ich.

»Umgänglich!«, protestierte der Mann. »Na, sie ist meine eigene Kuh, meine eigene Familienkuh, und ich trenne mich nur ungern von ihr. Sie ist so umgänglich, wie eine Kuh nur sein kann.«

»Und wie viel Milch gibt sie?«, fragte ich.

»Oh, ich würde sagen, drei Flaschen.«

»Drei Flaschen! Aber das sind doch nur sechs pro Tag!«, rief ich.

»Aber nein«, erwiderte er, »ich meinte, drei Flaschen am Tag.«

»Oh«, sagte ich, »das reicht im Leben nicht. Drei Flaschen am Tag sind die ganze Melkerei nicht wert.«

»Na ja«, sagte der Mann zögerlich, »vielleicht gibt sie auch mehr. Hören Sie, ich hatte diese Kuh nur zwei Tage, da kann ich wirklich nicht wissen, wie viel sie gibt, wenn sie sich irgendwo eingewöhnt hat.«

Ich fragte ihn nicht, was sie zu dem Anspruch berechtigte, eine Familienkuh zu sein, und gar seine ausgewiesene Familienkuh. Das Tier wurde irgendwie auf die Koppel gelockt, wo es dann mit stocksteif ausgestrecktem Schwanz wie eine Wilde umhergaloppierte. Mit dem abschließenden guten Rat, die Bestie in ein Joch zu zwängen, das vor dem Melken um ihren Kopf zu schließen sei, ritt der Mann davon und ließ mich Auge in Auge (und das auf kurze Distanz) mit der

Kuh zurück. Ich ging zum Zimmermann wegen des Jochs. Er sagte, er könne eines machen, riet aber dazu, die Kuh in der Zwischenzeit anzubinden, ungeachtet gegenteiliger Anweisungen.

»Wenn nicht«, sagte er, »ist sie binnen fünf Minuten über den Zaun.«

Und wie sie über den Zaun war, noch ehe fünf Minuten vergangen waren!

Früh am nächsten Morgen hörte Mr. Hay, der im neuen (gerade fertiggestellten) Stall schläft, einen lauten Radau von Hunden und Schweinen. Drei Hunde von Mr. Troods Besitz, die bei der Wildschweinjagd zum Einsatz kommen, rückten meinen drei armen halbwüchsigen Schweinen zu Leibe. Bevor man sie verjagen konnte, wurde eines der Schweine sehr schwer verwundet. Es verkroch sich im Busch, blutüberströmt, und war unauffindbar. Der Hauptschuldige war der Beschreibung nach ein großer, wohlbekannter brauner Hund. Etwas später, während ich beim Frühstück saß, hörte ich am Fuß der Treppe ein jämmerliches Winseln. Dort lag Mr. Braunhund, an Vorder- und Hinterläufen gefesselt. Man hatte ihn erwischt und an einer Stange hängend zu mir gebracht, und nun erwartete er sein Urteil. Dieses hätte natürlich auf unverzügliche Exekution lauten müssen, doch das brachte ich nicht übers Herz und schickte ihn zurück zu seinem Herrn, mit der Warnung, er möge seine Hunde nicht noch einmal hierherlassen.

Gestern wurde die armselige Kuh auf Troods Grundstück gefunden, wo sie Bananen zerstörte, und zwar nicht wenige. Ein Mann kam her und forderte Wiedergutmachung.

»Die hatten Sie im Voraus«, sagte ich, »in Form eines Schweins.«

Paul und Mr. Hay und Lafaele gingen die Kuh holen. Sie mussten einen weiteren Mann zu Hilfe nehmen, und selbst dann hielt Mr. Hay es kaum für möglich, sie lebend nach Hause zu bringen, so bösartig setzte sie sich zur Wehr. Mit »nach Hause« meine ich ihre eigene Familie, denn ich möchte sie nicht als Familienkuh haben.

Heute wollte ich eigentlich eine Geschichte weiterschreiben, die ich vor langer Zeit begonnen habe, doch stattdessen habe ich fast die ganze Zeit vor den Bienen gesessen. Sie veranstalteten in der Kiste ein ungeheures Brummen und Brausen, und der Zimmermann, den ich um Rat fragte, sagte, ihr Ausschwärmen stehe sicherlich unmittelbar bevor. Ich habe niemals etwas so Aufregendes erlebt. Ich stellte mir ein plötzliches Hurrageschrei vor: »Sie kommt!«, und dann würden die Bienen in heller Aufregung in alle Richtungen davonsausen – doch es war falscher Alarm. Ich erinnerte mich, dass einmal genau dasselbe passiert war, als man Königin Victoria erwartete. Bienen und Menschen sind sich doch verblüffend ähnlich. Es scheinen sehr friedliche Bienen zu sein. Der Zimmermann sagte, ich würde die Königin an ihrem Körperumfang erkennen, also saß ich ihnen mit meiner Nase fast in der Tür, damit ich Ihre Majestät auch ja nicht verpasste, bekam aber nicht einen Stich. Mr. Hay meint, es könne kein Zweifel bestehen, dass ich zu jenen Menschen gehöre, die von Bienen nicht angegriffen werden. Ich dagegen denke, dass diese Bienen von einer Art sind, die nicht sticht.

Seltsam, dass jede Nacht ihre eigene Insektenplage mit sich bringt. Moskitos sind natürlich allgegenwärtig, doch in einer Nacht sind es Falter, die uns hauptsächlich piesacken, ein andermal sind es Unmengen kleiner schwarzer Käfer. Dann wieder Biester von der Art großer Maikäfer oder fürchterliche breitschwänzige Dinger, die ganz besonders widerwärtig sind. Heute Nacht hatte ich zum ersten Mal zwei Schübe von Peinigern. Zuerst kleine glänzende Käfer in den schönsten Farben, die man sich vorstellen kann. Während ich schreibe, liegt auf dem Blatt ein rötlich brauner Bursche, zumindest seine körperlichen Überreste. Er stand eine Weile auf dem Kopf, bis er in einem heftigen Anfall starb. Wie es scheint, ist es die Nacht der Farben, denn jetzt habe ich hier kleine silberne Falter, allesamt gleich groß, aber mit verschiedenen hübschen Mustern.

Am vergangenen Donnerstagabend war ich beim amerikanischen

Konsul zum Essen eingeladen und sollte den Obersten Richter kennenlernen. Ich war sehr müde und alles andere als wohlauf, doch da Mr. Sewall und Mr. Clarke beide inbrünstig darauf hinwiesen, dass die anderen Damen Mrs. Cusack-Smith, Mrs. Clarke und Mrs. Claxton sein würden, fühlte ich mich bemüßigt hinzugehen. So viele Männer, und außer mir nur drei Damen – es galt wahrhaftig, einen dringenden, wenn nicht gar »lang gehegten« Wunsch zu erfüllen. Und außerdem hatte ich dem neuen Obersten Richter Respekt zu bekunden, ganz zu schweigen von meinem Konsul.

Die alte Mähre war *alles andere* als schnell, und bevor ich zu den Clarkes ritt, musste ich zu einer geschäftlichen Unterredung zu Mr. Moors. Die Uhr der Clarkes läuft offenbar schneller. Mrs. Claxton zufolge sogar sehr schnell. Jedenfalls waren bereits alle fort. Ein hübsches junges Mischlingsmädchen mit reizenden Manieren holte einen Mann, der mein Pferd durch den Fluss führte, während sie und ich über die Brücke gingen. Der Strom war jedoch zu tief, um das Pferd hinüberzubringen. Ich traf auf Henry, der vergeblich versuchte, mir ein Boot zu beschaffen. Das Ende vom Lied war, dass ich hinunter zu Mr. Moors gehen und um etwas zu essen betteln musste, woraufhin ich zu den Clarkes zurückkehrte.

Bei meinem ersten Eintreffen hatte man mir ein Schlafzimmer gezeigt. Bei meiner Rückkehr brannte in diesem Zimmer dann ein Licht, doch es war niemand zu sehen. Ich wusste, dass mein Pferd Wasser brauchte, und so machte ich mich in Sorge um das Tier schließlich auf den Weg durch das Haus. Ich stieß auf ein Zimmer voller Frauen, doch ich fand keinen Weg, mich mit ihnen zu verständigen. Ich gab es bald auf, denn eine der jungen Frauen machte Anstalten, mir eine Mahlzeit zu bereiten. Es erschien mir geraten, zu Bett zu gehen. Ich war schon fast eingeschlafen, als mich der Gedanke hellwach auffahren ließ, dass man mich vielleicht nur deshalb in dieses Zimmer geführt hatte, damit ich mich auskleiden konnte, dass dies aber Mr. und Mrs. Clarkes Zimmer war und man fürs Schlafengehen das Licht für sie hatte brennen lassen. Ich hatte das Licht gelöscht und wusste nicht, wo die Zündhölzer waren.

FANNY   13. Januar 1891

Heute Nachmittag habe ich zwei verschiedene Erschütterungen eines Erdbebens gespürt. Der erste Stoß war meines Erachtens von einem donnerartigen Grollen begleitet. Beim zweiten und stärkeren Stoß, der rasch auf den ersten folgte, war es eindeutig. Mr. Hay holte gerade aus dem Tank Wasser für die Pferde. Er spürte das Erdbeben nicht, hörte nur das Geräusch.

»Ich habe Donner gehört«, sagte er.

»Schauen Sie sich den Himmel an«, sagte ich. Dort war nichts zu sehen, was ein Donnern hätte verursachen können.

Da die Bienen nicht schwärmten, drehten Mr. Baker und ich, assistiert von einem vor Schreck starren Lafaele, die Kiste um und sahen nach. Die Bienen hingen in großer Zahl an den Seiten und dem Deckel der Kiste und an Wabenstücken, die schön anzusehen waren, doch machten sie keinerlei Anstalten auszuschwärmen. Mr. Baker hat einen Stock für sie gebaut, und ich werde sie morgen Abend umsiedeln.

Paul hat das bereits tot geglaubte Schwein gesehen, wie es mühsam und in schlechter Verfassung aus dem Busch hervorkroch und dann wieder verschwand. Natürlich kam Paul sofort zu uns, um die Neuigkeit zu melden, anstatt dem Schwein nachzugehen, und dann war es nicht mehr zu finden. Louis nennt Paul »Handy Andy«[27].

Vor Kurzem habe ich einen kleinen versetzbaren Hühnerkorb für die Henne mit Küken angefertigt und ihn samt der Henne an einen

---

27 Handy Andy ist der Titelheld eines Romans des irischen Autors Samuel Lover (1797–1868). »Handy« (»geschickt«) ist hier offenbar ironisch gemeint.

trockenen Platz gesetzt, denn zu dieser Jahreszeit ist das Gras sehr nass. Als zwei weitere Hennen erfolgreich brüteten, bot Paul, der mir zugesehen hatte, freiwillig an, für sie die Körbe zu machen. Nun meldet er, dass sie fertig seien. Es sind gelungene, exakte Gegenstücke zu meinem. Ich lobte seine Arbeit und sagte: »Jetzt bring sie nach draußen, mit den Hennen und Küken, und achte darauf, die Körbe dahin zu setzen, wo es trocken ist.« Schon bald darauf bemerkte ich einige Hühner und Küken, die im nassen Gras umherliefen. Ich rief Paul.

»Ja, Madame«, sagte er, »das sind die Hennen. Ich hab sie nach draußen gebracht, wie Sie's gesagt haben.«

»Aber warum sind sie nicht in den Körben?«, fragte ich.

»Sie haben gesagt, ich soll sie mit den Hennen und den Küken rausbringen«, antwortete Paul aufgebracht, »aber Sie haben nicht gesagt, dass ich sie in die Körbe tun soll.«

Und tatsächlich, da waren die beiden Körbe, sorgsam im Trockenen, und Futter und Wasser darunter, genau wie bei mir, und die Hühner, für die wir den ganzen Aufwand betrieben hatten, spazierten herum und holten sich Darre und Pips und Maulsperre und was sich Hühner sonst noch alles in feuchter Witterung einfangen können. Gestern Abend hat Paul die Hennen unter großen Mühen ins neue Hühnerhaus gebracht, die Tür verschlossen und mir den Schlüssel heraufgebracht, ohne zu erwähnen, dass er zwei große Fenster offen gelassen hatte, durch welche die Hühner sich sämtlich im ersten Morgenschein davongemacht haben.

FANNY   ?. Januar 1891

Louis ist seit etwa zwei Wochen in den Kolonien, er brauchte eine Luftveränderung. Es war ihm überhaupt nicht recht, mich allein zu lassen, aus Angst, ich würde während seiner Abwesenheit krank. Es ist richtig, ich war sehr krank. Diesmal dauerte der Anfall länger als gewöhnlich. Kürzlich bekam ich es nachts mit der Angst, als mein Kopf unter anhaltenden Schmerzen zu platzen drohte, und niemand im Haus außer Paul, der unten schlief. Ihn oben zu haben wäre noch schlimmer, als alleine zu sein.

Am Tag, als Louis abreiste, um die Nacht in Apia zu verbringen, benahm sich Paul sehr schlecht. Er fragte, ob er in die Stadt hinuntergehen könne, um nach seinen »Textilien« zu sehen, die mit der *Lübeck* hätten kommen sollen. Am Nachmittag kamen drei Männer von der *Lübeck* herauf zum Haus, sturzbetrunken und lärmend, und als ich sie aufforderte zu gehen, verfielen sie in die übelste Ausdrucksweise, und einer von ihnen versuchte, Henry mit seinem Pferd niederzureiten. Zunächst gingen sie, kehrten aber zurück und führten sich derart auf, dass ich Henry losschicken musste, die Polizei holen. Gegen Abend kam Paul zurück, ein Bild für die Götter, und mit ihm zum dritten Mal einer seiner betrunkenen Kumpane, der nicht davon abzubringen war, dass ich ihn im Haus übernachten lassen würde. Paul steht seitdem in unserer Missgunst, und Henry kommt sofort zu mir zurückgesaust, wenn er Paul auf der Straße trifft oder ihn nur hört, und rührt sich nicht von der Stelle, ehe er weiß, in welcher Verfassung sich Paul befindet.

Paul und Lafaele haben allen Kakao gepflanzt, doch unglücklicherweise hat Paul seinen Teil mehrheitlich in Abfallhaufen gesetzt, die Lafaele einstweilen hinterlassen hatte, um sie später abzutransportieren. Was richtig gepflanzt wurde, sieht sehr gut aus.

Unsere Obstbäume wachsen alle, und die Kokospalmen gedeihen prächtig. Mit unserem neuen Haus geht es gut voran, morgen soll schon das Grundgerüst stehen. Irgendjemand hat Paul ein Kätzchen geschenkt, einen kümmerlichen Winzling. Es krabbelt überall auf mir herum, während ich schreibe.

Letzte Nacht hat ein Hund die Katzen angegriffen, und der alte Putch vertrieb ihn wie ein Tiger; sein Geschrei war herzzerreißend.

Henry lief gerade rechtzeitig zur Tür, um Zeuge zu werden, wie er, verfolgt von beiden Katzen, in strammem Galopp das Weite suchte. Hörte, dass Beni sehr krank war. Henry ging nach ihm sehen und richtete ihm von mir aus, dass er, wenn er krank sei, heraufkommen solle, nicht zum Arbeiten, sondern zum Ausruhen und zum *Kai kai**. Jedenfalls war er, wie Louis, auf Luftveränderung fort. Ich vertraue darauf, dass sich während Louis' Abwesenheit keine schlimmen Unfälle ereignen.

Jedermann, ob weiß, braun oder schwarz, kommt offenbar in der festen Überzeugung zu mir, dass ich imstande sei, jede Verletzung oder Krankheit zu heilen. Ich hörte lautes Weinen, als ob jemand große Schmerzen hätte. Bevor ich die Tür erreichte, trat der Zimmermann ein und fragte nach Heilmitteln für einen Mann, der sich gerade zwei Finger fürchterlich gequetscht hatte. Ich wusste wirklich nicht, was ich tun sollte, außer ihn zum Arzt zu schicken, doch da die Wunde ziemlich heftig blutete, rührte ich Eisenkristalle in Wasser und wusch seine Hand damit. Zu meinem Erstaunen verstummten seine Schreie augenblicklich, und er erklärt, dass er seitdem keinerlei Schmerzen mehr habe. Ich gab ihm das Eisen eigentlich nur als mentale Therapie, wobei es sich, soweit ich weiß, nur um ein blutstillendes Mittel handelt. Hauptsache, man gibt irgendetwas. Ich habe Paul und den Zimmermann von schwerem Hexenschuss geheilt. Aber da konnte ich mich auf etwas Wissen stützen. Heute kam ein Mann mit einem stark entzündeten Fuß zu mir. Er hatte sich vorgestern einen Nagel hineingetreten. Ich band ein wenig fetten Speck auf seinen Fuß, eine alte Negermedizin; etwas anderes fiel mir nicht ein.

Ich habe etwas sehr Dummes getan, was ich seinerzeit wohl vergaß zu erwähnen: Aus dem Busch hatte ich die entrollten inneren Blätter verschiedener Farne mitgebracht, kochte sie wie Spargel und servierte sie mit Limonensaft und Butter zum Abendessen. Louis begann zu essen, hielt dann aber inne und fragte mich, woher ich die Sicherheit nähme, dass sie essbar seien und nicht giftig. Ich hatte entweder irgendwo gehört oder gelesen, dass sie sich gut als Gemüse eigneten. Doch Louis beharrte darauf: Woher wüsste ich, welche Arten ich pflücken konnte? Ich wusste es nicht und hatte also jegliche vorkommende Art gepflückt. Louis aß nichts mehr davon, aber um herauszufinden, ob sie giftig waren oder nicht, aß ich gegen meine Überzeugung den ganzen Teller leer. Nachts erwachte ich mit Magenschmerzen und fühlte mich überhaupt todkrank. Ich kam zu dem Schluss, dass die Frage damit geklärt war, umso mehr, als ich mich an einen Apotheker in Hyères erinnerte, der uns vom Tod eines Mannes berichtete, welcher an einer Überdosis eines Extrakts aus Farnsaat gestorben war. Indem ich gewissermaßen das Herz dieser Pflanze gegessen hatte, hatte ich somit vermutlich eine gute Portion vom Extrakt all ihrer Teile in mich aufgenommen. Doch bevor ich das ganze Haus aufweckte, versuchte ich es mit etwas Whisky und schlief bald ein und erwachte am nächsten Morgen unbeschadet von meinem dummen Experiment.

Lafaele hat sich mit seiner Frau und ihrem Vater und ihrer Mutter gestritten. Er kam herein und sah sehr gefährlich aus und wie jemand, mit dem nicht im Geringsten zu spaßen ist. Er hatte sein Haar frisch mit Kalk gebleicht, war parfümiert und eingeölt und trug einen Kranz um den Hals und seitlich eine Blume im Haar. Er kniete ungewohnt würdevoll nieder und schüttete mir sein Herz aus. Er gehöre nicht auf diese Insel, sagte er. Als er ein »wienzig klein Junge« gewesen sei, habe ein Walfänger ihn gestohlen und für lange Zeit als Sklave an Bord seines Schiffes behalten und ihn schließlich, als er seiner überdrüssig war, in Apia ausgesetzt.

»Dreimal«, sagte Lafaele, »ich heiraten Mädchen aus Samoa. Mädchen aus Samoa nicht gut.«

Er wurde zweimal *faa Samoa* verheiratet, und beide Frauen verließen ihn wegen anderer Männer. Das jüngste, dritte Mal hatte er, um sicherzugehen, vor dem Konsul geheiratet, »so als wie weißer Mann«.

Er erklärte seine Absicht, fortan bei mir zu bleiben.

»Ich nicht haben Vater«, sagte er, »nicht haben Mutter, nicht haben Bruder, nicht haben Schwester, nicht haben Freund, niemand. Frau, sie mich nicht mögen, mögen Samoa-Männer. Ich so als wie ganz allein.«

Er sagte, ich sei »so als wie« seine Mutter. Was ich zurückwies, doch er winkte bloß leichthin ab und sagte, sollte ich ihn nicht mehr mögen, könne ich ihn töten, und bat mich, ihn von diesem Moment an als Mitglied der Familie zu betrachten.

Henry trat ein, hörte das Gesagte, blickte sehr weise und handelte mit noch größerer Weisheit. Die Ehefrau, der Vater und die Mutter wurden herbeigerufen, Zeugen wurden zurate gezogen, und mit einigen scharfen Fragen an die Beteiligten bekam Henry die wahre Geschichte von Lafaeles eigenem Fehlverhalten heraus, wobei sich zeigte, dass Lafaele mehr im Unrecht war als alle anderen. Es folgten gegenseitige Entschuldigungen, und nach einer Lektion des jungen Salomon über die Pflichten von Mann und Frau, Vater und Schwiegermutter und Schwiegersohn kam es zur allgemeinen Aussöhnung. So bin ich doch nicht »so als wie Lafaeles Mutter« geworden. Und doch bin ich sicher, dass dieser Tag noch kommen wird.

Das Wetter ist derzeit außergewöhnlich gut, obwohl wir eigentlich Hurrikan-Saison haben. Aus Henrys »Hurrikan-Keller« ist ein großes Schlammloch und ein fruchtbarer Brutplatz für Moskitos geworden, die Idee wurde als Fehlschlag fallen gelassen. Als der Keller für das neue Haus gegraben wurde, sieben Fuß tief, bewegte man sich am Grund immer noch in reinem, sattem Lehm.

An einer Ananas, die Mr. Carruthers mitgebracht hat, einer seltsamen, bunten Abart, zeigen sich die ersten Früchte. Sie beugt sich bis zum Boden unter dem Gewicht einer sehr großen, leuchtend roten Ananasfrucht, inmitten von stacheligen jungen Trieben. Henry behauptet, dass sie sich nicht zum Essen eignet, aber sie sieht köstlich aus. Im Garten habe ich bereits eine Anzahl reifer Tomaten und einige Bohnen geerntet. Die »langhülsigen« Bohnen gedeihen prächtig.

Heute habe ich, allerdings mit wenig Hoffnung, eine meiner kostbaren Rhabarberpflanzen eingesetzt. Die Kugelartischocken sahen anfangs gut aus, sind aber sämtlich verwelkt und verdorben. Auch die Zwiebeln kann ich abschreiben. Sie sprießen zunächst sehr üppig und verschwinden dann plötzlich über Nacht. Ich glaube, dass ein Insekt sie frisst. Sobald ich eine Brut junger Küken habe, werde ich den Korb der Mutter in den Garten setzen und sehen, was das bewirkt. Die Boys brachten zwei große, eiserne Tanks für Regenwasser herauf. Der große Baum, der sich über das Wohnhaus beugt, lässt Blätter auf das Dach regnen und verdirbt so das Wasser. Paul hat kürzlich ein gutes Rezept kreiert: Jamswurzeln in einer Art Kuchen, mit Muskatnuss gewürzt.

Mein Schlafzimmer bietet einen wirklich denkwürdigen Anblick. Immer wenn etwas unten zum zweiten Mal verloren gegangen ist, lasse ich es in mein Zimmer bringen, sodass es niemand mehr ohne mein Wissen mitnehmen kann. Zwischen meinen Kleidern hängen Gurte, Zaumzeug und Pferdeleinen. Auf dem Kampferholzkoffer, der mir als Frisierkommode dient, befindet sich neben Kamm und Zahnbürste eine Sammlung von Werkzeugen, Meißel, Zangen und dergleichen. Lederriemen und Teile des Pferdegeschirrs hängen an Nägeln an der Wand. Und es gibt noch andere überraschende Dinge: einen Kingsmill-Eimer, einen langen, geschnitzten Speer, eine Pistole und Patronenschachteln, Ketten mit Zähnen (von Fischen, Menschen und Raubtieren), Muschelhalsketten und reichlich aufgestapelte Hüte, Fächer und dünne Matten und *Tapas*. Mein kleines Feldbett scheint nur zufällig da hineingeraten zu sein.

Ich musste feststellen, dass Paul entgegen meinen Anweisungen das Feuer mit Petroleum anzündet. »Bring den Kanister nach oben«, sagte ich.

Paul setzte sich mit dem Kanister in Bewegung, aber bei Petroleum hört es dann doch auf. Ich sollte noch erwähnen, dass überall, wo überhaupt noch Platz ist, Rotwein- und Weißweinflaschen gestapelt sind, ebenso reichlich Tabak in Dosen, weil all das nirgendwo anders sicher wäre. In einer Ecke stehen außerdem eine Staffelei und zwei Fotoapparate. Es ist wirklich schwer zu sagen, was es in diesem arg begrenzten und überfüllten Raum nicht gibt. Als Mr. Moors das letzte Mal hier war, stand die Tür offen. Ich bemerkte, wie er mit starrem Blick dieses kuriose Sammelsurium betrachtete, das sich da offenbarte. »*Das* soll das Schlafzimmer einer Dame sein?«, war seinem Gesicht abzulesen.

LOUIS   Februar 1891
Auf See zwischen Sydney und Apia

[...] Es ist überaus unerfreulich, dass ich nicht einmal nach Sydney reisen kann, ohne einen Anfall zu erleiden, und mein Leben dort war weiß Gott nicht aufregend. Nur ein einziges Mal war ich zum Essen verabredet. Mit Wise im Club. Die Vormittage bei der Arbeit – ein entsetzlich zähes Ringen, in einem ganzen Monat nur zwei Kapitel im Embryonalzustand. Mittagessen in der Pension. Flageolettspiel. Manchmal raus, um Briefe zu besorgen. Abendessen in einem französischen Restaurant, und dann wieder zurück, um mit meiner Familie Dame, Whist und Van John[28] zu spielen. Alles in allem eine ganz nette Zeit nach Samoa – aber ein Leben in vollen Zügen ist doch etwas anderes! (Ich fürchte, wenn dieser Brief fertig ist, wird nicht mehr ein Wort lesbar sein, die fürchterliche Tinte verwischt.) Ich habe einen ungewöhnlichen Roman in Planung. Die Handlung spannt sich von 1660 bis 1830 oder vielleicht mit einem weiteren Leben auch bis 1875 oder so. Eins, zwei, drei, vier, fünf, sechs, vielleicht sieben Generationen kommen vor, zwei meiner alten Erzählungen, *Delafield* und *Shovel*, spielen hinein. Erzählt wird in der dritten Person, mit histo-

---

28 Heute allgemein bekannt unter dem Namen Blackjack.

rischen Anteilen in aller Kürze und romantischen im Detail. Es soll heißen: *The Shovels of Newton French.* Die Idee dafür ist schon alt.[29]

[...]

FANNY   15. Februar 1891

Lloyd und Mr. King[30] sind vor etwa zehn Tagen ziemlich unerwartet angekommen. Die *Lübeck* blieb auf der Fahrt hinauf nach Sydney liegen und musste für Reparaturen stillgelegt werden, sie wurde durch ein anderes Schiff ersetzt. Sie haben eine Unmenge von Dingen mitgebracht, und meist das Verkehrte. Ich hatte zwei schwarze Säue auf meine Liste gesetzt, eine davon für Mr. Moors. Ich erhielt zwei Sägen, und die eine davon ist Mr. Moors verständlicherweise nicht bereit anzunehmen. Überhaupt hielten sie es für klug, alles doppelt zu liefern, sodass ich nun unter anderem über zwei Drahtzieher zum Einzäunen verfüge. Einer hält ewig, und man kann auch keine zwei gleichzeitig einsetzen. Ich schickte Mr. King unverzüglich ans Werk, den Zaun für die Schweine zu bauen. Er verlangte nach dem Werkzeugkasten, also habe ich den Werkzeugkasten zur Belohnung ausgesetzt, sobald der Zaun für die Schweine fertig ist.

Der Bruder von Seumanu[tafa]s Frau ist von schwarzen Boys verspeist worden. Man versucht es zu vertuschen, aber meines Erachtens besteht kein Zweifel daran. Auf der Plantage, wo es passierte, heißt es, sie hätten lediglich einen der Ihren verspeist, als wäre der Tatbestand des Kannibalismus vor unserer Haustür von keinerlei Bedeutung, solange nicht einer von uns gefressen wird. Einige der schwarzen Boys sind bereits gefasst. Viele von ihnen vermutet man im Busch

29 Dieses Projekt wurde nie verwirklicht. Laut Sidney Colvin gingen Pläne dafür
    bis in die 1870er-Jahre zurück.
30 Ein weißer Angestellter.

auf unserem Grund. In der Nähe des Gartens höre ich manchmal ein merkwürdiges unterirdisches Rumpeln. Vielleicht gibt es dort eine Höhle, in der Schwarze leben. Alle Festgenommenen sind mit Messern bewaffnet.

Womöglich hat das Rumpeln auch einen anderen Grund, einen, der mir weitaus beunruhigender erscheint: Es könnte vulkanischen Ursprungs sein. Kürzlich spürte ich gegen Mitternacht die starke Erschütterung eines Erdbebens, und schon einmal hat es am Tag eines gegeben, das von einem langen Grollen wie von anhaltendem Donner begleitet wurde. Im Garten habe ich oft, auch wenn keine Buschfeuer brannten, Rauch und schwefelhaltige Dämpfe gerochen, ein chemisch anmutender Geruch.

Henry hat eine alte Ambrotypie* von seinem Vater mitgebracht, um sich zeigen zu lassen, wie man eine vergrößerte Kopie anfertigt. Der Vater hat ein einfaches, waches Gesicht, dem von Henry sehr ähnlich, aber seine Bekleidung ist höchst amüsant: dem Augenschein nach ein weißes *Lava-lava* mit einem altmodischen, spitzenbesetzten Damenmieder und Hosenträgern über den Schultern, der Kragen ist mit einer goldenen Brosche befestigt. Das Arrangement aus Abnähern für die Büste sieht sehr komisch aus. Auf dem Kopf trägt er einen Blumenkranz in natürlichen Farben. Die Brosche ist säuberlich vergoldet.

Lafaeles Frau war zur Probe bei uns. Sie war uns nicht im Mindesten von Nutzen, und Henry vermutet gar, sie habe Zucker und Gebäck mitgehen lassen.

Eine sehr gefällige alte Dame kam von Lesher zu uns herauf und fragte nach einer Anstellung als Bedienstete. Ich wollte sofort zugreifen, aber Lesher konnte sie nicht gehen lassen. Ihr ganzes Gehabe war das einer Bühnenadligen, und ich habe nie zuvor jemanden gesehen, der seinem Gesicht so viel Ausdruck verleihen kann. Sie klagte darüber, lange nichts gegessen zu haben, und drückte sich die Hand in die Magengrube, um ihrer Versicherung Nachdruck zu verleihen, dass dort immer Leere herrsche. Wo sie herkomme, sagte sie, gebe es nichts als Gras, und sie sei ohne Vorräte sich selbst überlassen. »Schauen mich an!«, rief sie. »Ich nicht haben Magen so als wie Bullimakaw!« Ich wünschte, ich hätte sie in diesem Augenblick fotografieren können. Sie schmiss ihre Hände mit ausgestreckten Fingern, ließ ihre Augäpfel hervortreten, ihren Unterkiefer mit hängender Unterlippe herabfallen wie bei einem Toten und saß eine Zeit lang da wie im Schrecken ihres Schicksals erstarrt.

Vorgestern, als ich gerade mit Unkrautjäten beschäftigt war, kam sie in Begleitung ihrer Schwester herauf, um mich zu besuchen. Beide gingen mir augenblicklich zur Hand, und sie arbeitete in einem fort, bis es Zeit wurde fürs Abendbrot. Die Schwester machte sich etwa eine Stunde vorher mit einer fadenscheinigen Begründung davon. Wann immer sie beim Jäten innehielt, um Atem zu schöpfen, wurde sie sofort von der Alten zurück an die Arbeit gescheucht.

Mr. Hay, der Louis feierlich versprochen hatte, die Pferde nicht zum Transport seiner eigenen Fuhren zu benutzen, hat genau dies jedes Mal getan, wenn der Dampfer eintraf. Ich weiß auch, dass er die Pferde in Apia einen vollen Tag lang eingesetzt hat, um seinen Kram zwischen dem Dampfer und der deutschen Firma[31] hin- und herzufahren, und mir hat er erzählt, die Pferde seien beim Beschlagen. Kurz vor Eintreffen des Dampfers klappert er die Adressen ab, wo er Waren eingekauft hat, fordert alles ein und lässt es unsere armen Zugpferde hinunter nach Apia schleppen. Ich sah, wie heimlich Kisten mit tausend Orangen bei Schmidt abtransportiert wurden. Nur noch ein paar Tage, und ich werde ohne den ehrenwerten Bauersmann auskommen. Am Samstag trifft die *Warrior* ein, deshalb wird der feine Herr sich am Freitag daranmachen, die Waren, die er der-

---

31 Die deutsche Firma: Die Hamburger Handelsgesellschaft Godeffroy & Sohn, die in der Südsee lebhaften Koprahandel betrieb, wurde allerseits nur »die deutsche Firma« oder »die Firma« genannt.

zeit kauft, abzutransportieren. Ich gedenke ihn am Donnerstagabend kaltzustellen, sodass er auf all seinem gekauften Zeug sitzen bleibt, ohne eine Chance, es hinunterzuschaffen.

Lloyd hat in Sydney einige von Strongs Katzen mit an Bord genommen. Ein kleines Kätzchen wurde in schwerem Wetter zerdrückt und getötet, ein anderes, Maude, entkam, und der Kapitän glaubt, dass es noch irgendwo auf dem Schiff ist. Er will versuchen, es zu fangen und mit der *Lübeck* hierherzuschicken. Und so sind nur zwei, Mother und Henry, bei uns angekommen. Putch, unser eigener Kater, ist hier ganz allein und ohne die Gesellschaft anderer Katzen aufgewachsen. Ich dachte, er würde sich über Gesellschaft freuen, aber er ist sehr abweisend, und Mother und Henry fürchten sich vor ihm.

Gerade berichtete mir Lafaele von einem ernsten Vergehen eines amerikanischen Matrosen. Mr. Willis, unser Zimmermann, und Lloyd sind mit ihm hinuntergegangen, um den Fall vor den amerikanischen Konsul zu bringen.

Mr. King hat anscheinend eine Vorliebe für Alkoholisches, und nachdem er verschiedene Methoden erprobt hat, das Objekt seiner Begierde zu erlangen, bekam er vergangene Nacht starke Magenschmerzen. Zu seiner Enttäuschung erhielt er nur einige Tropfen Laudanum. Ich weiß nicht, wie viel davon echt war und wie viel Komödie, jedenfalls lehnte er es heute vehement ab, sich grüne Bohnen etc. zu versagen, und schreckte entsetzt zurück, als ich die Verabreichung einer Dosis Schwefelsäure vorschlug. Er befand sich in dem irregeleiteten Glauben, dass eine Flasche Branntwein auf dem Tisch stehe, die ein jeder sich an die Lippen setzen könne, wenn ihm danach war. Doch, wie Henry sagt, dies ist ein anständiges Haus und keine Strandräuberhöhle. Ich sehe, dass unser junger Freund noch eine gute Portion Anleitung nötig hat. Er scheint voll und ganz darin aufzugehen, sich für die Arbeit zu rüsten, und ist nur allzu bereit, dafür die teuersten Werkzeuge zu verlangen. Ich fürchte, ihn einzustellen war ein Fehler. Allerdings waren wir auch von Henry, der uns heute so teuer ist, übereinstimmend enttäuscht, also werde ich mein Urteil noch eine Weile aufschieben. Er schlägt vor, ich solle seiner Cousine Geld senden, damit sie sich etwas »Passendes« kaufen und ihre Schiffspassage bezahlen kann, und er werde sie heiraten, sobald sie eintrifft. Er sagt, sie werde sich als äußerst nützlich erweisen, denn sie könne als Gesellschafterin von Mrs. Stevenson dienen, natürlich unter der Bedingung, dass man von ihr keine niederen Dienste verlange.

Ich hoffe, selbst Mrs. Stevensons Gesellschafterin zu werden, sofern sie Dienste zu beanspruchen gedenkt. Ich wüsste nicht, welche niederen Dienste es an einem solchen Ort geben könnte. Meine Schuhe habe ich heute Morgen selbst geputzt, denn das kann ich ganz gut, und es hat Paul ein bisschen Arbeit erspart, und ich bin gern bereit, für alle in diesem Haus die Schuhe zu putzen, wenn sie beschäftigt sind und ihre Schuhe es nötig haben. Der Busch ist kein Ort für Gesellschafterinnen feiner Damen. Jedenfalls kann ich mir nicht vorstellen, dass ich auch nur im Geringsten Geld aufwende, um eine hierherzuholen, während es Mr. King natürlich freisteht, einen Palast voll seines eigenen Geldes herzubringen.

LOUIS   19. März 1891

[…] Ich habe mich erst jüngst von einer ernsten Erkrankung erholt und bin entsprechend müde.

Hier folgt mein heutiger Tagesablauf: Ich schlafe jetzt in einem der unteren Räume des neuen Hauses, wie seit Kurzem auch meine Frau. Wir haben zwei Betten, eine leere Kiste als Tisch, einen Stuhl, eine Waschschüssel aus Zinn, einen Eimer und eine Kanne; nebenan im Esszimmer kampieren die Zimmerleute auf dem Boden, der mit ihren Moskitonetzen bedeckt ist. Noch vor Sonnenaufgang, um 5:45 oder 5:50 Uhr, bringt Paul mir Tee, Brot und ein paar Eier, und gegen sechs bin ich bei der Arbeit. Ich arbeite im Bett – ein Bett aus Matten, ohne Matratze und Bettzeug, nur Matten, ein Kissen und eine Decke – und verbringe so an die drei Stunden. Heute war es 9:05 Uhr, als ich zum Bachufer aufbrach, um zu jäten, und dort schuftete ich und nährte die Erde mit dem besten Dünger, menschlichem Schweiß, bis um 10:30 Uhr das Muschelhorn von unserer Veranda erklang. Um elf wird gegessen, und gegen halb zwölf begab ich mich (ausnahmsweise) erneut ans Werk, brachte nichts zustande und war gegen eins wieder auf dem Weg in die Felder, wo ich bis drei weitermachte. Um halb sechs folgt unsere nächste Mahlzeit, und bis es Zeit war, las ich Flauberts Briefe, aß zu Abend, und dann – Fanny ist erkältet, und ich war müde – ging ich hinüber in meine Höhle im noch unfertigen Haus, wo ich dies jetzt schreibe, zum Klang der Stimme des Zimmermanns und im Licht – Verzeihung, im Zwielicht – von mickrigen drei Kerzen, die durch meinen Moskitoschutz schimmern. Außerdem kommt schlechte Tinte ins Spiel, ich schreibe fast blind und kann nur hoffen, dass es Dir vergönnt ist zu lesen, was ich beim Schreiben nicht erkennen kann.

Dass ich müde bin, war eine arge Untertreibung; in meinem Rücken wütet es wie Zahnschmerzen. Wenn ich meine Augen schließe, um zu schlafen, dann erscheinen sofort Bilder – ein Phänomen, mit dem Fanny ebenso vertraut ist wie ich: endlose Gründe von Gras und Unkraut, ganz echt, Pflanze für Pflanze in aller Deutlichkeit, sodass ich reglos daliege und für Stunden mein Tagwerk im Geiste verarbeite und Unnützes von Nützlichem trenne. Und in meinen Träumen zerre ich gegen alle Widerstände, erleide die Stiche der Nesseln, Stiche von Zitronendornen, brennende Ameisenbisse, ertrage den scheußlichen Schlamm und Matsch, mühe mich ab mit schlammigen Wurzeln, der Last der mörderischen Hitze, einem plötzlichen Lufthauch, schrecke auf vom Geschrei der Vögel aus dem nahen Busch, das wie mein Name klingt, wie Gelächter, wie ein Pfeifsignal, und erlebe noch einmal ausführlich die Arbeit des vergangenen Tages.

Obwohl ich so selten schreibe, befinde ich mich während der Stunden der Feldarbeit in ständigem Kontakt und in einem imaginären Austausch. Kaum dass ich ein Unkraut ausreiße und dabei nicht einen Satz an Dich [Sidney Colvin] richte. Er wird zwar nicht niedergeschrieben, *autant en emportent les vents*[32], aber die Absicht besteht, und für mich (in gewisser Weise) auch Deine Anwesenheit. Heute hatten wir zum Beispiel ein großartiges Gespräch. Ich schuftete, der Schweiß tropfte mir in der aufwallenden Hitze nach einem Regenschauer von der Nase, und mir war, als fragtest Du mich – ganz offen –, ob ich glücklich sei. Glücklich? (fragte ich). Ich bin nur einmal in meinem Leben glücklich gewesen, das war in Hyères, und es endete aus einer ganzen Reihe von Gründen: Verschlechterung der Gesundheit; Ortsveränderung; Geldfragen; das Alter, das uns schrittweise beraubt. Seitdem weiß ich ebenso wenig wie zuvor, was Glück heißt. Freuden kann ich immer noch empfinden, Freuden mit tausend Gesichtern, und keines davon vollkommen, mit tausend Zungen, die alle schweigen, tausend Händen, alle mit scharfen Nägeln. Doch für mich ist es ein besonderes Vergnügen, hier draußen zu arbeiten, allein am dahinmurmelnden Wasser, in der Stille des hohen Waldes, die nur die Stimmen der verschiedensten Vögel durchdringen. Und nimm mein ganzes Leben, betrachte es von allen Seiten: Wenn ich auch mich selbst liebend gern ändern würde, so würde ich doch mein Leben nicht ändern, wie es jetzt ist, und die Umstände nur insoweit, Dich hierher zu mir zu führen.

FANNY   28. März 1891

Es ist lange her, dass ich Tagebuch geschrieben habe, und es gibt viel zu schreiben. Zunächst erlebten wir, was die einen eine steife Brise und die anderen einen Hurrikan nennen. Es wehte hier oben ganz

---

32 Französisch, etwa: »vom Winde verweht«.

kräftig. Tagelang und ohne Pause folgte eine Sturmbö der anderen. Eines Nachmittags stand das Barometer (ich hatte eins von Mr. Moors geborgt, um mir selbst damit Angst zu machen) sehr niedrig, und der Wind nahm stetig zu. Ich wollte lieber auf Notfälle vorbereitet sein und ließ Bettzeug, Kerzen usw. in den Stall bringen und Moskitonetze aufziehen. Unglücklicherweise trat ich inmitten dieser Vorbereitungen in einen Nagel, der sich weit in meinen Spann bohrte. Ich humpelte unter entsetzlichen Schmerzen hinauf zum Haus. Lloyd hatte etwas Kokain da, eine sehr kleine Flasche; das gab ich auf die Verletzung. Es milderte die Qual ein wenig, mehr auch nicht. Pausenlos erhob sich der Wind, und der Regen fiel in Sturzbächen. Was für eine elende Lage, hilflos dazusitzen, wenn es jeden Augenblick nötig werden könnte, um sein Leben zu rennen. Das Haus schwankte und ächzte wirklich bedenklich. Ein Windstoß brachte es derart in Schieflage, dass ich dachte, es sei verloren.

»Ich schaffe es nicht, Lloyd!«, rief ich. »Du musst mich zum Stall hinuntertragen.«

Inzwischen herrschte Dunkelheit, obwohl es noch nicht spät war. Lloyd trug mich die halbe Straße hinunter, dann musste er ausruhen, und so wurde ich in einer Wasserpfütze abgestellt und stand wie ein Kranich auf einem Bein, während Lloyd Atem schöpfte. Er hatte mich auf dem Arm getragen wie ein Baby, was in der Dunkelheit und auf der unsicheren Straße nicht eben leicht war. Deshalb schlug er vor, mich huckepack zu nehmen, und bückte sich, damit ich aufsteigen konnte. Ich versuchte, seinen Anweisungen zu folgen, und hielt mich dabei für sehr geschickt, doch: »Meine Güte«, rief er, »ich konnte nicht ahnen, dass du so aufspringst.« Für einige schreckliche Augenblicke schwankten wir hin und her; es fehlte nicht viel, und wir wären kopfüber in den grässlichen Schlamm gefallen.

Erreichten die Stalltür, fanden sie verschlossen, und Mr. King war mit dem Schlüssel zum Pavillon gegangen. Ich wurde an der Tür abgesetzt, zitternd vor Kälte und im Regen förmlich ertrinkend. Von allen Seiten hörte ich Bäume krachen, und im Schwanken kam einer meinem Kopf so bedrohlich nahe, dass ich auf Händen und Knien durch den Schlamm zu einer Tür kroch, die besseren Schutz bot. Es kam mir sehr lange vor, bis Lloyd mit dem Schlüssel und einer Laterne zurückkehrte.

Die erste Nacht schlief ich in einer Kammer für Pferdegeschirr, doch dort drang Regen ein und setzte alles unter Wasser, sodass ich in der folgenden Nacht Lloyd und Mr. King in den Stall folgte und eine Box bezog. Paul weigerte sich standhaft, das Haus zu verlassen. »Wenn etwas passiert, sollte ich dort sein«, sagte er. Den armen Lafaele, der fast grau war vor Angst, verhöhnte Paul so lange, bis er ebenfalls bereit war, auf gefährlichem Posten auszuharren. Seine Haltung war allerdings wenig ehrenhaft, da er sich beständig über seine Ängste ausließ.

»Ich auch viel ängstlich«, sagte er, »nicht schlafen, nicht können, zu viel ängstlich. Ganze Zeit so als wie kalt – so«, und er zitterte, um zu zeigen, wie sehr seine Nerven unter den Gefahren gelitten hatten.

Wir lebten mehrere Tage im Stall, fegten ständig Wasser nach draußen, lagen in feuchten Betten und wurden, was das Schlimmste war, schlicht von Moskitos aufgefressen. Als schließlich nach einigen Tagen eines denkbar elenden Daseins der Sturm nachließ und es mir gelang, hinauf zum Haus zu humpeln, fand ich dort alles nass und schimmelig, und das Haus hatte deutlich Schlagseite. Am schmerzlichsten war, dass das weiße Pferd eine furchtbare Verletzung davongetragen hatte. Als ich die Pferde das letzte Mal gesehen hatte, rannten und sprangen sie alle wie wild geworden herum, schlugen aus und scheuten. Offensichtlich war ein starker Ast von einem Baum herabgerissen worden und hatte sowohl den Stacheldrahtzaun als auch unseren armen Kaltblüter getroffen. In seiner Angst hatte das Pferd sich in den Drähten verheddert und dann wieder freigetreten.

Noch vierundzwanzig Stunden, dann sollte Mr. Hay eintreffen, und wir wussten nicht, was zu tun war. Paul ging zu Tode erschöpft zu Bett, doch er fand keinen Schlaf, weil er immer an das Pferd denken musste. Schließlich erhob er sich, zog sich an und kam zu mir heraus. Ich mischte etwas Blutstillendes, das Paul mitnahm und auftrug, und er verband die Wunde mit einem Stück meines Unterzeugs, weil ich in der Eile nichts anderes finden konnte. Noch vierundzwanzig Stunden bis zu Mr. Hays Ankunft, und zu diesem Zeitpunkt war die Wunde böse entzündet.

Kurz nach dem Sturm traf die *Lübeck* ein, und mit ihr ein sehr kranker Louis und seine Mutter, die ihn pflegte. Es ist klar, dass er in der Südsee bleiben muss, er kann in keinem anderen Klima leben. Mrs. S brachte ein Sofa für den eigenen Bedarf mit, was beweist, dass sie ernsthaft geplant hatte zu bleiben. Doch die beengten Verhältnisse, der dauernde Regen und die allgemeine Unbehaglichkeit waren zu viel für sie. Sie blieb nur, bis die *Lübeck* wieder ablegte. So sehr war sie bedacht auf ihren Entschluss abzureisen, dass die arme alte Dame sich, als ich sie nachts ungewollt aufweckte, im Bett aufsetzte und nach ihrem Pferd verlangte. Ich fand es sehr bedauerlich, dass sie alles in so unfertigem Zustand gesehen hat. Es wird ganz verändert sein, wenn sie wiederkommt, denn das [neue] Haus ist fast fertig, und die Möbel sind auf dem Weg hierher.

FANNY   2. April 1891

Wir haben ein zusätzliches Familienmitglied bekommen, vielleicht zwei. »Emma«, eine stämmige, recht mürrisch dreinblickende Eingeborene, die auf Melanas Empfehlung zu uns kam, hilft Paul in der Küche und wird, wenn alles gut geht, bald unsere Waschfrau werden. Der andere ist ein kleiner grauhaariger Malaie, dem ich den Namen »Mat« gegeben habe. Er erschien eines Tages an der Küchentür, das ganze Gesicht ein scheues Lächeln, und bot sich an für Arbeiten jeglicher Art.

»Wie viel Lohn willst du haben?«, fragte ich.

»Was du wollen«, sagte er. »Ich nicht haben Papa, ich nicht haben Mama, du so als wie meine Mama.«

Ich scheine für sehr viele Leute »so als wie ihre Mama« zu sein. Emma war ebenso verunsichert wie erschrocken, als ich das Thema Lohn zur Sprache brachte, und doch hat sie heimlich Paul gefragt, was sie verlangen könne. Ich habe in der Stadt herumgefragt, und man sagte mir, acht Dollar im Monat für sie und das Gleiche für Mat.

Einer der Zimmerleute wurde vorgestern von *Fe fe** ergriffen. Es ist verwunderlich, dass kein Arzt das Studium dieser Krankheit aufgenommen hat, die in der Südsee und, soweit ich weiß, fast überall in tropischen Regionen anzutreffen ist. Vor Jahren kannte ich einmal eine ältere Frau in Indiana, die an den Beinen an Elefantiasis litt. Es hat definitiv etwas mit der Malaria zu tun. Und ich weiß noch von keinem Fall, der nicht mit einer wunden Stelle an Beinen oder Füßen begonnen hätte. Der Zimmermann nahm letzte Nacht eine Dosis Epsom-Salz* und sagte mir gerade, dass es ihm jetzt viel besser geht. Im Abstand von Monaten werden Infizierte immer aufs Neue von Fieberschüben geplagt. Jedes Mal schwillt der befallene Körperteil an, und diese Schwellung geht nicht wieder zurück, sondern bleibt bestehen, bis der nächste Fieberanfall sie noch verschlimmert. Ich denke, ich werde in dieser Sache an den *Lancet*[33] schreiben.

Mrs. Stevenson schickte mir mit dem jüngsten Dampfer einige Paranüsse und getrocknete Datteln. Ich werde versuchen, sie anzupflanzen. Gemäß den Empfehlungen von Kew Gardens[34] habe ich die Nüsse geknackt und das Innere herausgelöst. Emma hat Körbchen aus Kokospalmenblättern zum Einpflanzen angefertigt, wie es bei

---

33 Medizinische Fachzeitschrift, die seit dem 15. Oktober 1823 und bis heute in Großbritannien erscheint. Sie ist damit eine der ältesten ihrer Art.

34 Botanischer Garten im Südwesten Londons, aktuell bekannter unter dem Namen »Royal Botanic Gardens«. Es handelt sich um einen der ältesten botanischen Gärten der Welt, der noch heute etwa eine Million Besucher pro Jahr zählt.

Kakao üblich ist. So kann man das Ganze in die Erde setzen, ohne die Wurzeln zu zerstören. Mein Küchengarten ist in einem traurigen Zustand, weil voller Unkraut, doch es ist mir gelungen, es dort einzudämmen, wo Pflanzen wachsen. Wir haben große grüne Pfefferpflanzen in voller Frucht, einige langhülsige Bohnen, einige Tomaten und heranreifende Auberginen, außerdem etwas Sellerie, der sich als Zutat für Suppen eignet, und meinen Spargel, der sich wirklich prächtig zu machen scheint. Die Avocadobirnen, die ich vor einiger Zeit gepflanzt habe, wachsen aufs Üppigste, ebenso wie alle Kokospalmen.

Lafaele hat äußerst Interessantes über die Regierung seiner Heimatinsel Fatuna [Futuna] zu berichten. (Ich habe ihn gerade nach dem Namen gefragt, da ich ihn vergessen hatte. Wie es die Art der Eingeborenen ist, war er zu höflich zu sagen, dass die Insel ohne Zweifel Fatuna heiße, für den Fall, ich sei anderer Ansicht. »Geben ihm Namen Fatuna – ich *glauben*«, sagte er.) In diesem wohlregierten Land ist jedermann bei Androhung von Strafe gezwungen, fünfzig Schweine sowie eine bestimmte Anzahl Hühner zu besitzen und pro Saison eine festgelegte Menge Taro, Bananen für die Schweinefütterung und Kokosnüsse zu ernten. Zur Zeit der Aussaat pflanzt er alles in der gesetzlich festgeschriebenen Menge. Unbefugtes Betreten wird sehr streng bestraft, ebenso Diebstahl und – das Klügste von allem – das Nichteinhalten von Absprachen. In Fatuna kostet es fünfzig Dollar, eine Absprache nicht einzuhalten. Wird die Zahlung versäumt, muss der Delinquent für den König arbeiten.

Mit unserer eigenen Regierung geht es sehr langsam voran. Die Häuptlinge in Manono haben sich nicht gut betragen. Mit Geschenken und einem Gefolge von an die dreitausend sorgsam ausstaffierten Männern waren sie beim Obersten Richter, um ihm Geschenke zu überreichen. Dem Vernehmen nach war es die schönste Prozession, die es in Samoa jemals gegeben hat. Doch die Wortführer äußerten sich sehr beleidigend, indem sie Mataafa den Königstitel zuerkannten.

Der Oberste Richter versuchte, ihre aufrührerischen Reden zu unterbinden, aber sie ließen sich nicht zum Schweigen bringen, und es endete damit, dass sowohl Malietoa [Laupepa] als auch der Oberste Richter das Gelände verließen, während die Wortführer noch weitersprachen. Meines Erachtens hätten sie überlegter handeln sollen.

Lloyd und Louis sind mit Mr. Sewall (dem amerikanischen Generalkonsul) nach Tutuila gefahren, wo sie eine *Melaga** um die Insel unternehmen werden. Erst jetzt fällt mir ein, dass sie dafür Geschenke benötigen.

Mit der letzten Abfahrt der *Warrior* nach Neuseeland habe ich eine Jersey-Kuh angefordert. Die Schmidts werden ihren Besitz bald aufgeben, und nur mit einer eigenen Kuh werden wir dann noch Milch haben.

FANNY   8. April 1891

Gestern war Lloyds Geburtstag. Bekam einen Brief, der besagte, dass er und Louis noch drei weitere Wochen fortbleiben werden. Ich verbrachte den Tag überwiegend mit einem Ritt nach Apia, auf einem Pferd, das ich zur Probe hatte. Wie sich herausstellte, war es bereits vierzehn Jahre alt, und seine Knie waren verschlissen, die Art Pferd also, die man für eine Frau als geeignet ansieht. Ich schicke es heute zurück.

Ich habe einen Zimmermann namens Skelton tageweise angestellt, damit er das kleine Haus auf Vordermann bringt, es erweitert und insgesamt wohnlicher gestaltet, er soll auch einen Küchenbau errichten, mit einem Schlafraum für Paul. Mr. King, der derzeit damit beschäftigt ist, den Pavillon zu streichen, und Lafaele werden ihm dabei helfen. Das neue Haus ist fast fertig. Einer der deutschen Gefängnisaufseher hat angefragt, ob ich ihn übernehmen wolle, damit er die Pflanzungen bewirtschaftet. Er möchte eine – aus meiner Sicht – ungeliebte Nutzpflanze anbauen: Baumwolle. Ich verriet ihm nicht, was mir vorschwebt: aus Mussaoi und Ylang-Ylang Parfüm zu machen. Mr. Skelton sagte mir, im Busch gebe es einen Baum, der ein duftendes Gummi absondert. Ich will sehen, ob auch damit etwas anzufangen wäre.

Eines unserer kleinen Schweine ist plötzlich gestorben. Jemand äußerte den Verdacht, im Schweinepferch könne irgendetwas wachsen, was für Schweine giftig ist. Henry machte sich auf die Suche und fand zwei Giftbäume. Er und seine Boys rissen sie mitsamt der Wurzel aus. Das Holz dieses Baumes liefert einen vorzüglichen roten Farbstoff.

Mein Spargel gedeiht prächtig. Ich werde ein weiteres Beet dafür anlegen, reichlich Wurzeln habe ich ja. Mr. King und ich probierten das Pech einer Palme, die man wilde Kokospalme nennt. Es war sehr gut und eignet sich bestimmt für Salat. Henry pflanzt Yams, oder wie Paul es nennt, »Jams«. Er sagt zu »jam« Yam.³⁵

Als er zum ersten Mal hier war, gab sich Lloyd höchst amüsiert von Pauls Erscheinung, wenn er bei Tisch aufwartet. Ein plumper kleiner Deutscher mit kahlem Kopf, bekleidet mit einem Flanellhemd, das seine Brust entblößt, einer zerlumpten Hose, die besonders am Hosenboden verschlissen ist und nur von einem Lederriemen um die Hüfte gehalten wird, einem Messer, das in einer Scheide am Gürtel steckt, barfuß, und in aller Regel teilt er mit höflicher Stimme mit, dass »das Fleisch zäh ist, bei Gott«. Bestimmt versteht er »bei Gott« als englisches Äquivalent für »mon dieu«, wie auch Valentine³⁶, mein früheres französisches Dienstmädchen, als sie nach England kam.

---

35 Der englische Buchstabe Y in »Yam« wird in diesem Falle ausgesprochen wie das deutsche J. In dem englischen Wort »jam« (= Marmelade) wird das J ausgesprochen wie der Anlaut im Wort »Dschungel«. Paul wirft diese beiden Laute offenbar durcheinander.

36 Valentine Roch war bei den Stevensons von 1883 bis 1889 als Bedienstete in Anstellung.

Ich habe gerade begonnen, Stanleys Buch[37] zu lesen, und bin zutiefst verblüfft angesichts der Ähnlichkeiten zwischen einigen der Menschen, von denen er spricht, und den pazifischen Insulanern. Ich denke da etwa an den Einsatz von Narben als Verzierung. Er spricht auch über den Verzehr von Maden und Käfern. Eines Tages brachte mir Henry eine riesige, scheußliche Made, die, wie er sagte, von Samoanern als Nahrung sehr geschätzt wird. Eines Abends fiel plötzlich ein mindestens zwei Zoll großer Käfer auf das Buch, das ich las; Lafaele sprang herbei und fing ihn, während er rief: »Er beißen, er beißen!« Das Biest hatte ein Paar eindrucksvolle Kneifer, mit denen es sich ans Tischtuch klammerte, als Lafaele es packte. Es dauerte geraume Zeit, bis er seinen Griff lösen konnte. Ich hätte es am liebsten getötet, doch angesichts seiner Größe war ich unschlüssig, wie die Hinrichtung wohl vorzunehmen wäre. Lafaele schlug vor, ihm den Kopf abzuschneiden, was er mit einem Tischmesser dann auch tat.

»Samoa-Leute ihn essen zu viel«, sagte er.

»Du mögen?«, fragte ich.

»Oh nein«, erwiderte Lafaele in Anpassung an meinen angewiderten Gesichtsausdruck.

Doch ich bemerkte, dass er den Käfer im Licht der Lampe sorgfältig zerlegte und von den Flügeln befreite, bevor er ihn hinaustrug, und dass er einige Zeit auf der Veranda blieb, gerade lange genug, um ihn sich selbst einzuverleiben.

In Vailima herrscht große Angst beim Thema Geister oder »Teufel«, wie die Samoaner sie nennen. Den Stall scheinen die Teufel zu ihrem ständigen Aufenthaltsort erkoren zu haben. Nachts im Sturm hörte

---

37 Henry Morton Stanley: *In Darkest Africa*, 1890. Stanley (eig. John Rowlands, 1841–1904) war Journalist und Afrikaforscher und wurde vor allem berühmt durch seine Suche nach dem Missionar und Forscher David Livingstone (1813–1873), der in Zentralafrika verschollen war. Als er im November 1871 auf einen kranken Europäer traf, sagte er die legendären, typisch britischen Worte: »Doctor Livingstone, I presume?«

ich dort tatsächlich merkwürdige Geräusche und wurde vor Sonnenaufgang von einem Geruch geweckt, als werde Dosenlachs gekocht.
Wir hörten großen Lärm, anscheinend direkt unter unseren Füßen,
als stampften Pferde und jemand wälze riesige Steine. Zuerst dachte
ich, der Lärm rühre vielleicht von einem unterirdischen Wasserlauf
her, doch der Lachs brachte mich auf einen anderen Gedanken: dass
der Lärm von Schwarzen verursacht werde, die sich in einer Höhle
direkt unter dem Stall versteckten. Vor langer Zeit erzählte mir
Mr. Carruthers von seinem Verdacht, dass es in der Nähe des Stalles
eine Höhle gebe. Mr. King und Lafaele haben dort einige Zeit ge-
schlafen, doch Lafaele vertrieb die Angst, und auch Mr. K wurde ein
wenig nervös. Vergangene Nacht bezog Mr. Skelton dort bei Mr. King
sein Quartier. Paul ist bei mir und berichtet, dass sie letzte Nacht be-
ängstigende Geräusche gehört haben, Gespräche und Gelächter und
die Schreie von Frauen. Emma sagt, die Küche sei genauso schlimm
wie der Stall, und schlimmer, weil sich ihr die Teufel dort offen zeigten. Immer frühmorgens um vier komme eine Frau mit zwei Kindern
herein, verlange nach einer Zigarette, und dann ließen sich die drei
Eindringlinge neben ihr nieder und legten sich offenbar schlafen. Sie
sagt, dass hier zu viele Menschen erschlagen worden seien, zu viele
Köpfe abgeschlagen, und dass der Ort vor Teufeln nur so strotze.

FANNY   12. April 1891

Mr. Skelton, der seit dreißig Jahren hier ist, sagt, dass auf diesem
Land früher einmal zwei Häuptlinge lebten. Der Sohn von einem der
beiden hat ihm das Folgende erzählt. Die beiden Häuptlinge waren
Kannibalen, und einer lauerte den Männern des anderen auf, um sie
zu töten und zu verspeisen. Der Häuptling, der auf dem Berg Vaea
lebte (der Vater von Skeltons Informant), spannte ein Seil über den
Pfad, der dort hinaufführte, und beanspruchte alle, die dieses Seil er-

reichten, für seine Tafel. Jedoch quälte ihn im Alter die Reue, und er schwor, nie wieder Menschen zu töten, und ließ sie stattdessen als Arbeiter eine Straße über die Insel bauen. Dies ist die Straße, die an unserem Haus vorbeiführt. Vor ihrer Vollendung starb der reuige Häuptling, und die Straße blieb so, wie er sie hinterließ. Die Geister seiner Opfer aber, die kein anständiges Begräbnis erhielten, gehen bis heute um. Emma behauptet, dass ein Mann und eine Frau auf Geheiß des Häuptlings genau dort ermordet wurden, wo das kleine Haus steht, und es die Geister der Frau und ihrer Kinder sein müssten, die ihr jede Nacht erscheinen.

Ich habe Stanleys Buch nun zu Ende gelesen. Er spricht von den gleichen Bäumen, die es auch hier gibt. Einer der sehr harten gelben liegt jetzt vor dem Haus, wo er gefällt wurde. Es ging mir zu Herzen, einen Baum zu verlieren, der so majestätisch an Größe und von so symmetrischer Form war, doch alle meinten, er stelle ein Risiko dar. Ameisen, weiße und schwarze, gibt es hier ebenfalls reichlich, doch ich habe herausgefunden, dass eine Karbolsäurelösung gegen ihre Bisse hilft, sogar gegen die der Feuerameise. Erst kürzlich hatte ich fünf dieser unerfreulichen Schwellungen und frage mich, ob mein Heilmittel auch für Stanley von Nutzen gewesen wäre. Die Wunden waren sehr schmerzhaft und verschlimmerten sich zusehends. Ich versuchte es mit Karbollösung, Karbolöl und Karbolseife. Dann mit [Lücke] und [Lücke], aber sie verschlimmerten sich weiter. Da fiel mir ein, dass ich einmal ein Pferd mit Kalomel* von hartnäckigem Satteldruck kuriert hatte. Warum dann nicht auch einen Menschen? Zweimal verteilte ich Kalomel auf die Schwellungen, und sie begannen mit erster Anwendung zu heilen, und nach der zweiten musste ich nichts weiter unternehmen.

Glücklicherweise scheint es hier keine Flöhe zu geben, also bleiben wir von *dieser* Heimsuchung verschont, doch die Moskitos sind eine fürchterliche Plage. Es ist nicht möglich zu schreiben, ohne Buhach-Insektenpulver zu verbrennen. Dafür benutze ich einen hübschen kleinen Weihrauchbrenner, den ich in einem chinesischen Geschäft gekauft habe. Auf diese Weise komme ich mit einer sehr kleinen Menge Pulver aus. Bevor ich den Weihrauchbrenner hatte, füllte ich eine Schüssel mit Sand, machte mit dem Finger eine spiralförmige Spur, streute Buhach in die Vertiefung und entzündete es an einem Ende. Das war eine vergleichsweise umständliche Angelegenheit und eine verschwenderische dazu.

Lafaele hat sich gestern einen Armknochen ausgerenkt, während er meine Spargelsetzlinge einpflanzte. Ich habe keine Ahnung, wie er das fertiggebracht hat, denn es war eine sehr leichte Tätigkeit. Er ist nach Apia hinuntergegangen, um es richten zu lassen.

Mr. Carruthers und Mr. Moors waren gestern hier. Sie sagen, ich sähe nicht gut aus, und raten mir, zur Abwechslung nach Sydney zu reisen. Ich fühle mich schon seit einiger Zeit nicht gut, aber ich glaube nicht, dass Abwechslung daran etwas ändern wird.

FANNY   23. April 1891

Louis und Lloyd sind zurück, der eine braun und fett, der andere (natürlich Louis) sehr krank und fiebrig. Sie kamen in einem offenen Boot herüber, was in jeder Beziehung riskant ist. Ich machte mir ernste Sorgen um Louis, und da er sagte, er fühle sich zu krank, um den Arzt aufzusuchen (ein grobschlächtiger Chirurg namens Funk), schickte ich stattdessen nach Mr. Clarke, dem Missionar, dessen Anwesenheit allein ihm offenbar guttat. Das war vor einigen Tagen; es geht ihm nun viel besser, aber nachts hat er noch Fieber. Ich glaube, er meidet Dr. F seit Kapitän Hamiltons Begräbnis. Anscheinend gab es noch Zweifel, ob Hamilton wirklich tot war, und bevor der Sarg endgültig geschlossen wurde, sollte der Doktor einen abschließenden Blick auf den Toten werfen. Louis war schon eine Weile dort und sprach mit gedämpfter Stimme mit der Witwe und den Freunden des

Verstorbenen, als eine laute, fröhliche Stimme ertönte, nämlich die von Dr. Funk. Der feine Herr (?) kam mit brennender Zigarre im Mund hereingestampft und erfüllte den Raum mit seiner schrillen Stimme.

Unterwegs haben Louis und Lloyd auf einer Insel ganz in der Nähe Station gemacht, die Louis anstelle der anderen infrage kommenden zu nehmen gedenkt. Er und ich werden auf diese Weise bald eine *Melaga* dorthin unternehmen. Ich fühle mich seit einiger Zeit wieder besser und bin nahezu entschlossen, jetzt noch nicht nach Sydney zu fahren. Der neue Küchenbau ist noch nicht fertig. Vorgestern haben Skelton und King ihre Arbeiten fast völlig vernachlässigt. Man hatte im Stall eine Eismaschine aufgestellt, wo King Skelton mit der Eisherstellung unterhielt – und dabei nicht im Traum daran dachte, um Erlaubnis zu fragen. Den Nachmittag vertrödelte Skelton damit, King zu beweisen, dass der Horizont auf Augenhöhe liege. Sie hantierten dazu mit der Wasserwaage. Den Rest der Zeit alberte King mit Emma herum, sah Innes beim Entladen des Wagens zu und beobachtete Lloyd an der Schreibmaschine. Louis nahm beide streng ins Gebet. Skelton gab sich zunächst aufmüpfig, doch nachdem er es überschlafen hatte, kam er offenbar zu dem Schluss, dass Höflichkeit die beste Strategie sei, und versprach mir, dass es zukünftig keinen Grund mehr für Beschwerden geben werde. King gab sich weit weniger klug, sagte, er habe die Eismaschine nicht kaputt gemacht etc., und teilte Lloyd am nächsten Morgen mit, dass er kein Sklave sei. Louis gedenkt nun der Methode von Kapitän Otis[38] zu folgen. War ein Mann nicht nach Otis' Geschmack, dann ging er dazu über, ihm »das Schiff zur Hölle« zu machen, sodass der Mann bald freiwillig das Feld räumte. Ich bin neugierig darauf zu sehen, wie Louis mit King so verfährt.

38 A. H. Otis, Kapitän der *Casco*, auf der die Stevensons vom 28. Juni 1888 bis zum 24. Januar 1889 von San Francisco aus die Südsee bereisten.

Wir haben die Pferde in die Obhut von Innes gegeben, der sie weniger strapaziert und doch mehr aus ihnen herausholt, als Hay es jemals geschafft hat (wenigstens bei der Stute, das Pferd ist noch nicht so weit, dass es arbeiten kann). Innes überbrachte am Samstag eine Botschaft von Mataafa. Die öffentliche Straße über die Insel, an der gerade zum dritten Mal gearbeitet wird und die früher einen geraden Verlauf hatte, wurde während des letzten Krieges umgeleitet und führt nun über Land, das man kürzlich von Mataafa gekauft hat. Mataafa möchte den Eingeborenen klarmachen, dass die Straße wieder wie früher verlaufen muss, und schlägt vor, die Straße in dieser Woche zeitweise so weit zu blockieren, dass nur ein einzelner Reiter passieren kann. Er bat Innes, Louis mitzuteilen, dass dies nicht gegen ihn gerichtet sei und »die Fenster-Angelegenheit nicht das Geringste damit zu tun« habe. Aus dem Fenster, sagte er weiter, sei mittlerweile eine Tür geworden, und so könne man die Sache als erledigt betrachten. Louis ließ antworten, er könne und werde es nicht zulassen, von seinen Zulieferern abgeschnitten zu sein, und sollte auf der Straße eine Blockade errichtet werden, dann würden unsere Leute sie sofort niederreißen, ganz unabhängig von der Angelegenheit mit dem Fenster.

Gerade ist etwas ans Licht gekommen, was sehr nach einem Betrugsversuch aussieht, und zwar vonseiten Hays. Lloyd ist hinuntergegangen, um bei Carruthers dazu Rat einzuholen. Wie es aussieht, hat er Sachen auf meine Rechnung gekauft, um sie mir dann zu verkaufen.

Der neue Herd aus San Francisco ist da.

II

»Dem Himmel so nah«

Der Stevenson-Clan

April 1891–Juni 1892

Eine brüchige Idylle

In den ersten Monaten in Vailima hatten die Stevensons ein Pionier-dasein geführt. Mit allem Drum und Dran: behelfsmäßiges Leben in einem zu kleinen Haus, während ein neues, größeres gebaut wurde, Roden und Urbarmachen von Land, Säen und Pflanzen, die An-schaffung und Ansiedlung von Nutztieren. So angenehm das Klima nahe dem Äquator auch grundsätzlich war, so bot es doch auch alle Facetten einer tropischen Umgebung: häufige starke Regenfälle, feuchte Hitze, Insektenplagen und in luftiger Höhe an den Hängen der Berge auch Wind und zuweilen Kälte. Der persönliche Besitz, die Ausstattung waren noch nicht nennenswert, Möbel und Kleidung waren dürftig, alles an Luxusartikeln und persönlicher Habe befand sich noch in »Skerryvore«, dem Haus in Bournemouth. Die Mahl-zeiten waren denkbar einfach und meist nur improvisiert. »Wir haben oft beinahe nichts zu essen, ein Gast würde schlichtweg unsere Mög-lichkeiten übersteigen«, schreibt Stevenson an Henry James. »Meine Frau und ich saßen neulich über einer Avocado zu Tisch, und ich aß einige Male hartes Brot und Zwiebeln. Was würdest du angesichts solcher Zeiten der Knappheit mit einem Gast tun? Ihn essen? Oder einen der Boys als Frikassee servieren?«[1]

Im Lauf der Monate hält schrittweise die Zivilisation Einzug. Deutlich besser wird alles im (Früh-)Sommer 1891. Ende Mai ist das neue Haus im Wesentlichen fertiggestellt und kann bezogen werden.

---

[1] Sidney Colvin (Hg.): *The Letters of Robert Louis Stevenson*, New York 1911, Band III, S. 296, Brief an Henry James (Übersetzung L. D.).

Die Möbel und die Ausstattung, die schon vorher aus England eingetroffen waren, können endlich ihren Platz einnehmen. Bücher, Bilder und ein Klavier kommen im Juni. Absolutes Kuriosum im neuen Heim ist ein Kamin – in der ganzen Südsee weit und breit die einzige Einrichtung ihrer Art. Oft bloß als ein Spleen belächelt, tut diese Einrichtung an kalten Tagen und Abenden durchaus einen sinnvollen Dienst.

Im Mai 1891 bekommt die Familie, die bis dahin nur aus Fanny, Louis und Lloyd bestanden hat, großen Zuwachs – von nun an lässt sich vom »Stevenson-Clan« sprechen, der mitsamt einer stattlichen Anzahl von Bediensteten in Biografien und Betrachtungen zur Legende werden sollte. Im Mai 1891 siedelt endgültig Margaret (»Maggie«) Stevenson, Louis' Mutter, nach Vailima über. Ein erster Versuch einige Monate zuvor war gescheitert, zu einer Zeit, da das neue Haus noch nicht fertig und die Lebensumstände noch wenig geregelt waren. Außerdem treffen, ebenfalls im Mai, Fannys Tochter Belle mit Ehemann Joe Strong, einem Maler und Fotografen, und Sohn Austin ein. Ihnen steht nunmehr das kleine Haus zur Verfügung.

Stevensons Verhältnis zu seiner Stieftochter Belle war nie ungetrübt gewesen, man war sich eher fremd geblieben. Eine Großfamiliensituation hatte sich bereits an Bord der *Equator* ergeben, während der gemeinsamen Reise von Honolulu nach Samoa vom 24. Juni bis zum 7. Dezember 1889. Danach hatten sich die Wege wieder getrennt, Belle war mit ihrer Familie weitergereist nach Australien. Doch während sich Stevenson Anfang 1891 dort aufhielt, kam es zu einer Annäherung. Nicht zuletzt wirkte Louis auf Belle ein, mit ihrer Familie dauerhaft nach Samoa zu kommen. Damit drückte er den innigsten Wunsch aus, der ihn zu dieser Zeit beseelte: In dem schmerzlichen Bewusstsein, die Südsee wohl niemals wieder verlassen zu können, und mit einer unvermindert geringen Lebenserwartung will er seine ganze Familie um sich haben.

Dass dieser Traum Wirklichkeit wird, muss sowohl Louis als auch

Fanny beglückt haben. Ebenso Lloyd, Belles Bruder, der bereits seine Pläne, in Oxford zu studieren, verworfen hat, um auf Upolu zu bleiben. Doch ein idyllischer Traum wird das nicht werden. Gesundheitliche Probleme, eine Grippewelle, politische Wirrungen und nicht zuletzt kleine und größere menschliche Tragödien werden das Bild des paradiesischen Pflanzerlebens – mitunter beträchtlich – verdüstern.

LOUIS   29. April 1891

[...] Ich habe *The High Woods of Ulufanua* wiederaufgenommen. Die
Geschichte erscheint mir immer noch zu fantastisch und weit herge-
holt. Aber beim Wiederlesen habe ich mich in mein erstes Kapitel
verliebt und muss es – egal ob zum Guten oder Schlechten – beenden.
Es ist in der Tat gut, mit Fakten angereichert, wirklichkeitsgetreu
und (endlich einmal in meinen Werken) gefällig, auch dank der Prä-
senz einer Heldin von hübschem Aussehen. Fräulein Uma ist hübsch,
das steht fest. All meine anderen Damen waren hässlich wie die
Nacht und wie Falconets Pferd (ich habe die Anekdote gerade bei
Lockhart[2] gelesen) *mortes* außerdem.

Die Neuigkeiten: Unser altes Haus ist nun halb abgerissen, es soll
an anderer Stelle wiederaufgebaut werden. Unser Blick fällt darauf
herab und durch die offen liegenden Pfosten wie durch einen Vogel-
käfig auf die Wälder dahinter. Mein armer Paulo [Paul] hat seinen
Vater verloren und ist dadurch zu dreißigtausend Talern gekommen
(glaube ich); er musste gestern zum Konsulat hinunter, um ein Schrift-
stück aufzugeben, betrank sich natürlich und ist heute Morgen noch
so benebelt, dass bei unserem Frühstück alles durcheinanderging. Lafaele ist fort, am Totenbett seiner liebreizenden Gattin. Liebreizend
war sie, doch nicht in ihren Taten, verdingte sich als Dirne bei den
Strandstreunern, die auf den Kriegsschiffen arbeiten, und deren Gesellschaft verdankt sie möglicherweise auch das Ende, das ihr be-

---

2 John Gibson Lockhart (1794–1854), schottischer Dichter, Verfasser der Lebens-
   beschreibung *Life of Sir Walter Scott* (1838/39).

schieden war: von einer Klippe zu stürzen – oder hinuntergestoßen zu werden, *inter pocula*. Henry ist und bleibt unsere wichtigste Stütze. Während dieser Übergangsphase wohnt er in Apia, doch neulich abends blieb er bei uns und saß mit uns am Kamin in meinem Zimmer. Er sah zum ersten Mal ein Kaminfeuer, konnte nicht hinschauen, ohne zu lächeln, und wollte ständig Holz nachlegen. Wir unterhielten ihn mit Märchen aus dem Reich der Zivilisation – Theater, London, Häuserblocks, Universitäten, die Untergrundbahn, Zeitungen etc. – und planten ein weiteres Mal seinen Besuch in Sydney. Wenn möglich, nächste Weihnachten. […]

LOUIS   20. Juni 1891

[…] Nur vier Briefe verschickt und zwei Kapitel von *The Wrecker*. Ja, aber Letzteres hat mich 132 Seiten gekostet, 66 000 Wörter in dreißig Tagen, 2200 Wörter pro Tag, die Plackerei eines Elefanten. Gott weiß, was es taugt, und frag mich bloß nicht, doch niemand soll sagen, ich hätte Mühen gescheut. Manchmal dachte ich schon, es käme überhaupt nichts zustande. […]

FANNY   30. Juni 1891

Mein Tagebuch hat seit dem letzten Eintrag brachgelegen. Seitdem ist viel passiert. Pauls Vater ist tot und hat nur eine kleine Summe Bargeld hinterlassen, und seine Mutter hat lebenslang Anspruch auf den ganzen Rest des Besitzes. Es wird noch drei Monate dauern, ehe Paul sein Erbteil erhält, unterdessen bleibt er hier, bei unsicheren Einkünften. Wir scheuen davor zurück, ihm zu viel Geld zu geben, und beschränken ihn auf das Nötigste, womit er vollkommen zufrieden ist, und er arbeitet härter als jeder andere hier. Als sein Geld fast aufgebraucht war, kurz bevor er vom Tod seines Vaters erfuhr, wandten sich all seine lustigen Kumpane gegen ihn und zeigten ihren wahren Charakter, was für den armen Paul nur gut ist. Ich habe ihn seitdem nicht ein einziges Mal betrunken gesehen.

Lafaeles hübsche Frau, die ihm so viel Kummer und Sorgen bereitet hat, ist tot, die arme Seele. Sie wurde krank, und als Lafaele hinunterging, um nach ihr zu sehen, schwor sie auf seine Bitte hin einen feierlichen Eid auf die Bibel, dass sie allezeit eine aufrechte und treue Frau gewesen sei, und sagte, Gott möge sie mit tödlicher Krankheit strafen, wenn sie falsches Zeugnis ablege. Glaubt man dem Bericht der Eingeborenen, schwoll ihre Zunge augenblicklich stark an, trat aus ihrem Mund hervor, und sie sprach kein verständliches Wort mehr. Als die Nachricht kam, sie liege im Todeskampf, machte ich mich auf die Suche nach Lafaele, um ihm zu sagen, er müsse sich beeilen. Gefunden wurde er mit dem Belichtungstuch des Fotoapparates in Händen, das er als Trauerkleidung zu nutzen gedachte. Sobald das Begräbnis vorüber war, verkündete Lafaele, dass dieses Kapitel seines Lebens beendet sei und er ein neues mit einer neuen Frau beginnen werde, die sich derzeit noch auf dem Gelände verbarg. Nur sehr widerstrebend willigte ich ein, sie eine Woche auf Probe anzustellen, doch hat uns das hübsche junge Ding mittlerweile derart in Beschlag genommen, dass wir uns unter keinen Umständen mehr von ihm trennen wollten.

Inzwischen ist die gesamte Familie eingetroffen. Die Strongs[3] leben in dem kleinen Haus, das größer und besser wiederaufgebaut wurde, und essen und verbringen die Abende im großen Haus. Joe trägt die Verantwortung für die Hühner und zeigt für seinen Aufgabenbereich großes Interesse. Wir haben jetzt einen deutschen Küchenchef namens Robert Rathke[4], Paul, aus dem ein Pflanzer geworden und

---

3 Joe, Isobel (»Belle«) und Austin Strong.
4 An anderer Stelle in der Schreibweise »Ratke«. In Belles Memoiren als »Radke«.

der zurzeit mit Kaffeesträuchern zugange ist, Mr. King (der sich gegenwärtig sehr gut macht), Henry, der die Abende mit uns verbringt, Emma und ihre Gehilfin, Java, eine großartige junge Frau, die bei den Familienandachten das Singen leitet, Harry, den Mann von den niederen Inseln, der Mr. Hay zur Seite stand, Lafaele und seine Frau Faauma und eine weitere Person, die langsam schon zum Inventar gehört und nur als der »Yam-Mann« bekannt ist. Louis und ich haben jeden Morgen besondere Glücksmomente, wenn Emma und Java in unsere Zimmer kommen, um frisches Wasser zu bringen etc. Emma schreitet herein, festen Schrittes und ganz Pflichterfüllung, doch Javas Erscheinen ist ein wahrer Bühnenauftritt: Sie hebt eines ihrer langen, wohlgeformten braunen Beine hoch in die Luft, schaut aus nach einer geeigneten Stelle, wo sie ihren Fuß niederlassen kann, landet leicht wie eine Feder auf den Zehen, hebt das andere Bein mit demselben langsamen und graziösen Schwung, und so bewegt sie sich bei der Arbeit die ganze Zeit. Ihren Körper hält sie ehrerbietig vorgebeugt und begleitet die katzenartigen Bewegungen ihrer Beine mit einem entsprechenden Schwingen der Arme. Ihr Gesicht zeigt die ganze Zeit ein gleichbleibend strahlendes Lächeln, wie bei einem Akrobaten. Wie Louis sagt, ist das Seltsamste dabei, dass sie bei all dieser dramatischen Zurschaustellung von Umsicht tatsächlich nicht den geringsten Laut macht.

FANNY   1. Juli 1891

Das Mobiliar ist nun vollständig, als Letztes kam gestern das Klavier. Das Esszimmer haben wir mit einer gelblichen Terrakotta-*Tapa* behängt, die Fensterrahmen und die Tür haben ein kräftiges Pfauenblau, und die Decke ist in etwa cremefarben. Mit den Stühlen und Bildern gehen die Farben eine ganz entzückende Harmonie ein. Am Doppelfenster habe ich einen Vorhang aus indischer Gaze aufgehängt, cremeweiß und silbern, eingefasst mit sacht orangefarbener Seide und spitzengesäumt. Mein eigenes Zimmer bekommt langsam das leicht glänzende Aussehen, das ich so mag. Louis' Zimmer ist immer noch im Werden begriffen, die letzten Bücher sind erst vor zwei Tagen angekommen. Ich finde es schwieriger, mich mit seinen Farben anzufreunden, zwei Hellblautönen, und das sind Farben, die mir nun wahrlich nicht liegen. Ich empfinde sie als kalt und abstoßend. Schwarz, Weiß und Hellblau bereiten mir stets Unbehagen, ich weiß nicht, wie ich mich damit anfreunden soll. In meinem Zimmer bestehen Decke und Wände aus kalifornischem Redwood-Naturholz, lackiert (es wäre hübsch, es abschleifen zu lassen, aber das war leider nicht möglich). Die Einfassung des Bodens ist mit einem hier gebräuchlichen Farbstoff bestrichen und gewachst. Die Möbel sind aus altem Mahagoni, mit ein wenig Messing. Ich hatte einen ziemlich dicken türkischen Teppich, der sich unter den bloßen Füßen wunderbar anfühlte. Jetzt, auf dem Boden ausgebreitet, eingefasst mit Eingeborenenmatten (Tembinokas Abschiedsgeschenk), sieht er ganz manierlich aus und passt sehr gut. Die Fenster- und Türrahmen sind von einem sehr dunklen Pfauengrün.

Wir hatten Gäste zum Mittagessen, und Louis erklärte bei der Gelegenheit, dass er vor Stolz platze. Mary[5], das Dienstmädchen, das Mrs. Stevenson aus den Kolonien mitgebracht hat, hat Faauma beigebracht, sehr hübsch bei Tisch aufzuwarten. Für diesen Anlass wurde sie mit einigen Yards rotem türkischen Stoff als Hüfttuch ausgestattet und mit mehreren blauen und roten Bandana-Tüchern als Mieder. Die Taschentücher waren an den vier Enden zusammengeknotet, die Knoten lagen auf den Schultern, und ein Taschentuch hing ihr über die Brust, das andere über den Rücken.

Schon einige Male hat der Krieg unmittelbar bevorgestanden, doch nun scheint es wirklich so weit zu sein. Was mich daran erinnert, dass

---

5 Mary Carter, mit der Fanny nicht zurechtkam.

ich nach der Munition sehen muss, sobald ich mit dem Schreiben fertig bin. Es ist reichlich über ein Massaker an den Weißen gemunkelt worden, und für möglich halten muss man das, obwohl dergleichen nicht ernsthaft zu erwarten ist. Mataafa hat sich selbst zum König erklärt und mit einem immensen Gefolge in Stellung begeben. In den letzten beiden Nächten musste Henry seinen Platz bei der Bewachung von Malietoa [Laupepa] einnehmen, der ein Attentat fürchtet. Die Wachen verbringen die Nacht mit Singen und Tanzen. Als sich die Nachricht verbreitete, dass der Krieg wirklich begonnen habe, schwärzte Lafaele unverzüglich sein Gesicht nach Kriegermanier.

»Warum tust du das?«, fragte ich. »Du wirst doch nicht in den Kampf ziehen, oder?«

Er wolle damit, versicherte er mir, nur zeigen, dass er bereit sei, »den Besitz« und uns zu verteidigen, und nicht, dass er politisch Partei ergreife, dafür habe er sein Gesicht nicht mit schwarzen Streifen bemalt. An ebenjenem Nachmittag kam der Doktor, um nach Louis zu sehen, und da Lafaele eine Entzündung am Zeh hatte, ließ ich ihn holen. Der Doktor sagte, dass der Nagel herausgezogen werden müsse. Den armen Lafaele mit seiner Kriegsbemalung musste man festhalten, während die Operation vollzogen wurde.

Wir haben den Besitz von Schmidt für acht Jahre gepachtet und ihm eine junge Kuh abgekauft. Vor einiger Zeit bestellte ich in Sydney eine Kuh von garantiert friedfertigem Wesen und entschied mich für Jersey-Rinder als aussichtsreichste Rasse. Die Kuh ist jetzt da, ein hübsches kleines Ding, das sehr gute Milch gibt, doch mit Höllenfeuer in den Augen und dem Temperament eines Teufels. Ein Musiker, Watts, der Flageolettlehrer von Louis, ist bei uns zu Gast. Gestern versperrte ihm die fürchterliche Kuh den Weg, und ich musste sie unter Gefährdung meines Lebens ablenken, bis Mr. Watts sicher passiert hatte.

Die Neuigkeiten über den Krieg sind weiterhin beunruhigend. Wir
haben Emma fortgeschickt, nachdem sie am 4. Juli versucht hat, Faauma entgegen Lafaeles Wunsch und ohne Erlaubnis nach Apia mitzunehmen. Ich habe ein langes Gespräch mit ihr geführt, bevor sie ging.
Sie sagt, die Eingeborenen seien »nicht mehr Fleunde weiße Mann«
und dass sie vorhätten, Apia zu beschießen und damit am deutschen
Ende zu beginnen und alle Weißen zu töten. Es gibt handfeste Gerüchte über Mataafas Deportation, die ein furchtbarer Fehler wäre.
Mataafa verhält sich offenkundig ganz einwandfrei. Seine Leute versuchen ihn aufzustacheln, aber er widersteht eisern. Gestern gab es
ein *Fono** in Malie. Mataafa (der selbst seine Steuern bezahlt hat) bat
die Leute, in ihre Häuser zurückzukehren, ihre Steuern zu zahlen
und den Frieden zu wahren. Er hatte schon beinahe Erfolg, die Leute
waren zunächst dazu bereit, brachen dann aber ihr Wort und bleiben
jetzt doch in Malie. Als die Häuptlinge sich weigerten, nach Hause
zu gehen, brach Mataafa vor aller Augen in Tränen aus. Die drei
Konsuln haben eine Proklamation veröffentlicht, der zufolge sie sich
gemeinsam und als Repräsentanten der drei Mächte jedem Versuch,
Mataafa auf den Thron zu bringen, widersetzen werden. Der Kapitän
der *Sperber* ist bei Bedarf bereit zu helfen, und die gesamte Munition
des Königs wurde in McArthurs Laden gebracht, ein hölzernes Gebäude, das zu plündern ein Leichtes wäre. Louis sagte zu Mr. Carruthers (der die Lage der Weißen für sehr ernst hält): »Es wird uns
schlecht ergehen, wenn in Apia Kämpfe ausbrechen.«

»Für uns wird es noch schlimmer sein«, antwortete Mr. C. »Denken Sie an den Alkohol in Apia.«

»Wenigstens«, sagte Louis, »haben Sie genügend Männer, um darum zu kämpfen.«

Aber diese Idee verwarf Mr. C als absurd. Es gebe nicht mehr als
zehn Männer in der Stadt, auf die man zählen könne, und einmal

seien die Männer, so versicherte er Louis, bei einer Panik, ohne dass echte Gefahr bestand, vom Pier ins Meer geplumpst, so eilig hätten sie es gehabt, in die Boote zu kommen, um das Kriegsschiff zu erreichen.

Mr. Moors ist zurückgekehrt und musste feststellen, dass sich der von ihm betraute Verwalter, der sich Walters nannte, mit tausend Dollar davongemacht hat. [Seine Tochter] Sophia fand er in schlechter Verfassung. Die beiden Jennings haben sich geprügelt, wobei einer unterlegen war. Die vier Eingeborenen stürzten sich sofort auf den Sieger, rangen ihn nieder, kündigten beiden die Treue auf und erklärten, dass sie ihnen nicht länger gehorchen würden. Mrs. Moors (eine Eingeborene aus Samoa) nahm die Dinge in die Hand, und als ihr Mann auf der Insel eintraf, hatte sie nicht nur die Fracht im Griff, sondern außerdem ein weiteres Baby auf die Welt gebracht.

Lafaeles Zeh ist stark entzündet. Er hält ihn nun für verhext und glaubt, ein Teufel sei hineingefahren. Heute wurde Faauma losgeschickt, um einen samoanischen Arzt zu holen, oder, wie ich annehme, einen Zauberer, der den Bann brechen soll. Nun, da Emma fort ist, hat Henry zwei sehr respektabel wirkende Frauen präsentiert, eine Art »Pastorenfamilie«, aber so waschen wie Emma können sie nicht. Sie wurden angestellt, um heraufzukommen und zu waschen, sollen aber nach der Arbeit wieder nach Apia zurückkehren. Eine von ihnen möchte anscheinend bleiben; wir werden sehen.

Ratke und Mary haben sich gestritten, und wir waren gezwungen, einen Boy anzuheuern, der als Puffer zwischen den beiden dient. So wird vom einen nichts beim anderen ankommen. Ich habe Mary für ein vernünftigeres Mädchen gehalten. Paul war den ganzen Tag bei Kapitän Hufnagel[6], um Kaffeesträucher zu holen. Er brachte einige sehr schöne mit. Der Kapitän hat Blumen für Mrs. Stevenson geschickt und reichlich Bäume und Rosen für mich. Ich habe sie alle

6 Der Verwalter der deutschen Pflanzung Vailele auf Samoa.

eingepflanzt. Er schickte auch einige indische Bohnen, die ich mir schon lange gewünscht hatte.

Die Hennen brüten eifrig, und der Nachwuchs ist recht zahlreich, obwohl einige Küken gestorben sind. Joe gibt ihnen sofort Kalk zu fressen, was sie meiner Ansicht nach tötet. Er hat gelesen, dass Hühner Kalk fressen *müssen,* und schließt daraus, dass frisch geschlüpfte Küken in Geschmack und Bedürfnissen ihren Eltern gleichen.

Austin hatte eine böse Entzündung am Fuß, die mittlerweile zurückgegangen ist. Ich wollte zunächst nach dem Arzt schicken, doch unter meiner Behandlung trat so rasch Besserung ein, dass wir damit warteten, und wir warten immer noch. Einen ganzen Tag lang träufelte seine Mutter unter meiner Anleitung warmes Wasser mit einem hohen Anteil an Kaliumpermanganat auf die Wunde, anschließend wurde sie mit trockenem Kalomel bedeckt. Währenddessen nahm er zusätzlich Kalziumsulfid ein.

FANNY   12. Juli 1891

Gestern hat Ratke ein Schwein getötet. Es war durch einen Speer verwundet worden, offenbar von schwarzen Boys. Wie er sehr treffend feststellte, hätten Samoaner in einem solchen Fall die Sache klargemacht. Lafaele schickte nach einem Samoaner, der in der Behandlung von Wunden erfahren ist und seinen Fuß untersuchen sollte. Ich sagte, ich müsse bei der Untersuchung des Zehs anwesend sein, und so holte man mich, als der Doktor kam. Ich fand einen ernsten Mann mittleren Alters vor, der auf einer Matte in der Waschküche saß, wo die Pastorenfamilie mit Bügeln beschäftigt war. Während Lafaele einer Flut von Fragen ausgesetzt war, wurde sein Gesichtsausdruck immer niedergeschlagener. Ich konnte sehen, dass beide wiederholt auf mich zu sprechen kamen. Ich nutzte eine entstehende Pause und bat Lafaele, mir den Befund des weisen Mannes zu übersetzen.

»Mrs. Stevenson! Madame! Ich Ihnen Wahrheit sagen«, begann Lafaele. Soviel ich verstand, war ihm ein Teufel, aufgehetzt von einem samoanischen Widersacher, in den Zeh gefahren und stand nun im Begriff, das Bein aufwärtszuwandern, und wenn man ihm nicht rechtzeitig Einhalt gebot, würde er bald Lafaeles gesamten Körper besetzen.

»Aber das ist Unsinn«, sagte ich. »Du weißt, Lafaele, dass kein samoanischer Teufel einem Mann etwas anhaben kann, der zu mir gehört.«

Das gab Lafaele zu und hatte es dem weisen Mann bereits auseinandergesetzt, der eingestand, daran könne sicherlich kein Zweifel bestehen, jedoch habe Lafaele bis vor einem Jahr von meiner Existenz noch nichts gewusst, ebenso wenig wie ich von seiner, und zu dieser Zeit sei der Teufel tief in einer Ecke unter dem Nagel in den Zeh eingedrungen. Dieses abscheuliche Etwas steuere nun die andere Ecke des Nagels an und sei offenbar bereits unterwegs. Ich konnte nicht viel erwidern und gab nur meiner Überzeugung Ausdruck, dass Lafaele aller Schlafteufel ledig sei und auch vor diesem bald Ruhe haben werde. Er wollte »mak siccar«[7] und schlug vor, sowohl meine als auch die Medizin des weisen Mannes anzuwenden, doch ich sagte ihm, er solle voll und ganz auf die samoanische vertrauen. Er versicherte mir sehr ernst, dass er sich nicht vor Teufeln fürchte, seit ich versprochen hätte, ihn zu beschützen, und tatsächlich lässt er keine Anzeichen von Furcht erkennen, außer dass er laut singt, wenn er alleine ist.

Mr. Gurr, seine Frau und seine kürzlich eingetroffene Schwester besuchten uns gestern Abend. Sie werden auf Leshers früherem Besitz leben und unsere unmittelbaren Nachbarn sein. Davon sind wir sehr angetan.

Es ist heute düster und bedrückend, sodass Mrs. Stevenson auf ih-

---

7 Verballhornung des deutschen »mache sicher«, sichergehen.

ren Kirchgang verzichtet. Ratke fragte an, ob er über Nacht nach Hause gehen könne, er habe eine böse Vorahnung, dass dort irgendetwas nicht in Ordnung sei. Er war ziemlich blass und zitterig, als er ging. Gerade habe ich mehr über den Medizinmann erfahren. Belle ließ ihn Austins Fuß begutachten, der schon deutlich auf dem Wege der Besserung gewesen war, sich jetzt aber wieder erheblich zu verschlimmern scheint.

Lafaeles Fuß sieht besser aus, ich nehme an, dank dem von mir verabreichten Kalomel. Schlimm ist allerdings, dass der Medizinmann erklärte, dieser Ort werde von der übelsten Sorte Teufel heimgesucht, die es insbesondere auf Lafaele abgesehen hätten. Das ganze gerodete Land rund um die beiden Häuser ist zwar durch Geisteraustreibung gesäubert worden, doch warnte man Lafaele, bestimmte Grenzen alleine nicht zu überschreiten, oder es werde ihn ein schreckliches Schicksal ereilen. Irgendwie muss ich zeigen, dass ich stärker bin als der Medizinmann, oder Lafaele wird mir zu nichts mehr nütze sein. Ich wünschte, ich könnte ein paar Zaubertricks. Es nützt nichts, sich über seinen Aberglauben lustig zu machen. Dazu kenne ich die Eingeborenen zu gut.

Mr. King ist soeben aus Apia zurück. Er sagt, dass die Eingeborenen weiterhin Munition kaufen und Apia in Scharen verlassen.

FANNY   12. August 1891

Diesen Eintrag mache ich in Suva, Fidschi. Es ging mir über längere Zeit nicht gut, und als wir erfuhren, dass die *Warrior* nach Fidschi auslaufen würde, hatte ich nicht genug Kraft, mich gegen den Rat zu wehren, ich solle an Bord gehen. Obwohl ich nur schweren Herzens aufbrach, denn meines Erachtens sah Louis nicht wohl aus. Seit einigen Tagen bin ich jetzt hier und spüre bereits, wie gut mir die Veränderung tut. Ich wohne an einem Ort, der sich, glaube ich, »The

Club House« nennt, geführt von Leuten namens Sturt. Es ist heute sehr kalt, jedenfalls kommt es mir so vor. Hier gibt es nur einen weiteren Gast meines Geschlechts, eine Mrs. Phillipi, eine einfache, angenehme junge Frau mit gefärbtem Haar. Sie ist hier zur Erholung. Neben mir am Tisch sitzt ein recht gut aussehender dunkelhäutiger junger Mann, der seinem Aussehen nach ein oder zwei Tropfen indisches Blut aufweisen mag, es ist nicht eindeutig. Er will mir einen indischen Koch nach Samoa schicken. Ich bot ein Pfund pro Woche, was, wie er sagt, für einen Inder der schiere Reichtum ist. Weniger könnte ich, gemessen an den anderen Löhnen in Vailima, nicht zahlen (der Gedanke kam mir). Es wäre weder diplomatisch noch angemessen.

Ich war im Botanischen Garten. Dort gibt es nur wenig, was für mich von Interesse ist. Doch ich werde nochmals hingehen und schauen, was ich nach Vailima mitnehmen kann, an Information wie an Pflanzen, und zwar mit einem Mr. Moore, der irgendwie der Landwirtschaftlichen Gesellschaft angehört. Der dunkelhäutige junge Mann berichtete mir von verschiedenen Pflanzen, die in Indien wachsen und auch in Samoa gedeihen könnten, und will mir eine Adresse geben, an die ich mich wenden kann.

Ich habe den Ort ausfindig gemacht, wo der reisende Zahnarzt logiert, und werde ihn heute Nachmittag aufsuchen und Apia ins Spiel bringen. Gestern hatte ich ein starkes Verlangen, Kava zu trinken. In einem Geschäft kaufte ich einen kleinen Beutel gemahlene Kava und in einem anderen eine kleine hölzerne Schale. Letztere, versicherte mir die Verkäuferin, sei eine »echte Hirnschale«, aus der die Eingeborenen die Gehirne ihrer Feinde äßen. Daneben hing in dem Geschäft eine »Kannibalengabel«. Beides, Gabel und Schale, war offensichtlich erst vor einigen Tagen angefertigt worden. Ich verschmähte die Kannibalengabel (wenn ich Kannibalen essen will, kann ich mir selbst eine machen, sofern diese Art Gabel dafür unerlässlich ist), kaufte aber die »Hirnschale«, um darin meine Kava zu bereiten.

Ich fand in einem Geschäft auch ein Kava-Sieb. Die gesamte Kava-»Ausrüstung« kostete mich nur vier Shilling.

Es amüsiert mich, unserer Wirtin zuzuhören, wie sie über die Eingeborenen zu Gericht sitzt. »Unsere sind schlimm genug«, sagt sie, »aber eure Samoaner schlagen alles. Die wollen sich doch auf eine Stufe mit den Weißen stellen! Es macht mich wirklich krank zu sehen, wie sie die Straße hinuntergehen und ihre Köpfe so unverschämt hoch halten!« Und als Nächstes erzählt sie (»Ich weiß, das klingt ungeheuerlich«), wie sich einige Samoaner, die hier waren, bei öffentlichen Versammlungen, Rennen oder dergleichen rigoros Sitzplätze verschafft hätten. »Und wenn man es nur zugelassen hätte, dann hätten sie auch noch die vorderen Sitze beansprucht. Was sagen Sie zu einer solchen Unverschämtheit!« Ich fragte nicht – denn das kann man sich bei solchen Leuten sparen –, ob die bescheidenen Weißen die hinteren Sitzplätze für sich in Anspruch nahmen oder nicht.

Die Frau, bei der ich die »Hirnschale« kaufte, breitete ihre ganze Lebensgeschichte vor mir aus, während ich im Laden war. Sie sagte, sie habe einen schlechten Ehemann geheiratet, der sich auf und davon gemacht und sie mittellos zurückgelassen habe. Mittlerweile ist sie in den Besitz einiger Briefe an ihn gekommen, die offenbar von einer früheren Frau und deren Familie stammen. Sie boten an, ihm nach Fidschi zu folgen. Jetzt hat er diese Frau gebeten, mit ihren zwei Kindern nach Afrika zu kommen (acht weitere sind barmherzigerweise gestorben).

»Natürlich werden Sie das nicht tun«, sagte ich.

»Ich denke schon«, antwortete sie. »Ich weiß aus zuverlässiger Quelle, dass er dort zu einer Menge Geld gekommen ist.« Und sie fügte gedankenverloren hinzu: »Er ist jetzt ein alter Mann.« In diesem Augenblick kam ihr jüngstes Kind herein, das arme Ding – schwachsinnig.

Ich habe Suva verlassen und bin nach Levuka übergesiedelt, einer viel angenehmeren und pittoreskeren Stadt als Suva. Am nächsten Tag folgte auch Mrs. Phillipi. Wir konnten beide den nächtlichen Lärm im Hotel in Suva nicht mehr aushalten. Ich machte dort die Bekanntschaft eines Mr. Moore, ein äußerst gut aussehender Mann von neunundvierzig Jahren mit schneeweißem Haar. Eine seiner Töchter ist am Theater. Es scheint überhaupt eine sehr talentierte Familie zu sein. Mr. M, der so etwas ist wie ein Fachmann in Sachen Landwirtschaft, nahm mich mit in die Botanischen Gärten, die sich seit Neuestem in der Obhut eines angenehmen, einfachen jungen Burschen aus Kew befinden. Ich schaute mir dort alles an und wurde ermutigt zu äußern, welche Pflanzen und Bäume ich gerne mitnehmen würde. Ich nannte sehr viele: Obst- und Nusssorten, Zierbäume und Pflanzen. Zu meinem größten Entzücken kann ich alle bekommen.

Es war ein sehr aufregender Tag für mich. Der junge Mann aus Kew verriet mir ein Berufsgeheimnis: Gießt man Blumenkohl von Zeit zu Zeit mit Meerwasser, gedeiht er in jedem Klima. Ich erfuhr von Samen, die einen Rettich hervorbringen, der in fortgeschrittenem Alter wie eine Rübe verwendet werden kann. Voraussichtlich werde ich davon einige erhalten. Ein Inder in einem Geschäft gab mir einige indische Melonensamen mit und erklärte mir, wie man sie pflanzt. Am Tisch neben mir saß ein sehr gut aussehender junger Mann namens Davidson, in dem ganz offensichtlich ein wenig indisches Blut fließt. Er will versuchen, mir einen indischen Koch zu verschaffen. Einer stellte sich bereits vor, kurz bevor ich abreiste. Er hatte ein ausgezeichnetes Zeugnis über sechs Dienstjahre bei einem früheren Arbeitgeber, doch an seinem letzten Arbeitsplatz in Suva wurde er entlassen, und bevor ich ihn fest einstelle, möchte ich wissen, warum. Der Kapitän des Dampfers, mit dem ich herreiste, Kapitän Saunders (mit ihm ist Louis von Noumea nach Sydney gereist), kannte den

Koch und war gut auf ihn zu sprechen. Er bot mir an, den jüngsten Arbeitgeber aufzusuchen und mir dann Näheres schriftlich mitzuteilen.

Am Tisch in Suva saß mir gegenüber ein Mann mittleren Alters namens Harvey, nach eigenen Angaben ein studierter Mann, woran ich keinen Grund hatte zu zweifeln. Wie er mir erzählte, war er nach Fatuna gereist und hatte dort acht Monate allein verbracht, um Material für ein Buch über die Geschichte der Insel zu sammeln, mit besonderem Augenmerk auf die Chinesen, die dort einst landeten. Er gab das Manuskript an Bord eines Schiffes, nachdem er es ins Reine geschrieben und die Notizen vernichtet hatte. George Smith, Mrs. Stevensons Cousin, war dafür verantwortlich. Das ist nun fünf Monate her, und seitdem hat man nichts mehr davon gehört.

Er hatte mir gerade diese Geschichte erzählt, als vier oder fünf junge Männer von gewöhnlichem Äußeren und vulgärem Benehmen im Hotel ankamen. Zu meinem Leidwesen bekamen zwei von ihnen das Zimmer neben meinem. In den Schlafräumen reichte keine der Trennwände bis hinauf zum Dach. Ich konnte die Person neben mir hören, wenn sie die Bettdecke aufschlug oder hochzog, je nachdem. Drei Nächte lang kamen die jungen Männer gegen Mitternacht ins Zimmer neben meinem, allesamt betrunken grölend. Sowohl für die arme Mrs. Phillipi auf meiner anderen Seite als auch für mich war es mit dem Schlaf vorbei. In der dritten Nacht benahmen sie sich ganz abscheulich. Mit ihrem Aufruhr hielten sie das gesamte Haus die Nacht über wach. Als sie anfingen, sich mit Sachen zu beschmeißen, die über die Trennwände flogen, war ich wirklich beunruhigt und in Furcht, mein Kopf ginge zu Brei. Mitten in dem Aufruhr hörte ich, wie ein Mann verzweifelt versuchte zu sprechen, so als werde ihm der Mund zugehalten. Wie überrascht war ich, als er plötzlich ausrief: »Und ob ich deinen Namen nenne, Harvey!« Am nächsten Morgen entschieden Mrs. Phillipi und ich abzureisen. Mr. Harvey kam zu ihr und entschuldigte sich, entschuldigte sich aber nicht bei mir. Ich gab vor, seine Anwesenheit nicht recht zur Kenntnis zu nehmen. Bevor Mrs. P das Hotel verließ, ging einer der rüpeligen Burschen, ein jämmerlicher, hohlbrüstiger, schwindsüchtiger junger Kerl, zu ihr und entschuldigte sich ebenfalls. Durch den Lärm konnte ich hören, wie sein süßes, klangvolles Lachen in einen gequälten Hustenanfall überging. Armer Teufel, seine schwarzen Rösser jagen unaufhaltsam voran.

Dieses Hotel ist dem in Suva ähnlich, nur gemütlicher, und das Essen ist nicht ganz so gut. Der Hausherr ein ehemaliger Kapitän namens Robbie und der zweite Mann seiner Gattin; Letztere ein einfacher, ignoranter, netter kleiner Kloß von einer Frau mit einer Leidenschaft für Blumen.

Ich vergaß zu erwähnen, dass mir gegenüber am Tisch in Suva, neben Harvey, ein Mann namens Coates saß. Was ich über Coates wusste, habe ich wieder vergessen – es war sicher nichts Gutes. Er hat Augen wie Basett Coloni, ein abstoßendes, mürrisches Aussehen und ein verächtliches Lächeln. Wen oder was es auch betraf, er musste ständig widersprechen. Mr. Moore erzählte eines Tages, wie er Zeuge eines schlimmen Wagenunfalls gewesen war, und schilderte einige Details.

»Es geschah an der anderen Brücke«, sagte Coates.

»Waren Sie dabei?«, fragte Moore.

»Nein, ich war nicht dabei, aber es war die andere Brücke, wo es passierte.«

»Also, ich *war* da, und es passierte *nicht* an der anderen Brücke.«

»Es passierte sehr wohl an der anderen Brücke«, beharrte Coates, die Glubschaugen auf den Teller geheftet und mit seinem üblichen Lächeln.

Einmal erlaubte ich mir, ihn bezüglich Apaiang zu korrigieren, das nach seiner Ansicht zu den Karolinen gehörte; er lächelte seinen Teller an und sagte, da liege ich ziemlich falsch. Wie Mr. Moore fragte ich: »Sind Sie jemals in Apaiang gewesen?« Nein, das sei er nicht, doch er wisse, wo es liege – ein weiteres Glubschaugenlächeln in seinen Teller.

»Ich *war* dort«, sagte ich, »und zu diesem Zeitpunkt gehörte es zu den Gilberts.«

»Also, ich bin zwar nicht dort gewesen, aber ich weiß zufällig genau, dass es zu den Karolinen gehört.«

Ein äußerst unangenehm aussehender, nervtötender Mann mit einem irritierenden kleinen Haarbüschel, das, in zwei steife Locken geteilt, die Stirn des ansonsten kahlen Kopfes ziert.

Am zweiten Tag meines Aufenthalts hier kam auf der Veranda ein älterer Mann auf mich zu und sagte: »Ich freue mich, Sie kennenzulernen, Mrs. Stevenson. Willkommen in Levuka.«

Ich sagte: »Ähm … äh«, die Art von unartikulierten Lauten, die man unter solchen Umständen von sich gibt.

»Ich freue mich«, fuhr der Mann in einer abstoßenden, nasalen und breiten Yankee-Manier fort, »ich freue mich, die Frau meines berühmten Landsmanns zu treffen.«

»Dann bin ich nicht die, für die Sie mich halten«, sagte ich, »es sei denn, Sie sind Schotte, was mir nicht so erscheint.«

Oh nein, er meine den berühmten Autor und sei überrascht zu erfahren, dass es sich um einen Schotten handele.

»Sie können keines seiner Bücher gelesen haben«, sagte ich, »sonst wüssten Sie es.«

»Nein, das habe ich tatsächlich nicht«, sagte er guten Mutes. »Glaube nicht, dass sie mir jemals untergekommen sind. Aber ich bin der richtige Mann für Sie. Ich bin der älteste Ansässige in Fidschi und kann Ihnen über die Insel erzählen, was Sie nur wollen. Ich bin im Bilde, was die gesamte Geschichte der Regierung betrifft.«

Vergebens bemühte ich mich, ihm nahezubringen, dass ich keinerlei Information über irgendetwas wünschte. Wenn er mich auf dem Balkon sieht, kommt er wie der Blitz auf mich zugeschossen und liegt mir in den Ohren.

»Sagen Sie Ihrem Mann, dass dieser Ort ein Schandfleck der Zivilisation ist.«

»Das kann ich ihm doch nicht sagen.«

»Bestellen Sie ihm von mir, einem Mann, der seit vierzig Jahren auf diesen Inseln weilt, dass die Regierung verderbt ist, verderbt, sage ich …« Etc.

Ich muss sagen, dass eine solche Haltung gegenüber der Regierung allgemein vorzuherrschen scheint. Niemals erntete ich ein einmütigeres schallendes Lachen als mit meiner Äußerung, dass unser Oberster Richter demnächst herkommen wolle, um die Arbeit der hiesigen Regierung zu studieren.

»Sir John Thurston[8] ist der typische Selfmademan«, erzählte mir heute ein gewisser Mr. Sketchly. »Wir stehen auf Kriegsfuß, weil ich ihm ins Gesicht gesagt habe, dass er ein ignoranter, arroganter, betrügerischer Aufschneider ist.«

Kein Wunder, dass sie auf Kriegsfuß stehen. Sobald ich wieder in Suva bin, werde ich den Regierungssitz aufsuchen und mir selbst ein Bild machen. Gewöhnlich kann man alles von zwei Seiten betrachten.

Dieser Mr. Sketchly experimentiert mit Tabak. Er hat mehrere Tausend Morgen bepflanzt und scheint mit dem Erfolg zufrieden zu sein. Er war es, der die ersten Strauße nach Kalifornien brachte. Er hat mir viel Nützliches über Kakao und das Pflanzen von Kautschuk erzählt und auch etwas über die Herstellung von Parfüm. Er erschien gewitzt, klug, sehr tatkräftig, ein Gentleman und, wie ich meine, aus dem Stoff, aus dem Glücksritter gemacht sind. Beim Mittagessen war ich sehr dankbar zu sehen, dass er den trübsinnigen alten Amerikaner vergrault hatte, der mir bei Tisch am Ellenbogen geklebt und mich mit historischem Wissen überschüttet hatte. Der arme alte Mann beobachtete mich mit funkelnden Augen über die dazwischenliegenden

---

8 Hochkommissar im westlichen Pazifik.

Köpfe hinweg, ich glaube, er war fürchterlich besorgt darüber, dass ein Fremder mir fragwürdige Informationen zuführte.

Gestern sprach Mr. St. John, der amerikanische Konsul, bei mir vor, eine luxuriöse Ausführung derselben Gattung wie mein alter Mann des Meeres.

Und das bringt mich wieder zurück nach Suva. Eines Tages stand ich hingelehnt auf dem Balkon, und da war der alte Tony mit seinem Tropenhelm und seinem Schirm. Mein Herz erwärmte sich für den schäbigen alten Herumtreiber, ich rief ihn an und sagte: »Wie geht's dir?« Am folgenden Nachmittag erschien er an meiner Tür. Er sagte, es sei doch in der Tat außergewöhnlich, dass wir einander überall wiederträfen, deshalb sei ihm danach, mir einen kleinen Besuch abzustatten. Er räusperte sich eine Weile, setzte mich darüber in Kenntnis, dass die Welt auf den Hinterbeinen schwanke, und verschwand, um gewiss am nächsten völlig unerwarteten Ort wiederaufzutauchen.

In Suva hörte ich das Gerede über die *Cordelia*, und ich muss sagen, ich war nicht sehr überrascht zu erfahren, dass die Mitglieder des Fidschi-Clubs, nachdem sie die Offiziere gebeten hatten beizutreten, sie schließlich bitten mussten, wieder zu gehen. »Doch der Kapitän hatte seine guten Seiten«, sagte die gütige Ehefrau unseres Wirtes. »Er war sehr gut zu seinen Männern. Sein größtes Vergnügen bestand darin, einen seiner Matrosen auf das Achterdeck zu holen und einen Boxkampf mit ihm auszutragen. Er war kein bisschen steif, oh nein.«

LOUIS   8. September 1891

[...] Fanny ist von ihrer Reise zurückgekehrt und sieht insgesamt erholt aus. Mit den *High Woods* geht es voran, sie heißen mittlerweile *The Beach of Falesá* und stehen auf festem Grund. Etwa dreißig Seiten sind geschafft, fünfzig bis siebzig sollen es nach meiner Schätzung werden. Keinerlei übernatürliche Kunstgriffe, ich habe mich ganz gut aus der Affäre gezogen, weiß gar nicht, warum ich mich so lange so dumm angestellt habe. Mächtig froh, Fanny wieder hier zu haben, in dieser »Hölle der Südsee«, wie der deutsche Kapitän das nannte.

Eine nette Geschichte: Als Fanny in Fidschi war, zeigte sich jedermann aus Samoa und Tokelau höchst interessiert an unserem »Prachthaus«. Aber die Weißen hatten nie davon gehört.[9]

FANNY   23. September 1891

Wieder zu Hause. Während meines Aufenthalts in Fidschi war ich zuletzt an einer eitrigen Rachenentzündung erkrankt. Ich habe vier Kisten mit Pflanzen mitgebracht, einige aus dem Botanischen Garten und einige von Mrs. Robbie aus Levuka. Auch einen indischen Koch namens Abdul Razzuk habe ich mitgebracht. Lloyd und die Strongs haben in der Zwischenzeit einem Eingeborenenjungen namens Talolo das Kochen beigebracht, und das mit den besten Ergebnissen, sodass mein vortrefflicher Koch im Haus ein fünftes Rad ist. Mr. Haggard[10] hat sich einverstanden erklärt, ihn zu nehmen, doch der arme Abdul ist nicht willens, Vailima zu verlassen, denn hier, so sagt er, sei er glücklich, die anderen Bediensteten seien freundlich und nett und Herr und Herrin so, wie er es sich nur wünschen könne. Talolo ist ein

9 Dieser Brief ist unterschrieben mit »ROBERT LOUIS STEVENSON[,] Autor von *The Beach of Falesá*«.
10 Bazett M. Haggard war nicht nur britischer Landkommissar in Samoa, sondern der Bruder des Schriftstellers Henry Rider Haggard (1856–1925). Rider Haggard schrieb fantastische Abenteuerromane, war ein Pionier der Fantasyliteratur und hatte seine literarische Karriere Mitte der 1880er-Jahre mit der Absicht begonnen, einen Roman nach der Art Stevensons zu schreiben. Der Legende nach hatte er mit seinem Bruder Bazett gewettet, er könne ohne Weiteres einen erfolgreichen Roman vom Zuschnitt von *Treasure Island* schreiben. Heraus kam der Erfolgsroman *King Solomon's Mines* um den – nunmehr klassischen – Helden Allan Quatermain.

guter, starker, freundlich lächelnder Bursche, ganz wie die Hawaii-
aner, und springt sofort freudig herbei, wann immer er angesprochen
wird. Ich bin erfreut zu sehen, dass Henry seine europäischen Kleider
aufgegeben hat und sich nun wie ein samoanischer Gentleman klei-
det, in *Lava-lava* und Mantel, Letzteres eine Shell-Jacke[11] für den
Abend.

An dem Tag, als ich Suva verließ, kam der Oberste Richter aus
Samoa dort an. Ich bedauerte wirklich, ihn dort zu sehen, denn gerade jetzt sollte doch sein Platz hier zu Hause sein. Ich mag mich
auch irren, denn er ist der einzige verschwiegene Mensch am Strand[12],
und niemand weiß genau, was ihn nach Fidschi führt. Manche sagen, er habe sich aus Angst davongemacht, andere behaupten, er sei
gegangen, um von Sir John Thurston ein Kanonenboot zu erbitten.
Er selbst erzählte mir, er habe laufend Attentatsdrohungen erhalten,
aber man habe keinerlei Schritte zu seinem Schutz unternommen. Er
erzählte mir außerdem, wie eine große Zahl Männer nach Apia gekommen sei, weil sie wegen Aufruhrs vor Gericht gestellt werden
sollten (so nehme ich an, denn der Wortlaut der Anklage wurde mir
nicht genannt). Abgesehen von ihren Häuptlingsstäben, die als Zeichen ihrer Würde gelten, waren sie offenbar unbewaffnet. Als man
die Übergabe der Waffen verlangte, entdeckte man jedoch, dass jeder von ihnen eine Axt in seinem *Lava-lava* verborgen trug. Diese
wurden entfernt und fünf große Häuptlinge als Repräsentanten der
Gruppe ausgewählt.

Die fünf Häuptlinge wurden zu mehreren Monaten Haft im öffentlichen Gefängnis verurteilt. Der OR [Oberste Richter] sagte, es sei
eine äußerst dramatische Szene gewesen, als die fünf Häuptlinge wie

---

11 Im 19. Jahrhundert eine kurze Uniformjacke. Hauptmerkmal ist, dass diese Art
    Jacke nur bis zur Gürtelhöhe reicht.
12 »Am Strand« (»on the beach«) war die allgemeine Bezeichnung für den bewohnten
    Küstenstrich um Apia.

ein Mann ihre Stäbe hoben und sie in Richtung des Hauses schleuderten. Anschließend weinten sie bitterlich und erklärten, sie seien ihrer Würde beraubt. Im Wortlaut bestimmte das Urteil, sie »wie Gentlemen« zu behandeln und ihnen Bewegungsfreiheit zu gewähren, allerdings unter Bewachung. Doch der Ratspräsident, Baron von Pilsach, fürchtete offenbar einen Versuch zu ihrer Befreiung. Es gehen Gerüchte um, dass er gedroht habe, das Gefängnis samt seinen Insassen mit Dynamit zu sprengen, und bereits einen der Strandstreuner für diesen Dienst angeheuert habe. Um sich für seine Aufgabe zu stärken, nahm der Strandstreuner ein Glas nach dem anderen zu sich, wurde im Suff gesprächig und plauderte den Plan aus. Alle, die in der Nähe wohnten oder im Umfeld des Gefängnisses Grund besaßen, waren rasend vor Wut, und viele andere zeigten sich zutiefst entrüstet über die hinterhältige Barbarei des Präsidenten. Nun sagt man – was vielleicht nicht wahr ist –, dass die inhaftierten Häuptlinge vorsätzlich in ein falsches Licht gestellt wurden. Die Häuptlinge, denen man eine Behandlung »wie Gentlemen« zugesprochen hatte, wurden alle deportiert, man vermutet, auf die Tokelaus. Das stand nicht in ihrem Urteil.

Gestern erfuhren wir, dass die *Ebon* Mataafa 40 000 Schuss Munition geliefert hat und dass man Mr. Moors verdächtigt, sie geschickt zu haben. Während ich fort war, begleitete Lloyd Mr. Moors nach Malie zu einem Besuch bei Mataafa. Die Konsuln versuchten alles, um Lloyd davon abzuhalten. Er war von Mataafa entzückt, wie anscheinend jeder, der nicht zu seinen politischen Feinden gehört. Er sah, wie einer von Mataafas Wachtposten einen Deutschen anhielt. Der Deutsche, zu Pferde, hob seine Peitsche, senkte sie jedoch gottlob wieder, denn augenblicklich erhob sich ein Gewimmel von Gewehrläufen.

Louis hat ein Schreiben aufgesetzt, das von einer Reihe angesehener Männer unterzeichnet wurde und vom Präsidenten Aufklärung in Bezug auf das Dynamit fordert. Lehnt er es ab zu antworten oder bekennt sich zu den Ereignissen, wie sie geschildert wurden, dann sollte Louis meines Erachtens deutlich Position beziehen. Falls es dazu kommt, dass er versucht, den Präsidenten zu stürzen, sollte meines Erachtens Mataafa davon unterrichtet und um Zurückhaltung gebeten werden, damit sich diese Affäre friedlich mit der Feder regeln lässt.

Mein armes Pferd, das ich vom Konsul bekommen habe (nach ihm habe ich es Harold genannt), hat sich am Stacheldrahtzaun schlimm verletzt. Harry hatte einen Hengst auf der Koppel stehen. Als ich ankam, ordnete ich augenblicklich an, ihn wegzubringen, doch zu spät für Harold, der von dem Untier gebissen worden war und sich beim Versuch zu entkommen am Draht verletzt hatte. Ein Mr. Davis kam herauf und nähte die Wunde, und wir hoffen, dass sie schnell heilen wird.

Am Sonntag besuchte uns Paul Leonard, »der Passagier aus Mariki«. Er hat sich nun dauerhaft in Samoa niedergelassen und wird Freis dabei unterstützen, Sodawasser herzustellen und vielleicht auch Eis.

Belle und Lloyd waren neulich abends unten bei den Gurrs. Fanua [Mrs. Gurr] sprach mehr als gewöhnlich, und das sehr gut. Sie erzählte von früher: wie sie einmal zusammen mit ihrem Vater beim Kampfplatz war, um seine Waffe zu laden, und wie sie durch die Büsche äugte und sah, wie Deutschen die Köpfe abgetrennt wurden. Die Blässe der toten weißen Gesichter kam ihr äußerst grauenvoll vor, und das ist sie in der Tat. Auf einigen Inseln hielt man die ersten Weißen für wandelnde Leichen, und ihr Anblick erschreckte die Eingeborenen.

Drei Tage vor meiner Ankunft lief die *Archer* in Apia ein. Mr. Hird und Tin Jack[13] besuchten unsere Leute und brachten nach Sitte der

---

13 Ein Händler, der mit den Stevensons auf der *Janet Nicholl* reiste. »Tin« ist ein polynesisches Äquivalent für »Mr.«.

Insulaner Geschenke mit. Für Louis einen schönen London-Hut aus weißem Filz, oben mit Seide umwunden. Für Lloyd einen Amboss und für mich eine Bratpfanne und einen schönen jungen Eber. Hier wächst alles prächtig, Orangen, Kokosnüsse und Kakao und mein Spargel in großen grünen Büschen. Der Rhabarber sprießt und sieht gut aus, und die Zimtäpfel stehen in vollem Saft. Die Kühe haben unglücklicherweise unseren besten Brotfruchtbaum geschunden, aber er ist nicht hinüber. Ich habe an allen Seiten des Hauses Beete anlegen lassen und dort die Zierpflanzen eingesetzt.

Paul sieht blass und dünn aus, sagt jedoch, er habe sich gut von seiner schweren Krankheit erholt (einer Lungenentzündung), an der er litt, als ich abreiste. Man hat ihm ein Angebot für eine Anstellung als Aufseher auf einer der deutschen Pflanzungen gemacht: fünfzig Dollar im Monat und ein Haus und einen schwarzen Boy. Er wird Putch mitnehmen, da Joe diesem sauberen Kater Rache geschworen hat. Er hat Henry (dem Kater Henry) eine Zehe abgebissen, und da er dessen Schwachpunkt nun kennt, sorgt er dafür, dass der arme Kerl in seinem lahmen Zustand verbleibt. Ich habe den armen Henry mit Bissen und Schwellungen an drei Pfoten gesehen, er konnte kaum noch laufen.

Kurz vor meiner Abreise kam Mr. King zu Lloyd und behauptete, dass Johnny Skelton ihm drei Dollar pro Tag geboten habe für »leichte Arbeit, keine körperliche Tätigkeit«, und wenn wir ihm zehn Pfund gäben, dann würde er uns verlassen und Johnnys Angebot annehmen. Wir beeilten uns, ihm die zehn Pfund zu geben, obwohl ich die Auswirkungen auf unsere anderen Männer fürchtete. Doch als er losging und damit prahlte, dass wir gezwungen gewesen seien, ihn für zehn Pfund zu verkaufen, erntete er nur höhnisches Gelächter. Später erfuhren wir, dass Johnny ihm keinerlei Angebot gemacht hatte, dass aber ein Weißer ihm seine Mischlingstochter zur Frau gegeben hatte und dazu eine Mitgift, die verschiedenen Angaben zufolge zwischen 2000 und 4000 Dollar betrug. »Er hat 200 Dollar bekommen und eine Mischlingsfrau mit einem dicken Bein«, sagte Paul mit einem verächtlichen Lachen. Ich halte es für durchaus wahrscheinlich, dass sie Elefantiasis hat.

Morgen wird es eine Ratsversammlung geben, und der von Louis aufgesetzte Brief soll dem Präsidenten öffentlich vorgelegt werden, unter Bedingung einer prompten Stellungnahme. Ich fürchte, Louis geht es nicht gut genug, selbst dort zu erscheinen. Niemand hat es gewagt, Louis' Mutter von der Sache zu erzählen. Sie ist äußerst besorgt, dass wir unseren »gesellschaftlichen Status« beschädigen könnten, wenn wir mit den Regierungsoffiziellen über politische Themen streiten. Ich empfinde es ganz im Gegenteil so, dass es *ihr* gesellschaftlicher Status ist, der beschädigt wird, wenn wir mit ihnen brechen. Mit Ausnahme von Mr. Blacklock sind alle bereits zum Mittag- oder Abendessen bei uns gewesen, und ich weigere mich, ihn einzuladen, ehe ich nicht weiß, welche Rolle er in der Dynamit-Affäre spielt. Ich möchte nichts mit Leuten zu tun haben, die zu so etwas fähig sind.

[[Zurzeit sorgt ein Thema für großen Krach, und dieses Thema ist – Beten! Wie es scheint, musste Lafaele zur Zeit der Gebetsstunde bei dem verwundeten Pferd bleiben, und Joe, der sich die rechte Hand schwer verbrüht hatte, brauchte Hilfe bei den Hühnern und nahm Austin mit. Das alles musste erledigt sein, bevor die Sonne zu heiß wurde, also war es nicht zu ändern. Unglücklicherweise erwischte man Belle, wie sie herumstreunte wie eine Katze, ohne eine angebliche – und ich fürchte, auch ohne eine echte – Beschäftigung, und da kam es zur Explosion. Mrs. S[tevenson] fasst dies als persönliche Beleidigung auf, und als Austin für seine Unterrichtsstunden zu ihr kam, warf sie ihn hinaus.

Ein Streit über das Beten dürfte selbst den Lippen eines Bischofs nur ein zynisches Lächeln abverlangen. Mrs. S sagt, sie möchte beim Beten nicht nur mit Bediensteten vorliebnehmen. Ich fürchte, dieser Unterschied wird in anderen Bereichen nicht gemacht. Wieder einmal zeigt sich, dass sie das hiesige Leben, das uns so entzückt, nicht mag. Sie ist enttäuscht und beleidigt, dass es ihr nicht gelingt, uns zu überzeugen, alles hinzuschmeißen und in die Kolonien zu gehen. Wir haben den Kolonien eine faire Chance gegeben, und sie sind für Louis der Tod, während dies hier Leben und ein gutes Stück Gesundheit bedeutet.

Sie wäre wohl glücklicher, wenn sie irgendeine Beschäftigung hätte, aber ich wüsste nichts, was ihr zusagen könnte. Für uns andere ist jeder Moment ausgefüllt, und ein jeder ist auf seinem Gebiet voller Elan bei der Sache. Es fällt mir schwer nachzuvollziehen, dass irgendjemand ein Leben der Aufwartungen, des Austauschs von Visitenkarten, ein Leben mit einer richtigen Kirche und festen Mahlzeiten und einem Sonntagsnickerchen diesem Paradies im Freien vorziehen könnte, wo man sich dem Himmel so nah fühlt, dass irrige Gedanken sich fast von selbst erübrigen.]]

FANNY   24. September 1891

Henry, der mit dem Wagen nach Apia hinuntergefahren war, brachte gestern Abend eine Kiste voller Geschenke für mich mit, die mit der *Archer* von den Gallecros gekommen waren, sechs aus winzigen Kokosnussschalen geschnitzte Eierbecher, sechs Halsketten mit weißen Muscheln und Perlen, zwei Zigarettenaschenbecher aus kleinen Kokosnussschalen, die an Ringen aus Schildpatt hängen, zwei ganze Kokosnüsse, ebenfalls sehr klein, auf Ringen und zwei große, sehr schöne Matten. All dem lag ein typischer Südseebrief von Mr. V bei, der das längste Tabu beklagte, das jemals über einen Weißen verhängt worden sei und das er auf den Einfluss der samoanischen Lehrer zurückführte, von denen sich drei auf der Insel niedergelassen haben.

Seit ich zuletzt die Feder niederlegte, habe ich *The Beach of Falesá* geschrieben und neu geschrieben, an die sechzigtausend Wörter solider heimischer Dichtung (die Geschichte ist entsprechend nur halb so lang), und nun steht mir der Sinn danach, nie wieder irgendetwas zu schreiben, doch zu meinem Kummer muss ich es noch einmal überarbeiten. Daran habe ich bereits den ganzen gestrigen Tag gesessen und allerlei Nachlässigkeiten gefunden und (was in diesem Fall noch schlimmer ist) einige literarische Kunstfehler. Eine der Wirrungen ist folgende: Es ist in der ersten Person erzählt, ein Händler berichtet seine Abenteuer auf einer Insel. Als ich anfing, gestattete ich mir einige Freiheiten, mit sorgenvollem Blick auf das Ende. Dieses erwies sich jedoch als unproblematisch und könnte so durchgehen. Jetzt liegt der Anfang (stellenweise) etwa einen Viertelton daneben, doch ich habe bereits beschlossen, es so zu belassen. Immer wieder ein delikates Problem, das einzige, das mich bei Ich-Erzählungen plagt, die ansonsten (um Alan[14] zu zitieren) »meinem Genie besser entsprechen«. Die Geschichte ist zu einem großen Teil nah an der Wirklichkeit, hat aber durchaus ihre komischen Aspekte. Es ist die erste realistische Südseeerzählung, das heißt mit echtem Südseecharakter und Details aus dem wirklichen Leben. Alle bisherigen Versuche, soweit ich sie kenne, verloren sich in romantischer Verklärung und endeten als zuckersüßes Schein-Epos, und alles war verdorben – es fehlte absolut an Schärfe, an Humor und folglich an Überzeugungskraft. Ich bin mit Augen und Nase ziemlich nah an den Dingen dran. Meine kleine Erzählung wird mehr Wissen über die Südsee vermitteln als eine ganze Bibliothek. Ob irgendjemand sie lesen wird, kann ich nicht vorhersagen. Aber es ist durchaus möglich, dass sie ein Erfolg wird, denn der

---

14 Alan Breck, eine Figur aus Stevensons David-Balfour-Romanen *Kidnapped* und *Catriona*.

Stoff ist gut und melodramatisch und enthält eine – für meine Verhältnisse – gewagte Liebesgeschichte, und Mr. Wiltshire (der Erzähler)
ist ein echter Spitzbube. Doch da ist natürlich der exotische Aspekt
und alles, das Leben, der Schauplatz, die Dialekte – Händlersprache,
eine sonderbare Mischung aus gehobener Ausdrucksweise und englischem und amerikanischem Slang und Beach de Mar [Beach-la-
Mar] oder Eingeborenen-Englisch –, die Belange und Hoffnungen
und Ängste der Figuren, all das ist neu und vielleicht unverdaulich
für jenen großen, schwerfälligen, unmütigen Wal: die Öffentlichkeit.
[...]

FANNY   23. Oktober 1891

Viel Aufregendes hat sich ereignet seit meinem letzten Eintrag. Der
Ratspräsident hat seinen Vorsitz aufgegeben, doch als er herausfand,
dass er damit auch sein Gehalt und die Stellung als Berater des Königs verlieren würde, übte er sich in einem meisterhaften Rückzug
und hängt nun in der Schwebe. Die briefliche Anfrage von Louis,
Mr. Gurr und den anderen Herren bezüglich des Dynamits hat er
schroff und ausweichend beantwortet und sie an die Konsuln verwiesen. Daraufhin schrieben sie einen weiteren Brief und erhielten abermals eine Antwort, die nun nicht mehr schroff, aber fadenscheinig
und noch stärker ausweichend war. Louis hat die gesamte Korrespondenz mit einem Begleitbrief an die *Times* geschickt, und als Reaktion
auf den Rücktritt haben die Unterzeichner der Briefe dem König einen Besuch abgestattet, um ihm zu dem Ereignis zu gratulieren. Sie
wurden sehr kühl empfangen, der König ließ sich zunächst entschuldigen, doch sie bestanden darauf zu warten, und schließlich erschien
Seine Majestät. Gemessen an der samoanischen Etikette kam ihr
Empfang einer Beleidigung gleich, es wurde keine Kava gereicht und
dieser Umstand auch nicht entschuldigt.

Louis hat vergebens versucht, den Brief in die Hände zu bekommen, der den Häuptlingen bezüglich des Dynamits überbracht wurde. Ein wilder Ire, eine wirklich köstliche Gestalt, bot sich an, ihn direkt vom König einzufordern, der Mataafa und andere hohe Häuptlinge zu Rebellen erklärt hatte. Der Brief wurde wiederbeschafft und ist jetzt in Sicherheit. Dynamit findet dort keine Erwähnung, sehr wohl aber die Drohung, dass ein Versuch, die inhaftierten Häuptlinge zu befreien, deren TOD bedeuten würde. Den Iren, einen Mann namens Dowdney, hat Mr. Blacklock gewarnt, er solle sich vorsehen, oder man werde ihn deportieren.

Vergangenen Sonntag besuchte uns Mr. Claxton. Er kam unmittelbar vom Präsidenten, der schließlich die Augen vor der Gefahr geöffnet hat. Er setzte alles daran, Louis dazu zu bringen, einem Treffen und klärenden Gespräch mit dem Präsidenten zuzustimmen. Doch das Angebot kam zu spät. Im Nachhinein erfuhren wir, dass Mr. Rose [[ein schrecklich gewöhnlicher, vulgärer Kerl]], der Sekretär des Präsidenten, den Tag mit Mr. Gurr verbracht hatte, zeitgleich und mit dem gleichen Ziel. Keiner von beiden war erfolgreich. Die gleiche lächerliche Szene spielte sich in beiden Häusern ab. Hier stellten sich die amerikanischen Kriegsschiffoffiziere ein, gefolgt von Mr. Moors und Mr. Dowdney. Der unglückliche Missionar musste sich fast den ganzen Nachmittag lang im Obergeschoss verbergen, weil er auf Kriegsfuß mit Mr. Dowdney steht. Nachdem sie aufgebrochen waren, kehrte die Truppe bei Gurr ein, und der unglückliche Rose musste sich zurückziehen.

Mrs. Stevenson hat ein geschecktes Zirkuspferd gekauft. Bei einer der Vorführungen traktierte ein Mr. Parker seine Frau öffentlich mit der Reitpeitsche, und dies in Anwesenheit von Mr. Eggert, dem [deutschen] Landkommissar, mit dem sie zu den dressierten Pferden gegangen war. Mr. Eggert an der Seite der Dame und Kapitän Reid als ihrer beider Begleiter wurden Zeugen der brutalen Szene, sagten aber kein Wort und griffen auch nicht ein.

Reid *könnte* man das verzeihen, aber Eggert ...? Die Rolle des flotten Lothario[15] scheint ihm nicht zu liegen.

Heute Morgen brachte uns Gurr einen weiteren Brief, den Louis unterschreiben sollte und in dem die drei Mächte gebeten werden, das Amt des Präsidenten abzuschaffen. Louis lehnte es ab zu unterschreiben und führte Mr. Gurr die völlige Torheit eines solchen Schritts vor Augen, und ich denke, man wird davon absehen. Am Tag nach dem Besuch des Missionars schickte der Präsident Louis ein *Resumé* von ...

FANNY   28. Oktober 1891

Paul verließ uns vor einiger Zeit und folgte einem Angebot der deutschen Firma, als einer der Aufseher auf einer Pflanzung zu arbeiten. Er blieb jedoch nur einige Tage, denn wie er sagte, konnte er die barbarische Behandlung der schwarzen Boys nicht mit ansehen, geschweige denn sich dabei einreihen.

»Wissen Sie, Mr. Stevenson«, sagte er, »meine Aufgabe bestand einzig und allein darin, den schwarzen Boys mit einer Peitsche hinterherzulaufen, und das ist keine Arbeit für einen Mann.«

Dem Vernehmen nach verdingte er sich auch an der Bar eines der Hotels in Apia und machte dann Abschriften für den Präsidenten. Leider muss ich sagen, dass er, noch bevor er uns verließ, dreißig Dollar von Mary geborgt und sie bis heute nicht zurückgegeben hat. Mary hätte uns erst fragen sollen, was zu tun sei, wie sie sehr wohl wusste, und so habe ich nur wenig Mitleid. Nach meiner Rückkehr

---

15 Der »gay Lothario« war eine Figur aus einem Stück des englischen Dramatikers Nicholas Rowe (1673–1718) namens *The Fair Penitent* (1703). »Gay Lothario« war im 19. Jahrhundert ein geflügeltes Wort und bezeichnete einen ausschweifend lebenden Frauenhelden. Das Wort »gay« erhielt seine homosexuelle Konnotation erst im Laufe des 20. Jahrhunderts.

aus Fidschi war ich von Pauls äußerer Erscheinung nicht angetan, schrieb dies jedoch seiner überstandenen Krankheit zu, vermute aber nun darin eher die Früchte von Marys Dummheit, ihn mit Geld für Alkohol zu versorgen. Mary sagt, dass Mr. King dem armen Paul ebenfalls Alkohol besorgt habe.

In dem Wunsch, noch alles nur Mögliche für mich zu tun, bevor er ging, hat er mit irregeleiteter Energie eine schreckliche Verwüstung unter meinen Pflanzen angerichtet. Eine japanische Persimone, die schon Früchte trieb, wurde ausgerissen und vernichtet. Eine Reihe wunderschöner blühender Bäume, die den Fluss neben meinem Garten säumten, ist fort. Beim Anlegen eines Beets, dort, wo der neue Garten entstehen soll, entwurzelte er gnadenlos prächtig wachsende Kaffeesträucher, die er selbst vergangene Saison gepflanzt hatte, und die Vanillepflanzen, die umzusetzen ihm geradezu zur Manie geworden war, sind nun allesamt verschwunden. Er besuchte uns vergangene Woche, und als er schon im Gehen begriffen war, fragte ich ihn, wo die Vanillepflanzen geblieben seien. Nachdem er sich einen Moment besonnen hatte, sagte er, er müsse zurückkommen und sie ausgraben, denn gegenwärtig befänden sie sich an einem unzugänglichen Ort zwischen Felsen. Die Vanille ist zwar ein robustes Gemüse, doch durch das andauernde Umpflanzen könnte sie mittlerweile ziemlich mitgenommen sein. Es tat mir leid, mich endgültig von Paul zu trennen, denn bei allen Fehlern trug er das Herz auf dem rechten Fleck, und ich hatte gelernt, ihn zu mögen.

Doch viel mehr Kummer bereitet uns die Tatsache, dass unser lieber Henry ebenfalls fort ist. Er konnte nicht aufhören zu weinen, als er ging, und sagte, seine »arme alte Familie« in Savaii brauche ihn dringend. Mittlerweile erfuhren wir von einem Mitglied seiner Familie, »Jack«, einem fähigen, stolzen Heißsporn, dass Henry in Wirklichkeit mit einer jungen Dame aus seiner Familie durchgebrannt sei, und ich fürchte, das dürfte den wahren Sachverhalt treffen. Wir kommen jetzt ziemlich gut ohne ihn zurecht, da uns eine ordentliche Truppe von Männern zur Verfügung steht, die Lloyd und ich sehr gut im Griff haben.

Wir haben Yoseppi zu Talolo in die Küche geschickt, während Lafaele nun für sämtliche Tiere verantwortlich ist. Unter den Leuten, die im Freien arbeiten, gibt es einen großen, ernsten und äußerst furchteinflößenden einäugigen Tongaer, der »der Tongaherzige« genannt wurde (eine wenig schmeichelhafte Bezeichnung in Anlehnung an »hartherzig«), doch nun als »Pussy Wilson« bekannt ist. Er hat eine samoanische Frau geheiratet und gestand mir gestern beim Jäten in der Kaffeepflanzung, dass er seine Frau gerne nach Vailima holen und Teil unserer Familie werden möchte.

Uns amüsiert das einträchtige Selbstverständnis der Leute, die im Haus arbeiten und am liebsten unter sich bleiben. Höchstens dass sie abends mal in den Stall gehen, wo die Boys von draußen schlafen, mehr aber auch nicht. Als sie ein Schwein bekamen, aßen die Leute im Haus unter sich und schickten den anderen einen Korb mit dem zubereiteten Fleisch.

Mir ist klar geworden, dass Talolo der Junge sein muss, der mir auffiel, als wir zum ersten Mal hierherkamen, weil er ganz für sich arbeitete, abgesondert von den anderen. Henry sagte, man habe das so eingerichtet, damit das »üble Gerede« der anderen nicht auf Talolo abfärbe. Lloyd hat den Boys von draußen ein Schwein versprochen, sobald eine bestimmte Arbeit beendet ist. Lafaele hat das Schwein bereits weggesperrt und ist dabei, es zu mästen.

Soweit ich weiß, waren wir für heute zum Mittagessen auf dem amerikanischen Kriegsschiff eingeladen und sollten dort Kapitän Foss von dem deutschen Schiff *Sperber* treffen. Kapitän Foss ist äußerst charmant, wir schätzen ihn sehr, und so lasen wir gestern mit großem Bedauern einen Brief, in dem er Abschied nahm, da er nicht länger in Freundschaft mit uns zusammenkommen könne. Grund ist die Attacke auf den Präsidenten, der uns übrigens angeblich im Januar verlassen wird. Der König hat eine Proklamation erlassen, der zufolge alle Besucher Seiner Majestät zwei Tage vorher bei den Konsuln um Genehmigung bitten müssen. Ohne Zweifel die letzte kindische Vergeltungsaktion des Präsidenten. Es tut uns allen leid für ihn und seine Frau, doch noch mehr für Samoa.

Lafaele möchte nach Tonga fahren, um seinen Sohn zu sehen. Ich versichere ihm, dass sein Sohn hierherkommen und ihn besuchen kann, denn ich möchte ihn nur ungern auf eine so weite Reise gehen lassen; mit ziemlicher Sicherheit würde er nicht zurückkehren. Es ist das erste Mal, dass ich von seinem Sohn überhaupt höre, wobei es sich auch um das Kind eines Bruders handeln könnte. Lafaele bot an, Faauma als Pfand zurückzulassen. »Aber das wird nichts nützen«, sagte ich. »Dann kann ich mich damit herumschlagen, einen neuen Mann für Faauma zu finden.« Wofür er, von Natur aus eifersüchtig veranlagt, kein Verständnis hatte.

Ich bin in grauenhafter Verfassung, aufgrund der Medizin, die mir Onkel George[16] auf den Verdacht eines Aneurysmas* in meinem Kopf hin gegeben hat. Das Pochen in meinem Kopf hat abgenommen und gibt bereits weniger Anlass zur Sorge, aber Augen und Nase sind geschwollen, meine Stirn schmerzt ständig, und ich finde kaum Schlaf. Onkel George verordnete Chlorodyne*. Louis gab mir vorletzte Nacht eine Dosis, nahm dies jedenfalls an, aber es stellte sich als etwas anderes heraus, schmeckte nach irgendetwas zum Einreiben, oder aber das Mittel ist schlecht geworden und hat auf diesem Wege Geschmack und Geruch verändert.

Wie ich sehe, entwickelt sich der Kaffee in der Pflanzung hinter dem Stall wirklich prächtig. Wir haben *Körbe* mit Kakaosamen ausgesetzt und erwarten nächste Woche noch weitere von Mr. Steubling und auch, was man hier als »Kirschbäume« handelt. Ich schicke ihm dafür Strauchtomaten und Rosella*-Pflanzen. Lloyd und Louis brachten sie ihm, Louis auf dem Zirkusschecken. Während Letzterer

---

16 Dr. George Balfour, Stevensons Onkel mütterlicherseits.

gesattelt wurde, sagte Joe zu meinem Erschrecken: »Dieses Pferd hat Rotz.« Doch es ist nur der Frosch, der für seinen schlechten Zustand verantwortlich sein dürfte.[17] Sein Gang war unauffällig, und es scheint völlig in Ordnung zu sein und wirkt standhaft wie ein Fels. Auf dem Weg bäumte sich Lloyds Pferd, Macfarlane, auf und brachte den armen Schecken fast zu Fall, doch das gute Tier nahm keinerlei Notiz von dem schlechten Benehmen dieses Inselscheusals.

FANNY   29. Oktober 1891

Nach dem letzten Eintrag verbrachte ich den Rest des gestrigen Tages damit, die Kaffeepflanzung zu beaufsichtigen. Die Männer verbrannten Holzklötze, welche die Popies[18] zurückgelassen haben. Ein stolzer junger Mann namens Talolo machte sich sehr gut, und ein anderer, bekannt unter dem Namen Johnny, hielt sich hinter großen Bäumen verborgen. Einmal lief ich ihm unverhofft über den Weg, als er da am Boden saß. Sofort beugte er sich nach vorne und scharrte mit beiden Händen die Erde auf wie ein Hund, mit großem, geschäftigem Gehabe. Man kann die Männer kaum daran hindern, ihre Feuerplätze zu Füßen großer Bäume einzurichten, die mit der Zeit daran zugrunde gehen und auf die Kaffeesträucher stürzen. Mein Zimt gedeiht wunderbar, und viele Kopalharzbäume schießen auf.

Als wir heute gerade mit der Brandrodung fortfahren wollten, kam ein Polizist, um Pussy Wilson wegen Kalkdiebstahls festzunehmen. Unglücklicherweise hatte er auf der Straße eine Kalkspur hinter sich hergezogen, und ein eingeborener Polizeibeamter verfolgte ihn bis zu

---

17 Rotz ist eine bakterielle Krankheit, die vorwiegend bei Pferden auftritt und Haut, Nase und Lungen befallen kann. Symptome sind unter anderem Sekretabsonderung und Gewebezerfall. Frosch ist eine Krankheit bei Pferden, für die das Anschwellen des Gaumens symptomatisch ist.
18 Bezeichnung für die katholischen Eingeborenen.

uns. Der Beamte bat Lafaele um etwas Kalk für sein Haar. Lafaele, der keine schroffe Ablehnung erteilen wollte, sagte, wir hätten keinen mehr, obwohl noch große Mengen davon vorhanden sind.

Louis ergriff die Gelegenheit und befragte den Polizisten wegen einer Angelegenheit von Lafaele. Lafaeles Bericht zufolge waren ihm vor einem Jahr mehr als siebzig Dollar geraubt worden. Man hatte den Dieb gefasst, und es wurde vereinbart, dass Lafaele zwölf Dollar seines Geldes zurückbekommen sollte; der Polizist war für diese Zahlung zuständig. Er bekam jedoch nicht mehr als drei Dollar. Der Polizist sagte, er habe den Mann gefasst, und der habe kein Geld mehr gehabt. Er habe ihn um Gnade angefleht, er sei ohne Vater und ohne Mutter, und darauf gedrungen, dass der Polizist ihn adoptiere. Was auch geschah. Doch nach einiger Zeit kam der Polizist auf die prächtige Idee, den Dieb die Summe abarbeiten zu lassen, deshalb wurde er nach Vailima zu Henry geschickt. Drei Dollar wurden wacker erarbeitet und an Lafaele gezahlt, dann weigerte sich der Übeltäter, noch länger zu arbeiten. Der Polizist konnte ihn noch einmal dazu bewegen, an die ihm auferlegte Arbeit zurückzukehren, doch mehr als einen halben Tag hielt er es diesmal nicht aus und verließ nicht nur Vailima, sondern auch seine Adoptivfamilie. Ich frage mich, was ein Polizist in London sagen würde, wenn nach Ergreifen eines Diebes der gewitzte Herr versucht, sich mit dem Vorschlag einer Adoption aus der Affäre zu ziehen.

Talolo amüsiert uns sehr. Belle sagte zu ihm: »Was sollen wir machen, wenn es Krieg gibt und die Krieger unsere Schweine verlangen?« Er ließ sich die Frage noch einmal wiederholen. »Wenn Malietoa [Laupepa] sagt: ›Gebt mir eure Schweine‹, was sollen wir dann tun? Sie ihnen geben, oder? Und dann kommt Mataafa und sagt dasselbe.«

»Oh nein«, sagte Talolo. »Mataafa das nicht tun, Mataafa sagen: ›*Bitte* geben mir Schweine.‹«

Belle erzählte ihm von den amerikanischen Indianern und wie sie ihre Feinde skalpierten, was Talolo mit Schrecken erfüllte.

»Aber ihr Samoaner schlagt euren verwundeten Feinden die Köpfe ab«, sagte Belle.

»Oh«, antwortete Talolo, »das sein ganz andere Sache. Wenn Mann verwundet, sich fühlen schlecht. Schlagen Kopf ab, er nicht mehr fühlen schlecht. Und wenn abschlagen viele Köpfe und bringen zu Queen (König), er sagen: ›Ich sein sehr überrascht.‹«

Er sagt immer *überrascht* anstatt *dankbar*.

Unser Wagen geht langsam zu Bruch, doch Pussy Wilson versteht es sehr gut, mit den Packsätteln umzugehen. Eines Tages gaben wir ihm das große weiße Pferd und den größten Packsattel samt Taschen und schickten ihn los, er solle die Gegend nach Brotfrucht und Taro absuchen. Er war den ganzen Tag fort und kam am Abend todmüde mit weiter nichts als drei oder vier Taro-Wurzeln zurück. Ich nehme an, er hat an jeder Eingeborenenhütte haltgemacht, um das Pferd vorzuführen und mit seiner erhabenen Stellung in Vailima zu prahlen.

Mrs. Gurr und Miss Gurr wollen Belle zu einem Kostümball mitnehmen. Ich habe eine Krone für Mrs. Gurr gemacht, die als Zenobia geht. Ich denke, sie wird sehr hübsch aussehen.

FANNY   1. November 1891

Yoseppi fortgeschickt. Lloyd sagt, er fühle sich, als hätte er einen geliebten Hund verloren. Yoseppi bekam seinen freien Tag am Freitag, damit er und Talolo nicht gleichzeitig fort wären. Am Samstag aber wollte er erneut gehen. Lloyd sagte: »Wenn du willst, geh, aber dann kannst du nicht mehr zurück.« Er entschied sich dafür zu gehen, und nun erfahren wir, dass es zwischen ihm und Talolo böses Blut gegeben hat, also ist es ganz gut so. Kaum hatte Yoseppi seinen Entschluss verkündet, drückte sich schon ein anderer Boy bei uns herum, der seinen Platz einnehmen wollte. Es wurde beschlossen, dass Talolo sich selbst einen Boy aussuchen und ihm das Kochen beibringen sollte. Ich konnte den Kandidaten kaum in meiner Nähe ertragen. Selbst wenn er außerhalb meines Blickfelds war, spürte ich, wie seine flammenden, begierigen, flehenden Augen sich in mein Bewusstsein bohrten. Talolo entschied sich gegen ihn und brachte am nächsten Tag einen sehr gut aussehenden, fähigen jungen Mann mit, der sich anscheinend für seine Arbeit gut eignet, obwohl sein ausgesprochen hochmütiges Gehabe diesen Eindruck beinah wieder zunichtemacht.

Wir hörten von Mrs. Clarke, auf dem Weg über Mrs. Stevenson, dass Mr. Claxton behauptet, wir hätten unseren lieben Henry entlassen, weil wir ihn bei etwas sehr Misslichem ertappten. Mr. C wusste in Sachen Henry bestens Bescheid, denn er war selbst hier, als es passierte und wir alle unter dem ersten Schock standen, ihn zu verlieren. Wir nehmen an, es handelt sich um ein Missverständnis.

FANNY   2. November 1891

Mr. Haggard kam herauf und verbrachte den Abend mit uns. Talolos Mutter besuchte uns auf unsere Einladung hin, eine wirklich sehr achtbare Frau, die Talolos bewundernde Zuneigung verdient. Sie brachte eine Verwandte mit, die am grauen Star beinahe erblindet ist. Sie wurden durch das Haus geführt, und man konnte andauernd hören, wie sie auf Samoanisch riefen: »Wie unglaublich schön!« Sogar als sie ins Dunkel des Kellers eintauchten, ertönte dieser Ruf. Ich schenkte der Mutter ein kleines rotes Kreuz, das ein Seemann aus dem Heiligen Land mitgebracht und mir in Marseille geschenkt hatte. In der Mitte ist ein kleines Vergrößerungsglas und darunter eine Fotografie von Jerusalem. Der anderen Frau schenkte ich ein kleines silbernes Schmuckstück als Halskette und beiden noch einige Bänder. Es war schön anzusehen, wie Faauma sie durch das Haus führte, mit einer Haltung blasierter Gleichgültigkeit. Ihr Gebaren sagte: »Zweifellos muss all diese Pracht für euch sehr überraschend sein, doch für mich ist das ganz alltäglich.«

Gestern regnete es heftig, und es ist immer noch grau und nass. Am Samstag kam ein alter Zimmermann namens Henderson auf der Suche nach Arbeit herauf. Ich mag ihn, und er ist sehr arm, und so war ich froh, dass ich etwas für ihn zu tun hatte. Ich habe Sturmläden für mein großes Fenster bestellt, und er wird weitere anfallende Arbeiten übernehmen. Unter anderem möchte ich einen Durchbruch für eine kleine Tür von Mrs. Stevensons Zimmer zur Küche, etwa drei Fuß hoch und zwei breit. Ich sagte ihm: »Ich möchte, dass Sie das Holz so durchsägen, wie es ist, weil ich die Farbe nicht anpassen kann.« »Ganz unmöglich«, war die Antwort. »Ich brauche Kauri-Holz und muss die Tür täfeln.« Da kam mir ein guter Einfall. »Aber ich möchte eine Geheimtür«, sagte ich. Seine Augen leuchteten, und sofort umgab ihn eine Aura des Mysteriösen. »Das bekomme ich hin – ja, das bekomme ich hin«, sagte er, seine Stimme klang tief und geheimnisvoll, und von Kauri-Holz oder Täfeln war keine Rede mehr.

Am Strand wird eifrig darüber geklatscht, was bei uns in Vailima vorgeht. Man mutmaßt, dass wir mit Mataafa und den Priestern unter einer Decke stecken. Es ist so weit gekommen, dass es außer uns selbst hier keine Protestanten mehr gibt. Doch das ist alles Eigennutz; die Popies sind aufrichtige, fleißige, fähige Männer [[hier bei uns, meine ich damit, und was ihre Arbeit betrifft]]. Pussy Wilson scheint sich einen Ausrutscher geleistet zu haben, doch er ist einer unserer besten Männer. Talolos Boy heißt Polu. Der Postdampfer ist gerade eingelaufen, und Talolo war zur Stelle, die Post zu holen.

Am vergangenen Samstag hat Lloyd alle Männer antreten lassen, bevor sie zu ihrem freien Sonntag nach Hause aufbrachen, und verabreichte jedem eine blaue Pille. Ein armer Kerl verbarg seine in der Wange, wurde erwischt und sah sich dazu gezwungen, sie unter schallendem Gelächter zu schlucken. Ich fürchtete schon, keiner von ihnen würde zurückkommen, doch am Sonntagvormittag erschienen alle und erklärten, dass es ihnen viel besser gehe. Ich komme darauf, weil Lloyd soeben hereinkam und sagte, dass er eine Reihe der Männer in den Sumpf hinaufschicken wolle, um Taro und Bananen frei zu schlagen, und er gedenkt, ihnen vorher Chinin zu verabreichen. Gerade überbrachte ein schwarzer Boy eine Nachricht von Miss Gurr. Uns fiel auf, wie unterschiedlich er und die Boys der Pflanzung daherkommen: der Gurr-Boy so fröhlich und strahlend und gut aussehend, Letztere traurige, leblose, niedergeschlagene arme Teufel, die kaum antworten, wenn man sie anspricht.

FANNY   6. November 1891

Fusi ist zurückgekommen, ich glaube, am vierten, in Ehren entlastet und mit blütenreiner Weste. Der arme Talolo wurde nach Hause zu seinem grippekranken Kind bestellt. Wie wir hören, grassiert die Grippe in Apia. Heute kam unser Wäschemann herauf und sagte, seine Frau sei krank, und die Sachen müssten bis nächste Woche warten. Als er schon im Gehen begriffen war, erfuhr ich zu meinem Schrecken, dass die Krankheit auch bei ihm bereits im Anzug ist. Vor einigen Tagen …

FANNY   15. November 1891

Mir bleibt kaum Zeit zum Schreiben. Ich habe etwa dreihundert Kakaosamen in Körben gepflanzt, die meisten davon bereits aufgegangen oder keimend. Außerdem Kohl, Chinakohl, Rosella und eine indische Futterpflanze. Heute aßen Mr. Dumet und Mr. Haggard mit uns zu Abend. Mr. Dumet zeigte mir ein Kraut, von dem er sagte, es schmecke ausgezeichnet, man kocht es wie Spargel. Das werde ich sehr bald ausprobieren. Wir haben von den Herren viele interessante

Neuigkeiten erfahren. Sie erzählten uns, dass der OR und der Präsident, Baron von Pilsach, nachdem sie anfänglich auf Abstand gegangen waren, eine Art Pakt zur gegenseitigen Unterstützung geschlossen haben, um ihre Macht zu festigen und sich die Vorherrschaft über die Inseln zu sichern; dass, als die Dinge aus dem Ruder zu gleiten und zu scheitern drohten, der OR einen Abstecher nach Fidschi und in die Kolonien unternahm und den Präsidenten die Sache alleine ausbaden ließ. Jetzt ist er wieder da, bekundet seine Überraschung über den Stand der Dinge und kehrt dem armen Präsidenten den Rücken zu. Mr. Ide, der US-amerikanische Landkommissar, hat sein Amt aufgegeben, und wenn man dem Bericht glauben will, gedenkt er, Mr. Haggard als Obersten Richter vorzuschlagen. Es besteht kein Zweifel, dass es einen Wechsel in der Regierung geben muss. Mr. H kommentierte die Situation mit weisen Worten. Wenn ich für ihn als OR Schlimmes befürchte, dann, weil er ein solch ausgewiesener patriotischer Engländer ist. Er möchte ein englisches Protektorat wie wir alle. Doch um dies zu errichten, bedarf es eines hohen Maßes an Talent und Umsicht. Die Engländer haben die Errichtung eines Protektorats früher abgelehnt und werden das vielleicht wieder tun. Das Nächstbeste wäre ein amerikanisches Protektorat. Die Engländer würden indische Kuli-Arbeiter einsetzen – doch sind die Engländer Amerika gegenüber dermaßen erbittert, dass sie wohl noch die Zerstörung der Insel allem Amerikanischen vorziehen würden. Es ist seltsam, dass jedermanns Gefühle für sein Mutterland von den meisten intelligenten Engländern als lächerlich betrachtet werden, doch, ach, »würde die Macht uns die Gabe geben ...«[19]. Mr. Carruthers ist der einzige Brite, den ich jemals getroffen habe, der eine Ausnah-

19 Das Zitat entstammt dem Gedicht »To A Louse« von Robert Burns aus dem Jahr
    1786 (in Scots, dem schottischen Englisch): »O wad some Power the giftie gie us /
    To see oursels as ithers see us!« – »Ach, würde eine Macht uns die Gabe geben /
    Uns zu sehen, wie uns andere sehen!« (Übersetzung L. D.).

me von dieser Regel darstellt. Er sagt, das lautstarke und so vulgäre und provinzielle Großtun seiner Landsleute sei beschämend und erfülle ihn mit Demut. [[Es ist das einzige Thema, bei dem Louis, der ansonsten ein so brillanter Redner ist, plappert wie der arme Poll[20].]]

Vor einiger Zeit »verschenkte« Louis in einem schweren Anfall von Übermut seinen Geburtstag an Mr. Ides Tochter [Anne] und schlug ihr vor, den Namen Louisa anzunehmen, und so feierten wir vor einigen Tagen ihr Fest an Louis' Jahrestag. [[Als das Tischgebet gesprochen, die Mahlzeit jedoch noch nicht eröffnet war, *proklamierte* Louis einen Toast, mit einer Stimme, als sei er nicht sicher, Gehör zu finden. Wir nahmen an, nun würden wir auf Miss Ide trinken, aber nein, es war »Ihre gesegnete Majestät, die Königin«. Dann wandte er sich provozierend an Lloyd und sagte: »Du kannst danach ja auf den Präsidenten trinken, wenn du magst.« Ich schreibe dies nieder in der Hoffnung, dass Louis es sieht und sich darüber klar wird, wie dumm und kindisch und geschmacklos die ganze Sache ist. Wie ich sehe, will Henley[21] ein Buch veröffentlichen, das alles enthält, was er »zum Lobe Englands« finden kann. Ich muss wohl kaum erwähnen, dass Lloyd lächelte und lediglich einen Toast auf die Anwesenden aussprach.]]

Lloyd hat heute Kapitän Hufnagel aufgesucht. Wir hatten ihn und seine Frau vor zehn Tagen schriftlich zum Abendessen eingeladen und den Brief über die deutsche Firma verschickt. Vor acht Monaten oder vielleicht auch einem Jahr schickte Lloyd über die Firma einen Brief an einen Tierarzt, der zu einer der Pflanzungen gehört, es ging

---

20 Ein Papagei.
21 William Ernest Henley (1849–1903), englischer Schriftsteller und Dichter. Ihn verband zunächst eine enge Freundschaft mit Stevenson, der Henley zum Vorbild des Piratenkapitäns Long John Silver in *Treasure Island* nahm. Später kam es zu einem tiefen Zerwürfnis, und nur anonym konnte Stevenson dem in Not Geratenen finanzielle Unterstützung zukommen lassen.

um das Honorar für die Behandlung eines verletzten Pferdes. Der Arzt war lediglich an Sonntagen heraufgekommen, die zu seiner eigenen Verfügung stehen. Der Brief kam geöffnet bei ihm an und enthielt einen scharfen Tadel. Da wir nichts von Kapitän Hufnagel gehört hatten, fürchteten wir, unsere Einladung habe das gleiche Schicksal ereilt. Er hat sie erst gestern erhalten, neun Tage nachdem wir sie losgeschickt hatten. Ob verschlossen oder geöffnet, danach hat Lloyd nicht gefragt. Er berichtete uns, er habe zu seiner Bestürzung Order erhalten, mit dem Kakaopflanzen aufzuhören, also können wir so viel Saat aus Vailele* bekommen, wie wir brauchen. Er war äußerst nett und hörte sich mit wenig Interesse Lloyds Erklärungen betreffend unsere Haltung in politischen Dingen an. Lloyd hielt es für richtig, Kapitän H gegenüber recht offen zu sein, um Missverständnisse auszuschließen. Die anderen Deutschen haben die Dynamit-Affäre als unmittelbar feindlichen Akt gegen das Deutsche Reich aufgefasst. Es ist seltsam, dass die Engländer den Splitter im deutschen Auge sehen können, aber nicht den Balken im eigenen. Die Haltung der Deutschen ist so ausgesprochen englisch.

»Man hat den deutschen Kaiser mit Füßen getreten«, schreien die Deutschen.

»Ihr wollt wohl auf dem Union Jack herumtrampeln«, schreien die Engländer.

Stürme im Wasserglas! Ich bin sehr, sehr froh, dass Kapitän H über solchen Unsinn erhaben ist. Es wäre wirklich ein Unglück, wenn wir auch ihn verlören. Lloyd hat ihm erzählt, dass eine Reihe unserer eingeborenen Männer sich für Kakao interessierten und anscheinend in Betracht zögen, ihn anzupflanzen. Von dieser Idee war er höchst angetan. Als unsere Männer auf der Kaffeepflanzung arbeiteten, gaben wir ihnen Kaffee zu trinken, den viele von ihnen nie zuvor probiert hatten. Danach arbeiteten sie zehnmal so gut, weil sie jetzt wussten, dass bei ihrer Arbeit recht bald etwas Angenehmes herauskommen würde. Vorher machten sie ständig den Fehler, hier und da einen kleinen Strauch auszureißen, nun aber haben sie ein waches Auge auf das kostbare Gewächs und behandeln es äußerst behutsam. Bevor sie den Kakao aussetzen, werden sie alle eine Tasse Schokolade bekommen. Kapitän H meint, dass jeder unserer Boys zwei Schwarze ersetzt. »Jeder weiß«, sagte er, »dass die Priester Ihnen helfen.« Mit Sicherheit wird viel darüber geredet, dass wir nur katholische, Mataafa-getreue Boys beschäftigen, und die Mengen an Waren, die wir von den Dampfern auf unseren großen Packpferden heraufschaffen, mögen für die unterschiedlichsten Spekulationen sorgen.

Ich habe Mr. Claxton erklärt, dass wir uns in eigenem Interesse von den protestantischen Boys verabschiedet und an die Popies gehalten hätten. Ich bin sehr wütend auf die Claxtons, dass sie zu uns heraufgekommen sind, als Mrs. C sich gerade erst von der Grippe erholte. Obwohl Louis und ich davon Abstand nahmen herunterzukommen und sie genau wussten, warum, sind sie zum Tee geblieben. Ich habe genug von den Claxtons.

Louis schreibt anhand seiner alten Notizen die Geschichte des letzten samoanischen Krieges. Er hätte lieber ein Buch für Jungen über die schottische Geschichte geschrieben, doch da er in rauen Mengen Material für das Samoa-Buch hat und es zum Verständnis der Situation beitragen [[und Mataafa retten]] könnte, bat ich ihn, dieses vorzuziehen, obwohl er dafür sehr viel weniger Geld bekommen wird als für das andere.

LOUIS   Überlassungsurkunde für Anne Ide

Ich, Robert Louis Stevenson, Anwalt der schottischen Gerichtsbarkeit, Autor von *The Master of Ballantrae* und *Moral Emblems*, verhinderter Bauingenieur, stolzer Besitzer und Begründer des Herrensitzes und der Pflanzung auf der Insel Upolu, Samoa, die unter dem Namen Vailima bekannt sind, britischer Staatsbürger, befinde mich im Vollbesitz meiner geistigen und – man dankt – auch körperlichen Kräfte.

Tatbestand ist, dass Fräulein Annie H. Ide, Tochter von H. C. Ide in St. Johnsbury im Bezirk Caledonia im Staate Vermont in den Vereinigten Staaten von Amerika, unergründlicherweise am Weihnachtstag geboren wurde und daher völlig ungerechtfertigt um einen ordentlichen Geburtstag betrogen ist.

Tatbestand ist auch, dass ich, besagter Robert Louis Stevenson, das Alter erreicht habe, in dem man nicht mehr darüber spricht und somit in keiner Weise mehr weitere Verwendung für einen Geburtstag hat.

Tatbestand ist weiterhin, dass ich H. C. Ide, den Vater der besagten Annie H. Ide, kennengelernt und in ihm einen weißen Landkommissar nach meinen Wünschen gefunden habe.

Ich habe besagter Annie H. Ide sämtlich meine Rechte und Privilegien an jenem 13. November übertragen – was ich hiermit bekräftige –, meinem bisherigen Geburtstag und nunmehr und fürderhin der Geburtstag besagter Annie H. Ide, auf dass sie ihn innehabe, behalte, begehe und ihn in angemessener Weise genieße, durch das Tragen schöner Kleidung, die Einnahme üppiger Mahlzeiten und die Entgegennahme von Geschenken, Komplimenten und Gedichtvorträgen, gemäß den Traditionen unserer Ahnen.

Und ich ermächtige besagte Annie H. Ide, ihrem besagten Namen Annie H. Ide den Namen Louisa hinzuzufügen – zumindest in privatem Rahmen –, und betraue sie mit der Nutzung meines besagten Geburtstages maßvoll und zum Wohle ihrer Mitmenschen, et tamquam bona filia familia, wenngleich besagter Geburtstag nicht mehr ganz jung ist, mich jedoch sehr zufriedenstellend begleitet hat, solange ich zurückdenken kann.

Und für den Fall, dass besagte Annie H. Ide eine der oben genannten Bedingungen missachtet oder verletzt, widerrufe ich die Schenkung und übertrage die Rechte an besagtem Geburtstag treuhänderisch an den Präsidenten der Vereinigten Staaten von Amerika.

Das somit Bekundete beglaubige ich hiermit durch Unterschrift und Siegel an diesem neunzehnten Tag des Juni im Jahre des Herrn achtzehnhunderteinundneunzig.

(Siegel)
Robert Louis Stevenson

Zeuge: Lloyd Osbourne
Zeuge: Harold Watts[22]

LOUIS   16. oder 17. November 1891

[...] *The Wrecker* ist fertig, das ist die erfreulichste Neuigkeit, das Manuskript geht mit der heutigen Post an Scribner's[23], und ich halte es insgesamt und bei aller Dürftigkeit wirklich für eine gute Geschichte. Das wahrhaft Gute daran ist Nares, der amerikanische Seemann, eine wahrhaftige Figur – mehr von seiner Sorte hätten ein besseres Buch daraus gemacht. Aber eigentlich war es gar nicht als Buch gedacht, bloß als eine lange, derbe Erzählung mit Schilderungen, wie es heutzutage in der großen Welt zugeht, nicht der lausigen Scheinwelt der großen Städte, Clubs und Akademien, sondern einer Welt, in der Männer noch leben wie Männer. Meine schlechtesten Neuigkeiten betreffen die Grippe. Apia ist lahmgelegt, die Geschäfte sind geschlossen, ein Ball wurde abgesagt etc. Bisher sind wir in Vailima

---

22 Am 24. Juli 1906 wurde diese »Urkunde« in einem Artikel der *New York Times* zitiert. Belle blieb Anne Ide noch lange freundschaftlich verbunden.
23 Charles Scribner's Sons, Stevensons amerikanischer Verleger.

noch nicht betroffen, und wer weiß, vielleicht kommen wir davon. Niemand von uns geht hinunter in die Stadt, aber natürlich gehen und kommen die Boys. [...]

FANNY   22. November 1891

Die Grippe grassiert überall auf den Inseln. Es sind schon Weiße daran gestorben und sehr viele Eingeborene. Uns haben Gerüchte erreicht, dass [[unser lieber]] Henry in Savaii tot ist. Ich weigere mich, das zu glauben, ehe es nicht eindeutig bewiesen ist. In Vailima haben wir noch keinen einzigen Fall. Lafaele hat eine Todesangst vor der Krankheit und bittet flehentlich darum, nicht auf Botengänge nach Apia geschickt zu werden. Wir haben es so eingerichtet, dass er nach Weihnachten eine *Melaga* nach Tonga machen kann.

Wir befinden uns alle im Kakaofieber. Ich habe die ganze Familie damit angesteckt. Es ist für uns eine glückliche Fügung, dass die deutschen Pflanzungen Anweisung erhalten haben, in diesem Jahr nicht auszusäen, also haben wir Saat in rauen Mengen. Wir haben schon mehr als sechshundert Samen gesät, viele davon im Busch. Die arme Mrs. Stevenson hat ein Buch bekommen, das, glaube ich, *Tropical Industries* heißt und ihr von Lloyd aufgezwungen wurde, der ein waches Auge darauf hat, dass sie es auch liest. Er befürchtet, dass ihre Begeisterung noch nicht das rechte Maß erreicht hat. Wie es scheint, kämpft sie sich äußerst wacker hindurch.

Heute ist Sonntag, doch wir alle, die Familie und die Boys aus dem Haus, müssen das Saatgut ausbringen, das von gestern übrig ist. Ich habe Louis, Lloyd und Joe gestern gezeigt, wie man das Saatgut in Holzasche wälzt und es in die Körbe setzt. Alle Familien, die in oder um Apia herum waschen, sind erkrankt, und so versuchen wir, einigen der Arbeiter-Boys Waschen und Bügeln beizubringen. Weder Belle noch ich wissen genau, wie man die Wäsche macht, was das

Beibringen ein wenig schwierig gestaltet. Obwohl Belle einmal während der Prozedur den Tränen nahe war, haben die Sachen seit unserer Ankunft in der Südsee noch nie so gut ausgesehen, und so sind wir ermutigt, unsere abenteuerliche Karriere fortzusetzen.

Der Fleischer kam vorgestern nach Vailima herauf und bot eine Kuh zum Kauf an. Mrs. Stevenson hat sie für vierzehn Pfund erstanden. Sie ist aber noch nicht hier.

Wir waren alle sehr bestürzt, als wir kürzlich von Mr. Gurrs Missgeschick erfuhren, der vor einiger Zeit Fanua, die Dorfjungfrau von Apia, geheiratet hat. Miss Gurr [Mr. Gurrs Schwester] oder Ethel, wie sie lieber genannt werden möchte, hat die letzten zwei oder drei Monate gemeinsam mit dem jungen Paar gelebt. Sie sind eine sehr nette, entzückende kleine Familie und unsere nächsten Nachbarn, deshalb haben wir sie ziemlich oft gesehen. [[Fanua ist Henrys Cousine.]] Mr. Gurr war als Manager für eine Bank tätig, und ihm gehörten auch Anteile, doch die Geschäfte lagen hauptsächlich in Händen eines Mr. Aspinall und eines Mr. Hayhurst. Diese beiden Herren sind zu jedermanns Überraschung plötzlich in Apia aufgetaucht. Mr. Gurr, der an Louis' einundvierzigstem Geburtstag mit uns zu Abend essen sollte, ließ uns wissen, dass er aufgrund der Ankunft dieser Herrschaften, die ein gemeinsames Essen vorschlugen, erst im Laufe des Abends nach Vailima kommen könne, und schließlich erschienen alle drei gemeinsam. Mit Mr. Hayhurst hat Louis am längsten gesprochen und fand ihn recht sympathisch. Ich nicht. Mir erschien er derb und gewöhnlich. Mr. Aspinall war ein vulgärer Mensch mit dunkler Gesichtsfarbe und langen weißen Fleischfresserzähnen. Hinterher stellte sich heraus, dass sie Gurr unehrenhafter Machenschaften verdächtigen und ihn deshalb so plötzlich konfrontiert haben, ohne dass er sich darauf vorbereiten konnte. Nach allem, was wir in Erfahrung gebracht haben, geschah das nicht ganz ohne Grund, doch ihr Vorgehen war eigenwillig und brutal.

Louis und seine Mutter hatten etwas Geld auf der Bank, und

Mr. Moors und Gurr selbst haben Louis geraten, es abzuheben. Mag wohl sein, dass Mr. G diesen Rat in dem Bewusstsein erteilte, es sei zum Schaden von Aspinall und Hayhurst. Louis entschloss sich, das Geld abzuheben, und sandte ihnen dafür einen Scheck. Obwohl die Bank geöffnet hatte, lehnte man es rundweg ab, das Geld herauszugeben, und bestellte Louis, ja zitierte ihn geradezu hinunter nach Apia. Ich an seiner Stelle hätte sie gezwungen, ihre Zahlungen ganz einzustellen und die Bank zu schließen oder aber den Scheck einzulösen. Doch Louis folgte der Aufforderung dieser beiden Grobiane und ritt nach Apia, obwohl die Grippe ihn hätte töten können, nur um zu erfahren, dass sie nicht bereit waren, ihm das Geld zu geben. Er empfahl ihnen, das noch einmal zu überdenken, er werde den Scheck am nächsten Morgen noch einmal vorlegen. Sie müssen über Nacht Rat eingeholt haben, denn zu gegebener Zeit wurde ihm der Scheck anstandslos ausgezahlt, obwohl sie dem englischen Konsul mitgeteilt hatten, dass sie nicht zahlen würden.

»Es gehört alles uns«, sagten sie, »und wir können damit verfahren, wie es uns beliebt.« Bleibt zu vermuten, dass dies mit den Maßnahmen gegen Gurr zusammenhängt. »Ich weiß nicht, wer Sie sind«, war eine von Aspinalls messerscharfen Spitzen gegen Louis.

Ich würde an solche Leute keinen weiteren Gedanken verschwenden, wäre da nicht meine Sorge um die Gurrs, besonders um die beiden Frauen, Fanua [Mrs. Gurr], Musterbeispiel einer Samoanerin von vornehmer Erziehung, und die kleine, hübsche, unschuldige Ethel.

Gurr gab Ethel keine Erklärung, er konnte es nicht. Sie wusste, dass etwas Schreckliches im Gange war, doch sie stellte niemandem Fragen, mit Ausnahme von Belle – genau genommen waren es keine Fragen, sondern lediglich Vermutungen.

»Ich weiß, dass mein Bruder in großen Schwierigkeiten ist«, sagte sie, »und ich werde den Gedanken nicht los, dass die beiden Männer, die mit uns gegessen haben, etwas damit zu tun hatten. Sie benahmen sich sehr seltsam.«

Und ob ihr Benehmen seltsam war! Sie saßen am Tisch, brachen ihr Brot mit einem Mann, den sie zu vernichten gedachten, und taten sich groß angesichts der Speisen, die ihnen die kleine erschrockene Ethel anbot.

»Möchten Sie die Tomaten probieren?«, fragte sie und fügte, als der Mann zugreifen wollte, hinzu: »Sie sind aus Samoa.«

»Dann will ich sie nicht«, war die Antwort. »Ich möchte nichts, was samoanisch ist.«

Im Angesicht ihrer Gastgeberin, der großartigen Fanua, äußerten sie alle erdenklichen Gemeinheiten über samoanische Frauen. Ihr Benehmen war unfassbar. Mr. Gurr ist ein ziemlich kleiner, schlanker Mann, der gerade eine schwere Operation wegen Nekrose* der Knochen hinter sich hat. Diese beiden galanten Herren erfreuten sich vollkommener Gesundheit, während sie am Tisch ihres Opfers saßen und dessen Ehefrau und Schwester beleidigten. Der Klügere von beiden machte unflätige Witze, und der andere brüllte vor Lachen, worauf beide das Vergnügen noch steigerten, indem sie Gurr boshaft mit einem »He, du Schuft!« in die Rippen stießen, gefolgt von schallendem Gelächter.

Die Möbel in dem kleinen Haus der Gurrs gehörten der Firma. Sie wurden sofort zurück nach Apia beordert. Die entsprechenden Mitteilungen waren so unverfroren, dass der arme Gurr uns fragte, ob seine Schwester zu uns heraufkommen könne, bis keine Gefahr mehr bestehe, dass sie diesen Männern – ich sollte besser sagen, Schurken – über den Weg läuft. Sie ist jetzt hier und schnattert und spielt auf ihrer Geige, bisweilen aber flackert tiefe Unruhe in ihren Augen auf. Wir haben ihnen Zimmer angeboten, falls sie sie benötigen. Mr. Gurr weiß noch nicht, wie es weitergehen soll. Es ist schön zu wissen, dass wir sie hier alle bequem unterbringen könnten, und vom Anlass einmal abgesehen, wäre es einfach herrlich, sie hier zu haben. Ich glaube, dass wir diese Sache noch nicht recht durchschauen. Wie dem auch sei, wenn Hunde sich bekämpfen, halte ich immer zum schwächeren,

auch wenn er einen Knochen gestohlen hat. Außerdem würde es
schon noch stichhaltiger Beweise bedürfen, mich glauben zu machen,
dass Gurr sich über unkluges Handeln hinaus etwas zuschulden hat
kommen lassen.

FANNY   30. November 1891

Miss Gurr ist abgereist, um ihrer verwitweten Mutter eine erschüt-
ternde Geschichte von Niedergang und Schande zu überbringen. Im
letzten Moment teilte uns Mr. Gurr mit, er habe nicht genug Geld,
um die Fahrkarte für seine Schwester zu bezahlen, und Louis ließ
ihm sieben Pfund zukommen. Uns ist um ihretwillen ganz elend zu-
mute. Ich bin aber froh zu hören, dass Carruthers sich in dieser Sache
sehr großzügig verhalten hat.

Als ich eines Tages im Garten bei der Arbeit war, hörte ich Belle
mir etwas zurufen. »Schau«, sagte sie, »da kommt ein *Aitu*.« Es war
Henry höchstpersönlich, aber er sah elend und ganz verändert aus. Er
hatte eine üble Verletzung am Hinterkopf, von einem Schlag mit einem Speer oder einer Keule. Es sah aus, als habe jemand einen An-
schlag auf ihn verübt. Ich kam auf seine Heirat zu sprechen, doch er
wechselte hastig und nervös das Thema. Am nächsten Tag erschien er
wieder und fragte, ob wir ihm fünfzig Dollar leihen und ihn wieder
als Aufseher einstellen könnten. Er wird morgen herkommen, und
dann gibt Louis ihm das Geld, vorausgesetzt, er erfährt, was damit
geschehen soll. Er schien über die Lage seiner »armen alten Familie«
zutiefst bekümmert zu sein. Seine Leute seien mit Armut geschlagen,
erzählte er, und wüssten nicht, wie sie an Arbeit kommen sollten.
»Sie wissen gar nichts, meine arme alte Familie«, so drückte er sich
aus.

Einige Zeit bevor er nach Savaii reiste, hatte er zu Louis gesagt:
»Ich habe weiße Männer am Strand satt.« Savaii, sagt er, werde wei-

terhin Malietoa [Laupepa] die Treue halten. Louis hat dem Obersten Richter einen Brief geschickt, um ihm mitzuteilen, dass er an einem geschichtlichen Werk über Samoa arbeite, das auch die gegenwärtige »Krise« einschließe. Ich weiß noch, wie erschrocken ich als Kind war, als ich in der Zeitung las: »Achtung, Achtung! Die Krise kommt!« Ich stellte mir unter der Krise eine riesige wilde Bestie vor.

Louis, Lloyd und ich waren in Apia. Wir trafen den OR direkt vor Webbers Haus, von dessen Fenstern aus uns Frauen eifrig beobachteten. Wir unterhielten uns freundschaftlich und ritten dann weiter zu Laulii, die wir nicht antrafen, weil sie fortgezogen ist. Mr. Haggard musste aus seinem Haus ausziehen (das einem Deutschen gehört), weil Mr. Dowdney einen Hahn geschossen hat und Mr. Haggard dazu eigentlich die Genehmigung hatte. Er zieht hinunter in das Rugi-Gebäude. Wie hat Mr. Dowdney einmal so schön gesagt? »Samoa ist ein herrlicher Ort, man kann jeden Tag in eine neue Verschwörung geraten!« Louis ritt das Pferd, das ich von Mr. Sewall bekam (ich nenne es Harold, nach Mr. S), und fand es sehr angenehm zu reiten, obwohl es nach seinem Unfall noch etwas dünn ist.

Lafaele hat einen Stall für die neue Kuh gebaut, die Pauline heißt, weil sie uns an ein Paul-Potter-Bild[24] erinnert. Wir haben nun etwa 1200 Kakaopflanzen, alle in Körben eingesetzt. Den ganzen gestrigen Tag überwachten Joe und ich den Bau einer Brücke über den Fluss, da die alte verrottet war. Wir haben dafür drei Bäume gefällt. Einer davon hatte wunderschönes, leicht rosafarbenes Holz mit lachsfarbener Rinde und verbreitete einen Duft, der an Sassafras und Wintergrün erinnerte.

Anfang dieser Woche bekam ich einen riesigen Schrecken. Es war gegen halb zehn, ich war gerade im Begriff, schlafen zu gehen, als das Porträt meines Vaters zu Boden fiel, wodurch das ganze Geschirr

24 Paulus Potter (1625–1654), ein niederländischer Barockmaler des 17. Jahrhunderts, wurde vor allem für Tier- und Landschaftsmotive bekannt.

zu Bruch ging, das auf dem Regal darunter stand. Das Bild war nicht beschädigt, nur ein Stück vom Rahmen war abgebrochen.

Heute aßen Miss und Mrs. Moors mit uns zu Mittag. Morgens pflanzte ich Kohl und zeigte Joe die im Garten anstehende Arbeit. Faauma kam und jammerte, sie habe kein *Kiki**. Da Talolo sehr verärgert dreinblickte, bat ich um eine Erklärung. Sie hatte sich vor dem Mittagessen mit ihrem Mann gestritten, und um ihn zu ärgern, hatte sie nichts gegessen und war jetzt hungrig. Ich sagte ihr, sie könne diesmal mehr *Kiki* bekommen, aber in Zukunft dürfe sie nicht mehr mit Lafaele vor dem Essen streiten.

Mrs. S [[möchte, dass wir den katholischen Boys sagen, sie hätten zu unseren Gebetsstunden zu kommen oder müssten andernfalls gehen. Doch ich werde keine Einmischung erlauben. Sie]] stört sich [[außerdem]] sehr an den Abfällen vom Kakaopflanzen, die mich nicht arg erstaunen. Die Veranda vor ihrer Tür war voller Schlammspuren, und lose Bretter und Körbe stapeln wir, wo immer wir Platz finden.

FANNY   12. Dezember 1891

Ich war so beschäftigt mit Kakaopflanzen, dass ich keine Zeit für mein Tagebuch fand. Zweimal bin ich auch in Apia gewesen, und beim letzten Mal blieb ich über Nacht bei Mr. Haggard. Er musste wegen des erschossenen Hahns umziehen und ist nun in Rugis Haus untergebracht. Zumindest sind Abdul und die Möbel dort. Mr. H selbst ist in die Kolonien gereist. Abdul erwies sich als sehr eleganter Gastgeber und hatte alles zu unserem Wohl eingerichtet. Wir fanden sogar einen Schlafanzug für Louis bereitliegen. Rugis Haus ist ganz entzückend, erbaut im spanischen Stil, die Zimmer sind riesig und sehr geschmackvoll gestaltet. Wir wurden etwas wehmütig, als uns einfiel, dass wir es selbst einmal kaufen wollten. Doch Tatsache ist, dass dort viele Menschen an Fieber gestorben sind, und dahinter liegt ein Sumpf.

Den Abend verbrachten wir bei Mr. Moors. Außer unserer Familie waren Mr. H. Carruthers und ein Offizier vom amerikanischen Kriegsschiff zu Gast. Mr. Ms Mutter, eine sehr kräftig gebaute, sehr dominante alte Dame, und Miss Moors, eine sehr kräftig gebaute, sehr dominante junge Dame. Miss Moors hat eine Vorliebe dafür, den Leuten neue Namen zu geben. Moors' Kind, auf das sie aufpassen, wurde von Miranda zu Ramona, sie schlägt vor, aus der kleinen Rosy eine Ruth zu machen und aus dem Baby Sophia (benannt nach der Insel, wo es geboren wurde) eine Ruby. Alles blanker Unsinn.

Es gibt eine neue Version von Henrys Schwierigkeiten. Talolo sagt, er sei nach Savaii gereist, um seinen Platz als Häuptling einzunehmen, doch die »Familie« befand ihn für zu jung und wählte einen anderen, und damit ist Henry bis zum Tod dieses Mannes raus.[25] Es gab eine »persönliche Begegnung« der beiden Anwärter, der Henry die Verletzung am Kopf zu verdanken hat.

Polu bat um einen freien Tag und ward nicht mehr gesehen. Er möchte nun zurückkommen, doch Talolo lehnt das empört ab. Daraufhin machten wir einen Versuch mit dem Boy, der für das Fleisch verantwortlich war, bei geteilten Aufgaben in Küche und Vorratsraum. Mit Mary ist es zum Bruch gekommen. Ich [[merkte, dass sie mir gegenüber aufsässig wurde und]] fragte Mrs. S, was ich in diesem

---

25 Das samoanische Häuptlingssystem ist eine Hierarchie von (Groß-)Familien-, Dorf- und Gemeinschaftsoberhäuptern mit unterschiedlichem Rang. Diese Rangunterschiede gründen sich auf die Größe einer Sippe sowie auf Alter oder Erbanspruch der Anwärter. Ist eine Anwärterschaft fraglich oder offen, kann eine Wahl entscheiden. Dieses Matai-System (Matai = Familienführer) kennt viele Abstufungen mit besonderen Befugnissen und Titeln (z. B. Susuga und Afioga). Ein besonderer Titel ist »Malietoa«, was »Guter Kämpfer« bedeutet und zum Titel der samoanischen Könige wurde.

Fall tun sollte, da mir nicht zustand, sie zu entlassen. [[»Komm damit direkt zu mir«, gab sie zur Antwort. Ich sah mich dadurch in eine unmögliche Rolle gedrängt, hielt mich jedoch daran – und wünschte, ich hätte es nicht getan. Ich hätte es besser bleiben lassen, doch]] einmal auf dem Kriegspfad, dachte ich, ich könnte es ebenso gut zu Ende bringen und Mary aus meinem Umfeld entfernen, wo sie mir ein Stachel im Fleisch gewesen war. Sie ist jetzt Mrs. Stevensons persönliches Dienstmädchen, und Faauma hatte die Ehre, ihren Platz einzunehmen. Faauma macht sich wirklich gut, obwohl ungewiss ist, wie lange das anhält.

Das Zirkuspferd hat ein verletztes Bein. Mary ist damit in die Stadt geritten, und da sie erst spät zurückkehrte, fiel es erst am nächsten Tag auf. Allem Anschein nach wurde es mit einem Seil angebunden, das sich ihm um die Beine wickelte und es zu Fall brachte. Es sieht böse aus.

Ich habe zum ersten Mal das »konsulische Pferd« geritten, wie Lafaele es nennt. Es ist ein wahrer Schatz und könnte sich nicht besser reiten lassen. Bei meinem ersten Ausritt nach Apia begleitete mich Belle. Als wir die erste Biegung auf der Straße erreichten, blieben unsere beiden Pferde wie gelähmt und mit flach anliegenden Ohren stehen. Dabei kam nichts Schrecklicheres auf uns zu als eine Gruppe Männer und eine Frau von der anderen Seite der Insel. Ich war überrascht zu sehen, wie Belle ihrem Pferd die Peitsche gab, wie eine echte Reiterin.[26] Doch der Gipfel der Überraschung wartete in Apia. Wir hatten bei Miss Taylors Laden haltgemacht, um Schuhe zu kaufen, und ein Karton wurde auf dem Balkongeländer direkt über dem Kopf von Belles Pferd abgestellt. Einer Unachtsamkeit zufolge fiel dieser Karton hinunter, und das Pferd machte einen Satz zurück. Miss Taylor bekam das Ende des Reithalfters zu fassen und zog daran, und das

---

26 Belle hatte nach eigener Schilderung in ihren Memoiren *This Life I've Loved* panische Angst vor Pferden.

Pferd drängte rücklings zum Meer und gegen den Damm hin, bis das Halfter riss. Ich fürchtete, Belle würde ohnmächtig werden und unter die Hufe kommen, aber nein, sie behielt die Beherrschung, blieb ruhig im Sattel sitzen und redete auf Miss Taylor ein, sie solle das Halfter loslassen. Ich werde den einzigen Sattel in Samoa kaufen und ihr das Pferd, gesattelt und gezäumt, zu Weihnachten schenken.

Ich habe an meinem großen Fenster Sturmläden anbringen lassen und für die großen Glastüren und Louis' Fenster noch weitere bestellt. Mr. Maben war gestern hier, um mit Lloyd und Joe die Grenzen von Vailima abzuwandern. Joe zeigte sich enttäuscht darüber, wie klein vierhundert Morgen sind. Lloyd dagegen fand das Grundstück ziemlich groß, er war schrecklich müde. Mr. Maben interessierte sich mächtig für unsere Pflanzungen. Er sagt, wenn unser Experiment gelänge, im Busch etwas zu pflanzen, dann würde das ganz Samoa verändern.

FANNY   14. Dezember 1891

Ein wunderschöner, sonniger Tag. Noch mehr Kakao von Stuebling. Ich war gestern sehr erschöpft und darf deshalb heute nicht arbeiten. Talolo hat einen neuen Boy, nachdem er es strikt abgelehnt hat, »diesen üblen Polu« wiederaufzunehmen. Der »neue Besen«, wie Talolo ihn nennt, macht sich für den Anfang gut. Faauma soll sich nun alleine um die ganze Wäsche kümmern, und ihr Boy muss gehen. Sie kam zu Belle und schlang ihr die Arme um den Hals und setzte sich so artig und niedlich für diese Regelung ein, dass man es ihr unmöglich abschlagen konnte. Sie war gerade eben hier, um mein Bett zu machen, und ihre Augen sprühten vor Verzückung und Triumph. Belle kommt ganz zerknirscht herein und meldet, dass der Wäsche-Boy sich so verzweifelt gebärdet, weil er gehen muss, dass sie es nicht aushält. Er sagt, er wolle kein Geld, er wolle einfach nur bleiben. »Habe ich meine Arbeit nicht gut gemacht?«, fragt er. Das hat er ohne Zweifel. »Dann lassen Sie mich hierbleiben. Ich werde gut arbeiten, auch ohne Lohn.« Es ist ganz entsetzlich.

Talolo hat weitere Einzelheiten von Henrys Geschichte geliefert. Er sagt, der Grund, warum Henry der Häuptlingsstatus verweigert wurde, ist, dass er die Sprache der Häuptlinge nicht beherrsche und seine Leute somit nicht im *Fono* repräsentieren könne. Das war gemeint, als man sagte, er sei zu jung. Natürlich kann jeder Häuptling seinen Redner oder »sprechenden Mann« zur Seite haben. Vermutlich war ihnen jede Ausrede recht, um Henry abzuwählen, der zweifellos rigoros darin war, seine »arme alte Familie« zum Arbeiten zu bringen.

Lloyds Entschluss steht fest; er will in ein weit entferntes Eingeborenendorf ziehen, sobald das Wetter es zulässt, um die hiesige Sprache perfekt zu lernen. Zurzeit kann er jedoch nicht in das Dorf gehen, das ich im Sinn habe, weil Mataafa dort ein starkes Gefolge hat und man Lloyds Aufenthalt bloß als politisches Bekenntnis ansehen würde. Louis hat mit Mr. Cusack-Smith ein langes Gespräch über Politik und unsere gegenwärtig Herrschenden geführt. Er tritt sehr für einen Wechsel ein. Ich kann hier ein wenig von seinem Tratsch über den OR wiedergeben: Die Cusack-Smiths waren auf einer *Melaga*, dicht gefolgt vom OR. Die C-S-Gesellschaft stieg über Nacht in einem Dorf ab, und als Gastgeschenk präsentierten sie großzügig ein Fässchen gesalzenes Rindfleisch. Mary Hamilton (eine Eingeborene) begleitete sie. Sie kam zu Mr. C-S und sagte, die Leute seien sehr erfreut über das Geschenk, denn damit hätten sie etwas Schönes, was sie dem OR schenken könnten, wenn er käme, sie gingen offenbar ganz davon aus, dass dieser mit dem Fleisch sofort ein Fest für das Dorf ausrichten würde. Bevor die C-S weiterreisten, traf der OR ein, und das Fässchen wurde ihm überreicht. Doch wie erstaunt waren die C-S, als sie sahen, wie das Fass unversehrt zum Boot des OR gerollt wurde.

»Ich habe ein sehr schönes Geschenk bekommen«, sagte der OR, »ein Fässchen Rindfleisch. Davon können meine Bootsleute die ganze *Melaga* über zehren.«

Wie das im Dorf aufgenommen wurde, kann man sich denken. Es ist ein Jammer, dass der OR eine derart geizige Seele ist. Von einem Mann in seiner Position erwarten die Eingeborenen etwas Königliches und ernten stattdessen nichts als schnöden Dank.

Als wir kürzlich in Apia waren, stand Louis dem Baron und der Baroness [von Pilsach] auf einmal Auge in Auge gegenüber. Wenn Blicke töten könnten, sagte er, dann hätte er vor der Baroness niedersinken müssen. Es tut mir leid für sie, aber zum Wohle Samoas sollten sie die Insel verlassen. Louis hatte noch eine andere, weit angenehmere Begegnung. Er gewahrte eine schöne männliche Gestalt zu Pferde, die für diesen Zweck so vollendet gekleidet war, wie es Samoa noch nicht erlebt hat, mit nagelneuen gelben Gamaschen, alles denkbar akkurat. Als der Herr näher kam, entdeckte Louis zu seiner Überraschung, dass es nicht nur ein Eingeborener war, sondern kein Geringerer als Seine Majestät persönlich, niemand anders also als Malietoa Laupepa, der bislang stets ein weißes Baumwoll-*Lava-lava* und Hemd oder Jacke seiner für ausreichend würdig befunden hatte. Ich halte es für einen guten Plan, wenn er nun deutlich macht, dass er sich von den anderen Häuptlingen abhebt, und Kleidung hat hier einen so hohen Stellenwert.

Wir konnten zahlreiche schöne Ananas ernten und reichlich Mangos und Orangen. Meine Strauchzwiebeln bilden große Knollen, zeigen aber bisher keinerlei Neigung, sich zu vermehren. Die Tomatensetzlinge stehen in Blüte. Alles andere, auch die Sonnenblumen und Wassermelonen, wächst zusehens. Leider ebenso das Unkraut. Vor einiger Zeit habe ich aus Beeren, die im Busch wachsen, Gelee gemacht. Es war ausgezeichnet. Der Baum, den ich geplündert habe, ist nun wieder voller Beeren, und die sind beinah reif. Ich habe versuchsweise ein Parfüm aus Mussaoi, Zitrone, Vanille und einem duftenden

Gummi hergestellt. Es ist sehr süß, auf Anhieb beinahe schwer, mit einem lang anhaltenden Duft.

Der arme Mr. Gurr hat wieder mit seinem Gesichtsleiden zu kämpfen, einer Kiefernekrose. Ich glaube, es ist ernst. Seine Wange muss noch einmal aufgeschnitten und ein Zahn und Teile des Kiefers müssen herausgebrochen werden. Wir sind alle voller Mitgefühl für die Gurrs. Letzte Woche hörten wir, man habe eine Kriegertruppe in Mataafas Lager geschickt, auf der Suche nach Männern, die in Apia vor Gericht erscheinen sollten. Es war Gurr, der es Louis erzählte.

»Was denken Sie, wohin das führt?«, fragte Louis.

»Schauen Sie hinaus auf die Veranda, dann wissen Sie, was ich denke«, sagte Gurr.

Louis schaute hinaus und sah Fanua [Mrs. Gurr] mit einem Gewehr beschäftigt. Bisher haben wir von ernsten Schwierigkeiten nichts vernommen, doch werden solche Vorfälle Feindseligkeiten mit Sicherheit den Weg ebnen. Ich kann Joe hören, der an einer Brücke arbeitet. Er und ich …

FANNY   15. Dezember 1891

Der katholische Bischof von Tonga und ein Mischlingspriester kamen zu Besuch. Der Bischof ist ein angenehmer, intelligenter alter Mann. Ich war draußen und beaufsichtigte gerade die Rodungsarbeiten für meine Kaffeepflanzung. Da ich dachte, es sei niemand im Haus, sie zu empfangen (Louis war ausgeritten, kehrte aber gerade zurück, als sie eintrafen), eilte ich barfuß und mit fliegendem Haar zurück. Apropos Haar – das erinnert mich daran, dass Belle mir heimlich das Haar auf Schulterlänge abgeschnitten hat, als ich versuchte, die Funktion einer Nähmaschine zu verstehen. Glücklicherweise sieht es bei lockigem nicht so schlecht aus wie bei strähnigem und glattem

Haar. Der Mischlingspriester erzählte uns, dass Mataafa ein *Fono* einberufen will, sofern sich drei Viertel der Samoaner um ihn scharen – dann will er in den Krieg ziehen. Falls nur die Hälfte, bleibt das Ergebnis ungewiss, und falls noch weniger, kein Krieg.

FANNY   16. Dezember 1891

Mrs. Stevenson und ich sind nach Apia geritten, sie auf der Stute und ich auf Harold, dem konsulischen Pferd, um Besuche und einige Weihnachtseinkäufe zu machen. Kaufte einen Sattel und andere Dinge bei der deutschen Firma, wo wir Kapitän Hufnagel trafen. Joe wollte zum Zahnarzt, deshalb ritt er mit uns hinunter. Es amüsierte mich, wie Joe den Kapitän für Kakao erwärmte. Er versprach, am Sonntag zur Pflanzung zu kommen, und ich, wenn möglich, ebenso. Mein Pferd führte sich sehr schlecht auf und ging auf dem Hinweg einmal mit mir durch. Als wir zurückkamen, war Faauma fortgelaufen. Sie hatte sich ausgiebig mit Lafaele gestritten und dann, um ihn zu strafen, zu dieser in Samoa sehr geläufigen Methode gegriffen. Lafaele sattelte sein Pferd und stürmte in großer Erregung davon, um sie zu suchen.

FANNY   17. Dezember 1891

Um sechs Uhr erschienen Lafaele und Faauma so wie immer, Faauma mit leicht verschämter Miene. Belle ging auf ihre Umarmungsversuche nicht ein, und Faauma lief den ganzen Tag herum, zupfte sie an den Ärmeln und versuchte, ihr Lächeln anzubringen, jedoch ohne Erfolg. Gestern schickten wir nach dem zerknirschten Wäsche-Boy, um ihn zurückzuholen. Er hätte heute Vormittag um zehn hier sein sollen, ist aber nicht aufgetaucht. Mir drängt sich der Verdacht auf, jemand habe ihm eine Nachricht geschickt, dass Faauma wieder da sei und er nicht gebraucht werde. Doch er wird gebraucht, denn die betörende Faauma wird entlassen. Ich werde Talolo morgen früh zu ihm schicken.

Henry kam heute herauf in mein Zimmer und überreichte mir ein Päckchen mit Fächern. Er blickte so beschämt drein, dass ich gleich befürchtete, es sei erneut ein Abschiedsgeschenk. Das letzte war ein elender, missgebildeter Hengst, den ich nicht mehr loswerde. Ich fragte ihn, was er auf dem Herzen habe. Er sagte, er wage eigentlich nicht, es mir mitzuteilen, rückte nach einer Weile aber damit heraus, dass er zurück nach Savaii müsse, weil er soeben einen äußerst wichtigen Brief erhalten habe. Ich hatte ihm ein paar Schweine für seine arme alte Familie versprochen, sobald ein Boot zu seiner Insel hinüberführe. Ich sagte, er solle die Schweine lieber mitnehmen, auch ein krankes, von dem er behauptete, er könne es heilen. Er zeigte sich diesbezüglich sehr peinlich berührt – obwohl ich später erfuhr, dass er bereits Männer mitgebracht hatte, die ihm helfen sollten, sie fortzutragen. Schließlich wurde vereinbart, dass ich einen Teil des Nachwuchses bekommen sollte. Nach dieser Übereinkunft stand er vor mir, scharrte zuerst mit dem einen, dann mit dem anderen Fuß. Plötzlich platzte er heraus: »Ich weiß nicht, was ich machen soll. Mein Kopf nicht gut. Ich nicht intelligent!«

»Hör auf mich, Henry«, sagte ich, »und geh hinein zu Mr. Stevenson und erzähl ihm, was dich bedrückt.«

Er ging, aber was er erzählte, musste ihm Stück für Stück aus der Nase gezogen werden. Sein direkter Nachbar hat eine Straße benutzt, die durch Henrys Land führt. Diese Straße hat Henry unpassierbar gemacht, indem er dort Bananen anpflanzte. Der Nachbar ist mit seinen Männern gekommen und hat die Bananen niedergemäht. Daraufhin hat Henry ein Tor errichtet, und da kamen der Nachbar und sein Gefolge mit Stöcken und Äxten bewaffnet angestürmt.

»Und dann gab es wohl einen Kampf?«, fragte Louis.

Henry blickte ihn starr an und wiederholte langsam und beharrlich: »Sie kamen mit Stöcken und Äxten.«

Louis schlug ihm vor, einen Kompromiss zu suchen: Er solle die Straße hergeben und dafür ein Stück Land fordern. Damit solle er es probieren, und wenn alles fehlschlüge, die anderen in Frieden lassen, bis sich auf gesetzlichem Weg eine Lösung abzeichne. Der Brief stammte von seinen Leuten, die ihm mitteilten, dass der Nachbar einen neuen Vorstoß unternommen und ein weiteres Tor zerstört habe. Vielleicht ist da noch mehr, was er uns nicht erzählt hat; auf jeden Fall werden alle bisherigen Geschichten damit hinfällig. Zu einer günstigeren Jahreszeit wäre Louis sicherlich mit ihm nach Savaii gefahren.

Heute Morgen hörte ich zu meiner Überraschung die Klänge einer Flöte. Ich lief zur Veranda und hielt dort Ausschau. Die Männer waren dabei, die Erdnusspflanzen von Unkraut zu befreien, bekränzt wie Kinder bei einer Maifeier. Joe führte die Aufsicht und trällerte dabei auf seiner Flöte. Er nickte hierhin und dorthin in Zustimmung oder Missbilligung, ohne das Instrument von den Lippen abzusetzen.

FANNY   18. Dezember 1891

Gestern Abend wurde ich auf ziemlich überraschende Weise unterbrochen. Zuerst gab es einen plötzlichen Knall wie von einer großen Kanone, gefolgt von einem Gewehrschuss; beides dem Klang nach in großer Nähe. Wir eilten alle nach draußen und vermuteten eine beginnende Schlacht. Lafaele war aus dem Bett gestürmt und fragte, ob man die Waffen ausgeben solle. Wir warteten in gehöriger Aufregung, doch nichts weiter geschah. Irgendwann kam man zu dem Schluss, dass dort Männer auf Wildschweinjagd seien, was das Knattern des Gewehrs, nicht aber den ersten lauten Knall erklärte.

In letzter Zeit hat es Erdbeben gegeben. Als Joe und ich die Kaffeepflanzung beaufsichtigten, vernahm ich einen merkwürdigen und be-

unruhigenden Laut, den ich zunächst fast schon für ein Ohrgeräusch
hielt. Es war ein hohles, dröhnendes Grollen, ähnlich dem, das man
als »ein Dröhnen in den Ohren« bezeichnet. Dann durchfuhr die
Erde ein leichtes Beben, gefolgt von einem schärferen Ruck, und das
Geräusch hielt an, bis alles mit einem Mal wieder ruhig war. Bei der
ersten Erschütterung ließen die Männer ihre Messer fallen, drängten
sich zusammen und richteten ängstliche Blicke zur Erde und zum
Himmel.

»Feuer«, sagte Pussy Wilson und deutete zu Boden.

Belle sagt, sie habe eine halbe Stunde später einen schwächeren
Stoß gespürt, und Lloyd wurde nachts von einem ziemlich heftigen
Stoß geweckt.

FANNY   19. Dezember 1891

Joe war unten beim Zahnarzt und kam im Mondschein zurück. Ich
habe etwas Kohl gepflanzt. Aus meinem Kohl *muss* etwas werden,
oder mein Ruf als Gärtnerin ist dahin. Da niemand von uns Kohl
mag, wollte ich eigentlich keinen pflanzen, aber jeder Weiße, der her-
kommt, fragt als Erstes, wie es um meinen Kohl bestellt sei. Solange
ich nur verneine, erlahmt jedes weitere Interesse.

»Auf einer der deutschen Pflanzungen *haben* sie welchen gezogen«,
ist dann der übliche Kommentar.

Ich habe versucht, das Reithalfter des konsulischen Pferdes mit
Kalk zu weißen. Während ich das tat, entdeckte ich, dass das Halfter von zwei Teppichnägeln zusammengehalten wurde, deren Spitzen
das Pferd ins Gesicht gestochen haben müssen. Kein Wunder, dass es
sich so aufgeführt hat.

Abends eröffnete uns Austin, er wolle einige Kapitel einer Geschichte vorlesen, die er geschrieben habe und die bis jetzt noch ohne
Titel sei. Sie war säuberlich in Kapitel und Absätze unterteilt, und die

Dialoge standen in Anführungszeichen. Bevor er anfing, blickte er auf und sagte: »Ich glaube, ich muss einen der Namen ändern, denn Thompson und Simpson sind sich zu ähnlich.« Von dieser Bemerkung eines Zehnjährigen waren wir wie vom Donner gerührt. So weit sie führte, war die Geschichte bemerkenswert gut. Als wir hineingingen, um wie gewöhnlich Karten zu spielen, nahm Austin seine Sachen und schrieb ein zweites Kapitel, dabei schienen seine Augen den Raum zu erleuchten. Nach seinem Nachtgebet sagte er seiner Mutter, dass er noch etwas hinzufügen wolle. »Lieber Gott, ich danke dir für einen schönen Tag. Lieber Gott, ich bin sehr froh, dass ich meine Lektionen so gut geschafft habe. Ja, und Herr, ich danke dir, dass ich ein Buch geschreibt – *geschrieben* – habe. Amen!«

FANNY   20. Dezember 1891

Austin kam heute nach oben und fragte nach Kanzleipapier, auf dem er seine Geschichte weiterschreiben wolle. Er erkundigte sich heute nach Verlagen, akzeptierte aber den Rat seiner Mutter, seine Geschichte zurückzuhalten, bis er erwachsen sei, und sie dann zu veröffentlichen, so wie Mr. Ruskin[27]. Gestern vergaß ich zu erwähnen, dass drei unserer Stühle eingetroffen sind, die der Zimmermann aus unserem eigenen Holz, einer Art Mahagoni, gefertigt hat. Joe, der zum Zahnarzt musste, nutzte die Gelegenheit und ritt hin, um sicherzustellen, dass die Stühle sauber verpackt würden, damit Pussy Wilson und Simi sie tragen könnten. Simi arbeitet jetzt seit einiger Zeit für uns. Er ist ein sehr gut aussehender Mann, erinnert an einen Priester, schlank und leicht vorgebeugt, und ist leicht zu verstehen, wäh-

---

27 John Ruskin (1819–1900), englischer Schriftsteller, einer der bestimmenden Autoren der zweiten Hälfte des 19. Jahrhunderts und vermutlich für Austin der Inbegriff eines erfolgreichen Schriftstellers.

rend Pussy wie ein verwegener Schurke daherkommt. Joe wartete eine mehr als angemessene Weile auf die beiden und ritt dann zurück, um zu sehen, wo sie blieben. Sie waren beide beim Baden. Simi schlüpfte als Erster in sein *Lava-lava*, und während er auf Joe zueilte, sagte er: »Dieser Fusi nicht gut, er nicht arbeiten. Dieser Fusi, er ganze Zeit machen Pause, er nicht gut, dieser Fusi.«

Als die Stühle kamen, waren sie ganz so, wie man sie sich nur wünschen konnte: wunderschön geformt, leicht verschieden von dem Musterstuhl (ein etwa zweihundert Jahre alter Tavernenstuhl aus Birnenholz) und äußerst bequem. Die Verzierungen lassen recht deutlich die Abdrücke von des Meisters Federmesser erkennen, doch das tut dem Ergebnis keinen Abbruch.

Wir haben uns heute entschlossen, den neuen Küchenjungen zu entlassen. Keiner von uns mochte ihn, und er hatte keinen guten Einfluss auf Talolo. Louis hielt es für richtig, Talolo zu erklären, warum wir den anderen Jungen fortgeschickt haben. Über die Lippen des schweigsamen Talolo kam nur ein »sehr viel überrascht«. Die beiden Boys haben sich offenbar im Zorn verabschiedet. Man hörte laute, erregte Stimmen, und dann spielte Talolo aufgebracht auf einem Flageolett, das er von Joe bekommen hat.

Lafaele hat in letzter Zeit sehr nachgelassen. Ich hatte ihn im Verdacht, dass er sich auch außerhalb meines Blickfeldes vor der Arbeit drückte, deshalb rief ich ihn herein und fragte ihn, was das sollte, dass er, anstatt die Pferde zu tränken, wie es ihm aufgetragen war, in Hunter's Rest[28] rauchte und ein Nickerchen machte, und trug ihm auf, noch heute Dach und Seitenwände des Pferdeschuppens niederzureißen und durch eine neue Umfriedung aus gepflanzten *Fuafua*-Bäumen zu ersetzen. Er fing davon an, dass er mit den Pferden und Kühen schon alle Hände voll zu tun habe.

»Schau, Lafaele«, sagte ich, »du mich halten für so als wie dumm,

---

28 Ein kleiner Besitz nahe Vailima, den die Stevensons gepachtet hatten.

was? Du kennen Schiffsfernrohr? Ich schauen durch Schiffsfernrohr.«
In Wahrheit konnte ich damit von Hunter's Rest nicht mehr sehen als
die Kronen der Kokospalmen. Mit hängendem Kopf gab Lafaele auf.
»Ich nicht wieder tun«, sagte er. »Sie sehen werden, ich jetzt arbeiten alles gut.«

Ich gab ihm Simi als Helfer mit, und sie haben den ganzen Tag
ausgezeichnet gearbeitet. Fusi hält es bis jetzt noch für unter seiner
Würde, für eine Frau zu arbeiten. Er säbelte heute mit einem großen
Buschmesser über den Boden, anstatt das Unkraut mit der Wurzel
auszureißen. Als ich hinging und ihm das Messer wegnahm, machte
er ein wahrhaft böses Gesicht, und dass ich eine sehr schöne Mango
dabeihatte, welche die Priester vor einigen Tagen mitgebracht haben,
trug auch nicht zu seiner Besänftigung bei. Ich aß gerade eine und
konnte sehen, wie Fusis Augen verlangend auf die Frucht geheftet
waren.

Der Küchen-Boy hat ein sehr schlimmes Bein, Skrofulose*, wie es
aussieht. Er sagt, er habe das schon einmal gehabt, und Mr. Claxton
habe ihn geheilt, also schickte ich ihn zur Behandlung hinunter. Wir
haben heute nichts von Mr. Gurr gehört und wissen nicht, ob die
Operation stattgefunden hat oder nicht. Ich bin sicher, dass sie vorüber und gut verlaufen ist.

Heute wurden einige der Sturmläden geliefert. Die Buschleute in
der Stadt versuchten, den Preis hochzutreiben. Lloyd sagte zu Faliali:
»Jetzt weiß ich, warum ihr Buschleute einen schlechten Ruf habt.«
Eine äußerst beleidigende Bemerkung. Lloyd ist immer noch ziemlich krank, eine Folge seines Marsches entlang der Grundstücksgren-
zen.

Belle hat für Austin eine kleine Leinwand aus Wachstaffet gemacht, die er sich zu Weihnachten gewünscht hat, und ich habe sie
heute gewachst. Wir haben samoanischen Honig gekauft, der mehr
nach gebrannter Melasse schmeckt als nach allem anderen. Ich hätte
gern zwei Bienenstöcke, wenn ich sie irgendwie besorgen kann. Für

die Arbeit an der Straße werden sämtliche Männer benötigt, sodass es schwierig ist, Dinge aus der Stadt hierherzubekommen.

FANNY   23. Dezember 1891

Waren ein, zwei Tage bei Mr. Haggard in dem alten Rugi-Haus; ein entzückender Ort, doch die Luft ist stickig und todesschwanger. Lloyd und Louis wurden nach eigener Aussage beide von nagenden Zweifeln geplagt, ob wir es nicht anstatt Vailimas hätten kaufen sollen. Nun sind sie froh, denn es ist kein gesunder Standort. Was mich vom Kauf abschreckte, war die Tatsache, dass dort so viele Menschen gestorben sind. Man betritt das Haus durch einen hohen Torbogen, der mit riesigen eisernen Türen verschlossen ist, und alle Fenster sind eisenverriegelt. Wir hätten Ballsäle und ein Theater haben können, ganz zu schweigen von einem separaten Haus für Belle und kleinen Häusern für Bedienstete und einem Atelier von stattlichen Ausmaßen, einem Stall etc.

Direkt dort unter unseren Fenstern befindet sich das Haus, wo der Billardtisch steht. Dort lebte Mr. Dowdney, doch jetzt ist die Tür verriegelt, denn der arme Mr. Dowdney wird für tot gehalten. Sechzig Tage vor Anbringen der Siegel reiste er ab, soweit ich weiß, zur Insel Rose, auf einem winzigen Schoner, der so topplastig war, dass man alle Ketten und Lasten bei schwerer See nach unten bringen musste. Der Kapitän war bei der Ausfahrt betrunken und hatte noch mehr Alkohol bei sich. Der Mann, der das Schiff zuvor gesegelt hatte, lehnte weitere Fahrten ab; er sagte, es sei ein zu großes Risiko. Natürlich besteht noch die entfernte Möglichkeit, dass die Passagiere irgendwo gestrandet sind und keine Nachricht senden können. Das Schreckliche ist, dass drei Mischlingskinder vermisst werden. In ihrer Angst, sie könnten sich mit der Grippe anstecken, hat ihre Schwester sie fortgeschickt, ohne dass der Vater davon wusste.

FANNY   24. Dezember 1891

Gestern Abend stattete Louis Mr. Cusack-Smith einen Besuch ab.
Während er dort war, kamen Asai und ein anderer Häuptling, um
sich zu verabschieden. Sie befanden sich im Aufbruch nach [Lücke],
mitsamt etwa einhundertfünfzig bewaffneten Männern, um die Frau-
en, Kinder und alten Männer der Mataafa-Fraktion in ihre Gewalt
zu bringen. Das Thema schlägt hohe Wellen. Ihr Vorhaben kann
kein anderes Ziel verfolgen, als Mataafa zu Vergeltungsmaßnahmen
aufzustacheln, woraufhin das Kriegsschiff angeblich Malie beschießen würde. Talolo war auf einem Botengang unten. Er erzählt mir,
dass Mataafa von dem geplanten Zugriff auf die Frauen und Kinder
weiß.

FANNY   25. Dezember 1891

Weihnachten. Waschfrauen überbrachten Geschenke – *Tapa* und Fächer. Henry Körbe und *Tapa*. Fanuas Frauen eine *Tapa*, eine Woll-
matte und eine sehr wertvolle Familienmatte. Sie ist fein und weich
wie Seide, mit den Jahren fast braun geworden und weist eine beträchtliche Anzahl Löcher auf, was von hohem Alter und von besonderem Wert zeugt.

Henry hat uns um Rat gebeten. Zu diesem Zweck ist er eigens aus
Savaii angereist. Er hat einen Brief des Königs zu Gesicht bekommen,
der eine allgemeine Mobilmachung ausruft und Anweisung erteilt,
gegen die Familien des Feindes vorzugehen.

»Was soll ich tun?«, fragte Henry.

Ich glaube, er dachte im Stillen, dass wir ihn auffordern würden,
für Mataafa zu kämpfen, denn später erzählte er mir, dass die Mitglieder der Vailima-Familie überall als Mataafaiden gelten. In Absprache
mit mir empfahl ihm Louis, er solle sich an seine Leute halten, und

wenn diese überwiegend loyal seien, müsse er für den amtierenden König kämpfen.

»Das war auch mein Gedanke«, sagte Henry, offenbar sehr erleichtert. Doch er wollte noch mehr mit uns besprechen. Er sagte, die Anweisungen bezögen sich auch darauf, dass die Männer selbst für ihre Munition und Waffen sorgen müssten.

»Und ich besitze überhaupt gar nichts«, sagte Henry mit einem bitteren Lachen.

Er war auf eine Pistole aus. Unbedacht sagte Louis: »Ach, ich kaufe dir eine«, doch besann er sich bald darauf, dass er das nach englischem Recht gar nicht dürfte.

Henrys Konflikt mit seinem Nachbarn ist friedlich beigelegt worden, ganz so, wie Louis es vorgeschlagen hat. Er bat um die Erlaubnis, sich wieder an uns zu wenden, wenn die Dinge erneut einen nachteiligen Verlauf nähmen. Natürlich möchte er ungern Säuglinge und alte Männer angreifen müssen.

Simi erschien mit einer Nachricht. »Nun, Simi«, sagte ich, »du kämpfen mit Piccaninnys*?« Ich stelle mir mit Vergnügen vor, wie er diesen Ausdruck jedem Samoaner gegenüber wiederholt, dem er begegnet. Talolo berichtet mir, dass die Soldaten die ganze Nacht in Tanugamanono geblieben sind und er sie gegen sechs Uhr morgens an der Biegung unserer Straße vorbeimarschieren sah.

Heute lehnten Lloyd und ich uns auf dem Balkon übers Geländer und betrachteten eine Gruppe hübscher Frauen. Eine von ihnen wechselte in diesem Moment ihr *Lava-lava*. Ein Ruck, und sie war so nackt wie bei ihrer Geburt. Instinktiv schaute sie auf, und ich muss sagen, sie war nicht wenig erschrocken. Ich war selbst ganz schön erschrocken.

Als Joe zum ersten Mal nach Samoa kam, wurde er von einer Eingeborenendame zum Picknick eingeladen. Vor Ort fand er sich als einziger Mann unter einer Schar von Eingeborenenschönheiten wieder, die für diesen Anlass sehr adrett und passend angezogen waren.

Plötzlich begann es heftig zu regnen, und zu Malosis[29] grenzenloser Überraschung zogen sich die eleganten Damen allesamt die Kleidung über den Kopf und reichten sie Stück für Stück einer alten Dame, welche die abgelegten Kleider eilig in eine große Kalebasse stopfte. Erleichtert, dass ihr Staat somit in Sicherheit war, gingen die Damen daran, sich nach Art von Mutter Eva in Blätter zu kleiden.

Am Morgen erhielten wir eine Nachricht von Joe und eine von Belle, die besagten, dass unsere Leute ganz wild vor Begeisterung über ihre Geschenke waren. Auf dem Weg hinunter nach Apia überquerten wir den Fluss bei der Pflanzung (Hufnagels) und nahmen dann eine andere Route. Als wir über eine weite, offene Wiese kamen, rief Lloyd: »Da, der Vogel!« Gerade vor uns saß tief auf einem weißen Baumstumpf eine große weiße Eule. Wir näherten uns, und da wandte sie langsam den Kopf und starrte uns einen Augenblick lang mit großen, ernsten, fragenden Augen an. Sie hatte viel von einem *Aitu*. Und vielleicht war sie das wirklich. Ich erzählte Louis davon, und er fühlte sich an ein Tier erinnert, dem er einmal in seinem Arbeitszimmer begegnet war. Es war eine dieser riesigen salmfarbenen Motten, deren Herz, oder etwas anderes in ihrem Innern, gegen die Hand schlägt, wenn man sie festhält, und zwar so laut, dass man es hören kann. Louis erträgt ihren Anblick nicht, weil sie wie ein Skelett gezeichnet sind. Vermutlich handelt es sich um eine Abart der Totenkopfmotte. Das arme Ding war fest entschlossen, sich selbst an der Lampe zu verbrennen.

Gewöhnliche Motten bewahre ich schon lange nicht mehr vor diesem Schicksal, aber keiner von uns kann mit ansehen, wie eine Motte von der Größe eines Kolibris ein so schreckliches Ende nimmt. Wenn kleine Motten versengt sind, ist es ein Leichtes, sie zu töten, doch nur ein tapferer Mann wäre in der Lage, seinen Fuß auf eine salmfarbene

---

29 Malosi war der Eingeborenenname Joe Strongs.

Totenkopfmotte zu setzen. Louis' Motte entwischte ihm immer wieder und fiel schließlich zu Boden, offenbar unter den Tisch. Louis kniete nieder, um sie zu suchen, und entdeckte zu seinem Erstaunen, dass der Tisch zu brennen schien. Er konnte einen wunderschönen glühenden Punkt sehen, der sich bei näherer Betrachtung als das *Auge* des Insekts entpuppte!

Gegen fünf Uhr nachmittags gingen wir zum Abendessen zu Mr. Moors. Wie immer war es dort herrlich unterhaltsam. Niemand weiß zu sagen, was die Gesellschaften bei den Moors so vergnüglich macht, aber vergnüglich sind sie jedes Mal. Außer unseren beiden Familien war nur ein weiterer Gast zum Essen da, ein Mann aus Savaii, doch am Abend erschienen unter anderem noch Mr. Willis und seine bezaubernde Frau Laulii sowie Fanua [Mrs. Gurr], beide sehr hübsch in *Papalagi**-Kleidung. Louis und Joe wurden gebeten, Flöte zu spielen. Louis hatte versehentlich die falsche Flöte mitgenommen, doch sie spielten trotzdem, mal der eine, mal der andere, und hin und wieder kam es auch vor, dass sie zusammen spielten. Eine schwache Vorstellung, wie ich sie schlimmer noch nicht erlebt habe. Dann drängte man Belle, etwas zu rezitieren, und sie trug einige Verse von Louis vor. Miss Moors rezitierte Louis' *Christmas at Sea*, und zwar wirklich sehr gut, und Austin schmetterte mit viel dramatischer Inbrunst und voller, lauter Stimme *Lochinvar*[30]. Die kleine Miranda Moors tanzte sehr hübsch, und Mrs. Gurr und Mrs. Willis sangen und führten samoanische Tänze auf. Mrs. W hat eine sehr gute Stimme und sang mit viel Seele. Sie zeigten einen Sitztanz und einen Keulentanz. Zum Sitztanz gehörte ein ziemlich anstößiger Juchzer, der von Mrs. Willis aus voller Seele und doch in keiner Weise vulgär dargeboten wurde. Fanua kiekste den Juchzer. Zwei Bedienstete kamen herein und schlugen beim Tanzen auf dem Boden den Takt. Fanua und Laulii sind beide einmal Dorfjungfrauen gewesen. Fanua sagte, sie habe

---

30 Ein Gedicht aus dem Versepos *Marmion* von Walter Scott (1771–1832).

neun singende Mädchen als Begleitung gehabt, und eine davon sei unsere Faauma gewesen.

Abends gegen zehn brachen die Gäste auf, ich ohne Schuhe und Strümpfe, denn es hatte begonnen zu regnen. Wir redeten noch bis in die Nacht hinein, und Lloyd erzählte mir etwas, was ich noch nicht wusste. Zur Zeit der Gerichtsverhandlung des Mannes, den Lloyd immer »Criminal Classes« nennt, wurde die *Alicia*, die man zweifellos absichtlich auf Grund gesetzt hatte, auf einer Auktion versteigert. »Criminal Classes« wollte für sie bieten und erhielt von Luiessii die Erlaubnis, die Verhandlung zu diesem Zweck zu verlassen – und kam als stolzer Besitzer des Wracks zurück.

FANNY   26. Dezember 1891

Die Pferde kamen früh herunter, und ich nahm an, man habe die Stute hinunter zu Moors geschickt, für Belle, die da die Nacht verbracht hatte. Wir entschieden uns für den Rückweg auf der Straße durch den Sumpf, denn die Furt an der Flussmündung mochte ich gar nicht erst versuchen. Etwas an meinem Pferd irritierte mich, das ich beim Aufsteigen nicht näher betrachtet hatte. Es war die Stute, die Belle gestern bekommen hatte! Man hatte ihr Harold, das konsulische Pferd, geschickt. Genau wie ich würde sie aufsteigen, ohne genau hinzusehen, und nach Hause aufbrechen, Austin hinter sich, das erste Mal, dass sie es wagte, alleine zu reiten. Harolds kleine Mucken (er ist nicht bösartig) würden sie zu Tode ängstigen, und sie könnte stürzen, und jedenfalls war ihr ein ganz entsetzlicher Ritt sicher. Schwer einzuschätzen, was sie tun würde, wenn sie entdeckte, dass sie ein fremdes Pferd ritt. Und ebenso, wie Harold auf Austin als zusätzliche Last reagieren würde. Zurückzureiten hätte ebenso viel Zeit gekostet wie vorwärtszureiten, also preschten wir voran und galoppierten durch Schlamm und Wasser und Busch, als ginge es um unser Leben. Glücklicherweise erreichte Louis Belle rechtzeitig und konnte sie stoppen. Ich ritt weiter nach Vailima und wurde von einem schweren Schauer bis auf die Haut durchnässt. Ich war um Louis' willen sehr beunruhigt. Als ich ihn zuletzt gesehen hatte, hielt er sich mit der Hand die Seite, und ich erkannte die Symptome eines Blutsturzes. Es war aber nichts Schlimmes.

Wir waren überglücklich, wieder in unserem schönen Vailima zu sein. Talolo, unser lieber Talolo, gestand, dass er am Weihnachtsabend bei Mr. Moors (wir hatten ihn als Helfer bei Tisch dorthin geschickt) zu viel getrunken und seine Familie in Schrecken versetzt habe, als er zum Schlafen heimkam.

»Ich verlieren zweimal mein *Lava-lava*«, sagte er, und sein Halstuch sei ganz verschwunden. Seine Mutter hatte Angst vor ihm und lief zu den Nachbarn, wo sie den Rest der Nacht blieb. Tatsächlich ergriff die gesamte Familie die Flucht. Es heißt, dass ein betrunkener Samoaner sehr gefährlich ist.

Belle fragte Talolo, woher er den Alkohol hatte.

»Koch von Mr. Moors mir geben Wein und Bier«, sagte er, »und dann alte Mrs. Moors schreien nach zwei Flaschen Champagner.«

Ich frage mich, was diese strenge, kalte, ganz und gar abstinente alte Dame wohl dazu sagen würde, dass sie angeblich nach Champagner geschrien haben soll. Ohne Zweifel hat der ulkige Aspekt des Ganzen den Koch dazu gebracht, den Diebstahl auf die alte Dame zu schieben, mit der er auf Kriegsfuß steht.

FANNY   28. Dezember 1891

Henry kam gestern, um sich zu verabschieden, und nachdem er eine Weile um den heißen Brei herumgeredet hatte, sagte er, er wolle Simi nach Savaii mitnehmen. Das war ein Schlag, denn Simi ist einer unserer besten Männer. Joe hatte einen Streit mit Fusi, der seitdem nicht wieder aufgetaucht ist. Am Abend sagte ich zu Simi: »So, dann willst du also nach Savaii.«

»Nein!«, schrie Simi. »Nicht gehen Savaii. Bleiben Vailima!«

»Mr. Strong wird sich freuen, das zu hören«, sagte ich. »Er hatte schon Angst, seinen besten Kakao-Mann zu verlieren.«

Heute Morgen übertrug Joe Simi die Verantwortung für das Pflanzen und sagte, er hätte es selbst nicht besser oder schneller machen können. Zweifellos wollte Simi zeigen, dass das Lob berechtigt war.

Talolo haben wir nun den Fidschi-Mann zur Seite gestellt. Er heißt Tomas. Gleich am ersten Tag, als er hier beim Pflanzen half, nutzte er die Gelegenheit, mir zu versichern, dass er kein gewöhnlicher Samoaner und schon gar kein dreckiger Tongaer sei.

»Ich nicht Samoa-Mann, ich nicht Tonga-Mann, ich Fidschi-Mann. Ich nicht deutscher Mann, *nein!* Ich ...«, und hier reckte er stolz die Brust, »ich sein britisch!«

Er ist ein feiner, hübscher junger Bursche und hat die Augen stets weit aufgerissen wie ein Kranker. Ich halte ihn für ganz aufgeweckt.

Am gestrigen Sonntagabend hielten wir im Speisezimmer einen Gottesdienst ab. Zu unserer Überraschung erschien dort neben Lafaele, Faauma und Lauilo auch Simi, ein »Popie«.

Zusammen mit den Briefen erreichte uns per S.F.-Postschiff ein Leitartikel der *Times* zu Louis' Brief über den Präsidenten und seine Dynamit-Machenschaften. Wie es scheint, wurde der Präsident wirklich abserviert. Der *Times*-Artikel war sehr gut durchdacht und sehr amüsant.

Louis und Lloyd sind heute hinunter in die Stadt geritten, waren aber rechtzeitig zum Abendessen zurück. Lloyd kam vor Louis und brachte Fanua [Mrs. Gurr] mit. Ich hatte ihrem Boy, der Belle eine Nachricht überbringen sollte, ein Weihnachtsgeschenk für sie mitgegeben, ein gesticktes weißes Kleid, wirklich ein sehr schönes, es war das beste, das ich hatte. Sie sagt, Mr. Gurr könne nun wieder mit einem Löffel essen. Bisher musste er einen Strohhalm benutzen.

Ich wurde unterbrochen, weil ich plötzlich das Gefühl hatte, ein Pferd habe sich selbstständig gemacht. Bei so etwas täusche ich mich nie. Es war der elende Hengst von Henry. Man hat mir gesagt, dass ein Pferd auf der Stelle tot umfällt, wenn es auch nur ein Blatt von dem [unleserliches Wort] vor dem Haus frisst. Dieses Biest aber hat schon ganze Büsche davon gefressen und will immer noch mehr. Ich ging durch den Regen, um Lafaele zu holen. Alles schlief. Ich rief ihn leise, weckte aber statt seiner Faauma.»Lafaele«, sagte sie ihm ins Ohr.»Hmm?«, antwortete er aufgeschreckt und noch schläfrig, und dann:»Ja, Madame, was ist?«, in bester Stimmung, denn er weiß, dass er nur auf meine Anweisung hin geweckt wird. Er spricht nicht mehr davon, nach Tonga zu reisen. Ich glaube, Faauma hat es ihm ausgetrieben. Simi weigert sich weiterhin empört, nach Savaii zu gehen.

FANNY   31. Dezember 1891

Belle war bei dem Kostümball, der ursprünglich für den Geburtstag des Prinzen von Wales angesetzt war, doch wegen der Grippe mehrmals verschoben wurde. Auch Louis wollte dorthin, kehrte jedoch mit der Neuigkeit zurück, dass ein Hurrikan im Anzug sei. Die Hurrikanläden wurden angebracht und erwiesen sich als wirksamer Schutz, obwohl es im Haus nun dunkel und stickig ist.

FANNY   1. Januar 1892

Es weht jetzt sehr kräftig. Am Nachmittag fällt mit viel Getöse ein großer Baum um, und auch einige kleinere. Die Luft ist merkwürdig frisch. Die Eingeborenen stehen in Gruppen beisammen, lächeln und schreien freudig auf, wenn irgendetwas umgeweht wird.

FANNY   2. Januar 1892

Gegen Abend ist Donner zu hören, und wir wissen, dass der Sturm
vorbei ist.

FANNY   3. Januar 1892

Böig mit Regengüssen, aber nichts weiter. Es steht im Raum, dass
Lloyd Ferien machen und nach San Francisco reisen sollte.

FANNY   4. Januar 1892

Vormittags die Straße frei gemacht und nachmittags Belle herbestellt.
Joe beim Kakaopflanzen. Abends erfahre ich, dass der Fidschi-Mann
(er ist jetzt Küchenjunge, aber springt auch beim Kakaopflanzen ein)
und Simi beide Blut spucken. Der Fidschi-Mann scheint eine leichte
Lungenentzündung zu haben, und bei Simi, der ein wenig gebückt
geht und eine brüchige Stimme hat (was für mich beides schlechte
Zeichen sind), ist meines Erachtens ein kleines Blutgefäß geplatzt.
Ich war sehr wütend, als ich erfuhr, dass die Waschfrau am Abend
zuvor die Decken beider Männer zum Bügeln fortgenommen, aber
nicht wieder zurückgebracht hat, sodass die armen Kerle, beide krank,
in dieser wirklich kalten Nacht ohne einen Faden am Leib in klatsch-
nassen *Lava-lavas* schlafen mussten. Den Fidschi-Mann konnte ich
nicht finden, doch Simi kam, um zu sehen, was wir für ihn tun könnten, offenbar tief beunruhigt. Er dachte wohl, er müsse bald sterben,
als er hörte, dass wir uns nach seinen Symptomen erkundigt hätten.
Louis hat beim Abklopfen von Simis Lungen eine Stelle gefunden, an
der es hohl klang, und dort seinen Schröpfzylinder angesetzt. Simi
sank zu Boden und saß dort gegen Backsteine und Kakaokörbe ge-

lehnt, mit einem Ausdruck des Schreckens, der zumindest übertrieben war. Inzwischen hatten sich die ganze Familie und die meisten der Eingeborenen um uns geschart, was seine Angst nur steigerte. Eine brennende Kerze wurde gebracht, damit Talolo sah, wie man den Glaszylinder anwendet, denn wir dachten uns, er solle vorerst angesetzt bleiben. Simis Gesicht war sehenswert, als er den Zylinder betrachtete, der zu einem guten Teil mit seinem eigenen Fleisch erfüllt war. Alles lachte schallend, und Simi murmelte leise etwas wie: »Alles sehr schön, aber wie kriegt man dieses Ding wieder ab?«

»Es tut doch nicht weh, Simi?«, fragte Louis.

Der Zylinder ist ein gewölbtes Glas mit einem Gummiballon, mit dem man die Luft ansaugt. Simi aber, der den Zylinder misstrauisch im Auge behielt, als wäre es eine tödliche Schlange, versicherte vehement, dass der Schmerz furchtbar sei. Wir nahmen ihn ab und setzten ihn den anderen Männern an – zu deren Vergnügen –, damit Talolo begriff, wie es funktionierte. Ein weiteres Mal wurde er bei Simi angesetzt, der so kraftlos niedersank, dass die Backsteine unter ihm wegrutschten. Schließlich sahen wir die ganze Gesellschaft, wie sie Simi ins Bett geleitete, wobei sie schrien und lachten und tanzten.

FANNY   5. Januar 1892

Den ganzen Tag für Lloyd gepackt. Louis ritt in die Stadt und kam ohne sein Pferd zurück, das vor Mr. Haggards Haus verschwunden war. Mr. H ist zurück. Talolo hat das Pferd (das ich von Henry bekam) als Geschenk an seine Familie mitgenommen, unter der Bedingung, dass es sofort erschossen wird, sollte es jemals hierher zurückkommen. Seine Familie hocherfreut und wir sehr erleichtert.

FANNY   6. Januar 1892

Beim Packen, Joe beim Kakaopflanzen. Louis reitet nach Apia, Lloyd
ebenso, er bleibt über Nacht, damit er am Morgen rechtzeitig das
Postschiff nehmen kann. Louis kommt auf Mary Hamiltons Pferd
zurück, jetzt hat er meines verloren. Ich schicke die Boys bei Mondschein auf die Suche nach Harold (mein Pferd heißt Harold), und sie
bringen ihn im Triumph zurück. »Sein gutes Pferd, dies konsulische
Pferd«, sagt Talolo.

FANNY   7. Januar 1892

Morgens sehr müde, Belle deshalb alleine hinunter zu Lloyds Abreise.
Joe sehr stolz, er hat heute seinen tausendsten Baum gepflanzt. Ankunft des Dampfers wegen des Sturms erst irgendwann am Nachmittag. Joe und ich auf unsere Pferde und im Flug hinunter nach Apia,
so schnell, wie die Straße es erlaubt. Hören gerade noch das zweite
Hornsignal und suchen wie wild nach einem Boot, doch alles, was
schwimmt, schart sich um das Schiff. Da entdecken wir den amerikanischen Konsul, der soeben auf einer der Landebrücken daherkommt.

»Mr. Blacklock, leihen Sie mir Ihr Boot«, rufe ich, und im nächsten Moment jagen wir über das Wasser, über uns die amerikanische
Flagge. Als wir das deutsche Kriegsschiff passieren, sehen wir, dass
sie Zielübungen machen und quer durch den Hafen feuern, was ein
äußerst gefährliches Unternehmen ist. Wir haben keine Zeit für einen Ausweichkurs, und gerade, als wir vorbeifahren, pfeift hinter uns
ein Schuss.

Das Schiff wartete immer noch, und wir schwangen gekonnt längs-
seits. Joe und mich durchfuhr plötzlich ein und derselbe Gedanke.
Das Schiff wartete unseretwegen, weil man annahm, der Konsul sen-

de eine Nachricht. Schon wurde die Leiter heruntergelassen, und wir sahen Lloyd nach vorne laufen, um uns zu grüßen.

»Was sollen wir tun?«, fragte Joe mit einem verlegenen Lächeln.

»Uns so schnell wie möglich davonmachen«, erwiderte ich, und wir entfernten uns.

Belle und Fanua und Laulii und Miss Moors standen am Landungssteg. Sie waren alle an Bord gewesen, auch Talolo, der darum gebettelt hatte mitzukommen. Der Kapitän machte viel Aufhebens um Talolo und bot ihm ein Glas Champagner mit Eisstücken an. Es war ein großer Tag für Talolo, der noch nie im Leben Eis gesehen hatte. Als er ging, folgte ihm ein Schwarm von Leuten, die hören wollten, wie er unbedarft von den Wundern erzählte, die er geschaut hatte.

Gestern Abend hörte Belle aus dem Quartier der Eingeborenen einen süßen und traurigen Gesang. Als sie an der Tür vorbeikam, blickte sie hinein. Alle befanden sich unter ihren Moskitonetzen. Talolo sprach die Worte Strophe für Strophe vor, und dann sangen alle gemeinsam.

»Was ist das?«, fragte Belle.

»Wir singen«, sagte Talolo. »Lied zum Abschied von Loia[31].«

»Was singt ihr?«, fragte Belle weiter.

Man erklärte ihr, dieses Lied gehe auf die Reise nach Frankreich, auf die Suche nach Loia, doch Loia sei nicht dort.

»Dann reisen nach Tonga und ihn dort suchen«, doch Loia sei auch nicht in Tonga.

»Dann reisen durch ganze Welt und verfolgen Loia und finden ihn und geben ihm schöne Träume.«

---

31 Loia war der Eingeborenenname für Lloyd Osbourne.

FANNY   8. Januar 1892

War mit Mrs. Stevenson draußen, nach meinen Kaffeesträuchern sehen. Wir zählten 80, die sich gut entwickeln, und 226 weitere stehen
in der Baumschule bereit. Morgen Nachmittag kann ich einige von
Joes Männern bekommen.

FANNY   9. Januar 1892

Heute besuchten uns Mary Hamilton und ein hoher Häuptling namens Mamea zum Mittagessen. Wir sprachen mit Mamea (einem
sehr intelligenten Mann) über so manches, auch über unseren lieben
alten Freund König Tembinoka, von dessen Tod wir gerade erst erfahren haben. Tembinoka hatte anscheinend einen Abszess am Bein,
den einer seiner Ärzte mit einer unsauberen Fischgräte öffnete, was
zu einer Blutvergiftung führte und zum Tod des Königs unter großen
Qualen. Noch im Sterben bestimmte er Paul zu seinem Nachfolger
und Simon zum Regenten. »Tom White« ist jetzt Simons Premierminister. Der König verfügte, dass Paul seine Leiche inmitten seines
neuen Hauses begraben solle, wo der kleine König leben wird. Ich
höre ihn förmlich sagen: »Umso besser: das ihm Angst einjagen.« Es
sollte zum Schutze Pauls sein. Wir denken darüber nach, Tembinokas früheren Gouverneur (Rubarm[32]?) hierherzuholen. Als wir König
T zum letzten Mal besuchten, kam R zu mir und flehte mich an, ihn
mitzunehmen. Er fragte, ob er als blinder Passagier mitfahren und
bei mir in Samoa bleiben könne. Ich lehnte ab, sagte, dass ich eine
Freundin des Königs sei und mich nicht in die Angelegenheit einmi-
schen dürfe. R war für den König ein zu wichtiger Mann. Simon ist

---

32 Laut Fannys erstem Südseetagebuch *The Cruise of the Janet Nichol* (New York 1914)
    Raheboam.

mir völlig gleichgültig, und R ist für den hochmütigen kleinen König Paul ohne Nutzen. Mamea machte es Freude, uns alle in der Kleidung der Eingeborenen zu sehen. Er sagte, damit seien wir ein gutes
Vorbild für die eingeborenen Frauen.

FANNY   11. Januar 1892

Die meiste Zeit beim Kaffeepflanzen. Es sieht sehr gut aus, wenn
auch einige von Pauls Setzlingen eingegangen sind. Simi, der mit Joe
nach Apia ritt, um die Pferde beschlagen zu lassen, brach unterwegs
vor Erschöpfung fast zusammen. Er hat wieder Blut gespuckt. Ich
mache mir große Sorgen um ihn. Wir hatten hier noch keinen besseren Mann, und außerdem mag ich ihn. Beim Kaffeepflanzen halfen
mir Lafaele und zwei kümmerliche Savaii-Männer. Während der Arbeit berichtete mir Lafaele, was sich die Eingeborenen über den Krieg
erzählen. Als der Fidschi-Mann mit einer Nachricht zu mir kam, da
hatte er seine Nase geschwärzt und schwarze Streifen unter den Augen. Der Krieg steht Lafaele zufolge jetzt unmittelbar bevor, und er
ist sich sicher, dass die erste Schlacht ganz in unserer Nähe stattfinden wird. »Also, Madame, *bitte*, Madame, seien vorsichtig. Samoa-
Mann kämpfen, er sein so als wie Teufel – also *bitte* seien vorsichtig.«
Auf einiges Nachfragen hin erschloss sich mir, dass die Malietoas uns
als Mataafas auf der Liste haben und bei erster Gelegenheit herkommen und alle Mataafa-Leute zusammentreiben werden, um sie auf
der Stelle zu erschießen. Lafaele bekniete mich, Talolo bei Ausbruch
der Kämpfe durch den Busch zur katholischen Mission zu schicken,
denn hinter ihm seien sie insbesondere her. Da hat er vermutlich
recht. Sollten die Ereignisse sich weiter zuspitzen, dann ist oder wäre
Talolo, dessen gesamte Familie nun hinter M steht, in Gefahr.
    Während wir sprachen, erklang vom Horizont her dumpfes Don-
nergrollen, das sich ganz wie Kampflärm anhörte. Eine heftige Salve

erschreckte Lafaele, der beunruhigt den Himmel musterte. Es war keine Wolke zu sehen, und ich konnte auch keinen Blitz ausmachen. »Das ist merkwürdig«, sagte ich.

»Nein, Madame«, sagte Lafaele, »das in Ordnung, das kein Donner. Krieg kommen jetzt sicher, das kein Donner, das sein Teufel kämpfen im Himmel. Bedeuten, Krieg kommen bald.«

Einer unserer Boys war Zeuge eines Kriegsvorzeichens. In dem Dorf Fagalua saßen Leute bei einer Stammessitzung im Hause einer Stammesführerin zusammen, als ein Aal um das Haus herumlief. Einige versuchten, ihn zu fangen, andere riefen: »Fasst ihn nicht an, er hat keinen Kopf!« Alle fuhren erschrocken zurück und betrachteten ihn, und als er zum Wasser zurückkehrte, sahen sie, dass sein Kopf säuberlich auf dem Hals saß.

Belle nahm heute auf Einladung von Mary Hamilton an einem Badeausflug teil. Es war eine Reihe junger eingeborener Frauen dabei, die überrascht und entzückt waren, dass Belle ebenfalls schwimmen konnte. Laulii fragte sie, ob sie ein Mischling sei, und wenn nicht, warum sie so dunkle Haut habe. Dann wollten mich alle wissen lassen, wie dankbar sie mir seien. Bevor wir hierherkamen, erwartete man von den Frauen, die mit Weißen verheiratet waren, dass sie sich europäisch kleideten, sonst galten sie nicht als salonfähig. Zu ihrem Entzücken und ihrer Überraschung trugen ich und die anderen Frauen unserer Familie Eingeborenenkleidung. Doch der Gipfel war offenbar mein Aufzug bei einer Weihnachtsfeier, wo ich in einem geschmackvollen schwarzseidenen *Holaku** mit bestickten Schulterteilen und Ärmeln erschien. Die Ehemänner sind von ihrem Tabu abgerückt, und manche der eingeborenen Damen tragen nun schöne Seidenkleider nach ihrer eigenen hübschen, reizenden Mode. Korsetts müssen für diese armen Geschöpfe eine Qual sein, und die meisten von ihnen geben sich in diesen europäischen Folterwerkzeugen nur umso plumper und unbeholfener.

Mary Hamilton hat erzählt, dass sie einmal in den Straßen von

Sydney in Eingeborenenkleidung unterwegs war und eine Horde Jungs ihr folgte und rief:»He! Da geht eine Frau im Nachthemd!« Das *Holaku* ist lediglich das altmodische Saque*, das zufällig in England in Mode war, als die Missionare zum ersten Mal in die Südsee kamen. Es war weit, luftig und kleidsam und sagte den Eingeborenen derart zu, dass es sich im Südpazifik bald durchsetzte. Ich bin sehr froh, dass ich ungewollt so viel Gutes bewirkt habe.

Belle hat eine Nachricht von den Cusack-Smiths erhalten, mit der Bitte, ihnen eines ihrer Dramenbücher auszuleihen, denn sie haben vor, weiterhin Laientheaterstücke zu inszenieren. Was auch immer Belle an Ausreden hätte einfallen können, um nicht teilzunehmen, das schoben sie selbst als Gründe vor, ihr gar nicht erst eine Rolle anzubieten. Es wäre anständiger gewesen, sie zu fragen und ihr die Möglichkeit zu geben, selbst abzusagen. Schon das Verhalten der Cusack-Smiths beim letzten Stück und jetzt das zeigt, dass sie sie nicht dabeihaben wollen – was widersinnig ist, denn sie spielt besser als alle anderen hier und könnte das Ganze zu einem Erfolg machen. Vielleicht fürchtet Mrs. C-Smith, dass Belle sich um die Hauptrolle bewerben könnte, die sie stets selbst beansprucht.

FANNY   12. Januar 1892

Den ganzen Morgen Kaffee gepflanzt und mich dabei erkältet. Es ist windig und regnet, und das Barometer fällt. Nun, ich bin bestens vorbereitet, falls irgendetwas im Anzug ist. Oben sind alle Läden gestrichen, aber die unteren konnte ich nicht anheben und bräuchte eine Leiter, um die obere Hälfte zu erreichen. Ich muss mir irgendwie behelfen, und zwar schnell, bevor sich die Läden verziehen. Joe hat sich ein wenig hingelegt, und die Männer füllen indessen Körbe für die Kakaosaat, die wir übermorgen erwarten. Kapitän Hufnagel sagt, er könne uns mengenweise Brotfruchtbäume liefern, wenn die Firma genehmigt, dass wir sie bekommen. Vor einigen Tagen schickte ich Talolo und Lauilo in den Busch, um große Brotfrüchte zu holen. Sie kamen mit fünf Prachtexemplaren zurück. Als sie alle sauber einge-pflanzt waren, erzählte mir Lauilo, sie hätten sie aus einem Garten, den nur eine alte Frau bewacht habe.

»Alte Frau machen viel Geschrei«, sagte Lauilo. »Sie sehr böse, aber uns nicht kümmern.«

Mary Hamilton hat mir versprochen, das Haus dieser Leute aufzu-suchen und zu klären, wie wir das wiedergutmachen können. Louis wird heute Abend mit Lektionen für diejenigen unserer Männer be-ginnen, die etwas lernen möchten. Lafaele und Lauilo sind die beiden ungeduldigsten Anwärter. Wir haben einige einfache Zeichenblöcke mit dünnem Kopierpapier erhalten und sie Talolo gegeben. Zeichnen liegt ihm, und er ist über seine Geschenke entzückt. Es wird jetzt zu dunkel zum Schreiben.

LOUIS   31. Januar 1892

[...] Die Grippe hat mich den ganzen Monat außer Gefecht gesetzt, ich erhole mich jetzt langsam – und ich bin überhäuft mit Korrektur-fahnen, jedoch erst halbwegs in der Lage, mich ihnen zu widmen. Heute Morgen ist eines meiner Pferde gestorben, und ein weiteres liegt vorne auf dem Rasen im Sterben – es sind die Pferde von Lloyd und Fanny. Mit derartigen Schicksalsschlägen habe ich zu kämpfen. Doch ich halte mich glänzend, bewege mich auf dem Balkon, schlafe hervorragend, und obwohl ich noch huste, kann ich frei atmen, habe keine Blutstürze und kein Fieber mehr. [...]

[...] Ich halte *The Beach of Falesá* nach wie vor für gut, doch ist es anscheinend unmoralisch und verursacht einigen Wirbel, und finanziell könnte es eine herbe Enttäuschung werden. Mich haben inständige Bitten erreicht, ich möge die jungen Leute anständig verheiraten, bevor es zu »jener Nacht« kommt. Ich lehnte ab, denn würde ich einwilligen, was bliebe von der Geschichte dann noch übrig? Eine verderbliche Welt für den Romancier, diese angelsächsische Welt. Gewöhnlich ziehe ich mich damit aus der Affäre, dass ich die Frauen gänzlich ausspare, doch wenn ich daran denke, dass *The Treasure of Franchard* von einer Familienzeitschrift als ungeeignet abgelehnt wurde, spüre ich die Verzweiflung noch heute in den Handgelenken.

Da Du Dich ja besonders für die Romane interessierst: Ein neuer ist schon vollständig geplant. Er soll *Sophia Scarlet* heißen und ist in zwei Teilen angelegt. Teil 1: Der Vanille-Pflanzer. Teil 2: Die Aufseher. Keine Kapitel, denke ich, einfach zwei dichte Erzählblöcke, der erste ist rein fürs Gefühl, doch der zweite bietet allerlei Konflikte und endet mit einer Explosion, wenn's beliebt! Ich brenne darauf, mich *Sophia* zuzuwenden, aber ich *muss* diese Samoa-Dokumentation beenden – es ist meine verdammte Pflicht. Nach zwanzig, dreißig Seiten schreibt sich der erste Teil von *Sophia* wie von selbst, der zweite ist schwieriger, denn es gibt eine Reihe von Figuren – an die zehn, soweit ich sehe –, die alle in Gang gehalten werden müssen und eine kleine Gesellschaft für sich darstellen. Ich habe es mit drei Frauen zu tun – hinein ins Vergnügen! –, doch steht Sophia allein im Mittelpunkt. Sophia und zwei Männer, Windermere, der Vanille-Pflanzer, der am Ende des ersten Teils stirbt, und Rainsforth, der nur zu Beginn des zweiten Teils eine Rolle spielt. [...]

[...] Als ich krank war, versuchte ich, diese Samoa-Sache zu beenden, aber es ging nicht, und im Zuge der Kolik landete ich schließlich bei *David Balfour.* An die 50 Seiten sind zu Papier gebracht und gefallen mir gut. Wahrhaftig, das Ganze hat Seele, und es gibt eine Heldin, die (bislang) ihren Reiz zu haben scheint, *absit omen!* [...]

FANNY					19. Februar 1892

Viel ist geschehen, seit ich zuletzt Tagebuch geschrieben habe. Den offenbar völlig erschöpften Lloyd haben wir nach San Francisco geschickt. Er war noch nicht lange weg, als zu meinem großen Kummer sein Pferd Macfarlane und mein lieber kleiner Harold beide starben, zuerst Macfarlane, dann Harold. Kapitän Tierney und seine Frau Lizzie sind mit letzter Ankunft der *Archer* aus Apiang [Apaiang] eingetroffen und haben uns mehrere Male besucht. Alle lieben Tierney. Bei seinem letzten Besuch fragte er, bevor er aufbrach, ob sich vielleicht die ganze Familie gemeinsam auf die Veranda setzen könne, dieses Bild wolle er gern im Gedächtnis behalten.

Eines Tages fanden Joe und ich drei Pferde auf der großen Koppel, wo sie nichts zu suchen hatten. Sie gehörten Simi, Joes Mischlingsmann und Lauilo. Joe und Louis nahmen die Pferde an den Strick und brachten sie zur Sammelstelle, wo jeder der Männer anderthalb Dollar zahlen musste, um sein Pferd wiederzubekommen. Lauilo weinte wegen des Pferdes und sagte, dass Lloyd ihm erlaubt habe, es in Vailima zu lassen. Weil es daran doch einigen Zweifel gab, wurde sein Pferd, eine entzückende kleine Stute, mit den anderen weggeführt, doch Lauilo erhielt heimlich Geld, um es auszulösen. Es ist mir peinlich, dass er, wie ich höre, vorhat, mir die Stute zum Geschenk zu machen, die ich zuvor versucht hatte ihm abzukaufen.

Wir haben einen schwarzen Burschen namens Arrick von den Deutschen übernommen und möchten ihm das Waschen beibringen. Er hat ein recht gütiges, strahlendes schwarzes Gesicht, funkelnde Augen und weiße Zähne. Joe nennt ihn das »Emblem der Lauterkeit«, doch allgemein heißt er bloß noch »das Emblem«.

Heute Nachmittag war Louis gerade in lautes Lesen vertieft, als er draußen auf dem Rasen plötzlich einen braunen Jungen im durchdringenden, kalten Regen stehen sah. Auf die Frage, was er hier wolle, antwortete er: »Bleiben hier.« Er wurde auf die Veranda geholt und weiter befragt. Er scheint entlaufen zu sein und sich eine Weile im Busch verborgen zu haben. Dines, der Schlachter, hatte ihn gefunden und aufgenommen, und jetzt ist er Dines davongelaufen. Im Busch stieß er, wie er sagte, noch auf einen anderen entlaufenen Boy der Firma.

»Und wo ist der?«, fragten wir.

»Sich verstecken im Garten am Tor«, gab er sinngemäß zur Antwort.

Der andere Boy wurde aufgespürt, ein hochmütig dreinblickender junger Schwarzer, sehr verängstigt. Seltsam anzusehen, wie die Nasen dieser braunen Boys vor Erregung blass wurden. Wir erlaubten ihnen, über Nacht zu bleiben, und unsere Küchen-Boys beeilten sich, für sie Tee und eine Mahlzeit zu bereiten. Ich gab ihnen auch etwas Trockenes zum Anziehen anstatt der nassen Fetzen, die sie um die Lenden gebunden hatten. Ich fürchte, unsere Küchen-Boys sind für Arrick, unseren treuen Schwarzen, der Tod. Er hat an ihrem Tisch den Ehrenplatz inne und verschlingt Unmengen von Essen. Talolo und Lauilo, die lieben Herzchen, stehen hinter ihm und drängen es ihm förmlich auf. Sie essen vor uns, und wenn Arrick dann ins Speisezimmer kommt, um bei Tisch zu helfen, steht sein aufgeblähter Bauch hervor wie eine Geschwulst. Die beiden Entlaufenen sind ein Problem; wir können sie nicht ausliefern, aber behalten können wir sie auch nicht.

Joe triumphiert. Seitdem die Pferde zur Sammelstelle gebracht wurden, hegte er die Hoffnung, Lafaeles Pferd noch einmal zu erwischen. Gestern Abend traf er die Stute und ihr Fohlen zu seiner Freude frei laufend auf dem Rasen an. Er fing sie ein und band sie eigenhändig fest und trug Talolo heute Morgen auf, sie zur Sammelstelle zu bringen.

Ich vergaß, eine Begebenheit zu erwähnen, die sich gestern zugetragen hat. Lauilo erzählte mir, einer der Männer sei im Busch hinter dem Zaun bei den Schweinen auf menschliche Überreste gestoßen. Der Mann war zufällig auf dem Weg zu Lafaele, und Louis ließ sich von dem Burschen zu der Stelle führen. Ohne Zweifel waren es menschliche Knochen, die dort direkt oberhalb meiner Kaffeepflanzung lagen, doch das Merkwürdige war, dass es zu dem einen Skelett zwei Schädel gab. Offenkundig die Knochen eines Kriegers, der den Kopf seines Feindes erbeutet hatte und sich, selbst aufs Schwerste verwundet, im Busch verkroch, um mit seiner Trophäe zu sterben. Louis möchte bei den Überresten einen Stein errichten.

Seit ich das letzte Mal geschrieben habe, konnte ich fünfzehn Kapitel von *David Balfour* zu Papier bringen und fünf weitere *tirés au clair*. Ich halte sie für ziemlich gut. [...]

Warum ich *David Balfour* wiederaufgenommen habe? Ich weiß es nicht. Eine plötzliche Leidenschaft. [...]

[...] Hier folgt eine Aufstellung unseres lebenden Inventars:

– Sechs Boys im Busch, sechs Seelen im Haus. Talolo, der Koch, kommt heute zurück, und seine Abwesenheit hat mich etwa zwölf Stunden zu Pferde gekostet und ungefähr acht Stunden feierliche Ratssitzung. [...]

– Lauilo ist Steward. Beide sind ausgezeichnete Bedienstete. Das Essen, das wir aus Anlass des Begräbnisses der samoanischen Knochen gaben, verlief tadellos, ganz ohne unser Zutun. Die Mahlzeit war gut, Wein und Speisen machten wie von selbst die Runde.

– Hilfskraft des Stewards und Wäschemann Arrick, ein Schwarzer von den Neuen Hebriden, kommt von der deutschen Firma und ist nicht so hässlich wie die meisten, wenn auch nicht gerade schön, nicht so beschränkt wie andere seiner Art, wenn auch nicht gerade ein Crichton[33]. Als er neu bei uns war, verschlang er so viel von unserem guten Essen, dass sein Bauch sich vorwölbte.

– Küchenhilfe Tomas (Thomas auf Englisch), ein Fidschi-Mann, sehr groß und gut aussehend, der sich ruckartig wie eine Marionette bewegt und ganz plötzlich mit den Augen rollt.

– Waschfrau und Vorsängerin Helen, Tomas' Frau. Sie ist unsere schwache Stelle, wir schämen uns für Helen, das Küchenhaus errötet, und ihre Anwesenheit sorgt dort für Murren. Auf den ersten Blick ist nichts an ihr auszusetzen. Sie ist ein stämmiges Frauenzimmer, aber nicht hässlich, wirkt züchtig, ist fleißig, hat einen ausgezeichneten Sinn für Choräle – Du hättest hören sollen, wie sie erst neulich einen laut vorgetragen hat; sie betonte den Rhythmus mit so viel inbrünstigem, heidnischem Gefühl. Wo also liegt

---

33 Vermutlich eine Anspielung auf einen schottischen Clan aus der Region Edinburgh, der viele bedeutende Vertreter hatte, z. B. Sir William Crichton, ein schottischer Politiker am Hofe König James' I. im 15. Jahrhundert.

das Problem, wirst Du fragen. Nur unter uns gesagt, nicht dass es zu Papier kommt: Sie ist bindungslos, hat keine Familie. Überhaupt keine, sagt man. Sie ist buchstäblich Allgemeingut. Wir haben natürlich noch andere Nichtinsulaner, die sehr wohl Halunken sein mögen, doch lassen wir den Zweifel zu ihren Gunsten sprechen, was bei Helen aus Vailima unmöglich ist, unserem Schandfleck, unserem Pockenmal. Das Pockenmal ist wie gesagt unsere Vorsängerin. Samoanische Lieder werden immer von Frauen begonnen, die Männer stimmen erst nach ein, zwei Takten ein. Die arme gute Faauma, die Unkeusche, die verstoßene Eva unseres Paradieses, kannte nur zwei Choräle, doch Helen scheint das ganze Repertoire zu kennen, und folglich geht es bei den Morgenandachten viel lebendiger zu.

– Lafaele, Aufseher über die Tiere. [...]

FANNY   30. April 1892

Ich weiß nicht, wie ich mit den Ereignissen Schritt halten soll. So viel ist passiert, seit ich das letzte Mal geschrieben habe. Die im Busch aufgefundenen Knochen haben wir am darauffolgenden Sonntag in einer Zeremonie bestattet. Mr. Sewall und sein Vater und Mr. Haggard erschienen zum Begräbnis. Die Knochen wurden säuberlich in eine Kiste gepackt, ein Grab wurde ausgehoben, und nach dem Mittagessen zogen wir in einer Prozession in den Busch. Louis hielt eine Rede, gefolgt vom jüngeren Mr. Sewall, der nicht so treffende Worte fand, wie man es von ihm gewohnt ist. So gab er etwa der Hoffnung Ausdruck, dass wir »öfter bei ähnlichen Gelegenheiten zusammenkommen mögen«. Hinterher führten wir sie auf eine Besichtigung der Pflanzung. Ein Stück weit im Busch hatte Joe am Ufer eines Flusses eine Stelle frei geschlagen, wo wir einen gedeckten Tisch vorfanden, mit Bechergläsern, Bier, jungen Kokosnüssen und geschälten Orangen. Die Bänke um den Tisch waren mit frischen Blättern bedeckt. Diejenigen unserer Männer, die zu abergläubisch waren, um an dem Begräbnis teilzunehmen, und eine Abordnung schwarzer Boys von einer der Pflanzungen, die bei Arrick zu Besuch waren, warteten dort mit Kränzen geschmückt, um uns zu bedienen. Mr. Haggard hielt eine Rede, die etwas treffender formuliert war als die des Konsuls.

Wir haben Ärger mit unseren Boys gehabt, und zum Besten – oder zum Übel – aller musste Lauilo gehen. Talolo haben wir wieder zurückgeholt, Lafaele entlassen und dann ebenfalls wieder in die Familie aufgenommen. Tomas' Frau Elena [Helen] ist angestellt worden, um die Wäsche zu machen. Simi hat noch einige Blutstürze gehabt und erledigt zurzeit Lauilos Arbeit. Er ist sehr hochmütig, will sich unbedingt beweisen, erweist sich bisher jedoch als unfähig. Die weiße Jungkuh hat gekalbt, und das arme Zirkuspferd ist gestorben. Ich hatte die anderen Pferde draußen anpflocken lassen, damit in der kleinen Koppel das Gras nachwachsen konnte, allein Zirkus-Jack ließ ich dort stehen. Mrs. Stevenson sah ihn benachteiligt, sie dachte, die angepflockten Pferde bekämen nun das beste Gras, und bestand darauf, dass er zu ihnen dürfe. Ich versuchte mein Bestes, um das zu verhindern, denn er war alt und das Anpflocken nicht gewohnt, doch vergebens.

»Bloß Kassandra-Geunke«, sagte die Gnädige.

»Na gut, es ist dein Pferd. Wie du willst«, sagte ich. »Aber so bringst du ihn um.«

Zwei Tage später wurden seine verstümmelten Überreste zu Füßen der Felswand am Wasserfall gefunden. Er hatte sich denkbar ungünstig in dem Seil verstrickt und war beim Versuch, sich zu befreien, dort herabgestürzt. Das dürfte alles an häuslichen Neuigkeiten sein.

Die politische Lage ist sehr unruhig. Mr. Sewall hat sich der Macht und dem Einfluss des Barons beugen müssen und mit dem erstbesten Dampfer die Flucht angetreten. Mr. Claxton sah sich hier so fehl am Platze, dass er mit dem letzten Dampfer abreiste (vorgeblich wegen der angegriffenen Gesundheit seiner Frau – die besser aussah als je zuvor). Sein Kollege Mr. Whitmee ist hiergeblieben, um seine Ansichten zu vertreten. Ungünstig für Mr. Claxton: Mr. W ist heraufgekommen, um Louis zu besuchen, und hat nun die Seiten gewechselt. Eines Tages berichtete uns Laulii zu unserem großen Erstaunen, dass Malietoa [Laupepa] uns einen Besuch abzustatten wünsche. Er brachte die Königin mit, sie aßen mit uns zu Mittag, und vorgestern erwiderten wir den Besuch. Wir sahen uns in einer fürchterlich misslichen Lage, zumal wir für kommenden Montag Mataafa einen Besuch versprochen haben.

Als wir in der Stadt waren, kam ein Polizist auf Louis zu und sagte, ein Boy habe ihm erzählt, dass Mr. Stevenson nach Malie reisen wolle.

»Und, was haben Sie gesagt?«, fragte Louis.

»Ich sagte«, antwortete der Gesetzeshüter, »dass ich nicht das Geringste über Mr. Stevensons Reisepläne weiß.«

»Das war eine sehr gute Antwort«, erwiderte Louis.

Wahrscheinlich denkt der Polizist noch heute darüber nach.

Wir stellten fest, dass Malietoa [Laupepa] ein recht gewöhnliches samoanisches Haus bewohnt, weder der Form noch dem Baumaterial nach das Haus eines Häuptlings. Der arme König schämte sich sehr dafür. Unter den Dachvorsprüngen seiner Hütte hervor ist das schöne neue Haus des Präsidenten zu sehen, was für den Katzenpfotenkönig ein ziemlich ärgerlicher Anblick sein dürfte. Wir waren noch nicht lange dort, als ein Mann vom Haus des Präsidenten herüberkam und der Königin ein kleines Präsent in einem Korb überreichte. Sein Auftreten ließ darauf schließen, dass er nur dorthin geschickt worden war, um herauszufinden, wer des Königs Gäste seien.

Ich vergaß zu erwähnen, dass sich Louis, als der König bei uns war, dafür entschuldigte, noch keinen Besuch gemacht zu haben. Er führte dies auf die Bestimmung des Präsidenten nach Louis' letztem Besuch bei Seiner Majestät zurück, die besagte, dass niemand den König aufsuchen dürfe, der nicht beim Konsul um Erlaubnis gebeten und drei Tage im Voraus die Genehmigung erhalten habe. Natürlich denkt Louis nicht daran, beim Konsul die Erlaubnis dafür einzuholen, Malietoas [Laupepas] offene Hütte zu betreten. Das wäre einfach lächerlich und unwürdig. Der König sagte, eine solche Erlaubnis sei unnötig, und bat uns alle, ihn zu besuchen, wann immer und so oft wir nur wollten, und einer solchen Bestimmung keine Beachtung zu schenken.

Louis ist sehr daran gelegen, Malietoa [Laupepa] und Mataafa zur Zusammenarbeit zu bewegen; nichts anderes könnte den Frieden in Samoa sichern. Heute Morgen wollte er Malietoa [Laupepa] alleine treffen, doch ohne Erfolg. Am Abend will er es noch einmal versuchen. Er möchte seine Ansichten zuerst Malietoa [Laupepa] und dann Mataafa vortragen. Die jüngsten politischen Skandale sind in einem Brief erklärt, den Louis an die *Times* geschrieben hat und den ich dieser Seite anhefte, weil er die Situation besser schildert, als ich es könnte.

LOUIS   9./12. April 1892

Brief an die TIMES
von Robert Louis Stevenson
Samoa, den 9. April 1892

Sir,
eine Darstellung unserer jüngsten Schwierigkeiten hier in Samoa mag vor allem juristisch von Interesse sein.

Im Berliner Vertrag gibt es einen Punkt, an dem Beobachter von Beginn an unterschiedlicher Meinung waren. Nach Auffassung einer der Parteien standen die Steuereinnahmen der samoanischen Regierung zu, nach Auffassung der anderen den Gemeindeverwaltungen, und letztlich wurde der Disput von Mr. Cedarcrantz, dem Obersten

Richter, zugunsten der Gemeindeverwaltungen entschieden. Diese Entscheidung erfolgte zwar nicht schriftlich, wurde jedoch zumindest von einem der Konsuln seiner Regierung mitgeteilt, sie war öffentlich bekannt, wurde nicht infrage gestellt und von den Parteien sofort anstandslos umgesetzt. Vor diesem Beschluss ließ man Steuereinnahmen akkumulieren. Seitdem liegen, mit Wissen des Obersten Richters und der ständigen Billigung des Präsidenten, Erhalt, Verwaltung und Verwendung in den Händen der Gemeindeverwaltungen. Es ist Aufgabe des Obersten Richters, den Berliner Vertrag umzusetzen; dessen Ziele sollten also über jede Kritik erhaben sein. Wer mit dem Ergebnis unzufrieden war, dem blieb nur, bei den Mächten einen Antrag auf Änderung des Vertrags zu stellen, und ein solcher Antrag wurde erst kürzlich in einer öffentlichen Versammlung vorgebracht, unterstützt und dann letztendlich abgelehnt.

Seit diesem Beschluss ist etwa ein Jahr vergangen, und die Lage der samoanischen Regierung ist von Tag zu Tag prekärer geworden. Steuern wurden nicht bezahlt, und die Regierung hat nicht gewagt, sie einzutreiben. Erneut wurden Steuern fällig, und die Regierung wagte nicht, sie einzufordern. Gehälter wurden fortgezahlt, und allein das des Obersten Richters beläuft sich für diese Inseln auf eine beträchtliche Summe; die Geldbestände nahmen ab, und schließlich kam der Verdacht auf, es sei kaum noch etwas übrig, Rücklagen schien es keine zu geben, und Beobachter fragten sich gespannt und mit einem leisen Lächeln, wann die Räder zum Stillstand kämen. Zur Erklärung des »Lächelns« sollte ich hinzufügen, dass sich die Regierung als Totgeburt erwiesen hat und abgesehen von einigen sporadischen Manövern, die ich in Ihrer Zeitung bereits zum Thema gemacht habe, nichts weiter getan hat, als Gehälter auszuzahlen.

Bei diesem Stand der Dinge erhielt am 28. März der Präsident Baron Senfft von Pilsach plötzlich und von Mr. Cedarcrantz persönlich ein schriftliches Urteil, das den ein Jahr zurückliegenden mündlich und öffentlich gefassten Beschluss revidierte. Doch welche juristischen Instanzen haben das ermöglicht? Und durch wen wurde Seine Gnaden erneut mit der Sache betraut? Es mag aussehen, als wollte ich die Leichtgläubigkeit Ihrer Leser auf die Probe stellen, doch die Instanz war der Präsident höchstpersönlich. Die Angelegenheit wurde von ihm selbst in seiner (womöglich nur in seiner Einbildung bestehenden) Eigenschaft als Berater des Königs vorgebracht, sie wurde von ihm selbst in seiner Eigenschaft als Präsident verteidigt, es erfolgte keine Bekanntmachung, die Parteien wurden nicht einberufen, sie wurden weder von der Verhandlung noch von dem Beschluss unterrichtet, und soweit bekannt, gab es nur zwei Personen, die übereinkamen – die erste war Kläger und Verteidiger in einem, die andere ein Richter, der sich vor einem Jahr für Schwarz entschieden hat und nun den bescheidenen Willen erkennen ließ, sich für Weiß auszusprechen.

Doch sollten wir dieses originelle Vorgehen noch näher in Augenschein nehmen. Baron von Pilsach (so sagte er uns) setzte sich in seiner Eigenschaft als Berater des Königs hin und schrieb an sich selbst in seiner Eigenschaft als Präsident einen dreiseitigen wortreichen und vorwurfsvollen Brief, ein unbekannter englischer Künstler gab all dem an seiner statt ein ordentliches sprachliches Gewand, und es blieb nur noch, ihn von König Malietoa [Laupepa] unterzeichnen zu lassen, dem er zugeschrieben wurde. »Hauptsache, er kann unterschreiben!« – so soll einmal ein weißer Beamter achselzuckend die nötige Qualifikation eines samoanischen Königs zusammengefasst haben. Der Brief wurde folglich unterzeichnet – ob der König wusste, was er unterzeichnete, darüber mag man streiten – und derart sanktioniert mit einem Begleitschreiben des Präsidenten dem Obersten Richter zugeführt. Diese Briefe stellten offenbar die Gesuche dar, anhand deren der Oberste Richter vorging, und sie waren es, die in diesem ungewöhnlichen Fall als Dokumente galten.

Angenommen, es lag ein bedauerlicher Irrtum vor, angenommen, ein Widerruf des Richterspruchs und der Politik des verflossenen

Jahres wäre unmittelbar notwendig geworden, dann hätte die Weisheit ein in hohem Maße offenes Vorgehen geboten. Doch unsere beiden Beamten entschieden sich für eine Strategie empörender Irreführung. Während im Verborgenen die Revolution vorbereitet wurde, hielt der Präsident nächtliche Gemeinderatssitzungen ab. Worum ging es dabei? Lediglich darum, Geschütze aufzufahren, um genau jene Zölle zu regulieren, die er in heimlicher Machenschaft ihrem Einfluss zu entziehen gedachte. Und es gab einen vergleichbaren Fall, einen Fehlschlag, der in Apia für Aufregung gesorgt hatte. Der Rat hatte der konsularischen Behörde ein Bauvorhaben für mehrere Brücken zur Genehmigung vorgelegt, deren eine, jene über den Vaisingano, für die Stadt von großer Bedeutung war. Eine solche zusätzliche Ausgabe aber, zu einem Zeitpunkt, da nach seiner geheimen Kenntnis die Gemeindeverwaltung demnächst ohne Mittel dastehen würde, erschien einem der Konsuln als unwürdiger Akt, und so wurde das Gesuch entsprechend zurückgewiesen. Die Menschen in Apia haben eine äußerst gute Auffassungsgabe. Kaum wurde ihnen die Vaisingano-Brücke verwehrt, kamen sie der Wahrheit auch schon auf die Spur. Man erinnerte sich, dass der Oberste Richter erst kürzlich die Mittel der Gemeinde (diesmal in einem regulär erzielten Beschluss) in die Hände des Präsidenten gelegt hatte; das Gerücht über eine geheime Absprache zwischen den beiden Beamten machte die Runde; man mutmaßte, dass das Geld bereits abgehoben worden sei. Als dann die Zeitung plötzlich und auf recht mysteriöse Art verkauft wurde, hieß es, sie sei mit Mitteln der Gemeinde für die Beamten gekauft worden, und die Apianer kamen folglich in Scharen zur Gemeindeversammlung am 1. April, mit bereits erhitzten Gemütern.

Der Präsident seinerseits erschien mit seinem geheimen Urteil, und nun war die Stunde gekommen, den Ratsmitgliedern sein Kunstwerk zu enthüllen. Kraft der Entscheidung des Obersten Richters und vom Präsidenten geduldet, hatten sie zwölf Monate lang Zölle eingenommen und wieder ausgegeben. Jetzt erfuhren sie, dies sei falsch gewesen, erfuhren nicht nur, dass die Einnahmen ein Ende hätten, sondern, dass sie zurückerstatten müssten, was bereits ausgegeben war. Die Gesamtsumme belief sich auf etwa 25 000 Dollar, und da sich nur noch 20 000 in der Kasse befanden, erfuhren sie somit, dass sie bankrott seien. Und im nächsten Atemzug beruhigte der Präsident diese elenden Schuldner, man werde ihnen Zeit geben, und der König werde in seiner Nachsicht aus ihrem eigenen Tresor – der nicht mehr der ihre war – 3000 Dollar für laufende Ausgaben vorstrecken. Der Gemeinderat von Apia mag von Vollkommenheit weit entfernt sein, doch immerhin baut er Straßen und Brücken, tut zumindest etwas, um sein Dasein zu rechtfertigen und den Steuerzahler mit den Steuern zu versöhnen. Dies sollte ein Ende haben: Alle angesparten Mittel sollten der Regierung in Mulinuu überstellt werden, die nichts Nennenswertes geleistet hatte, außer Gehälter zu zahlen, und von der mittlerweile auch niemand mehr etwas anderes erwartete als die Fortzahlung von Gehältern bis zur Neige. Nehmen wir einmal an, dieser Übergriff auf die Mittel der Gemeinde sei rechtens und vonnöten gewesen. Selbst wenn man das noch so beschönigend vorträgt, er wäre niemals gebilligt worden. Und nach Lage der Dinge schmerzte die Art und Weise des Vorgehens: das Heimlichtun, das Überrumpeln, die Heuchelei, die sich widersprechenden Beschlüsse, der Anschein geheimer Absprachen zwischen den Beamten und das Angebot finanzieller Unterstützung, die zu gering war, um etwas auszurichten. Am Versammlungstisch fielen bittere Worte, die Öffentlichkeit äußerte sich in Unmutsrufen, ganz offen wurde der Vorschlag geäußert, den Präsidenten zu stürzen und sich des Schlüssels der Finanzkasse zu bemächtigen. Für Baron von Pilsach spricht, dass er einen Rest von Mut bewies. Er brauchte Mut, um sich überhaupt denjenigen zu stellen, die er enttäuscht hatte, und angesichts erboster Stimmen und drohender Fäuste zeigte er eine Standfestigkeit, die einer besseren Sache würdig gewesen wäre. Die Ratssitzung endete im Tumult, alles strömte zu einer öffentlichen Versammlung; in Furcht vor der überschäumenden Kraft der Emotionen versicherten die Konsuln ihre Bereitschaft, die Gemeinderatsmitglieder zu treffen und einen Kompromiss auszuhandeln, und die Bürger bekräftigten lautstark das Mandat ihrer Vertreter. Diese hielten noch am Abend Rat mit der konsularischen Behörde, und man einigte sich auf einen *modus vivendi*, der am folgenden Morgen vom Präsidenten abgelehnt wurde. Die Vorhaltungen der Konsuln zeigten dennoch Wirkung, und als der Rat am 6. April erneut zusammenkam, stellte sich Baron von Pilsachs Haltung völlig anders dar. Die Brücke über den Vaisingano wurde verworfen, die dem Rat offerierte Summe von 3000 Dollar auf 9000 erhöht, was der Hälfte der verfügbaren Mittel entspricht; die samoanische Regierung, die von den Zöllen profitieren sollte, erklärte sich bereit, die Kosten der Erhebung zu tragen; der Präsident gelobte äußerste Sparsamkeit bei den Regierungsausgaben, ohne sich jedoch auf einen genauen Betrag festlegen zu lassen, räumte ein, dass sein jüngstes Vorgehen dazu angetan gewesen sei, die Ratsmitglieder gegen ihn aufzubringen, und machte in aller Offenheit den Vorschlag, die Mächte davon zu unterrichten. Meine Berichterstattung wäre nicht ausgewogen ohne ein ausdrückliches Lob für seine Haltung. Inmitten von Männern, die er schwer enttäuscht hatte und die ihn wiederum dafür erst kürzlich beschimpft hatten, verhielt er sich taktvoll und besonnen. Und so wurde seinem *modus vivendi* dann unter Protest auch zugestimmt und die strittige Angelegenheit ohne weitere Umstände den Mächten zur Kenntnis gebracht.

Lassen Sie mich hier kurz auf meinen vorigen Brief Bezug nehmen. Die Gefangenen von Manono wurden feierlich zu sechs Monaten Haft verurteilt, doch dann wurde die Strafe auf ungeklärte und rätselhafte Weise verschärft und lautete auf Verbannung. Diese Tatsache scheint die heimatliche Regierung eher mit Freude zur Kenntnis genommen zu haben. Für uns vor Ort war es jedoch alles andere als ein Anlass zur Freude. Doch ließen wir als Erklärungen die Unerfahrenheit des Präsidenten wie auch die Tatsache gelten, dass der

Oberste Richter am Tag zuvor die Inseln verlassen hatte. Wir dachten: Wenn Mr. Cedarcrantz zurückkommt, dann wird das wie die Rückkehr von König Artus sein. Nun, König Artus ist zurück. Und uns drängt sich der Verdacht auf, er habe trotz seiner Abwesenheit diesen Skandal billigend in Kauf genommen. Denn erkennen wir nicht im Fall der Gemeindefinanzen die gleichen beunruhigenden Merkmale? Ein Beschluss wird öffentlich gemacht, ein Jahr lang wird danach gehandelt, und auf rätselhafte und ungeklärte Weise sehen wir ihn plötzlich revidiert. Eigentlich werden wir doch nach englischem Recht regiert. Ist das englisches Recht? Kann man überhaupt noch von Recht sprechen? Ist eine Gesellschaftsform gewährleistet, in deren Rahmen ein Bürger guten Gewissens leben und handeln kann? Und wenn uns die Eingeborenen nach den Eigenheiten der Regierung und der Justiz des weißen Mannes fragen, wie sollen wir sie ihnen dann erklären?

12. April

Es gibt Neuigkeiten, und ich staune ein weiteres Mal darüber, wie rasch sich in Apia Gerüchte verbreiten. Eben dasjenige, auf welches ich Bezug genommen habe, wird in unserem Konflikt zum Dreh- und Angelpunkt. Die *Samoa Times* wurde nominell von einem Gentleman erworben, der, anderer Vorzüge unbenommen, notorisch schwach bei Kasse war. 600 Pfund in Gold wurden dafür hingeblättert, was für Apia eine gewaltige Summe an flüssigen Mitteln darstellt, zumal in Gold, sodass sich jedermann wunderte, wo es herkam. Folgendes wurde offenkundig: Jede Münzrolle war von Mr. Martin, dem Schatzmeister sowohl für die Gemeinde als auch für die samoanische Regierung, abgezeichnet worden und gegengezeichnet von Mr. Savile, seinem Gehilfen. In anderen Worten: Das Geld entstammte entweder dem Tresor der Gemeinde oder dem der samoanischen Regierung.

Die Stellung des Präsidenten ist folglich aufs Höchste gefährdet. Seine Buchführung bis zum 1. Januar befindet sich in Händen von Rechnungsprüfern. Der 31. März als nächster Stichtag ist bereits vorüber, und obwohl man ihm wiederholt verdeutlicht hat, wie die Dinge abzulaufen haben, hat er einer Überprüfung der Bilanz in seinem Tresor nicht zugestimmt. Beträfen diese Vorwürfe den Obersten Richter, würde der Fall weniger schwer wiegen. Es ist jedoch noch kein Monat verstrichen, seit dieser die finanziellen Mittel dem Präsidenten überantwortet und erklärt hat, die Bevölkerung von Apia sei nicht in der Lage, mit ihren eigenen Angelegenheiten betraut zu werden. Und just in der Woche des Verkaufs revidierte er seinen eigenen zuvor gefassten Beschluss und entledigte seinen Kollegen noch des letzten Restes an Kontrolle. Über diese Beschlüsse hinausgehend, bezweifle ich, ob diese durchtriebene Persönlichkeit sich schwarz auf weiß bekennen wird, und so könnte sich der Ratspräsident in seinem Leichtsinn bald allein auf weiter Flur wiederfinden.

Ungeachtet aller denkbaren Erklärungen und Zuweisungen dürfte das Maß mit diesem zusätzlichen Skandal endgültig voll sein. Man mag ins Feld führen, der Präsident beweise ein großes Taktgefühl und der Oberste Richter philosophische Qualitäten. Doch gebe man uns stattdessen lieber einen Richter, der im Sinne der Justiz operiert, und einen Schatzmeister, der die Überprüfung seiner Bilanzen zulässt. Es sollte doch unter Millionen von Männern in Europa zwei aufrichtige und ehrliche geben, deren einer das englische Recht beherrscht, während der andere über die originären Tugenden eines Beamten verfügt, und die in Erfüllung ihrer Pflichten einmal ein halbes Jahr ohne schmerzliche Enthüllungen und brisante Skandale ins Land ziehen lassen; die uns mit ihren Unwägbarkeiten und Intrigen nicht ermüden; die uns nicht durch ihren Mangel an Scharfsinn befremden; die in einer Stunde der Not nicht 600 Pfund öffentlicher Gelder für den Erwerb eines unbedeutenden Blattes abzweigen und in Zeiten, da acht Provinzen voller unzufriedener Eingeborener drauf und dran sind, ihre untaugliche Regierung ins Meer zu fegen, ihr Heil nicht darin suchen, die örtliche Presse in Apia zu knebeln. Sollte das nicht möglich sein, sollte man uns nicht erlösen können, und sollten die Mächte mit dem Verhalten von Mr. Cedarcrantz und Baron Senfft von Pilsach zufrieden sein; sollte man diese in dem Einverständnis hierhergeschickt haben, dass sie heimlich ein kleines Blatt von zwei Seiten Umfang kaufen und womöglich privat herausgeben, das in einem aberwitzigen Holzbau am Eingang zur Mission erscheint; sollte es tatsächlich gewollt sein, dass sie zu diesem hehren Ziel öffentliche Gelder abzweigen (wie sie es anscheinend getan haben) und sämtliche Formen des Rechts missachten – dann können wir Weißen nur in Scham die Häupter senken. Wir sind hier nahezu hilflos. Über Baron Pilsach können wir uns nur bei Mr. Cedarcrantz beschweren, und wollten wir uns über Mr. Cedarcrantz beschweren, und die Mächte hörten uns nicht an, dann würde sich der Kreis schließen. Eine Nachtwache schützt ihre Residenzen, während man das Haus des Königs zynischerweise unbewacht lässt. Vor Einmischung sicher, erhebt der eine die Stimme der Justiz, der andere zieht die Fäden der Macht, und nun haben sie augenscheinlich im Verlauf einer einzigen Woche sämtliche flüssigen Gelder und die einzig existierende Zeitung dieser Inseln unter ihre Kontrolle gebracht.

Doch eins übersehen sie dabei. Nicht die Weißen bedrohen die Fortdauer ihrer Regierung, und nur die Weißen lesen die Zeitung. Mataafa sitzt gar nicht weit entfernt in seinem Lager, bereit für den Krieg, und beobachtet. Er beobachtet ihre Schwäche, er zählt die Skandale ihrer Regierung. Er sieht seinen Rivalen und »Bruder« missachtet vor ihren Türen sitzen wie Lazarus vor dem Haus des reichen Mannes, und ist er auch nicht gut auf seinen »Bruder« zu sprechen, so nimmt er es mit der Würde der Eingeborenen doch sehr genau. Er hat gesehen, wie seine Freunde im staatlichen Gefängnis nächtlich drangsaliert und ohne rechtliche Grundlage deportiert wurden. Er selbst macht nicht viele Worte, und seine Gedanken bleiben uns verborgen, doch wir kennen die Äußerungen seiner weit hitzigeren Parteigänger. Am 29. März, einen Tag nachdem der Oberste Richter den geheimen Beschluss unterzeichnet hatte, drei Tage bevor er öffentlich wurde, und während der Erwerb der Zeitung noch im Gange war, erhob sich bei einer Versammlung ein Eingeborener. »Wer hat die großen Mächte gebeten, für uns Gesetze zu machen, Fremde hierherzubringen, die uns regieren?«, rief er. »Wir wollen keine weißen Beamten, die uns mit ihren Steuern Ketten anlegen.« Da haben wir die Wandlung im Denken, die diesen Herren und ihrer fünfzehnmonatigen Misswirtschaft zuzuschreiben ist. Da haben wir die Gefahr, die kein Erwerb von Zeitungen und keine damit einhergehende herausgeberische Einflussnahme verhindern können.

Es stellt sich die Frage, ob noch Zeit ist, etwas zu ändern. In der Tat, es ist fast zu spät, und jene Herren, denen bei ihrer Ankunft goldene Zeiten winkten, haben in verhängnisvoller Weise Gelegenheiten vertan und womöglich dem Ansehen der Weißen in verhängnisvoller Weise geschadet. Selbst die Weißen haben sie nicht bloß verbittert, sondern korrumpiert. Kürzlich machten wir die schmerzliche Erfahrung, dass unsere Gemeindevertreter es mehrheitlich ablehnten, das Ausstellen von Rechnungen im Zollamt zur Pflicht zu machen. Doch wer könnte sie tadeln, solange der Oberste Richter, dessen Mangel an Eignung jedermann verwunderte, keinerlei Anstalten macht, seine Einfuhrzölle zu entrichten, die er nach meiner Einschätzung immer noch vorenthält. Er war der Kopf der Justiz, stand über allem, doch was für ein Beispiel hat er gegeben! Er machte keinerlei Anstalten, seine Zölle zu bezahlen, die weißen Ratsmitglieder in seinem Kielwasser machten keinerlei Anstalten, Maßnahmen zu ergreifen, um sie von anderen einzufordern, und die Eingeborenen in seinem Kielwasser machten keinerlei Anstalten, ihre Steuern zu bezahlen. Diese Steuern wird man vielleicht niemals wieder direkt erheben können. Steuern waren in Samoa noch nie beliebt, doch in den goldenen Zeiten, als diese Regierung ihren Weg antrat, zahlte die Mehrheit der

Samoaner. Jede Provinz hätte für ihre Belange einen Teil dieses Geldes erhalten sollen, man hätte alle Anstrengungen unternehmen müssen, die Eingeborenen für dessen Verwendung zu interessieren und Zufriedenheit zu schaffen. Stattdessen floss das Geld nach Mulinuu, wo vier weiße Beamte davon bezahlt wurden, von denen zwei die Suite des Obersten Richters bewohnten, sowie in den Bau eines sogenannten Regierungshauses, in welchem der Präsident residiert, und mittlerweile gilt allein das Wort Steuern als anstößig. Was getan werden kann, ja umgehend getan werden muss, das ist, einen neuen Obersten Richter zu entsenden: einen Juristen, einen Ehrenmann, einen Mann, der sich weder in der Politik noch in privaten Dingen auf eine Seite schlägt und der nicht den Eindruck erweckt, an jeder unserer Angelegenheiten verdienen zu wollen. Wenn er außerdem noch ein befähigter Mann ist, umso besser, doch so viel verlangen wir gar nicht. Mit einer angemessenen Achtung vor dem Gesetz, einer angemessenen Besonnenheit, einer angemessenen Großzügigkeit könnte es ihm im Laufe der Zeit und mit etwas Glück gelingen, das Vertrauen wiederherzustellen und die Schäden im Ansehen der Weißen zu reparieren. Was den Präsidenten angeht, so wird heftig diskutiert. Einige halten dieses Amt für überflüssig und die Bezahlung ohnehin für überhöht. Andere sehen in dem derzeitigen Amtsinhaber, einem jungen und wohlgefälligen Mann, nur das Werkzeug und den Sündenbock eines anderen und fühlen sich versucht anzunehmen, dass er neben einem neuen und aufrechten Obersten Richter wieder ein Mann von Charakter werden könnte. Er sollte sich wenigstens von der Münzrollen-Affäre reinwaschen, wenn er nicht möchte, dass alle Welt gegen ihn ist. – Damit verbleibe ich ergebenst Ihr

Robert Louis Stevenson

Louis hat sich vergeblich um ein Gespräch mit Laupepa bemüht. Um sicherzugehen, dass es keine ungewollten Zuhörer gab, sollte Louis den König bei Laulii treffen. Zwei Verabredungen wurden getroffen, beide jedoch nicht eingehalten. Am 2. Mai fuhren Louis, Belle und ich mit Talolo in einem mit Malie-Boys bemannten Boot nach Malie. Wir befürchteten fast, man würde uns anhalten, doch obwohl die ganze Stadt unsere Bestimmung kannte, begegneten uns die Polizisten mit einem Lächeln, und niemand legte uns Steine in den Weg. Für den Fall, dass wir über Nacht blieben, hatten wir eine wasserdichte Tasche und einen großen Tokelau-Eimer mit Kleidern zum Wechseln dabei. Ich hatte ein dunkelrotes, mit persischer Stickerei besetztes Seiden-*Holaku* eingepackt, für den Fall, dass wir vor Hoheiten erscheinen sollten, und Belle einen dunkelgrünen. Kurz vor unserer Ankunft bat ich Louis, ein Tuch hochzuhalten, hinter dem ich mich umziehen konnte. Als mein Kopf aus dem Kleid hervorkam, sah ich ihn mit einer Ecke des Tuchs in den Fingern – auf seiner Seite des Bootes. Er sagte, er habe nichts übrig für Prüderie.

In Malie stießen wir auf die besten von Joes Kakao-Männern und erfuhren, dass sie sich gemeinsam mit den Männern aus Apia im Streik befanden. Ich bedauerte, dass Joe sie hatte gehen lassen, denn meiner Ansicht nach waren sie eigentlich im Recht. Lange bevor wir das Dorf erreichten, konnten wir den Mittelteil eines riesigen Eingeborenenhauses sehen, der wie eine Kirchturmspitze aufragte. Mataafas eigenes Haus war größer und schöner als alle, die ich bisher gesehen hatte, und es gab noch weitere, ebenso große. Louis versuchte vergeblich, einen Übersetzer zu finden, und musste sich schließlich mit Talolo zufriedengeben, der vor Angst und Elend fast starb, denn er beherrscht die Sprache der führenden Häuptlinge nicht und hatte das Gefühl, jedes Wort, das er äußerte, könne für Mataafa eine Beleidigung sein. Wir haben uns angewöhnt, von Mataafa als »Charley

über den Wassern« zu sprechen und auf ihn als »den König« anzusto-
ßen und dabei unsere Weingläser über der Wasserflasche zu schwen-
ken. Talolo wusste in etwa, was das bedeutet, und hielt es für eine
gute Idee, jetzt ebenso zu verfahren. Belle sah amüsiert zu, wie er
sein Wasserglas vor dem Trinken durch die Luft schwenkte. »Charley im Wasser« lautete sein missglückter und beinahe unheilschwan-
gerer Trinkspruch.

In seiner Übersetzung von Charleys Worten wurde daraus nicht
mehr als »Mataafa sehr viel überrascht«. Louis kann genug Samoanisch, um in etwa zu verstehen, worum es ging. Einige *Faipules** bauten sich an einem Ende des Hauses in einer Reihe auf, andere saßen
auf den Matten am Boden. In der Mitte der Gruppe befand sich die
Kava-Schüssel, daneben stand der Sprecher des Königs. Als Erste erhielten der König und Louis gleichzeitig Kava (eine außerordentliche
Ehre), dann einige der *Faipules* und dann, auf Anordnung des Königs,
die zwei »Rückgrate« des Hauses (Belle und ich, die er offenbar beide
als Ehefrauen betrachtete). Er war sehr verunsichert, welche von uns
den höheren Rang einnahm. Zuerst gab er mir den Ehrenplatz neben Louis, und dann überlegte er es sich anders und setzte Belle an
meine Stelle. Wir wurden nicht einzeln bedient, sondern bekamen
gleichzeitig zwei Schüsseln angeboten, so konnte kein Neid aufkommen. Wir nahmen die Kava dankbar an, denn immerhin waren wir
um fünf Uhr früh in Vailima aufgebrochen und entsprechend müde.
Es gab, wie ich sah, gekaute Kava, aber das hatte ich schon wieder
vergessen, ehe ich mit Trinken an der Reihe war. Bevor jemand die
Schüssel Mataafa reichte, verschüttete er einen Teil als Opfergabe
und sprengte dann mit der Hand frisches Wasser aus einer Kokosnuss-
schale nach rechts und links. Die *Faipules* sprengten ebenfalls Wasser nach rechts und nach links, doch nur einer verschüttete die Opfergabe, und dieser kam mit dem Wasser nicht in Berührung.

Der Sprecher und andere hielten höfliche Reden, wobei einer
Louis mit Jesus verglich, was Talolo fast um den Verstand brachte.

Plötzlich ließ Mataafa seine Uhr holen, ein schönes Stück, samt Kette aus Gold, und sah, dass es elf war. Er fragte, wann wir zu Hause aufgebrochen seien, und zeigte sich betrübt darüber, wie lange wir nichts gegessen hatten. Ein rechteckiger Holztisch wurde hereingebracht und in mehreren Schichten mit wunderschöner *Tapa* gedeckt, dazu wurden vier Stühle aufgestellt. Man ließ uns auf den Stühlen Platz nehmen, die mit *Tapa* und Stoffen aus der *Papalagi*-Herstellung drapiert waren, und vor der Hauptmahlzeit eine kleine Erfrischung zu uns nehmen. Der König (ein Katholik) bekreuzigte sich und sprach ein Tischgebet, und dann wurde jedem von uns ein gefaltetes Blatt vorgelegt, in dem sich ein Gericht aus Pfeilwurzel befand, mit Kokosmilch auf heißen Steinen gekocht, und zum Trinken bekamen wir alle eine frische junge Nuss. Mataafa entschuldigte sich vorab für die Mahlzeit, alles sei *faa Samoa* zubereitet, sagte er, ohne Wein, nur Schwein und Geflügel und Taro. Wir erwiderten, ein solches Mahl sei ganz nach unserem Geschmack. Die Pfeilwurzel war äußerst wohltuend, doch nicht leicht zu handhaben, weil sie so klebrig war und voll Sand. Seine Majestät mahnte uns, nicht zu viel zu essen, damit wir uns nicht den Appetit auf die Hauptmahlzeit verdarben, und empfahl uns im Anschluss eine Siesta. Während wir aßen, hängte seine Tochter (eine leibliche Tochter, wobei er unverheiratet geblieben ist und nun erneut ein Keuschheitsgelübde abgelegt hat) ein Ende des Zimmers mit einem riesigen Vorhang aus wunderschöner *Tapa* ab. Dort hatte man Matten und Kissen für uns ausgelegt, und binnen Sekunden waren wir alle fest eingeschlafen.

Nach etwa anderthalb Stunden erwachten wir gleichzeitig und fanden das Abendessen gerichtet. Ich vergaß zu erwähnen, dass der Sprecher Louis nach den Ansprachen etwas Kava angeboten hatte, was ein ungewöhnliches Kompliment darstellte, und dass wir Mataafa unser Geschenk übergaben, ein Fass Fleisch zu hundert Pfund. Danach ging der Sprecher nach draußen und rief mit Stentorstimme einige kurze Sätze aus. Er informierte das Dorf und die Oberhäupter der Familien über Art und Umfang des erhaltenen Geschenks. Wir aßen wie zuvor am Tisch, saßen auf Stühlen und bekamen Teller und Glasbecher, Löffel und Messer und Gabeln. Talolo, den die furchtbare Verantwortung seiner Stellung mittlerweile fast krank gemacht hatte, saß hinter uns auf dem Boden als unser Gefolgsmann. Talolo ist sehr unglücklich, weil Tomas' Frau Elena, die wir zum Waschen eingestellt haben, nicht von Geburt aristokratisch ist. Er erklärte sorgsam, dass, obwohl sie zu seiner Familie gehöre, ihre Stellung ziemlich niedrig sei. Offenbar ist Talolos Mutter eine Stammesführerin – wie hoch sie in der Hierarchie steht, weiß ich nicht – und Talolo selbst ein angehender Häuptling. Ich fragte mit großer Sorge, ob Talolo, wenn er »seinen Namen annähme«, weiter für uns arbeiten könne. »Auf keinen Fall«, lautete die Antwort. »Er darf seine Hände nicht beanspruchen. Doch Talolo möchte seinen Namen nicht annehmen. Er möchte dem weißen Mann ebenbürtig sein.« Das war erschütternd zu hören, denn Henry hat immer dasselbe gesagt, und mittlerweile habe ich erfahren, dass er seinen Namen angenommen hat und Häuptling über drei Dörfer mit insgesamt etwa fünfhundert Erwachsenen ist. Henrys Leute waren zunächst in jeder Hinsicht gegen ihn, sind jedoch mittlerweile von ihm begeistert. Ich glaube, ein Stück dieser Anerkennung verdankt Henry der Ausbildung bei uns, denn er hat unseren Rat bis ins Kleinste befolgt, oft weit über das hinaus, was ein gewöhnlicher Samoaner zu begreifen imstande ist.

Doch zurück zu »Charley über den Wassern«. Nachdem die Mahlzeit beendet war, gingen Louis und er, gefolgt von Talolo als Übersetzer, durch das Dorf und unterhielten sich, so gut es eben möglich war. Der Weg ist eng, und an einer Stelle kam Swann, der Apotheker aus Apia, auf seinem Pferd angeprescht und ritt den König und Louis fast nieder. Eine Wache (es waren zwei, die den König mit Winchester-Gewehren begleiteten) sprang dem Pferd in den Weg und brachte den ungestümen Burschen zum Stehen, der zutiefst erschrocken wirkte. Später hörten wir, dass er in Apia erzählte, wie er gemütlich die Straße entlanggeritten sei, als Louis sein Pferd angehalten und ihm höflich und unter Entschuldigungen erklärt habe, dass er die Bräuche der Eingeborenen berücksichtigen solle.

Nachdem sie von ihrem Spaziergang zurück waren, setzten wir uns alle auf eine Matte unter dem Dachvorsprung und rauchten Zigaretten. Von ferne konnte man Männer singen hören, und bald erreichte uns eine Prozession bekränzter junger Männer in Zweierreihe, von denen jeder eine Taro-Wurzel niederlegte, dazu einige junge Hühner, und der König steuerte eine riesige frische Kava-Wurzel bei. Reden wurden gehalten und danach Matten für die Tänzer ausgelegt, die mit einem Signalhorn herbeigerufen wurden. Sie kamen in zwei langen Reihen, darunter zwei ulkige Männer und ein Buckliger, der anscheinend der Hofnarr war. Zuerst sangen sie ein Willkommenslied für uns, und dann sangen, tanzten und gaben sie einige Kostproben ihrer Kunst, alles sehr gekonnt, manches war wirklich spaßig und der Bucklige ganz ausgezeichnet, besonders wenn er den Zirkus nachspielte, der vor einiger Zeit hier gewesen ist. Louis konnte sich über Talolo nicht ernsthaft verständlich machen, denn er hatte mehr zu sagen als »viel überrascht« und nahm sich vor, noch einmal mit einem besseren Übersetzer nach Malie zu kommen. Bei Mondlicht fuhren wir im Boot zurück, eifrige Bewunderer Mataafas.

Etwa eine Woche später wiederholte Louis den Besuch in Malie, diesmal zu Pferde über Land, und nahm Charley Taylor als Übersetzer mit. Sie brachen Samstagabend in strömendem Regen auf und kamen am Sonntagvormittag ziemlich früh zurück. Louis konnte sich etwas besser mit M unterhalten und riet ihm, den Frieden zu bewahren und mit Laupepa Freundschaft zu schließen. Wie es schien, teilte M diese Ansichten. Es ist sein tiefer Wunsch, dass Laupepa nach Malie käme und sie von dort aus gemeinsam regierten, und er hat anscheinend keinerlei Absichten, einen Krieg anzufangen. Frühmorgens gegen vier, wenn die Vögel anfangen zu singen, weckten Louis die sanften Flötenklänge einer seltsamen Melodie. Als er später nachforschte, was es damit auf sich hatte, erzählte ihm Mataafa, dass er dies immer zur Zeit des ersten Vogelgesangs veranlasse, um für süße Träume zu sorgen. Sein Vater, fügte er hinzu, hätte niemals zugelassen, dass einem Vogel oder einem Tier etwas zuleide getan wurde, und wurde deshalb »der König der Vögel« genannt.

FANNY   16. Mai 1892

Gestern war Charley Taylor hier, um Louis, Belle und Lloyd Samoa-nisch-Unterricht zu geben. Die eingeborenen Arbeiter befinden sich im Streik, und da unsere Boys nicht verfügbar sind, habe ich Lafaele zu Joe geschickt. Paatalise, einer der Arbeiter-Boys, ist zurückgekom-men. Aus Angst, den Streikenden zu begegnen, bleibt er hier oben. Der Kakao ist eingebracht, und wir werden für die Männer ein Fest geben. Anstatt um Erlaubnis für einen freien Sonntag zu bitten, den wir ihm sicher nicht verweigert hätten, ist Arrick einfach weggelaufen. Er machte sich am Samstagabend davon, und am nächsten Abend bei Dämmerung, als er auf dem Rückweg war, stieß er auf Lafaele und schloss sich ihm an. Als die beiden die Straße entlanggingen, trafen sie hinter Tanugamanono Louis auf meinem Pferd Musu. Louis grüß-te sie mit einem »*Talofa* scri fua« und ritt weiter. Wie groß waren ihr Entsetzen und ihre Überraschung, Louis zu Hause anzutreffen, wo er sich den ganzen Tag aufgehalten hatte. Jetzt ist man überall besorgt und verunsichert. Man nimmt an, Louis habe sein anderes Ich aus-geschickt, um nachzusehen, wo Arrick und Lafaele sich herumtrie-ben.

Kurz nachdem die Pflanzungs-Boys in den Streik gezogen waren, traf Joe Mr. Blacklocks schwarzen Boy, der seinen Herrn verlassen hatte, weil er sich beinahe ausschließlich von Reis ernähren sollte. Der Mann wollte gern in Vailima arbeiten, also stellte ihn Joe vom Fleck weg ein, und am späten Nachmittag kam unsere neue Arbeitskraft den Weg entlang auf das Haus zu, seine Matte und Decke unter dem Arm. »Schau dir Arrick an!« Ich schaute mir Arrick an und staunte. Er hatte den Oberkörper nach vorne geschoben, den Kopf vorgestreckt wie eine Schlange und beobachtete den Neuankömmling mit einem feindseligen Ausdruck, den ich nicht gern auf mich gerichtet gesehen hätte. Mord und Totschlag spiegelten sich im starren Blick des wildesten Gesichts, das ich jemals gesehen habe. Arrick blieb wie eine schwarze Statue stehen, bis der neue Boy außer Sicht war, und nur seine Lippen bewegten sich und ließen eine Art rasselndes Zischen vernehmen, wie ich es von Katern kenne, wenn sie ihren Feinden drohen, und das Katzen in Angst und Schrecken versetzt. »Dieser schwarze Bursche ist hier nicht sicher«, sagte ich. Und das dachte wohl auch er, denn noch in derselben Nacht verschwand er samt Decke und Matte auf geheimnisvolle Weise.

FANNY   17. Mai 1892

Heute Nachmittag erschien niemand Geringerer als der Oberste Richter und wünschte Louis zu sehen, der gerade seine samoanische Historie beendet hat – eine hässliche Geschichte für den OR. Ich ging hinunter und fand unseren Besucher im Gespräch mit Mrs. S[tevenson], höflich-distanziert wie immer. Ich sagte ihm, dass Louis nicht in der Verfassung sei, jemanden zu empfangen, woraufhin Mrs. S sich ängstlich besorgt zeigte und ziemlich blass wurde. Soweit es den OR betraf, war meine Aussage durchaus zutreffend, denn Louis hatte in der Tat erklärt, es würde ihn ernsthaft krank machen, ihm zu begegnen. Ich bot dem OR Wein, Bier und Schokolade an, und als er schließlich auch Wasser und eine Zigarette ablehnte, konnte ich nicht umhin zu sagen: »Also werden Sie kein Brot mit uns brechen?«, woraufhin er nur still und milde lächelte. Aber ich denke, das traf es sehr gut. Er teilte uns mit, dass das deutsche Kriegsschiff

Sperber im Hafen liege. Ich fragte mich unweigerlich, ob das als Hinweis für Louis gedacht war, dass ihm die Deportation drohe. Es entbehrte nicht der Komik, würde Louis dafür deportiert, dass er versucht hat, auf den Inseln den Frieden zu erhalten. Ich kann mir jedoch nicht vorstellen, dass sie das wagen.

Später erschienen Mr. Haggard und Mr. Dumet, Ersterer mit einem an Lord Salisbury adressierten Brief vom Ministerium. Es war die Kopie eines Briefes voller falscher Anschuldigungen gegen die Landkommission, den Laupepa an Lord Salisbury geschickt hat, offensichtlich verfasst von Mr. Claxton, der beim ersten Anzeichen von Gefahr die Gesundheit seiner Frau zum Anlass nahm, die Inseln übereilt zu verlassen. Dabei war es belustigend zu sehen, wie gesund Mrs. Claxton kurz vor ihrer Abreise wirkte – sie sah besser aus als je zuvor.

Anscheinend schreckt die Regierung vor der Steuererhebung für die Eingeborenen zurück. Der geplante Zeitpunkt ist lange überschritten, und jetzt ist der Termin erneut verschoben worden. Die Steuern der Weißen sind ebenfalls ausgesetzt. Die Weißen wollen unter den gegebenen Umständen keine Steuern zahlen und werden darin von den Konsuln bestärkt. Laut Mr. Haggard und anderen hat der Präsident das verbliebene Geld nahezu ausgegeben, und da die einzigen Steuern, die überhaupt eingehen könnten, von Mataafas Leuten kämen, wird die Regierung binnen Kurzem bankrottgehen. Und weil weder Staaten noch Einzelne ihr Geld in eine derart verfahrene und hoffnungslose Angelegenheit investieren werden, darf man gespannt sein, wie es weitergeht, denn diese Situation ist völlig neu.

Mr. Haggard kam am Abend zu uns herauf, aber Louis war unterwegs, bei Laulii. Er sagte, der OR habe irgendwelche Depeschen erhalten, die seine Lebensgeister zu einem Grad der Heiterkeit hätten aufleben lassen, wie man es bei diesem Spinner feiner Netze lange nicht gesehen habe. Mit der Landkommission hatte es nichts zu tun, so viel weiß man. Am Ende der Kopie (einer gedruckten Kopie) des Briefes von Claxton an Lord Salisbury gab es einen Absatz mit Anweisungen für den OR, die das von ihm erwartete Kriegsschiff betrafen. Der Absatz war nicht geschwärzt, wie es in vergleichbaren Fällen üblich ist, sondern bloß mit Tinte kreuzweise durchgestrichen. Ich nehme an, man wollte Mr. Haggard absichtlich Einblick gewähren. Jedenfalls hat er Einblick genommen. Zunächst klang es so, als könne der OR nach Wunsch über das Kriegsschiff verfügen, doch das Ganze hat einen Pferdefuß, den er offensichtlich noch nicht entdeckt hat. Alles war gemäß Artikel soundso durchzuführen. Nun hat sich Mr. Haggard diese Artikel zu Gemüte geführt und sagt, der OR könne letztlich nicht mehr tun, als mit dem Kriegsschiff Streitkräfte dorthin zu beordern, wo sie gebraucht würden. Wir nehmen an, dass der OR, gewarnt durch einen Brief, in dem Louis ihm mit Konsequenzen drohte, sich mit gleicher Freundlichkeit revanchieren wollte, indem er Louis wissen ließ, dass er Gefahr laufe, deportiert zu werden. Louis will zur aktuellen Situation einen Brief an Laupepa schreiben und ihm raten, sich mit Mataafa freundschaftlich zu einigen, denn ehe sich die beiden echten Anführer nicht die Hände reichen, kann der Fortbestand des Friedens weiterhin nicht als gesichert gelten. Dass momentan Frieden herrscht, ist ausschließlich Mataafas gutem Willen zu verdanken. Man befürchtet, dass der OR ernsthafte Schritte in Richtung Krieg anstrebt, weil es für ihn die letzte Gelegenheit wäre, sich selbst und den Inhalt seiner Taschen zu retten, was ihm das Höchste ist. Bei seinem Besuch konnte ich amüsiert beobachten, wie plötzlich echtes Interesse in seinen Augen aufflammte, als ich zufällig erwähnte, dass wir alles zu unserer Versorgung Nötige aus den Kolonien bezögen und auf diese Weise billiger bekämen, als wenn wir es hier kauften. Auch für ihn wäre das weitaus billiger, hat er es doch seit seiner Ankunft abgelehnt, für eingeführte Waren Zölle zu entrichten. Es ist eine schamlose Gemeinheit.

LOUIS   18. Mai 1892

[...] Der OR kam auf einen Besuch herauf! Nach fünf Monaten Stillhalten von meiner Seite aus und einem ausgesprochen unerfreulichen Briefwechsel brachte ich es nicht fertig – brachte es einfach nicht fertig – hinunterzugehen. Meine drei Damen empfingen ihn jedoch, und er war liebenswürdig wie stets, doch lehnte er Wein, Bier, Wasser, Limonade, Schokolade und schließlich eine Zigarette ab. Meine Frau fragte ihn: »Dann wollen Sie also nicht das Brot mit uns brechen?«, worauf er nur freundlich abwinkte. Meine drei Damen teilten ein und denselben Eindruck: dass er in ernsten Angelegenheiten kam. [...] Doch weswegen wollte er zu mir? Vielleicht, um mich zu warnen und seiner Hoffnung Ausdruck zu verleihen, dass er mich je nach meinem weiteren Betragen auf die *Curaçoa* verfrachten kann, sobald sie eintrifft. [...]

FANNY   19. Mai 1892

Unser zwölfter Hochzeitstag. Das ist unglaublich. Ebenso unglaublich ist, dass wir vor zwei (oder etwas mehr als zwei) Jahren hierherkamen, um im Busch zu leben. Alles wirkt eingesessen, so als lebten wir hier schon seit vielen Jahren. Nun wollen wir für unsere Leute einige samoanische Häuser errichten. Talolos kleiner Bruder ist gekommen und soll Lauilos Platz einnehmen. Simi hat zunächst dessen Arbeit gemacht und mit den besten Absichten der Welt bloß fortwährend Schaden angerichtet.

Gestern kam am späten Nachmittag ein Polizist herauf (Scanlon, ein Mischling), um Lloyd und Joe wegen ungezügelten, schnellen Reitens zu verhaften. Lloyd bekannte sich schuldig, er habe gedacht, es sei erlaubt, sobald man sich außerhalb von Apia befinde, doch Joe erklärte bissig, das geschehe nur, weil sie an Marguarkt, dem Polizeichef, vorbeigeritten seien, ohne ihn zu grüßen.

Der Polizist verhaftete auch Elena [Helen] wegen Diebstahls einer Nähmaschine. Ich fragte Scanlon, was es mit dieser Anklage auf sich habe. Er sagte, das sei bloß eine Schikane eines weißen Mannes namens Captain Nichol, mit dem Elena früher einmal verheiratet war. Folau[34] habe das Paar seinerzeit geschieden, und Nichol wurde unterrichtet, dass Elena alles mitnehmen dürfe, was ihr gehörte. Das Einzige, was sie meines Wissens mitnahm, war besagte Handnähmaschine. Jetzt lässt Nichol sie für den angeblichen Diebstahl verhaften. Sie und Tomasi [Tomas], ihr jetziger Ehemann, sind nun in der Stadt zur Anhörung vor Mr. Cooper. Scanlon erklärte, sie befinde sich völlig im Recht, und es könne ihr nichts geschehen.

Lafaele macht seit Neuestem Anstalten, ein hübsches junges Mädchen zu heiraten, nicht älter als dreizehn oder vierzehn Jahre. Die Eltern tun das Ihre, um diese Heirat zu erzwingen, und man hat mir gesagt, dass sich das arme Kind die Augen aus dem Kopf weint. Wir haben L mitgeteilt, dass die Kleine, sollte er sie heiraten, nicht nach Vailima kommen dürfe, was der Sache wohl ein Ende machen wird. Wir werden ihm gestatten, Faauma zurückzuholen, wenn sie verspricht, sich ordentlich zu benehmen. Die Eltern der Kleinen pressen indessen das arme alte Schaf Lafaele nach Kräften aus.

In der Zeit, als mein Tagebuch ruhte, bekamen wir einen kurzen

34 Ein eingeborener Friedensrichter in Apia.

Brief von Nelly, die uns vom plötzlichen, wenn auch nicht unerwarteten Tod Adolfos berichtete, der an rasch fortschreitender Schwindsucht starb. Sie selbst macht keinen gesunden Eindruck, hustet und hat Schmerzen in der Seite. Ich sorge mich sehr um sie. Vielleicht schicken wir Austin zu ihr, der dort mit dem kleinen Louis[35] die Schule besuchen kann.

FANNY   22. Mai 1892

Die *Upolu* lief früher als gewöhnlich ein, ich glaube, es war am Donnerstag. Am Freitagmorgen erhielt Lafaele Nachricht, dass sein Sohn, auf dessen Kommen er sich schon so lange gefreut hatte, in Apia auf ihn warte. Natürlich erlaubte ich ihm, den Tag freizunehmen. Spät am Nachmittag kehrte er zurück, in Begleitung eines alten Mannes und eines jungen Mädchens von zwölf oder dreizehn. Die drei legten Kava vor Louis nieder und schienen eine Ansprache zu erwarten.

»Und wo ist dein Junge?«, fragte ich Lafaele.

»Das sein mein Junge«, war seine Antwort, und wahrhaftig war sein Junge ein Mädchen.

Am Samstag kam Kapitän F von der *Upolu* herauf und aß mit uns zu Mittag. Es gab nichts als nur Gemüse, auf alle denkbaren Arten geputzt und gekocht, aber kein Fleisch. Am Sonntag war ein deutscher Vegetarier hier, als es nicht das geringste Gemüse gab, sondern nur Fleisch. Ich vermisse Lauilo sehr. Unser Essen war ein einziges Durcheinander, vier, bisweilen fünf Männer huschten gleichzeitig im Speisezimmer umher, doch nichts wurde ordentlich gemacht. Simi, der mit Mitaele (Talolos jüngerem Bruder) Lauilos Platz eingenommen hat, zerbricht alles, was wir besitzen. Er lächelt mit liebenswür-

---

35 Adolfo ist der Ehemann, Louis der Sohn von Nellie Van de Grift Sanchez, Fannys Schwester.

digem Gleichmut, wenn er etwas Wertvolles zerbrochen hat, und macht dabei auf unbeschreibliche Art die Figur eines englischen Colonels. Er bindet sich die besten Servietten um, und einmal sah ich zu meinem Schrecken, wie er eine als Taschentuch benutzte.

Heute Morgen kam Lafaele zu mir und sagte unter erstickten Schluchzern, er sei »zu viel ängstlich«. Ich dachte schon, es sei wieder ein Pferd gestorben, und war zutiefst erleichtert zu hören, dass es sich bei dem schrecklichen Ereignis um die Rückkehr von Faauma handelte. Ich war recht froh, sie wiederzuhaben, aber ich hatte nicht mit der strengen Moral von Tomasi gerechnet. Er sagte in aller Offenheit, er könne nicht erlauben, dass Elena mit Huren verkehre. F wollte mit Eifer an ihre Arbeit gehen, auch um Elena zu helfen, die mit dem Waschen im Hintertreffen war. Ich weiß wirklich nicht, was ich tun soll, und ihre Moralvorstellungen durchschaue ich beim besten Willen nicht. Es gibt sie, ohne Zweifel, und ich glaube, die Fidschianer sind mehr darauf bedacht als die Samoaner.

Das kleine Mädchen, das vor Heimweh geweint und sich vor Arrick zu Tode gefürchtet hat, der sie immer liebevoll »das kleine Mädel« nannte und alles tat, damit sie sich wohlfühlte (wie man es auch für ihn getan hat, als er hierherkam) – das kleine Mädchen ist anscheinend entzückt von seiner Stiefmutter und könnte mit Faauma nicht glücklicher sein. F ist zweifellos ein hübsches, anmutiges, reizendes Geschöpf – wenn sie nur nicht das wäre, was Laulii eine Hure nennt. Sie macht vielerlei Versprechungen, und ich glaube auch, dass sie sie halten kann. Heute Morgen reihte sie sich zu unserem Erstaunen beim Vaterunser ein. Wir haben vor, in Kürze Häuser für L[afaele] und T[omasi] zu bauen. Nun, da die Damen nicht miteinander verkehren, dürfen die Häuser nicht zu nah beieinanderstehen, was ärgerlich ist, denn es war alles bereits geplant. Die »müden Christiane« kommen zu einer Tanzstunde.

[…] Ich weiß, es herrscht Eiszeit, und das Samoa-Buch kann sie nur verschlimmern – ich kann es nicht ändern, denn dieses Buch schreibe ich nicht für mich, sondern um des lieben Anstands willen. Doch habe ich vor, diese Eiszeit binnen zweier Jahre zu beenden und einen großen Erfolg zu landen, und meine Eitelkeit flüstert mir ins Ohr, dass ich die Kraft dazu habe. Wenn nicht, dann sei der Rest Schweigen! Auf Ruhm kann ich verzichten, und vielleicht kommt schon bald eine Zeit, da ich überhaupt auf alles verzichten kann. Diese Zeit kommt so oder so früh genug, und ich habe nun zweiundvierzig Jahre ohne Schande durchgestanden, und es ist mir dabei gut ergangen. Wäre mir nur ein plötzlicher Tod beschieden, welch ein Glück! Ich möchte in den Stiefeln sterben. Im Land der Bettdecken habe ich mich lange genug aufgehalten. Lieber ertrinken, erschossen werden, vom Pferd stürzen – ja selbst gehängt werden, alles ist besser, als noch einmal dieses langwierige Siechtum zu ertragen.

Fast eine Woche lang hatten wir das schrecklichste Wetter, ganz unpassend für diese Jahreszeit: Sturzbäche von Regen und fast durchgehend Gewitter. Ich habe mich gleich zu Anfang erkältet und bin ziemlich krank gewesen, doch jetzt geht es mir besser. Mr. Moors ist zurück von der Insel Nassau, die er unbesehen und allein auf meine Empfehlung hin gekauft hat. Ich war doch etwas besorgt, dass er bei der Sache Geld verlieren und das Ganze enttäuschend für ihn ausgehen könnte. Ich hatte ihm von einer großartigen Insel vorgeschwärmt. Er selbst ist ganz entzückt davon und hat sich einen Platz ausgeguckt, wo er ein Haus bauen möchte.

Die ganze Gesellschaft außer mir ist zum großen *Fono* nach Malie aufgebrochen. Charley Taylor nahm die Dinge in die Hand und machte alles falsch. Unsere armen Boys gingen am Vortag hinunter, um die Tiere auf dem Dampfer zu besichtigen. In Moors' Laden wurde für sie ein Abendessen bestellt, doch Charley Taylor (den sie Sally Taylor nennen) versorgte sie nicht ausreichend. Der Dampfer kam erst nach Einbruch der Dunkelheit an, und es herrschte allgemeine Enttäuschung. Nun heißt es, wenn Sally nach Vailima kommt, dann blühen ihm »Schläge«.

Als der letzte Wurf Schweine geboren wurde, wollten Lafaele und Elena jeder gern ein kleines haben, und ich schenkte ihnen welche. Elena wählte einen gefleckten Eber aus, den sie Sally Taylor taufte, und Lafaele suchte sich aus, was er als »Stutenschwein« bezeichnet, also eine kleine Sau. Beide Schweine wurden gezähmt und trotten hinter Elena und Faauma her wie Möpse. Sie gehen abends mit ihren Herrinnen zu Bett wie Babys und müssen wenigstens einmal pro Nacht mit Milch gefüttert werden. Beide Schweine erschienen heute Morgen zur Andacht.

Das Grundgerüst von Lafaeles Haus steht.

FANNY   1. Juni 1892

Louis ist nach Apia gegangen und hat die beiden Matrosenjungen, die das Boot nach Malie gerudert hatten, zum Mittagessen nach Vailima eingeladen. Gerade als wir uns zum Abendbrot niedersetzten, kam ziemlich betrunken ein junger Mann namens Carr herauf, der in nüchternem Zustand etwas wunderlich ist. Er trug einen alten Pyjama, hatte die Schuhe in der Hand und war voller Schlamm und klatschnass, ein wüstes und abstoßend aussehendes Subjekt. Er trank ein Glas Brandy (sehr zu meinem Unmut, Mrs. S gab es ihm) und nahm ein Bad, dann bekam er einen Anzug von Lloyd und setzte sich zu uns an den Tisch. Seine Konversation war alles andere als annehmbar. Er prahlte damit, dass er Keppel niedergeschlagen habe (der zweifellos nervtötend ist, aber ein erbärmlicher Schwächling im Vergleich zu Carr, einem kräftigen jungen Mann mit einem ansatzweise griechischen Profil) und dass er Mr. Carruthers bei einer Begegnung ebenfalls niedergeschlagen habe. Dann prahlte er weiter mit seinem aristokratischen Blut und seiner Abstammung und erklärte, er habe das Recht (als Dritter der Abfolge), den Titel »Graf von Clarence und Avondale« zu führen. Ich merkte an, der gute Ruf des Erben im Grafentum dritten Grades habe einen Schönheitsfleck, nämlich den der Feigheit. Er hätte zwei Männer niedergeschlagen, die ihm körperlich weit unterlegen seien, und das ohne Vorwarnung, ganz zu schweigen von der Tatsache, dass Mr. Carruthers um einiges älter sei als er selbst. Wir hatten ihn gründlich satt und schickten ihn früh zu Bett.

Kaum war er fort, kam Louis mit Neuigkeiten nach Hause. Einer unserer Freunde hatte mitbekommen, wie man öffentlich äußerte, dass man Louis deportieren wolle. Dass er Mataafa besucht hat, um ihn dazu zu bewegen, den Frieden zu wahren, kann nicht der Grund sein, denn die halbe Stadt hat sich bereits in der einen oder anderen Mission nach Malie begeben. Ich bin überzeugt, der wahre Grund ist, dass Louis Laupepa aufgesucht und diesem untauglichen Monarchen mitgeteilt hat, was er Mataafa zu sagen gedachte. Unser erster Besuch bei Mataafa fand erst statt, nachdem Mr. Beckman bereits zweimal dort gewesen war. Man sagte uns, wir könnten in Mr. Bs Boot mitfahren, wenn wir wollten, doch weil dieses Angebot nicht von Mr. B selbst kam, sondern von einem uns unbekannten Eingeborenen seines Kreises, traten wir von diesem Schritt lieber zurück.

Louis hatte keinen Übersetzer dabeigehabt, und so konnte er Mataafa nicht übermitteln, was er ihm gerne gesagt hätte: dass, solange es zwei große Häuptlinge gebe, die beide für sich beanspruchten, König von Samoa zu sein, es auch zwei Lager und fortdauernden Unfrieden und die Gefahr eines Krieges geben würde. Nach seinem

Dafürhalten sollte Mataafa anbieten, sich Laupepa unterzuordnen, und beide sollten dann zum Wohle und Wachstum von Samoa zusammenarbeiten. Das Gleiche hatte er Laupepa gesagt. Natürlich ist das nicht nach dem Geschmack des OR. Ihn kümmern der Friede und das Wohlergehen Samoas nicht. Er will sich seine ehrlosen Taschen nur mit englischem oder amerikanischem Silber füllen. Wie erwähnt, unternahm Louis eine zweite Fahrt nach Malie, mit Charley Taylor als notdürftigem Übersetzer, und sprach sich sein Anliegen von der Seele. Den dritten Besuch unternahm er lediglich, um die Darbietungen bei einem großen *Fono* zu sehen – für einen Romancier eine kostbare Erfahrung – und der alten Dame einen heiß ersehnten Ausflug zu ermöglichen. Und das soll nun der Grund für Louis' drohende Deportation sein! Ich kann mir nicht vorstellen, dass sie damit durchkommen, selbst wenn ihr kleiner Baron die Sache vor den OR bringt. In Apia erfuhr Louis von Paul Leonard, der sich während des *Fonos* den ganzen Tag in Malie aufgehalten hatte, dass die Veranstaltung nach Louis' verspäteter Ankunft ihm zu Ehren wiederholt worden war.

FANNY   2. Juni 1892

Carr recht nüchtern und etwas beschämt. Er sagt, er habe nur nach Mr. Carruthers geschlagen, ihn aber nicht getroffen. Wir gaben ihm zu verstehen, dass er hier nicht bleiben könne, und liehen ihm ein Pferd und Kleidung von Lloyd. Bevor er aufbrach, nahm ich ihn gründlich ins Gebet. Er versprach, sowohl Mr. Cusack-Smith (dem er beleidigende Briefe geschrieben hat) als auch Mr. Carruthers aufzusuchen und sich zu entschuldigen.

»Aber wenn ich zu Carruthers gehe«, sagte er, »und mich vor ihm erniedrige, wird er nur dumme Bemerkungen machen.«

»Kann gut sein«, sagte ich, »und das ist die Strafe – und nicht halb so viel, wie Sie verdienen – dafür, dass Sie sich wie ein Feigling verhalten haben.«

Louis gab ihm noch einen Brief an Mr. Cusack-Smith mit, in dem er ihm anbot, einen Teil der Kosten zu übernehmen, um Carr die Heimkehr zu ermöglichen.

Nachmittags erhielten wir einen Brief von Mataafa mit der Bitte um mehr Kakao und um Rat, was die Samoaner am besten pflanzen sollten. »Die Regierung«, schrieb er, »wird sich bald mit dieser Frage beschäftigen müssen.« Wenn dieser habgierige Schwede[36] die Leute nur in Ruhe ließe, dann könnten sie das Pflanzen angehen und am Ende mehr Geld erwirtschaften, als sie je zuvor besessen haben. Mr. Moors schreibt derzeit ein Pamphlet über das Pflanzen von Rami* in Samoa, das er unter den Eingeborenen verbreiten will. Mataafa erkundigte sich nach dem Papier-Maulbeerbaum, aber darüber wissen wir nichts. Er sucht etwas, das sofortigen Gewinn bringt, während er darauf wartet, dass Kaffee und Kakao heranreifen. Ich frage mich, ob es genügend Bedarf an Kava gäbe, die schnell und gut wächst und fraglos auch hier sehr beliebt ist. Ich habe heute viele Setzlinge einer bemerkenswert guten Sorte gepflanzt.

Lafaeles Haus ist fast fertig, doch er ist nicht zufrieden damit, ihm sind die Dachvorsprünge zu tief. Ich habe vorgeschlagen, dass die Arbeiter-Boys dieses Haus bekommen und wir für L ein neues bauen. Elena zeigt seinem »kleinen Jungen« die Arbeit in der Wäscherei. Es scheint ein nettes Kind zu sein. Während sie arbeiten, binden sie die beiden Schweine an den Tischbeinen fest.

36 Vermutlich ist Conrad Cedarcrantz gemeint.

FANNY   4. Juni 1892

Mr. Haggard kommt zum Abendessen, und Mr. Dumet, der nur kurz
verweilt. Sie überbringen kuriose Neuigkeiten. Mr. Maben ist vom
König (auf Anweisung des Präsidenten) zum Staatsminister ernannt
worden und Mr. Willis zum Architekten Seiner Majestät. Sie berichten, dass der unselige junge Mann Carr die Leute in Apia zu erpres-
sen versucht.

FANNY   5. Juni 1892

Sonntag. Austin geht mit Mrs. Stevenson in die Kirche. »Was hast
du nach dem Abendmahl so lange gebetet?«, fragte er. »Ich hatte das
Vaterunser schon mehr als vier Mal aufgesagt, ehe du fertig warst.«
    Am Nachmittag ist Mr. Maben zu Besuch bei Louis. Seine Ernen-
nung bereitet ihm Kopfzerbrechen und macht ihn misstrauisch. Wie
er sagt, ist auch der Präsident beunruhigt und lehnt es ab, Ratgeber
des Königs zu werden, es sei denn, man frage ihn – wie es der Berliner
Vertrag vorsieht – ausdrücklich um Rat. Es scheint, dass er derzeit zur
Genüge die bittere Speise der Erniedrigung zu kosten bekommt. Maben glaubt, dass er die Ernennung erhielt, weil er zu Louis' »Bande«
gehört. Er war hier, um uns zu versichern, dass seine Politik ganz auf
Frieden ausgerichtet sei und ganz in Louis' Sinn, und bat Louis, sich
mit Mataafa dahin gehend auszutauschen. Er spiele mit offenen Karten, sagt er, und werde sich zurückziehen, sobald er den geringsten
Betrug vermute.
    Ich verstehe das alles nicht. Letzte Woche sprach man offen da-
rüber, Louis wegen seines Besuches in Malie zu deportieren. Und nun
soll er in genau der Mission mit Mataafa sprechen, die er selbst verfolgte, und dies auf Wunsch der Regierung. Maben sagt, dass bei Be-
kanntgabe seiner Ernennung durch den OR dieser feine Herr ausge-

lassen auf den neuen Staatsminister getrunken habe, den dieser Frohsinn jedoch eher entsetzte. Es ist kein Geld dafür da, Sekretäre oder überhaupt irgendjemanden zu bezahlen, und die Chancen auf Steuereinnahmen stehen nicht gut. Mir schwant Schlimmes. Ich weiß nicht genau, was, und ich möchte, dass Louis sich gut vorsieht, sonst endet er noch als Katzenpfote am langen Arm dieses hinterhältigen, skrupellosen »Low-wegian«[37]. Maben hat Louis gebeten, Mataafa zu schreiben, doch ich hoffe, er wird es nicht tun, sondern nach Malie fahren und direkt überbringen, was Maben ihm gesagt hat, ohne ihm irgendetwas zu raten oder irgendwelche Vorschläge zu machen. Bloß sagen: »Das und das hat man mir mitgeteilt und mich gebeten, es so weiterzugeben.«

Man muss befürchten, dass hinter diesem Vorschlag nur die Absicht steckt, Mataafa zu verraten. Diese beiden Männer, den OR und den Präsidenten, umgibt so viel Falschheit und Unaufrichtigkeit und Verrat, dass ich hinter allem, was sie tun, ein verdecktes Ränkeschmieden vermute. Ohne Zweifel habe ich recht mit meinem Verdacht, dass der Missionar Whitmee bewusst oder unbewusst im Auftrag des OR herkam. Es ist doch merkwürdig, dass Maben bisher als Claxtons Erzfeind galt. Warum also wird er für den Posten des Staatsministers ausgewählt? Vielleicht benötigt man den Minister nur als Sündenbock. Maben sagt, er habe freie Hand und könne sich damit anfreunden, den Sitz der Regierung nach Malie zu verlegen und Mataafa als Premierminister einzusetzen, was ihm tatsächlich die volle Macht verleihen würde. Natürlich kann die Regierung eine solche Demütigung nicht hinnehmen. Und ich weiß noch sehr gut, wie Mr. Moors letztlich in ähnlicher Mission dorthin geschickt wurde, in der Annahme, es gehe um eine Aussöhnung der beiden

---

37 Vermutlich ein Wortspiel mit »low« (»niedrig«) und »Norwegian« (»Norweger«), mit dem auf Cedarcrantz angespielt werden dürfte, wenngleich dieser Schwede und nicht Norweger war.

Anführer, und wie er dann zufällig erfuhr, dass der OR (zu gleicher Zeit) versuchte, ein Kriegsschiff in Bewegung zu setzen, um Malie zu bombardieren.

Ich möchte Louis auf seinem Weg in offenem Gelände und bei hellem Tageslicht wissen. Wie ich feststellte, ist er (ich spreche von Louis) nicht wie sonst zu Mr. Moors gegangen, um sich abzusprechen, bevor er seinen Brief nach Malie schickte. Das war ungewöhnlich und sieht Louis nicht ähnlich. Ich bin sicher, die Idee hat Maben ihm in den Kopf gesetzt. Ich habe darauf bestanden, dass jede Geheimniskrämerei vermieden und Moors rundum eingeweiht wird. Einen Hauch von Verständnis kann ich aufbringen, denn Moors ist gegen eine Aussöhnung, doch soll er wissen, was vorgeht. Er hat vor uns auch kein Geheimnis aus seinen Absichten gemacht.

Wir haben gerade ein ausgezeichnetes Pamphlet gelesen, das Moors für die Samoaner zum Thema Anpflanzen geschrieben hat. Amüsiert beobachten wir, wie Moors unsere eigenen Ansichten, die ihn zunächst so amüsierten, jetzt weiterträgt, und ausgezeichnet weiterträgt – als seine eigene Auffassung. Er meint, es wäre die seine, und hat ohne Zweifel all die Diskussionen vergessen, die wir mit ihm über das Thema geführt haben. Seine Schrift kann bestimmt viel Gutes bewirken. Ich hoffe es.

Louis und Belle sind zu den Rennen gegangen. Jetzt regnet es, wie üblich, aber als sie aufbrachen, war noch strahlender Sonnenschein.

Simi ist seit einigen Tagen fort. Arrick sagt, er sei davongelaufen. Ich fürchte, ein Leben in erzwungener Nüchternheit konnte er nicht ertragen.

Das Grundgerüst von Tomasis Haus nimmt Form an, es wird ein schönes großes Haus aus prächtigen Baumstämmen. Eine Kuh ist in meinen Garten eingedrungen und hat dort alles verwüstet. Ich habe nahe der Küche ein neues Stück Land gejätet und werde meinen Garten dorthin verlegen. Hoffentlich habe ich dann auch etwas, was ich anpflanzen kann. Ich habe aus New York einiges an Saatgut bestellt, und das meiste davon ist auch aufgegangen. Eine Süßkartoffel kam in gutem Zustand hier an und hat mir etwa dreißig Ableger eingebracht. Der »Southern Cross«-Kohl gedeiht in großer Menge und auch einige Auberginen, ebenso an die zweitausend Zimtäpfel. Ich habe Henderson, den Zimmermann, beauftragt, zu unserer Sicherheit die Spitzen von zwei großen Bäumen zu kappen. Ich gebe ihm dafür drei Pfund und liefere das Seil.

FANNY   20. Juni 1892

Talolos Bruder, ein hübscher Junge, hat Elefantiasis. Er hat es schon lange, etwa ein Jahr, wie er sagt, hatte jedoch Angst, es zuzugeben. Doch etwas noch Schlimmeres ist geschehen. Den ganzen Samstag über schien Paatalise schon in merkwürdiger Verfassung zu sein. Er ging hinter uns her, redete in seiner eigenen Sprache und lächelte uns mit einem pathetischen, flehentlichen Ausdruck ins Gesicht wie ein verletzter Haushund. Mrs. S beklagte sich, dass er zu ihr gekommen sei, sich auf einen Stuhl neben sie gesetzt und sie in einer fremden Sprache angesprochen habe. Ich wusste, dass er Heimweh hatte, und er tat mir leid. Er kommt von der Insel Wallis* – unter welchen Umständen, weiß ich nicht, vielleicht wurde er von seinem Stammesführer verkauft oder reiste als blinder Passagier an Bord eines Schoners. Zuerst arbeitete er mit den Boys auf Joes Pflanzung, und da wir ihn sehr mochten, nahmen wir ihn ins Haus, wo er bei Tisch bedienen und Mitaele helfen sollte.

Etwa um neun am Samstagabend, Lloyd und ich waren in meinem Zimmer und lasen, kam M herein und sprach von Paatalise, worum es ging, konnten wir nicht genau verstehen. Ich hielt es für das Beste nachzusehen, denn vielleicht war er ja krank. Lloyd verstand so viel, dass P in den Busch gehen wolle, um seine Familie zu besuchen.

»Ist seine Familie im Busch?«, fragte Lloyd.

»Nein«, lautete die Antwort, was sehr verwirrend war.

Wir fanden den Boy im Bett liegend, er wirkte seltsam benommen. Lloyd dachte, er habe bloß einen Albtraum gehabt und sei noch nicht ganz wach. Ich zog seine Augenlider hoch und sah, dass er die Augen starr nach unten gerollt hatte, woraufhin ich Louis holte. Während wir ihn musterten, fing er an, merkwürdige Laute auszustoßen wie eine Maus, spuckte dann und wann wie eine Katze und machte Anstalten, aus dem Bett zu steigen. Ich hielt es für besser, Joe zu rufen, denn mir kam der Verdacht, es könne sich um einen Anfall von geistiger Umnachtung handeln. Joe kam keinen Augenblick zu früh, denn der Boy geriet bald außer Kontrolle. Er sagte, die Geister seiner toten Ahnen und auch die Geister seiner lebenden Familie (derzeit auf Wallis) seien im Busch und riefen nach ihm. Er hechtete vorwärts, als wollte er ins Meer springen. Sobald seine Anstrengungen erlahmten, ließ ich Arrick holen. Doch kurz darauf hatte er den nächsten Anfall, und wir sahen uns genötigt, ihn festzubinden, sonst wäre er uns davongelaufen und im Busch gestorben. Kaum an Treppenstufen gewöhnt, wäre er zweifellos kopfüber hinuntergestürzt oder über das Geländer der Veranda.

Wir versuchten es zunächst mit Bettlaken, die wir um seinen ganzen Körper wickelten und unter dem eisernen Bettgestell mit Seilen festmachten. Seine Füße banden wir mit einem Seil ans Bettende. Die dünnen Laken wurden gefaltet über Brust und beide Schultern gekreuzt, am Kopf des Bettes oben festgebunden, dann unter dem Bett noch einmal gekreuzt und beiderseitig am unteren Bettende befestigt. Nachdem wir eine recht große Rolle Seil, sechs Laken und ein Rollhandtuch verbraucht hatten, dachten wir, wir hätten ihn gesichert, und als Lafaele und Savea auftauchten, legten wir alles in ihre Hände und zogen uns zurück, um ein wenig Schlaf zu finden. Lloyd war in dem Gemenge ein Goldring am kleinen Finger zerbrochen.

Nach kaum einer halben Stunde rief uns Lafaele, und wir fanden Paatalise von allen Fesseln befreit und auf dem Sprung, sich davonzumachen. Menschliche Aspekte mussten jetzt in den Hintergrund treten, und es gelang uns unter größten Mühen, seine Handgelenke an den oberen und die Fußgelenke an den unteren Ecken des Bettes festzubinden, die Seile direkt am Körper. Bei einem seiner Ausbrüche setzten sich Louis und Lloyd auf seine Beine, einer direkt über dem Knie. Plötzlich schnellte das Bein mit einem Ruck hoch, und Louis flog herunter wie ein Ball. Der Boy kann höchstens fünfzehn sein, und obwohl er ein kräftiger Bursche ist, ist er noch nicht ganz ausgewachsen. Ich verließ den Raum abermals, um zu Atem zu kommen, denn in dem letzten Gemenge hatte ich eingreifen müssen.

Kurz darauf kam Joe zu mir und sagte: »Paatalise hat sich so weit beruhigt. Komm und schau ihn dir an.«

Ich fragte, wie es dazu gekommen sei, und erfuhr, dass Lafaela Savea in den Busch geschickt hatte, Blätter holen, die sie zerkaut und dann auf Paatalises Augen, in seinen Ohren- und Nasenlöchern verteilt hatten. Das führte zunächst zu einem beunruhigenden Zustand tiefer Bewusstlosigkeit, aus dem er dann vollkommen gesund erwachte. Joe hatte seine Hände bereits von den Fesseln befreit, und als ich kam, saß er aufrecht im Bett und lächelte verunsichert und nicht eben glücklich. Obwohl er die Hände frei hatte, machte er keine Anstalten, seine Füße loszubinden (die von den Seilen aufgeschürft und durch die unterbrochene Blutzirkulation angeschwollen waren), ehe ich es ihm ausdrücklich erlaubte. Von Delirium keine Spur mehr, und so legten sich alle außer Joe und mir um halb drei morgens schlafen.

Lafaele schien sich der Wirkung seines Heilmittels nicht ganz sicher zu sein. Er nahm mich mehrmals beiseite und sagte, möglicherweise werde der Boy um vier am Morgen sterben. Von Sterben konnte jedoch keine Rede sein, stattdessen wollte er unbedingt zurück an seine Arbeit gehen. Dem stimmten wir zu, denn wir hielten es für besser, wenn er durch irgendetwas abgelenkt war.

Ich habe mich mit Lafaele über sein Heilmittel unterhalten. Zuerst rückte er nicht recht mit der Sprache heraus und sagte, sein Vater habe ihm als alter Mann kurz vor seinem Tod davon erzählt, ihn jedoch zum Stillschweigen verpflichtet. Tatsächlich enthalten diese Blätter ein tödliches Gift. In Tonga vergiftete man damit in alter Zeit seine Feinde. Man ging mit zerkauten Blättern im Mund durch das Haus einer verhassten Familie. Stieß man auf Nahrung oder Tabak, dann spuckte man darauf. Es muss wohl ein gewisses Risiko damit verbunden gewesen sein, das Zeug so lange im Mund zu behalten. Ich glaube, Savea kaute die Blätter auf Lafaeles Anweisung, als sie bei Paatalise zum Einsatz kamen. Und noch etwas erzählte mir Lafaele: Wenn jemand verletzt war, besonders an Händen und Füßen, und sich ein Starrkrampf im Kiefer einstellte, dann wurden ihm die zerkauten Blätter in die Nase gestopft. Bald entspannte sich der Kiefer, dann alle Muskeln, und der Patient war über den Berg. Joe sagt, als Lafaele Paatalise das Mittel verabreichte, habe er ihn fast erstickt, bis Joe es mit der Angst bekam. Ich fragte, ob ich einen Zweig dieses Baumes sehen könne.

»Ich werde einen aus Tonga herbringen lassen«, antwortete L.

Ich wechselte kurzzeitig das Thema, kam dann aber wieder auf meine Forderung zurück.

»Wächst dieser Baum sehr nah beim Haus?«, fragte ich. »Es hat nicht lange gedauert, die Blätter zu holen.«

»Oh ja«, antwortete Lafaele nun unbedacht, »da drüben. Ich weiß nur von zwei Bäumen hier in Samoa – unserer und noch einer in Matafele.«

Er versprach, mir den Baum zu zeigen, und ich werde Onkel George einige Blätter davon schicken.

Am vergangenen Donnerstag gaben wir für unsere Männer ein Fest. Lafaele tötete ein stattliches Schwein, das so groß war wie ich selbst. Wir kauften fünfundzwanzig Pfund frisches Rindfleisch, Kava im Wert von einem halben Dollar und Taro und Gebäck etc. Das Fest wurde in einem der neuen Häuser ausgerichtet. Reden wurden gehalten und Kava ausgeteilt, wie es sich gehört. Jeder ging schließlich mit Geschenken beladen davon, und das Ganze war ein großer Erfolg.

Am selben Abend besuchten Belle und Lloyd einen Ball der Kriegsschiffoffiziere (von der *Curaçoa*). Ich fragte sie, worüber man in Apia spreche, und erwartete den neuesten politischen Skandal, doch die Unterhaltung scheint sich im Augenblick ausschließlich um Bella Deckers Beine zu drehen. Bella Decker ist laut ihrer Mutter vierzehn, ein hübsches, kleines blondes Mädchen. Anscheinend ist sie zu einem Kostümfest als Fee erschienen, und die Frage, die Apia bewegt, lautet: »Hat Bella Decker mehr Bein gezeigt, als es sich für ein Mädchen ihres Alters schickt?« Gemessen an diesem Klatsch ist sie irgendetwas zwischen vierzehn und vierzig und hat Beine, die sich sehen lassen können. Mrs. Decker bat Mr. Haggard und andere Würdenträger, ihr Urteil in dieser Frage abzugeben, und das Ganze war letztlich ein vollendeter Sturm im Wasserglas.

FANNY   21. Juni 1892

Abdul und Lauilo sind zu Besuch gekommen, und Abdul brachte einige Vögel mit, die er geschossen hat.

Wir haben ein wenig Ärger mit Elena. Sie vernachlässigt ihre Arbeit und ist generell recht *musu**. Im Gegensatz dazu macht sich Arrick von Tag zu Tag besser und hat sich auch äußerlich herausgemacht. Gestern brauchten wir Medizin für Paatalise. Ich schickte Arrick als verlässlichste Person los. Er brach in schneidigem Tempo auf und war innerhalb einer Stunde zurück. Hin und zurück sind es je drei Meilen, Letzteres bergauf und auf einer furchtbar maroden, steinigen Straße.

Lafaeles »kleiner Junge« reist heute um vier mit dem alten Mann aus Tonga auf der *Upolu* ab. Als wir von dem alten Mann Abschied nahmen (dem wir einen wohlverdienten Monatslohn zum Geschenk gemacht haben), bedeckte er beim Verlassen der Veranda seine Augen in einer dramatischen Geste, so als übermannten ihn die Gefühle – und ich glaube, dem war auch so.

Als Belle sagte: »Ihr Samoaner leidet, wie mir scheint, nie lange, egal, was passiert«, erwiderte Talolo, durch die Anspielung ziemlich gekränkt: »Doch, das tun wir. Wenn einem Mann Frau weglaufen, er leiden *sehr* für *zwei oder drei Tage!*«

Paatalise scheint es viel besser zu gehen. Sein Fieber, das letzte Nacht furchtbar war, ist anscheinend gebrochen, und er sagt, er habe keine Kopfschmerzen mehr. Ich vergaß, etwas Rührendes zu erwähnen. Am Morgen nach seinem Anfall von Wahnsinn kam er herunter, als die Familie beim Frühstück saß, und küsste jeden Einzelnen auf die reizende Art der Eingeborenen.

Am Sonntag waren der Arzt des Kriegsschiffes und ein anderer Offizier zum Abendessen hier und brachten einen Fähnrich mit, einen kleinen Burschen, der aussah wie vierzehn. Er hieß Bernice, und ich habe nie einen Jungen gesehen, der es sich so gut gehen ließ. Spät am Nachmittag trank er die Milch zweier Kokosnüsse und aß von einer das Fruchtfleisch, außerdem einige Papayas, unzählige Orangen, Barbadinen, Ananas und ich weiß nicht, was noch. Die beiden Männer wirkten nicht wie vorgesetzte Offiziere, eher wie freundliche Tutoren. Sie brachen früh auf, denn, wie der Doktor sagte: »Einige Fähnriche sind erkältet, und ich muss ihnen Portweinpunsch geben, bevor sie schlafen gehen.« Es scheint in jeder Hinsicht eine außergewöhnlich gute Gemeinschaft auf dem Schiff zu geben, die beste, die wir je erlebt haben. Wir haben die veröffentlichte Liste mit den Offiziersnamen gesehen. Ob Samoaner oder Engländer: Die besten Männer tragen stets die »großen« Namen.

Am Tag des Festes kam auch Henry her und saß bei der Familie. Ihm zufolge geht in Savaii das Gerücht um, acht deutsche Kriegsschiffe lägen im Hafen, und Malie und Manono seien beschossen worden. Louis wird ihm, wenn irgend möglich, einen Brief schicken.

Der »müde Christian«, dessen Bulldoggen eine von Lauliis Katzen getötet haben, besaß die Unverschämtheit, erneut mit ihnen herumzulaufen, und prompt haben sie ihre noch verbliebene Katze getötet. Sollte er mit ihnen hierherkommen, werden sie erschossen.

III

»Abgetrennte Köpfe und viele Tote«

Krieg
August 1892 – September 1893

Politische Rollenspiele

Im Spätsommer 1892 ergibt sich in Fanny Stevensons Tagebuch eine beträchtliche Lücke von annähernd einem halben und letztlich von fast einem ganzen Jahr. Fast sieht es so aus, als kämen die Aufzeichnungen in diesem Sommer 1892 schon zu einem endgültigen Stillstand. Auch einem Stillstand des Glücks, der Idylle? Und gar der ehelichen Beziehung?

Das lange Schweigen ist erschütternd. Erschütternd in dem, was es nicht verrät. Und doch verrät, bei näherem Hinsehen und unter Einbezug der Schilderungen anderer. Denn während Fanny schweigt, durchlebt sie – seelisch und körperlich – die schwerste Krise ihres Lebens. Leiden hat sie so manche während der Zeit in Vailima. Rheuma, Ohrenschmerzen, Asthma. Starke Kopfschmerzen. Gemütsschwankungen. Doch mit diesem Sommer eskaliert ihre Situation vor allem in seelischer Hinsicht. Wofür die Ereignisse der jüngeren Vergangenheit mit verantwortlich sind. Die »Verstoßung« Joe Strongs wird in Fannys Tagebuch später in nur einem Absatz abgehandelt. Doch wie viel mehr Nerven und Kraft hat diese Auseinandersetzung gekostet! Über die Jahre ist Strong immer wieder ein Ärgernis gewesen. Auf gewisse Art hat er sich als ebenso flatter- und lasterhaft erwiesen wie Fannys eigener erster Mann Sam Osbourne. Belle hat den gleichen Fehler gemacht wie sie selbst. Joe hat Affären, Joe betrügt. Er hat die Familie bestohlen, Geld unterschlagen, lebte in wilder Ehe mit einer Eingeborenen. Die Zahnarzttermine sind nur Ausreden gewesen.

Dies und anderes bleibt im Tagebuch freilich – weitgehend – unerwähnt. Die zahlreichen Stevenson-Biografen der Folgezeit werden es anhand von Briefen eruieren müssen. Auch dass Lloyd ebenfalls eine Affäre mit einer Einheimischen hat, der Adoptivtochter von Dr. Funk. Die zuweilen sehr freizügig gekleideten und ebenso freizügig gesinnten Eingeborenenfrauen verdrehen den Männern den Kopf. Auch ihren Mann beäugt Fanny in dieser Hinsicht mit großem Misstrauen. Eifersucht droht sie zu zerfressen, sie, die schon über fünfzig ist und keine Kinder mehr gebären kann. Sie ist eifersüchtig auf ihre eigene Tochter Belle, die mit Louis ein Herz und eine Seele ist und ihm mittlerweile sogar als »Amanuensis«, als Sekretärin, zur Seite steht, täglich viele Stunden, eine Vertraute, eine Eingeweihte, eine Gefährtin, acht Jahre jünger als Louis. Ist sie erleichtert, als sich Belle offensichtlich in Graham Balfour verliebt, Louis' Cousin zweiten Grades, der im August 1892 für längere Zeit nach Vailima kommt? Da sie nichts über ihre Eifersucht verrät, teilt sie auch dies nicht mit.

Und dann ist da der Besuch von Lady Jersey im August. Diese hübsche, einnehmende blonde Frau, Gattin des Generalgouverneurs von New South Wales in Australien, um die Louis solches Aufheben macht, mit der er ein kindisches Abenteuer inszeniert: heimlich mit ihr Mataafas Lager aufzusuchen, wobei er sie als seine Cousine Amelia Balfour ausgibt. Ein »abenteuerliches« Unternehmen, das einen politischen Skandal auslösen könnte (und nach Bekanntwerden tatsächlich für einigen Wirbel sorgt). Auch Eifersuchtsszenen können ihn nicht von dem Vorhaben abhalten. Es fallen harte Worte, offenbar so hart und verletzend, dass sie sich für ein Tagebuch nicht eignen, in das wirklich Persönliches ohnehin nur tröpfchenweise einfließt: an jenen Stellen, die man später versuchen wird auszustreichen.

Fanny verfällt allem Anschein nach in eine tiefe Depression, erleidet hysterische Zustände, muss ans Bett gefesselt werden. Sie halluziniert, sie redet wirr. Und dann spricht sie lange überhaupt nicht. Will nicht sprechen, nicht essen. Nicht einmal rauchen. Und bestimmt nicht Tagebuch schreiben. Starrt nur vor sich hin. Es erinnert an die

Zustände, die sie schon früher durchlebte, etwa nach dem Tod ihres kleinen Sohnes in Frankreich. Man fürchtet ernsthaft um ihren Verstand. »Es gibt nichts mehr zu beschönigen«, schreibt Stevenson noch am 5. April 1893 an Sidney Colvin. »Fanny geht es nicht gut, und wir sind zutiefst besorgt. Nun kann ich wohl zugeben, dass schon seit fast 18 Monaten etwas nicht stimmt. Ich konnte nicht davon schreiben. Aber es war eine große Belastung und sehr schmerzlich, besonders für mich. Wir kommen um diese Frage nicht mehr herum: Was können wir noch tun? Der Doktor hat ihr etwas gegeben. Wir halten es für zu stark, wagen aber nicht einzuschreiten, und sie schwankt zwischen Sterbebettszenen und völliger Apathie.«[1]

Die Genesung dauert Monate, unter vielerlei ärztlichen Verordnungen, auch unter Anwendung von Betäubungsmitteln. Ein einziger kurzer Tagebucheintrag erfolgt spät im Dezember 1892, aber erst im folgenden Sommer wird Fanny die Kraft finden, weiterzuschreiben. Wenigstens noch für einige Zeit.

Und Stevenson? Er schreibt unverdrossen an mehr oder weniger geliebten Projekten. Allein schon aus finanziellen Gründen muss die literarische Arbeit weitergehen. Unterdessen ist die schöngeistige Berühmtheit im politischen Geschehen der Region zu einer Instanz geworden. Stevensons Stimme hat Gewicht, den Regierenden vor Ort ist er zunehmend ein Dorn im Auge. Von den Eingeborenen wird er geachtet, ja bewundert und geliebt. Man sucht seinen Rat, er wird zum Vermittler im Machtkampf der Häuptlinge Mataafa und Laupepa. In der Londoner *Times* fährt er öffentlich Attacken gegen die Verantwortlichen der drei Mächte. Mehr und mehr nimmt der Erfinder fiktionaler Welten für sein Mutterland die Rolle eines politischen Gewissens ein.

---

1 James Pope Hennessy: *Robert Louis Stevenson*, New York 1974, S. 279 (Übersetzung L. D.). Sidney Colvin zitiert in *Vailima Letters* nur die ersten beiden Sätze.

[...] Am Dienstag brach die Gesellschaft auf, ich selbst mit weißer
Mütze, in einem Sammetmantel, Cordhose und gelben Halbstiefeln,
Belle ganz in Weiß, selbst ihre Mütze war der meinen angeglichen,
auch Lloyd in weißen Sachen und langen gelben Stiefeln und mit
Strohhut, Graham in brauner Stoffhose und Gamaschen, Henry
(mein alter Aufseher) in blauem Mantel und schwarzem Kilt und der
lange Lafaele mit einem großen Seesack auf dem Bogen seines Sat-
tels. Wir lieferten die Post in der Poststelle ab, aßen im Hotel und
machten uns etwa um zehn vor 2 mittags auf in Richtung Westen zu
unserem Treffpunkt. Dieser befand sich im schlammigen Bett eines
kleinen, halb ausgetrockneten Bachs, an dessen anderem Ufer sich
ein Dickicht niedriger Bäume voller Schattenmotten und Sonnen-
schmetterlinge befand. Dort ließen wir uns nieder und erwarteten
die werte Dame. [...]

Wir hatten vereinbart, dass eine Lady Jersey nicht mehr existierte,
sie war nunmehr meine Cousine Amelia Balfour. Meine Verwandte
führte mit mir die Gruppe an. Sie ist eine charmante Frau, wir sind
alle entzückt von ihr, seit wir sie auf diesem etwas gewagten und
fraglichen Ausflug kennengelernt haben. Und wir ameliaten und bal-
fourten sie mit großer, wenn auch nicht lückenloser Hingabe. Als wir
das letzte Dorf erreichten, schickte ich Henry voraus, um den König
von unserer bevorstehenden Ankunft zu unterrichten und sich, wenn
möglich, seiner Diskretion zu versichern. Als er loszog, hörte ich die
Dorfbewohner fragen, wer die imposante Dame sei. Und ein Stück
weiter, am Rand von Malie, empfing uns die Wache mit Hornsigna-

len. Da wusste ich, dass unser Versteckspiel beendet und unser Kommen kein Geheimnis mehr war. Eine stattliche Ehrengarde begleitete uns, in der Mehrzahl Kinder, doch zu unserem Glück hatte man uns früher erwartet, und die Menge der Wartenden hatte sich bereits aufgelöst.

Abendessen mit dem König[2]. Er bat mich, das Tischgebet zu sprechen. Wie immer fiel mir keines ein. Graham schlug *Benedictus Benedicat* vor, und ich willigte dankbar ein. Wir waren kaum fertig, als Popo unmittelbar an Lady Jerseys Seite den Atua*-Schrei losließ (der Dir bereits ein Begriff ist). Sie zuckte elegant zusammen. Ich sagte: »Wir bieten Ihnen hier ein Kapitel von Scott, aber es übertrifft die Waverley-Romane bei Weitem.« Nach dem Essen: Kava. Lady Jersey wurde vor mir bedient, und der König trank *als Letzter*. Das Kavatrinken ging so formlos vonstatten, wie ich es in diesem Haus noch nicht erlebt hatte – kein Aufrufen von Namen, nichts Zeremonielles. All meine Damen sind wohlgeübt, und als Belle ihre Schüssel leerte, klatschte der König entzückt in die Hände. Dann zogen er und ich uns zur Besprechung in ein anderes Haus zurück. Er überließ mir seinen eigenen Diener und gab mir den Vortritt, und während der Besprechung, die lang und fruchtbar war, sprach er mich zweimal mit *Afioga* an. Dich lässt das vielleicht kalt, aber ich bin Samoaner genug, um davon gerührt zu sein. *Susuga*[3] ist der Rang, der mir zusteht. *Afioga* genannt zu werden: Himmel! Welch ein Aufstieg – und in Europa doch von keinerlei Bedeutung. Aber meinem Henry verschlug es den Atem. […]

Am nächsten Morgen war ich als Erster und noch vor Tagesanbruch draußen, die Vögel erhoben bereits ihren Gesang. Bald darauf hörte ich Gesang von der Kapelle des Königs her – es klang außerordentlich gut –, und zu der Stunde, da der Osten gelb erstrahlt und

---

2 Gemeint ist hier natürlich Mataafa.
3 Beides sind in Samoa Anredeformen für Häuptlinge.

der Morgen anbricht, ging ich hinüber, um mir das aus der Nähe anzuhören. Um die Kapelle herum waren überall Wachen postiert, und sie alle salutierten für Tusitala[4]. [...]

Das Frühstück zog sich recht lange hin, und kaum war es vorbei, als der Ruf zum großen Haus erfolgte (das mittlerweile vollendet ist, siehe vorherige Briefe), zur königlichen Kava-Zeremonie. Diese wird nur selten durchgeführt, ich kenne erwachsene Samoaner, die dergleichen nie erlebt haben. Es handelt sich übrigens um ein Stück Überlieferung aus prähistorischer Zeit, in rituellen Archetypen versteinert, die wahren Hintergründe sind im Wesentlichen verloren gegangen – eine zur Darstellung gebrachte Hieroglyphe. Das Haus ist wirklich prächtig. Unter dem Dachaufbau sind zwei geschnitzte und bemalte Vogelskulpturen angebracht, die einzigen dieser Art, die ich in Samoa je gesehen habe; die Samoaner befolgen getreu das zweite Gebot.[5] Auf einer Seite des eiförmigen Kreises saßen wir mit Mataafa [...], auf der anderen Seite die hohen Häuptlinge, jeder in seiner historischen Position. Eine Seite des Hauses ist dem König vorbehalten, doch wir als seine Gäste und Henry als unser Übersetzer durften dort Platz nehmen. Der Junge wurde hart auf die Probe gestellt, als er eine Rede an mich übersetzen musste, und ich antwortete mit einer eigenen Rede, die er laut für den großen Zuhörerkreis wiedergeben musste. Er errötete durch seine dunkle Haut, doch Blick und Haltung waren die eines Gentleman und eines Burschen mit Verstand. Dann wurde dem König die Kava angetragen, er verschüttete etwas als Trankopfer, trank ein wenig und schüttete den Rest hinter sich vor das Haus. [...] Dann, ich weiß nicht mehr, in welcher Reihenfolge, kamen zwei Redner an die Reihe, beide mit Namen Malietoa. [...] W., ein Mann aus einem alten Kriegergeschlecht, kam als

---

4 Stevensons Eingeborenenname, der »Geschichtenschreiber« bedeutet.
5 Das zweite Gebot ist im anglikanischen (und orthodoxen) Kanon: »Du sollst dir kein Bildnis machen.«

Nächster. Fünf Mal schritten die Diener auf und ab und reichten den Becher weiter, fünf Mal wurde er gefüllt und dabei Name und Titel des Generals verkündet, und fünf Mal lehnte er ihn (nach Begutachtung) als zu klein ab. Man sagt, dies gehe auf eine Zeit zurück, da Malietoa als Anführer seiner Armee deren Bedarf nicht mehr decken konnte. Der Krieger von hohem Rang musste daraufhin fünf Becher *leeren*, jeden in einem glorreichen Namen, und das zog sich über geraume Zeit hin. Er machte seine Sache sehr gut, *verkörperte* seine Rolle stolz und in einem aristokratischen Tonfall. Der Unterschied wurde deutlich, als er anschließend in seiner eigenen Rolle als einfacher, gottesfürchtiger Häuptling eine Rede hielt. Einige weitere hohe Häuptlinge, dann Tusitala, ein weiterer Häuptling und dann Lady Jersey, ein weiterer Häuptling und dann Kapitän Leigh und der Rest unserer Gesellschaft, natürlich mit Ausnahme von Henry. Wie man sieht, kam Lady Jersey offiziell nach mir an die Reihe, und insoweit blieb das Geheimnis gewahrt.

Dann ging es zurück: Belle, Graham und Lloyd zum Chinesen, und ich mit Lady Jersey zum Mittagessen, und jeder für sich nach Hause. […]

Ich kann nur noch einmal betonen, wie sehr wir alle die ganze Jersey-Delegation mögen. Mein Boy Henry war von der Art der *Tawaitai Sili* (Häuptlingsdame) ganz hingerissen. Auf Wunsch fand ich bei allem noch Zeit für eine epische Beschreibung unseres Treffpunkts an der Furt des Gasegase-Flusses, und Belle und ich erstellten ein kleines Buch mit Karikaturen und Gedichten rund um die Ereignisse während des Besuchs.

LOUIS   4. September 1892

[…] *Falesá* ist vollständig bei mir angekommen, und ich schätze die
Geschichte jetzt nur umso mehr. In mancher Hinsicht halte ich es für
mein bestes Werk, jedenfalls bin ich ziemlich sicher, dass mir nie etwas besser gelungen ist als Wiltshire.[6]

LOUIS   13. September 1892

Am Mittwoch gaben die Spinsters in Apia einen Ball für geladene
Gäste. Fanny, Belle, Lloyd und ich ritten hinunter, trafen unterwegs
auf Haggard und gesellten uns zu ihm. Abendessen mit Haggard
und danach zum Ball. Der Oberste Richter erschien, und sofort gingen Bemerkungen und Geflüster von einem zum anderen, dass er und
ich als Einzige im Saal rote Schärpen trugen – und beide waren so
rot wie Blut, Sir, Blut! Er reichte mir und allen Angehörigen meiner Familie die Hand. Dann erschien nach und nach die *Crème de
la Crème,* und ich fand mich bei einer Quadrille im selben Kreis wie
Seine Gnaden. In Apia tanzt man eine sehr gefürchtete und wunder-
liche Quadrille, ich weiß nicht, wo zum Teufel man die aufgegabelt
hat, jedenfalls geht sie über die Maßen mit Ausgelassenheit und Um-
armungen einher. Vielleicht trifft die Bezeichnung Freudensprünge
es am besten, die von Haggard stammt. Als ich und mein Erzfeind
uns inmitten dieses munteren Springens fanden, die Hände kreuzten,
die Beine schwangen und uns sozusagen gemeinschaftlich von stattlichen und recht ansehnlichen Damen umarmt sahen, versuchten
wir – versuchte ich –, einen Rest von Würde zu wahren, doch das
hielt nicht lange. Das Vertrackte daran ist, dass ich für meinen Teil
diesen Mann sehr wohl mag: Sein Blick spricht mich an, ich fühle

6 So heißt die Hauptfigur im Roman *The Beach of Falesá*.

mich in seiner Gesellschaft wohl. Wir tauschten Blicke, dann ein Lächeln, der Mann nahm mich für sich ein, und im weiteren Verlauf unternahmen wir die Springerei im Wesentlichen füreinander. Man kann sich kaum etwas Lächerlicheres vorstellen: Noch eine Woche zuvor hatte er einen halb weißen Übersetzer eingeschüchtert und bedroht, um belastendes Material gegen mich zusammenzutragen, am selben Morgen erst hatte ich ihn für die *Times* schriftlich auf das Übelste attackiert, und dann begegnen wir uns und lächeln uns an und – zum Teufel noch mal! – mögen einander. […]

LOUIS   6. November 1892

[…] Am Donnerstag wurden wir durch Kanonendonner aufgeschreckt und erfuhren bald, dass er von einem englischen Kriegsschiff herrührte. Graham [Balfour] und ich ritten sofort los, und die ersten Leute, auf die wir in der Stadt stießen, berichteten unter Tränen, dass mir die Verhaftung drohe. In einem Artikel hatte man die *Vossische Zeitung*[7] zitiert. Ging an Bord und traf Kapitän Bourke. Er wusste nicht einmal – ahnte nicht einmal –, was er hier sollte, man hatte ihn per Überseetelegramm von Auckland herbeordert. Wir hoffen, dass dasselbe Schiff, das diese Post nach Europa befördert, ihm Befehle und uns Neuigkeiten bringen wird. Doch was für ein Schiff wird es sein? Kopf oder Zahl? Sollte es ein deutsches Schiff sein, so hoffe ich, dass sie mich deportieren werden. Es wäre mir beinahe recht. Eine deutsche Bürokratie könnte ich wohl nicht ertragen und sollte vielleicht *sponte mea* die Insel verlassen – auch wenn es weniger pittoresk ist und höhere Kosten bedeutet.

---

7 Eine große, überregionale Berliner Zeitung, die unter anderem Namen bereits
   im frühen 17. Jahrhundert erschien und als *Vossische Zeitung* bis 1934 existierte.

LOUIS   5. Dezember 1892

[...] In der deutschen Firma haben sie mein Samoa-Buch[8] aufgenommen wie Engel, mit dem Ergebnis, dass Lloyd und ich am Samstag dort zum Abendessen waren und in den Genuss von fünfzehn
verschiedenen Gängen und acht Sorten berauschender Getränke kamen. Zu Deutschlands Anerkennung muss ich sagen, dass ich am
nächsten Morgen nicht den Hauch eines Katers hatte. Ich scheine
mich ebenso gut gehalten zu haben wie meine Tischnachbarn, denn
wie ich höre, verlieh einer der Angestellten anderntags seiner Überraschung Ausdruck, dass Mr. Stevenson seinen Teil so gut vertragen
habe. Seltsam, dass jede Rasse immer noch Vergnügen an solcherlei
athletischen Wettkämpfen findet. [...]

FANNY   23. Dezember 1892

Ich habe mein Tagebuch lange vernachlässigt. Etwa um die Zeit, da
ich aufhörte zu schreiben, entdeckten wir Joe Strongs heimliche Machenschaften, seine Diebstähle in Keller und Vorratsraum mithilfe
von Nachschlüsseln. Als er merkte, dass er durchschaut war, suchte
er aus Rache all unsere Freunde in Apia auf und zog Belle in den
Schmutz. Wir haben mit ihm gebrochen und haben Belle zur Scheidung geraten, die ohne Probleme vollzogen wurde, da er die ganze
Zeit über mit einer Eingeborenen aus Apia in wilder Ehe gelebt hat –
eine alte Liebschaft, die schon bei einem früheren Aufenthalt begonnen hatte. Außerdem ist er auch ein Verhältnis mit Faauma eingegangen. Spät eines Nachts kam er zu uns herauf, bat um Vergebung und
fragte, ob er zurückkommen könne. Ihn zu sehen hat mich derart in

---

8 *A Footnote to History* (1892) ist das von Stevenson selbst eher ungeliebte Sachbuch
   über die geschichtlichen Hintergründe Samoas.

Schrecken versetzt, dass ich einen Anfall von Angina pectoris bekam, dessen Nachwirkungen anhalten. Louis wurde zum alleinigen Vormund des Jungen bestimmt, den wir zu Nelly geschickt haben, wo er zur Schule geht.

Die Jerseys waren hier und sind wieder fort und haben die Insel in Wolken der Seligkeit gehüllt. Unser lieber Haggard geht seitdem auf Wolken. Sie waren eine selbstgefällige »Champagne Charley«-Gesellschaft[9], mit Ausnahme der Tochter, Lady Margaret Villers, ein schlankes, langbeiniges, ungeschicktes junges Mädchen der besten englischen Sorte, elegant und zart und einfältig in der entzückenden Einfalt der Jugend. Lady Jersey schlank und langbeinig und ungeschickt, mit kecken schwarzen Augen und sinnlichem Mund, sehr selbstgefällig und nach Bewunderung gierend, mit einem Hauch Verruchtheit, von der Kühnheit eines Mannes und der Unbekümmertheit einer Frau.

LOUIS   24. Januar 1893

[…] Ich war sehr damit beschäftigt, mir die Grippe einzufangen, eine Großtat, der sich seitdem der Haushalt vollständig widmen muss. Wir hatten acht Fälle, einer davon war sehr ernst und einer – der meine – kompliziert durch meinen alten Freund Bluidy Jack.[10] Glücklicherweise blieben Fanny, Lloyd und Belle von dieser verwünschten Plage verschont, und so waren sie in der Lage, den Haushalt zu führen und die Kranken auf bewundernswerte Weise zu pflegen. […]

Ich muss erwähnen, dass ich während meiner Krankheit sehr zu

9 »Champagne Charley« ist der Titel eines Varieté-Schlagers aus dem späten 19. Jahrhundert. Der Varieté-Star George Leybourne (eigentlich Joe Sanders, 1842–1884) machte ihn in Gestalt eines gut gekleideten Lebemannes populär. Es gab auch ein gleichnamiges Stück und später eine Verfilmung (1944).
10 Schottisches Englisch für »Bloody Jack«. Gemeint sind Blutstürze.

meiner Erleichterung eine neue Geschichte begonnen habe. Ich verfasse sie per Diktat und muss sagen, ich könnte mich an diese Methode gewöhnen. Sie bedeutet eine unbeschreibliche Entlastung, ich komme mir vor wie in der Schule, und die Amanuensis hält sich vorbildlich. Der Titel der Geschichte soll *St. Ives* lauten, und ich überlasse es Dir zu entscheiden, ob sie den Untertitel »Erlebnisse eines französischen Gefangenen in England« tragen soll. [...] Es sieht für mich so aus, als ob *St. Ives* vor allem anderen fertig werden könnte, aber Du kennst mich und weißt, wie wenig verlässlich meine Voraussagen sind. [...]

LOUIS   19. Februar 1893, auf See, an Bord der *Mariposa*

[...] Ich bin erheblich außer Form gewesen, und das ist tatsächlich einer der Gründe dafür, dass Fanny, Belle und ich zu einer einmonatigen Vergnügungsreise aufgebrochen sind. Um genau zu sein, werden vermutlich etwa fünf Wochen vergehen, ehe wir wieder zu Hause sind. Drei bis vier davon werden wir in Sydney verbringen. Schon jetzt fühle ich mich wieder kerngesund, obwohl wir erst gestern aufgebrochen sind. Fanny aß ein ganzes Huhn zum Frühstück, ganz zu schweigen von einem Turm Pfannkuchen. Belle und ich machten gemeinsam ein weiteres Huhn nieder, und sobald ich mit dieser Diktiererei fertig bin, werde ich mir ein Glas Guinness einverleiben. Wer meint, dass ich in Apia an Schwindsucht dahinsieche, dem kann ich nur sagen, dass ich das anders sehe. Was *David* [11] angeht, so habe ich bis jetzt die Korrekturfahnen noch nicht erhalten, warte aber auf jeden Fall Deine Vorschläge ab. Ohne Zweifel sind die Kapitel 17 bis 20 das Problem, und ich gebe zu, dass ich mit weit ausgebreiteten Flügeln darüber hinweggerauscht bin.

11 *David Balfour*, gemeint ist der zweite Band, *Catriona*.

Ich bin ziemlich krank gewesen und hatte zwei Blutstürze, doch war der zweite nach meinem Dafürhalten nicht ernst. Aber ich will nicht so tun, als betreffe mich das nicht, denn das tut es. Natürlich darf man nicht erwarten, dass eine Grippe folgenlos bleibt, doch meine Lebensgeister, Appetit, Seelenfrieden und guter Mut sind sämtlich im Steigen begriffen. Während der vergangenen Woche war meine Amanuensis anderweitig eingespannt, sodass ich eine weitere Geschichte aufgriff, beackerte und zur Hälfte ruinierte, die ursprünglich als *The Pearl Fisher* in Planung ging, doch nun um ein Deck verkürzt als *The Schooner Farralone* daherkommt.[12]

LOUIS   21. Februar 1893, auf See, an Bord der *Mariposa*

Weiterhin alles zur Zufriedenheit. Amanuensis für einen Tag außer Gefecht, doch jetzt wieder auf den Beinen und bester Dinge. Fanny tut die Reise entschieden gut, ich selbst bin quietschvergnügt, wie immer auf See. Die Amanuensis sitzt mir gegenüber und schreibt an ihren Sprössling. Fanny ist an Deck. Ich habe sie soeben dem Agenten der Canadian Pacific Line überantwortet, sie ist also in guten Händen. Du solltest mich bei Tisch hören, mit dem nordirischen Zahlmeister und einem spaßigen kleinen Mikroskopiker namens Davis. Belle ergeht sich in einer Art abstrusem Boswellismus[13]. Nach der ersten Mahlzeit und einigen auf die Umstände zugeschnittenen Scherzen bemerkte ich: »Boswell ist für die Dauer dieser Reise abgemeldet.«

---

12 *The Schooner Farralone:* Daraus wurde schließlich *The Ebb-Tide*.
13 Nach James Boswell, dem Biografen von Samuel Johnson: in bekannt trockenem, detailgenauem Stil.

LOUIS   23. Februar 1893, auf See, an Bord der *Mariposa*

Wir nähern uns Auckland, und ich muss meine Korrespondenz be-
schließen. Uns geht es allen dreien gut. Beide Damen umschwärmen
einen Galan – beide denselben –, den ich für sie aufgetrieben habe:
Ich bin Mann für alles – und verstehe mich besonders auf das Geschäft mit Galanen. Gestern Nachmittag korrigierte ich für Fanny
einige Fahnen, schlief im Salon darüber ein – und anscheinend war
das halbe Schiff unten, um dieses Schauspiel zu betrachten. Nach
dem Erwachen ein heißes Bad, einen Whiskypunsch und eine Zigarette und dann abends um 8:30 Uhr ins Bett und auch sogleich in den
Schlaf, gemäß dem Tagesablauf in Vailima. Heute aufgewacht und
musste mich an der Uhr im Salon orientieren – von Dämmerung war
noch nichts zu sehen, alles lag in einem grauen, regnerischen Nebel.
Habe soeben gefrühstückt, einen Brief geschrieben und aufgegeben
und beende nun diesen.

LOUIS   29. März [?] 1893, auf See, an Bord der *Mariposa*

Hatten einen vergnüglichen und doch auch tragischen Aufenthalt
und kehren unaufgeräumt zurück: Fanny war ziemlich krank und ist
offenbar allmählich auf dem Weg der Besserung, Belle litt fürchterlich an Zahnschmerzen, die sich jetzt gelegt zu haben scheinen, und
ich selbst hatte eine ganze Reihe von leichten Erkältungen, die mir
eine Entzündung des Rippenfells eingebracht haben. Indem ich in einer völlig von der Außenluft abgeschotteten Einzelkabine vor mich
hin geschmort habe, bin ich diese Entzündung anscheinend losgewor-
den. Die arme Fanny hatte wenig Freude an ihrem Aufenthalt und
war die meiste Zeit auf Diät gesetzt, mit Maltine[14] und Brühe – und

14 Ein seinerzeit gängiges Präparat aus gemalztem Getreide und Lebertran.

das, während wir anderen in Austern und Pilzen schwelgten. Für Belle war das einzige Haar in der Suppe der Zahnarzt. Ich für meinen Teil war bei der Generalvertretung der Presbyterianischen Kirche geladen, außerdem bei einer Art Künstlerverein, hielt beiderorts Reden und darf nunmehr, wie der heilige Paulus, als jedermann gefällig gelten. [...]

Wir haben Fanny heimlich ein Kleid aus prächtigem schwarzem Samt und edler Spitze gekauft. Doch oh weh, sie konnte es nur ein einziges Mal tragen! In Samoa hoffen wir davon mehr zu sehen, es ist wirklich hübsch. Beide Damen sind königlich ausstaffiert, mit Seidenstrümpfen etc. Wie von einem Raubzug kehren wir zurück, mit unserer Beute und unseren Verwundeten. Mich selbst findet man nunmehr ebenfalls herausgeputzt. Vor zwei Jahren habe ich Veränderungen angekündigt. Eine schäbige Jugend, nun gut – aber kein schäbiges Alter. Und so bin ich jetzt ziemlich adrett: immer ein weißes Hemd, weißer Kragen, frisch rasiert, seidene Socken, oh, ein prachtvoller Anblick! Mehr geht nicht.

LOUIS   April 1893

[...] Bei der Rückkehr in die Zivilisation fand ich meinen Ruhm übrigens gut genährt. *Digito monstrari* [15] ist eine neue Erfahrung; in den Straßen von Sydney starrten die Leute mich an, und das war sehr seltsam. Hier bin ich für die Eingeborenen natürlich nur der weiße Häuptling des großen Hauses und für die Weißen entweder Freund oder Feind. Das sind weit zuträglichere Verhältnisse. Unter ständiger Beweihräucherung würde ich irgendwann wider den Stachel löcken. [16]

---

15 Lateinisch: »mit dem Finger auf jemanden zeigen«.
16 Biblischer Ausdruck (Apostelgeschichte, 26,14). Im übertragenen Sinne: es nicht mehr ertragen können und aufbegehren.

Ach, mein herrlicher Wald, ach, mein herrliches, prächtiges, windumbraustes Haus! Was für ein Glück, das wiederzuhaben! Hier laufe ich keine Gefahr, mich selbst zu wichtig zu nehmen.

LOUIS   5. April 1893

Es gibt nichts mehr zu beschönigen: Fanny geht es nicht gut, und wir sind zutiefst besorgt. [...]

LOUIS   7. April 1893

Dankenswerterweise kann ich sagen, dass die neue Medizin ihr sofort Erleichterung verschaffte. Das hat diesen Tag für uns alle von seinem Trauerflor befreit. Und dann noch dieser Morgen! Ach, ein Morgen wie noch keiner zuvor, mit einer himmlischen Süße, Frische, unvorstellbaren Farben in tiefster Tiefe und einer ungeheuren Stille, gebrochen nur vom fernen Rauschen des Pazifiks und vom üppigen Gesang eines einzelnen Vogels. Du kannst dir nicht vorstellen, was das für eine Erleichterung bedeutet. Es kommt einem vor wie eine neue Welt. Fanny hat eine solch außergewöhnliche regenerative Kraft, dass ich das Beste hoffe. Ich bin so erschöpft, wie man nur sein kann. Dies ist eine große Prüfung für eine Familie, und ich danke Gott, denn es scheint, als ob unsere sie heil überstehen wird. Oh, wenn es nur damit getan wäre! Dann könnte gar alles in angenehmer Erinnerung erscheinen. Wir sind sämtlich mitgenommen, außer Lloyd. Zu Fanny siehe oben. Ich selbst beinahe ausgebrannt. Belle reichlich überarbeitet, mit üblen Zahnschmerzen. Der Koch mit einem Fußleiden darnieder, der Butler von einem wehen Bein hingestreckt. Ach, welch eine Familje!

LOUIS   9. April 1893

Ein grauer Himmel, aus dem Sturzbäche niederregnen, dann und
wann blitzt und donnert es. Entmutigend das alles, doch meine Invaliden befinden sich deutlich auf dem Wege der Besserung. Der Regen
braust wie die See, ein Geräusch, das die Vorstellung weckt, als ob
sich stampfend etwas nähere. Etwas Namen- und Maßloses scheint
da heranzukommen, das einen kalt berührt und doch willkommen
ist. Ich liege heute still im Bett und denke mit einer guten Portion
Gleichmut über das Universum nach. Jetzt und hier habe ich nur eines daran auszusetzen, und das ist die Unruhe, mit der es vorangeht.
Ich mag keinen Lärm, darin gleiche ich meinem Großvater, und die
vielen Jahre in dieser stillen Inselwelt haben dieses Empfinden vielleicht noch tiefer verwurzelt. Hier gibt es keine Züge, nur Menschen,
die barfuß gehen. Weder Karren noch Wagen; das Hufgeklapper
zwischen den Felsen ist das Äußerste. Eine herrliche Stille – und sobald dieser kräftige Regen aufhört, werde ich wieder Meere voll davon trinken.

LOUIS   16. Mai 1893

[…] Es mag Dich interessieren, dass ich vollkommen *tapu**bin und abseits in meinen Räumlichkeiten lebe wie eine Bestie im Käfig. Lloyd
hat eine böse Erkältung, und Graham und Belle haben sich angesteckt. Dementsprechend harre ich hier weitab von menschlichen
Gesichtern und Stimmen aus und halte mich an *The Ebb-Tide*, bis ich
(so wie jetzt) nicht mehr kann. Fanny darf als Einzige noch zu mir,
ist jetzt aber in ihre Herrlichkeit eingetaucht, sprich in ihren Garten.
Seite 88 ist geschafft und muss morgen noch überarbeitet werden,
und ich bekenne mich erschöpft. Ein Mann, der nicht mehr arbeiten
kann, wenngleich er auf der Welt nichts anderes zu tun weiß, ist zu

bedauern. Aber ich habe nach Jack geschickt und werde einen Ritt in den Busch unternehmen, um die Maschine wieder in Gang zu bringen, dann geht es zurück zu einem einsamen Abendessen und in die Einzelhaft. Ich füge mich meinem Schicksal, denn ich glaube, eine weitere Erkältung würde mir zu diesem Zeitpunkt den Rest geben. Ich habe mich noch kaum von den beiden letzten erholt.

LOUIS   24. (?) Juni 1893

Gestern Morgen erwachte ich nach einem Tag völliger Enthaltsamkeit mit den schlimmsten Kopfschmerzen, die ich jemals hatte. Dementsprechend hieß es, adieu, Enthaltsamkeit, Chinin wurde eingesetzt, und mit meinen Schmerzen dürfte es bald ein Ende haben. Wir warten gleichsam ungeduldig seufzend darauf, dass der Krieg erklärt wird oder am Ende gar ausbricht, und leben derweil in einer Art Kindermärchenstunde von Feuerschein und Schattenspiel und absurden Geschichten: wie der König nachts in unbekannter Mission unsere Straße hinaufgaloppierte und sein Gesicht bedeckte, als er an unserem Koch vorbeikam; wie Mataafa sich täglich (beim Erwachen) umringt sah von immer neuen »Kisten weißer Männer« (Frage: Munition?) und vorgab, nicht zu wissen, von wem sie stammten; Männer, die in Gruppen über die Insel marschieren; Zusammenkünfte ebenjener im Busch; ein Kommen und Gehen diverser Häuptlinge und ein solches Durcheinander und Gewimmel, das nicht einmal der Teufel persönlich es entwirren könnte.

Gestern regnete es fast ununterbrochen, doch ich wollte unbedingt wissen, ob es Neuigkeiten gab. Gegen eins saßen Graham und ich im Sattel und waren schon auf dem Weg hinunter in die Stadt. In der Stadt kursierten lediglich Gerüchte. In der Nacht waren Trommeln geschlagen worden, und bewaffnete Männer waren bis von Vaiala her nach Mulinuu geeilt, doch es war nur falscher Alarm. In Apia selbst gab es keinerlei Anzeichen einer Mobilmachung, und auch der Staatsminister wusste nichts Neues zu berichten. Was das betrifft, vertraue ich ihm, denn er ist Schotte wie ich. Ich war arg in Versuchung, weiter zur Furt zu reiten und Mataafas Dörfer aufzusuchen, denn wir hörten, dort sei etwas im Gange. Und so ritten wir dorthin. In Vaimusu waren die Häuser voller Männer, alle jedoch anscheinend unbewaffnet. Gleich dahinter kommt der Fluss, den wir bei unserem abenteuerlichen Ausflug mit Lady Jersey überquert haben, dort war absolut niemand. Knapp dreihundert Meter weiter ist eine zweite Furt – und dort stand ich dem Krieg plötzlich Auge in Auge gegenüber. Unter den Bäumen am anderen Ufer saß ein Vorposten aus sieben Männern mit Winchester-Gewehren; aus ihren Gesichtern und Augen sprachen Wachheit und Eifer. Schweigend und ungerührt ließen sie uns näher kommen, folgten uns nur mit dem Blick. Die Pferde tranken, und wir überquerten den Fluss. »Talofa!«, sagte ich, und »Talofa« sagte auch der Kommandant des Vorpostens, und als wir schon beinahe vorbei waren, sammelte er sich und fragte, wohin wir ritten. »Zu Faamuina«, sagte ich, und dann setzten wir unseren Weg fort. In jedem Haus entlang des Wegs sahen wir bewaffnete Männer. Rechts von uns lag das europäische Haus eines Chinesen, über dessen Tor eine Parlamentärsflagge wehte – auf der kurzen Strecke, die wir in Mataafas Linien vordrangen, sahen wir insgesamt drei –; die Fremden versuchten, ihre Habe zu schützen, und auf der Veranda des Chinesen wimmelte es nur so von Männern und Frauen und Winchester-

Gewehren. Unterwegs trafen wir auf etwa zehn bis zwölf Marschierende mit Waffen und Patronengürteln, und die freudige Bereitschaft und das Feuer in ihren Augen weckten in mir Neid und Sympathie, ich wandte mich um und blickte ihnen nach. Dann kamen wir nach Vaiusu, wo die Häuser rund um die *Malae* (den Dorfplatz) vor Männern nur so überquollen, und alle waren sie bewaffnet. Vor dem Versammlungshaus (das voller Menschen war) stand ein Redner mit dem Rücken zu seinem Publikum und schien seine Worte an die ganze Welt zu richten. Während unseres Aufenthalts war seine laute Stimme die ganze Zeit zu hören, und bruchstückhaft klangen politische Weisheiten zu mir herüber.

Faamuinas Haus steht auf einer Kuppe auf der *Malae*. Wir gingen hinauf, ein Junge kam herausgelaufen und übernahm unsere Pferde, und wir traten ein. Dort befanden sich Faamuina selbst, seine Frau Pelepa, drei weitere Häuptlinge und einige Diener. Auch hier ein fröhliches Spektakel wie bei einem Hochzeitsfest. Faamuina war (als ich ihn das letzte Mal sah) ein älterer Herr mit schleppendem Gang und noch manch anderer Begleiterscheinung des Alters gewesen, doch jetzt begrüßte mich ein Junge mit strahlenden Augen, die Dame war nicht weniger aufgeregt, und alle trugen Patronengürtel. Wir blieben nur kurz, um eine *Sului* zu rauchen. Auf die Kava verzichtete ich, denn ich fand, mein Vorstoß sei bereits gewagt (und vielleicht sogar verwerflich) genug. Auf dem Rückweg wurden wir allenthalben gegrüßt, und als wir die Furt erreichten, fragte mich der Kommandant, ob es viele seien auf der anderen Seite. »Sehr viele«, sagte ich, ohne es wirklich zu wissen, aber ich wollte nicht derjenige sein, der sie ermutigte, sich aufs Eis zu begeben. »Das ist gut!«, sagte er, und der kleine Vorposten lachte laut, während wir in den Fluss hineinritten. Wir kamen zurück nach Apia, ritten durch Apia und gegen den Wind weiter bis nach Vaiala, wo man sich erzählte, dass die Männer aus Vaimauga sich versammelt hätten. Wir trafen zwei Boys, die Schweine trugen, und sahen sechs junge Männer beim Kochen in einem Küchenhaus, aber von einer Versammlung keine Spur, nirgends Waffen oder geschwärzte Gesichter. Doch ich vergaß: Als wir bei Faamuina aufbrachen, lief uns ein Mann mit geschwärztem Gesicht über den Weg, und sein *Lava-lava* war hinten so hochgebunden, dass man seine tätowierten Hüften sah. Mit einem Satz war er vor uns, machte einen prachtvollen Luftsprung, warf sein Messer hoch in die Luft und fing es wieder auf. Es war fremdartig wild und fantastisch und verwegen. Ich habe vor langer Zeit einmal ein Kind bei einem Tanz die gleichen Possen reißen sehen, offensichtlich handelt es sich um einen verbreiteten Ritus. Ich sollte noch erwähnen, dass die Kinder seit Wochen mit Speeren spielen. Oben bei der Pflanzung nahm ich eine Abkürzung, was nie wieder vorkommen soll, denn es ging durch Gras und Unkraut, das den Pferden bis über die Köpfe reichte, und über loses Gestein. Wir hätten dort leicht ein Pferd verlieren können, doch das Glück war mit uns. In einem heftigen Regenschauer ging es nach Hause, wo uns um kurz vor sechs eine Schüssel Kava und ein Abendessen erwarteten. Doch die eindrücklichen Bilder halten uns gefangen, der Anblick des Vorpostens an der Furt und diese eifrigen, glücklichen Gesichter wirbeln mir durch den Kopf; in uns beiden ist der alte Ureinwohner erwacht und tänzelt unruhig umher wie ein Hengst.

FANNY   3. Juli 1893

Nichts anderes beherrscht die Gespräche und Gedanken als der drohende Krieg. Der Präsident ist nicht mehr da, und der OR wird es bald nicht mehr sein. Mr. Maben ist Staatsminister geworden. Die drei Konsuln halten die nun bankrotte Regierung aufrecht. Eingeborenenclans schlagen sich, meist widerstrebend, auf die Seite von Laupepa. Vor einigen Tagen sind Louis und Pelema[17] hinunter zu den Vorposten der Rebellen geritten, um sich einen Eindruck der Lage zu verschaffen. Bewaffnete Samoaner kontrollierten die Furt an der

Straße nach Vaiusu, die nächste Furt hinter dem Gasegase-Fluss. Sie grüßten freundlich, und unsere Männer zogen weiter nach Vaiala zum Haus von Poor White Man[18]. Sie kamen ganz aufgeregt zurück und brannten darauf, sich in den Kampf zu stürzen. Es wird nicht ganz einfach sein, dafür zu sorgen, dass Louis nicht völlig den Kopf verliert. Bald darauf ritten Belle und ich und Louis dieselbe Straße entlang, denn Belle wollte Skizzen machen. Es war kurios, wie viel Aufmerksamkeit wir erregten, noch bevor wir Apia erreichten; alle waren sehr freundlich, überall gab es *Talofas*.

Als wir uns Vaiusu näherten, wies uns Louis an, sehr schnell zu reiten, damit wir nicht gewaltsam angehalten würden. Ich sagte: »Also reite voraus, ich folge dir.« Denn ich hatte nicht die Absicht, durch die Stadt zu rasen. Erstens (und vor allem) plagte mich ein leichter Hexenschuss, der sich nach einem plötzlichen Satz meines Pferdes verschlimmert hatte, und zweitens besitze ich eine kindische Abneigung dagegen, einem möglichen Feind anders zu begegnen als mit völliger Gelassenheit. Was dazu führte, dass es für uns beide unangenehm wurde. Mitten in der Stadt gibt es eine kleine Brücke. Genau vor dieser Brücke kam mein missratenes Pferd völlig zum Stehen, ihm knickten fast die Beine ein, und es zitterte. Ich wusste nicht, ob es Angst vortäuschte oder dabei war, eine Kolik zu bekommen (wofür es anfällig ist). Jedenfalls konnte ich es nicht dazu bewegen weiterzugehen. Ich konnte nichts anderes tun als dasitzen und warten, was passieren würde, denn Belle und Louis waren längst außer Sicht. Die Leute vor ihren Hütten betrachteten mich zunächst mit Neugier und fragten sich offenbar, was ich vorhatte, doch als sie begriffen, was los war, kamen ein Mann und ein Junge und versuchten, durch Führen oder vielmehr Zerren die nichtsnutzige Vaivai in Gang zu bringen,

17 Der Eingeborenenname für Graham Balfour, Cousin und Biograf von Stevenson. In Belles Memoiren *This Life I've Loved* erscheint die Schreibweise »Palema«.
18 Spitzname für den Häuptling Faamuina.

die ihrem Namen (Simulant oder Schwächling) alle Ehre machte. Inzwischen hatte Louis bemerkt, dass ich nicht kam, und war umgekehrt und nun ziemlich beunruhigt, mich dem Anschein nach in den Händen von Eingeborenen zu sehen, die feindselig sein mochten.

Bald nach dieser Episode passierten wir eine Parlamentärsflagge, ein weißer Fetzen, der mit einem Dreieck aus Stöcken an einer Kokospalme befestigt war, dann eine weitere und noch eine dritte. Kurz vor Vaiala hörten wir die Klänge von Querpfeifen und Trommeln und befanden uns recht plötzlich inmitten einer großen Gesellschaft gestandener junger Krieger, die Kricket spielten. Es war keine einzige Waffe zu sehen, und an der Furt, an der Louis zuvor bereits vorbeigekommen war, standen auch keine Wachen. Am Haus des Häuptlings kam uns dessen Frau entgegengelaufen. Junge Männer nahmen sich unserer Pferde an, die Dame küsste uns beide und führte uns ins Haus, wo der Stammesführer auf einer erlesenen Matte saß, und etwa ein Dutzend ernst dreinblickender kleinerer Anführer saßen im Kreis unter dem Dachvorsprung. Kava wurde bereitet. Ich bemerkte, dass der Vorrat knapp war, und war froh, dass wir etwas als Geschenk mitgebracht hatten, wie es der samoanischen Sitte entspricht. Wir hatten auch ein wenig einheimischen Tabak dabei.

Auch ein Weißer, ein Steuereinzieher namens Rea, saß in dem Kreis und wartete – wie er uns zu unserer Überraschung erzählte – auf den Obersten Richter, der mit Poor White Man wegen eines Stücks Land in Geschäften stand. Während wir sprachen und die üblichen samoanischen Komplimente austauschten, kam Belle von draußen zurück, wo sie sofort mit ihren Skizzen begonnen hatte, und unterhielt sich flüsternd mit unserer Gastgeberin, die ihr die erstaunliche *Tala** servierte, Louis und die drei Konsuln hätten die Absicht bekundet, Mataafas Kopf zu erbeuten.

Auf dem Rückweg hielten wir an, damit Belle an der Furt eine Skizze machen konnte, und dann noch einmal für eine Skizze von einer der Parlamentärsflaggen. Dort muss Belle ihre Peitsche verloren haben. Als wir weiterritten, passierten wir den OR, der viel dünner aussieht als bei unserer letzten Begegnung, sehr steif, mit seinem markanten Schielen nach außen. Bei einem weiteren Halt an einem Flussbett fertigte Belle eine weitere Skizze an, und da entdeckte sie den Verlust ihrer Peitsche. Louis machte sich auf den Weg zurück und ließ uns mit einem bärtigen älteren Eingeborenen und einigen jungen Männern allein. Als Louis davongaloppierte, gab der ältere Mann ein Zeichen, woraufhin zwei langbeinige junge Kerle ihm nachjagten wie junge Fohlen. Vermutlich dachten sie, dass Louis dem OR nachritt, um ihm etwas anzutun. Wie sich herausstellte, gehörten sie zur Eskorte des OR. Als wir ihm begegneten, hatten ihn ein kräftiger Schwarzer und ein junger Samoaner begleitet.

In Louis' Abwesenheit wandte sich der ältere Samoaner in seiner Sprache an Belle.

»Wer ist diese Frau?«, fragte er unverfroren, indem er auf mich zeigte.

»Sag lieber: ›Wer ist diese Dame?‹«, antwortete Belle und fügte hinzu: »Warum schaust du sie so an? Findest du sie nicht hübsch?«

»Sie ist ein Schweinsgesicht«, war die Antwort. Schweinsgesicht gilt als der schlimmste Beiname, der in der samoanischen Sprache überhaupt denkbar ist.

Halb verärgert und halb spöttisch, so wie sie gewöhnlich mit unseren eigenen Männern spricht, wenn sie sich schlecht betragen, zog sie ihn wegen seiner Feigheit auf und sagte: »Ein Mann, der nicht weiß, wie man mit Damen spricht, kann kein großer Krieger sein.« Sie ließ ihn nachsprechen: »Sie sind eine schöne Dame, und Ihre Mutter ist eine schöne Dame«, worauf seine Freunde genüsslich in Lachen ausbrachen.

Louis kam ohne die Peitsche zurück. Wir erzählten ihm nichts von der Grobheit des Mannes, der Belle nun für ihr Pferd höflich eine Gerte von einem Baum reichte und sich von jedem von uns mit *Tofa* verabschiedete, als wir davonritten.

Am selben Abend gingen Belle und Louis auf einen Ball. Mrs. Decker, die dort war, erzählte Belle, dass sie zum ersten Mal wirklich beunruhigt sei, weil sie glaubte, es werde einen Angriff auf die Weißen geben. Ein Häuptling, dessen Namen sie auch nannte, habe ihr gesagt, das Erste, was die Soldaten der Regierung zu tun gedächten, sei, Tusitala und seine Familie zu töten. Ein Eingeborener, der Mr. Frings' Gewehr kaufen wollte und eine Absage erhielt, ließ seinen Blick durch den Laden schweifen und sagte: »Nun, das macht nichts. Ich werde es so oder so bald bekommen, und zwar für nichts. Es gibt hier im Laden eine Menge guter Sachen, und die bekomme ich auch.«

Bei einer Versammlung von Stammesführern in Apia erhob sich einer von ihnen und sagte: »Warum sollte es unter uns ein Blutvergießen geben, während die Weißen in ihren Häusern sitzen und uns auslachen? Warum lassen wir nicht sie leiden?« Die Frage blieb unbeantwortet. Die Weißen in Mulinuu werden vielleicht einsehen müssen, dass sie, indem sie diese unwilligen Eingeborenen in einen Krieg trieben, einen Tiger losgelassen haben, der sich nicht so leicht wieder anketten lässt.

Von unseren Leuten im Haus hat uns nur Iopu, der Hilfskoch, mit seiner Frau verlassen. Ursprünglich waren sie ans Sterbebett eines Verwandten gerufen worden, der nach einem Besuch in Vailima vom Pferd gestürzt war und sich schwer verletzt hatte, und nun hält sie die Angst dort fest, zwischen die Fronten des drohenden Krieges zu geraten.

Auf dem Ball erzählte Louis Mr. Maben von den Drohungen, die er seitens der Regierungsleute erhalten hatte. Louis gab ihm auch zu verstehen, dass er sich und seinen Besitz mit aller Macht zu verteidigen gedenke. Mr. M fragte, welchem Lager unsere Männer angehörten. Zu diesem Zeitpunkt hatten wir nur Nichtkämpfer aus beiden Lagern bei uns, und auf diese Auskunft reagierte Mr. M mit Schweigen und bedrücktem Seufzen. Mittlerweile sind zu unseren Nichtkämpfern drei Krieger der Regierung gestoßen, und vier weitere sollen morgen folgen. Sie sagen, dass sie hier bleiben wollen, bis der Krieg wirklich anfängt. Einer der drei hatte seine Waffe und Munition bei sich. Die Waffe gab er Lloyd zur sicheren Aufbewahrung, doch von den Patronen konnte er sich nicht trennen und trug sie die ganze Zeit während der Arbeit mit sich herum. Heute Abend fragte er dann nach seiner Waffe, weil er damit in Mulinuu erscheinen sollte. Pelema [Graham Balfour] nimmt dagegen an, dass er sie mit ins Bett nehmen will wie ein Kind ein neues Spielzeug.

Talolo hat von seinem obersten Häuptling die Erlaubnis bekommen, bei uns zu bleiben. Sina, seine Frau, erwartet ein Kind. Ihr prächtiges Haar wurde ihr abgeschnitten, weil man Kopfschmuck für Krieger daraus machen will, und nun sieht sie aus wie ein ganz gewöhnliches Mädchen. Henry (Simile) hat nach einigem Schwanken ebenfalls beschlossen, bei uns zu bleiben. Dann sind da noch Sosimo, Misifolo und mein Leuelu, von denen wir nicht einen missen möchten. Ein ansehnlicher alter Mann von der anderen Seite der Insel, noch größer als Lloyd, der schon knapp sechs Fuß erreicht, hat seinen Entschluss erklärt, uns nicht zu verlassen, bis der Krieg vorbei ist, und wird sein Kind hierherholen. Ich glaube, er ist ein lauwarmer Anhänger von Laupepa. Mein armer alter Lafaele fragte, ob er für die Dauer des Krieges zu uns kommen könne, und äußerte seine Hoffnung, dass Simile [Henry] kämpfen werde. Er kann seinen Neid auf Henry nicht überwinden und bewahrt sich die Hoffnung, eines Tages in seine Fußstapfen zu treten.

Heute waren fünf Schwestern aus dem Kloster zum Mittagessen hier, zwei französische, eine koloniale und zwei samoanische. Louis hatte sie mit zwei Pferden abgeholt, denn eigentlich erwarteten wir nur zwei Schwestern. Auf dem Weg trafen sie auf eine Gruppe von ungefähr fünfzig Kriegern, die mit Gewehren und Buschmessern bewaffnet waren. Die neueste *Tala* besagt, dass Mataafa nach Manono geflüchtet sei.

Lloyd war unten im Dorf [Vailima]. Er fand dort alle in heller Aufregung wegen des Krieges. Sie fragten ihn, was sie tun sollten, wenn
Mataafa das Dorf einnähme, und baten ihn inständig, eine amerikanische Fahne über einem kleinen »Häuptlingshaus« aufzuziehen, das
ihm und Fono in einer Art ungeklärter Partnerschaft gehört. Er sagte
ihnen, dass er nicht berechtigt sei, die Fahne zu hissen, und erinnerte
sie daran, dass dieser Krieg nicht sei wie der letzte, in dem es auf beiden Seiten böses Blut gegeben habe. Es ist entsetzlich, wenn man
bedenkt, dass es überhaupt keinen Krieg geben müsste und alle in
Wohlstand und Frieden leben würden, wenn die Regierung den beiden führenden Häuptlingen, Laupepa und Mataafa, die Möglichkeit
gegeben hätte, sich zu vertragen, wie Louis es vorgeschlagen hat und
wie es ihrem eigenen Wunsch entsprach. Kein Wunder, dass die Eingeborenen zögern und nicht kämpfen wollen, wenn sie nicht verstehen, worum es eigentlich geht.

Henry kommt aus der Stadt zurück und berichtet, die drei Konsuln
hätten sich gestern getroffen und darauf geeinigt, einen Kriegsaus-
bruch bis zur Ankunft des Postschiffs am Donnerstag hinauszuzö-
gern, in der Hoffnung, Anweisungen ihrer Regierungen zu erhalten.
Einer der Männer, die früher bei uns gearbeitet haben, kam gestern
herauf, um sich seinen Lohn auszahlen zu lassen (fast alle Männer
haben ihre Löhne in Lloyds Hände gelegt). Ich fragte ihn, ob er gedenke, wie ein Feigling die Köpfe der Verwundeten zu erbeuten. Er
sagte, er werde so viele Köpfe erbeuten, wie er nur könne, und damit
nach Mulinuu ziehen. Ich versuchte, ihn davon abzubringen, Lloyd
ebenfalls, aber bei allem Respekt blieb er stur. Er sagte, wir hätten
ohne Zweifel recht, doch jedes Volk habe nun mal seine eigenen Sitten. Die Schwarzen seien Kannibalen und verspeisten ihre Feinde,
die Samoaner trennten Verwundeten die Köpfe ab, und er müsse den
Sitten seines Landes folgen. Ich malte mir die Gesichter der Regie-

renden aus, wenn sie einen Korb voller Köpfe erhielten. Sie haben es wohl bedauerlicherweise versäumt, diese Unsitte zu unterbinden, oder sie haben es nicht gewagt.

Lloyd hat gestern Abend mit Mrs. Blacklock gesprochen, und sie sagte, es werde nun gemeinhin angenommen, Mataafa befinde sich in Vaia bei den Priestern. In Apia ist man offenbar zutiefst beunruhigt beim Gedanken an die bevorstehenden Gräueltaten, sollte Mataafa die Stadt einnehmen. Es kursieren die wildesten Geschichten, an denen vermutlich nichts Wahres dran ist. Eingeborene versuchen, ihre Habe zu verkaufen. Auf inständiges Drängen eines jungen Mannes habe ich eine große, schöne Matte für sechs Dollar gekauft. In Friedenszeiten wäre sie vierzig oder fünfzig Dollar wert gewesen. Jemand hat Henry kürzlich fünf Hühner für drei Shilling verkauft, deren normaler Preis bei einem Shilling pro Stück liegt.

Wir haben unser fettes Schwein gegessen, damit es keine Versuchung mehr für die Plünderer darstellt. Wir haben große Mengen Kava eingelagert und verfügen über einen ansehnlichen Nahrungsvorrat. Natürlich könnten wir das alles verlieren, aber dieses Risiko müssen wir eingehen.

Mr. Moors ist derzeit nicht auf der Insel, er ist zur Weltausstellung nach Chicago gereist. Aus irgendeinem Grund, den Joe Strong allein kennen mag, ist er unser erbitterter Feind geworden; insbesondere Lloyds und meiner, wir beide sind Joes erklärte Widerlinge. Gleiches gilt für seinen Freund, Mr. Carruthers. Um ihn hat es mir ziemlich leidgetan, ist er doch beinahe der Einzige hier, der sich wie ein Gentleman zu benehmen weiß. Ich glaube, sein Ansehen ist mittlerweile sehr getrübt, aber darüber weiß ich nichts. In Fidschi wollte man mir mehr über ihn erzählen, doch ich hörte gar nicht hin, weil ich sah, worauf das hinauslief: mich gegen ihn einzunehmen. Diese Art Gerede versetzt mich immer in Wut.

Ich glaube, ich habe noch nicht erwähnt, dass Austin bei meiner Schwester Nelly in Monterey ist und Mrs. Stevenson mittlerweile wieder daheim in Schottland. Wenn es Krieg gibt, ist zumindest das beruhigend.

Wir hatten für die Jahreszeit unübliches Wetter: düster, bedrückend, zeitweise mit Wind und prasselndem Regen. Unser erster Brotfruchtbaum schickt sich an, Früchte zu tragen.

In diesen aufregenden Zeiten ist es wirklich schrecklich, sich auf die Rolle einer britischen Frau beschränkt zu finden. Lloyd und Pelema [Graham Balfour] sind jung und naturgemäß wenig einfühlsam, aber es überrascht doch, bei Louis die gleichen Ansichten zu finden. Wenn unser Haus angegriffen wird, dann müssen Belle und ich uns womöglich in eines der hinteren Zimmer zurückziehen und uns der Handarbeit widmen, ohne Fragen zu stellen. Für einen Menschen wie mich wäre das reichlich seltsam. Ich war in meinem Leben nie ein Feigling und habe in Notsituationen nie den Kopf verloren, und davon gab es schon einige sehr ernste.

Unsere Männer kamen gegen drei Uhr nachmittags nach Hause und sagten, wir (die Frauen) sollten nicht zum Ball gehen, da dieser mit größter Wahrscheinlichkeit nicht mehr und nicht weniger als eine Orgie werden dürfte. Sie hatten viele aufregende *Talas* aufgeschnappt! Belle und ich aber waren entschlossen, für unsere Freiheit in den Streik zu treten, und taten dies auch kund, woraufhin man nach unseren Pferden schickte; wenigstens nach Apia sollten wir reiten dürfen. Es hieß, ich solle mich schlicht kleiden, also hielt ich mich daran, obwohl ich eigentlich vorgehabt hatte, Staat zu machen. Ich trug ein knappes gelbes Eingeborenenkleid. Louis gab sich zutiefst missgestimmt, Lloyd rührend liebenswürdig, Pelema hielt sich im Hintergrund. Der Ball war ein großer Erfolg. Hundertfünfzig Leute, keine Orgien und alle Amerikanerinnen in feinen neuen Kleidern – alle außer den Vailimas. Ich zog mich früh zurück, aus Angst, es würde Louis zu sehr ermüden, aber die anderen blieben bis drei Uhr früh. Louis ging heim, denn es war sehr kalt auf der Veranda, und er wollte früh wieder an die Arbeit.

Belle und ich entschlossen uns, den ganzen Tag [in Apia] zu bleiben und die Kriegsvorbereitungen in Zeichnungen (Belles Zeichnungen) festzuhalten. Schickten unsere Pferde heim und verbrachten den Tag damit, einige Besuche zu machen und diverse Utensilien für die Bilder zu beschaffen. Boote fuhren vorbei und landeten, bewaffnete Männer marschierten auf und ab, zum Klang von Trommeln und Hörnern, deren Spieler ihre Instrumente nicht beherrschten. Maben saß abends mit uns zu Tisch. Ich erzählte ihm, dass wir nach Mulinuu wollten, jedoch hierbleiben würden, wenn er Einwände hätte. Er sagte: »Auf jeden Fall, gehen Sie«, empfahl uns jedoch, lieber den Nachmittag zu wählen als den Vormittag, denn dann sei es dort sehr ruhig. Es ist ein langer, sonniger Weg, und dafür erschien uns der Vormittag schließlich doch besser geeignet.

Nach so langer Zeit auf bloßen Füßen wieder Schuhe zu tragen, dazu noch auf harter Straße, hat meine Füße wund werden und so sehr anschwellen lassen, dass ich kaum noch gehen konnte, aber ich wäre zur Not auch auf dem Kopf gegangen. Es war ein denkwürdiger Anblick, wie die weißen Händler aus Apia, die noch vor Kurzem die Samoaner als »Nigger« bezeichneten und hinter sich hergehen ließen wie Hunde, nun Seite an Seite mit akkurat eingeölten Kriegern die Straße entlangmarschierten. Kurz vor Mulinuu trafen wir auf Fatulia[19], die sich sehr beunruhigt zeigte, als wir ihr erzählten, wohin wir unterwegs seien. Sie druckste herum und sagte, sie ginge gern mit uns, hätte aber noch Wichtiges zu erledigen. Wir versicherten ihr, wir

19 Seumanutafas Frau.

seien ohne Sorge, und setzten unseren Weg fort. Als wir zurückblickten, sahen wir, dass sie ebenfalls weiterging, die arme Seele, und entdeckten auch Maben nicht weit hinter uns.

Mehrere bewaffnete Männer kamen uns entgegen, manche grüßten mit *Talofa,* andere nicht. Ein junger Krieger gesellte sich zu uns, sprach Belle an und fragte sie, wohin wir wollten und warum wir nicht nach Malie gingen, und als Belle vorgab, ihn nicht zu verstehen, fragte er, warum wir nicht zu Mataafa gingen, und wollte dann wissen, wie viele Schusswaffen wir in Vailima hätten. In dem Moment schloss Maben, der sehr schnell gegangen sein musste, zu uns auf, und der Mann fiel kleinlaut zurück. Maben begleitete uns bis zum Haus des Präsidenten, und dann gingen wir allein weiter.

Wir kamen an eine Stelle, von der aus man die Straße gut im Bild festhalten konnte, und setzten uns nieder. Eine Frau aus einem Haus in der Nähe rief uns zu, wir sollten hereinkommen. Es war ein großes, gediegenes samoanisches Haus mit Gewehren an den Seitenwänden. Zwei Frauen mittleren Alters empfingen uns äußerst höflich und boten uns Taro und Kava an. Sie kannten uns und sprachen davon, wie Belle bei der letzten *Melaga* gezeichnet hatte, und redeten dann miteinander über Iopo und die ihn betreffenden *Togafiti**. Belle fragte: »Welche *Togafiti?*«, doch weil sie merkten, dass man sie verstand, ließen sie das Thema Iopo fallen. Zwei sehr hübsche Mädchen traten ein und ließen sich zeichnen, dann ein schöner junger Mann, der mit einem sardonischen Lächeln im Gesicht und in den Augen die ganze Zeit über beharrlich schwieg. Er kratzte mit einem Messer unermüdlich Rost von Patronen und beobachtete uns scharf von der Seite.

Während wir dort waren, fing es an zu regnen, und ich fror. Die Frau gab mir eine *Tapa,* in die ich mich hüllen konnte, ein samoanisches Halstuch, wie sie es nannte. Als das Zeichnen beendet war, gingen wir weiter bis zum Haus des Obersten Richters. Während Belle es zeichnete, kamen drei Männer aus dem Haus hinter uns, starke, gefährlich aussehende Burschen, und blickten ihr über die Schulter.

Sie waren höflich und freundlich, und als die Zeichnung des Hauses fertig war, posierten sie in einer Reihe für Belle, alle mit der gleichen Haltung, die Hände hinter dem Rücken verschränkt. Mit »In Liebe« und »Lebe wohl« schieden wir von ihnen und machten uns auf den Rückweg. Fortan trafen wir niemanden, der nicht freundlich gewesen wäre oder so gewirkt hätte. Eine Frau kam aus ihrem Haus gelaufen und entschuldigte sich, dass sie uns nichts anzubieten hätte, und Kinder liefen hinter uns her und grüßten uns. Mein Hals war leicht entzündet, deshalb machte ich halt bei Swann, dem Apotheker, um zu gurgeln, und dann ging es weiter zum Hotel International zu Ingwerlimonade und Kuchen und schließlich zurück zu dem Hotel, von wo wir aufgebrochen waren. Dort trafen wir Louis, der immer noch schmollte. Er blieb noch eine Weile und ritt dann heim, die Pferde wollte er uns schicken.

Den ganzen Nachmittag mit Mr. Haggard, der mehr getrunken hatte, als ihm guttat, und zudem berauscht war von Aufregung und heroischen Gefühlen. Er hatte einige Gewehre, eine Pistole und reichlich Munition dabei und erklärte, falls die Stadt »gestürmt« werde, würden er und die anderen von der Landkommission ihre Streichholzschachtel von Büro schon halten. Um die heroische Wirkung noch zu erhöhen, brauchte er wohl unbedingt Frauen, die er beschützen konnte, und so bekniete er Belle und mich, in der Stadt zu bleiben, wo wir jederzeit in das Kommissionsgebäude flüchten könnten. Er stellte sich das so vor, dass wir unter einem Tisch (im oberen Stockwerk) Schutz suchen und ihm Patronen anreichen würden.

»Nein«, sagte ich, »ich möchte nicht tot unter einem Tisch gefunden werden, mit einem Bauchschuss.«

»Na dann«, entgegnete er, »begebe *ich* mich unter den Tisch und reiche *Ihnen* die Patronen an, und Sie schießen.«

Sein Plan war nicht überzeugend, und ich blieb bei meiner Weigerung. Seine letzten Worte waren: »Sie verkaufen Ihr Leben für ein paar Bananenstauden.«

Ich habe mich während meines Aufenthalts in Apia mehrfach mit Maben unterhalten. Ich sagte: »Ihre Leute erzählen mir, sie wollen die Köpfe der Verwundeten erbeuten und sie nach Mulinuu bringen. Für wen sind diese Köpfe? Für Sie oder die drei Konsuln? Und was werden Sie damit anfangen? Wird es für die Regierung nicht peinlich sein, wenn sie einen Korb mit Köpfen vor die Füße gelegt bekommt?«

Maben versuchte mir auseinanderzusetzen, dass das Erbeuten eines Kopfes gleichzusetzen sei mit der Verleihung des Victoria-Kreuzes an einen englischen Soldaten und dass es viel Mut erfordere, in die Linien des Feindes vorzustoßen, einem Verwundeten den Kopf abzutrennen und ihn mitzunehmen. Doch ich fürchte vielmehr, dass nach gewonnenem Kampf die Sieger mit Messern und Äxten übers Schlachtfeld ziehen und ihre grauenhaften Trophäen einsammeln. Es kam ein Mann hierher, um sich von seinem Bruder zu verabschieden, bevor er in den Kampf zog. Er erzählte, wie sein Vater ihn, als er noch sehr jung war, in den letzten Krieg geführt hatte, damit er lernte zu kämpfen.

»Es war wunderbar«, berichtete er seinem Bruder, »einen großen Krieger wie unseren Vater zu begleiten, doch als er einen Kopf erbeutete, ach, das war schrecklich! Ich wollte wegrennen und hielt mir die Augen zu und schrie und weinte, doch jetzt, da unser Vater tot ist (er steigerte sich in wilde Raserei und starb in blindwütigem Wahn), muss ich seinen Platz einnehmen und tun, was er tat. Auch ich muss nun Köpfe erbeuten, doch ach, es ist einfach schrecklich!«

Ich erwähnte Maben gegenüber auch, dass ich von den vielen Drohungen der Regierungstreuen gegen uns wüsste und dass, wenn jemandem aus meiner Familie etwas zustieße, nicht ein Eingeborener dafür bezahlen würde, sondern ein Weißer.

»Die Samoaner wollten von sich aus niemals kämpfen, sie kämpfen auf Anweisung der Weißen. Und ich möchte gern wissen, wessen Krieg das überhaupt ist. Ich möchte wissen, wer dafür verantwortlich ist, wenn jemandem aus meiner Familie etwas zustößt. Ist das *Ihr* Krieg?«

»Nein«, sagte Maben, »mein Krieg ist es nicht.«

»Dann ist es der Krieg der drei Konsuln?«

Hier versuchte Maben, das Thema zu wechseln. Wahrhaftig, es *ist* der Krieg der drei Konsuln, und ich fürchte, sie haben einen Ball ins Rollen gebracht, den so leicht niemand mehr aufhalten kann.

Die Pferde kamen, und wir ritten nach Hause zu Louis, der immer noch schmollte. Lloyd erzählte uns, dass er selbst den armen alten Fono für den Krieg gerüstet habe: mit einer billigen kleinen Handwerkeraxt, etwas Tabak und vier Schachteln Streichhölzer. Es ist alles so schrecklich und erschütternd.

FANNY   7. Juli 1893

Die Regierungstreuen haben die Erlaubnis erhalten, aufzubrechen und ihre Positionen zu beziehen, doch die Konsuln gaben Anweisung, dass vor Eintreffen des Postdampfers nicht gekämpft werden dürfe. Man versicherte uns, dass die Kämpfe nicht vor dem kommenden Montag einsetzen würden, das habe die Regierung strikt so angeordnet.

Der Dampfer traf am Morgen ein. Belle und Lloyd ritten mit Louis hinunter, um rechtzeitig dort zu sein. Sie verpassten den Kapitän, der auf einer der Pflanzungen zu Mittag aß. Der Dampfer hatte amerikanische Matrosen nach Honolulu gebracht, die auf der *Adams* nun direkt hierherkommen sollen. Die *Adams* hatte Honolulu noch nicht erreicht, also wissen wir nicht, wann sie hier eintreffen wird. Mrs. Stevenson schreibt, dass die Möbel im Juni auf den Weg geschickt wurden. Wenn sie hier ankommen, haben wir vielleicht kein Haus mehr, wo wir sie aufstellen können. Eine Abteilung Männer ist auf der Vaiusu-Straße stationiert worden, eine andere wurde um den

Berg herumgeschickt, um Mataafa den Fluchtweg abzuschneiden. Zu unserer Erheiterung machten sich die Männer, die um den Berg herumgegangen waren, abends zum Schlafen auf den Weg nach Hause. Sie sagten, es sei dort nicht bequem gewesen – arme, einfältige Kinder. Am Abend erschraken wir ein wenig, als wir Feuerwerk von einem der deutschen Kriegsschiffe aufsteigen sahen. Es sind zwei im Hafen, die *Buzzard* und die *Sperber*.

FANNY   8. Juli 1893

Heute wollten die Boys allesamt zu den Rennen gehen. Wir ließen die meisten gehen. Sie kamen rechtzeitig zurück und berichteten, dass die Kämpfe begonnen hätten und kaum Eingeborene bei den Rennen gewesen seien. Seit zwei Tagen erwarten wir die Gurrs, aber sie kommen nicht. Fanua [Mrs. Gurr] ist krank gewesen, und wir dachten, Abwechslung und Ruhe könnten ihr guttun. Lloyd und Pelema [Graham Balfour] haben alles fürs Rasentennis aufgebaut, obwohl der Rasen noch nicht so weit ist. Doch es ist ein guter Plan, um die Boys bei Laune zu halten. Ich habe Leinen und Stickerei für unseren kleinen Wildfang Sina herausgesucht, für ihr Baby.

Gegen sieben Uhr abends, als wir nach dem Essen alle noch am Tisch beieinandersaßen, erreichte uns von Mr. Gurr die Nachricht, dass es in Vaitele erbitterte Kämpfe gegeben habe. Elf Köpfe seien in Mulinuu gerollt, viele Verwundete ins Missionshaus gebracht worden, und auch einige Tote. Louis sprang auf und sagte, er wolle sofort zur Mission hinunterreiten.

»Ich komme mit«, sagte ich, woraufhin Louis, der sich am Abend zuvor einverstanden erklärt hatte, das »Kriegsbeil zu begraben«, sagte, dann werde er hierbleiben. Doch nach einigem Besinnen entschied er sich dafür, doch aufzubrechen, und Lloyd sagte, dann komme er auch mit. Wir sattelten die Pferde, Jack für Louis, Soifu für Lloyd und Old

Upsala für mich. Wie sich herausstellte, war Upsala sehr leicht zu reiten, tat sich lediglich im Wind ein wenig schwer. Er trabte in gleichmäßigem Tempo gerade schnell genug dahin.

Ich habe vergessen zu erwähnen, dass Talolo eine *Tala* zum Besten gab, als er von dem Rennen zurückkehrte, die besagte, dass es zwischen Haggard und dem Direktor des Tivoli irgendwie zu einem Kampf gekommen, dass Abdul seinem Herrn zu Hilfe geeilt und ziemlich übel davongekommen sei, mit einer Verletzung des Backenknochens. Talolo hatte Abdul getroffen und ihn dazu befragt. Abdul antwortete, dass er über die Angelegenheiten seines Herrn nicht zu sprechen wünsche, dass er nur mir die Sache schildern werde und sonst niemandem.

Die Nacht war sternenklar, aber dunkel, und so nahmen wir eine Laterne mit. Da sich die Straße jenseits des Dorfes in gutem Zustand befindet, ließen wir unsere Laterne dort zurück. Unter anderen Umständen wäre es ein herrlicher Ritt gewesen. Am Tivoli machten wir halt, und Louis ging hinein, um zu sehen, ob Maben dort sei. Das war er nicht, doch der arme Haggard lag schlafend auf einem Sofa auf der Veranda. Old Joe, der Bootsmann, der nach Südseemanier eine Hand durch Dynamit verloren hat, stand neben einem deutschen Matrosen auf den Eingangsstufen und schwankte sichtlich betrunken. Er eröffnete dem Matrosen, Lloyd sei ein feiner Herr, und dem Universum, dass ein Stern am Himmel in Richtung Malie ziehe, um über Mataafas Haupt zu verharren.

»Schaut, da ist er!«, rief er. »Und zur Hölle mit Laupepa!« Erst im Vorwärtstorkeln bemerkte er meine Anwesenheit und rief im selben Moment: »Bei Gott! Bei Gott, Fräulein!«

Wir erreichten das Missionshaus. Leute rannten hin und her über den Rasen, und in allen Fenstern war Licht. Mr. Clarke trat zu uns und bestätigte, er habe [Lücke] verwundete Männer, und drei Tote seien hergebracht worden; elf abgeschlagene Köpfe habe man zum Regierungssitz gebracht, die nun nahe der Hütte des Häuptlings in

Mulinuu in Körben an einem Baum hingen. Darunter auch der Kopf einer Dorfjungfrau, was es in Samoa so noch nie gegeben hat. Auch Gurr und Fanua waren dort bei Mrs. Clarke, die an einer schweren Erkältung litt. Mrs. C, die ziemlich beeinträchtigt und ziemlich schwerhörig ist, erzählte uns, welche Mühen sie an diesem Tag mit dem Arrangement ihrer Gesellschaft beim Abendessen gehabt habe. Irgendwie kamen sie aber doch hinein, zu zweit oder zu dritt, wie es sich gerade ergab. In ihrer Schwerhörigkeit bekam sie nicht mit, dass Fanua uns gleichzeitig berichtete, wie ihre Adoptivmutter Fatulia sich die abgelieferten Köpfe angesehen und unter ihnen die letzten drei Blutsverwandten erkannt habe, die sie noch besaß.

Die arme Fanua war vor Aufregung ganz unruhig. Ihr Mann erzählte uns, dass sie weder esse noch schlafe und keinen Augenblick still sitzen könne.

Morgen früh wird ein Trupp losziehen und die Toten auf dem Schlachtfeld begraben. Wie man uns sagte, hat Mataafa keine Köpfe erbeutet; er wurde so rasch zurückgeschlagen, dass dazu keine Gelegenheit war. Das glaube ich nicht. Der Trupp, der am Morgen loszieht, um die Toten zu begraben, ist Beweis genug, dass es dort noch verstümmelte Leichen gibt. Kein Samoaner würde Leichen aus dem eigenen Lager die ganze Nacht dort liegen lassen, wo ihre Köpfe zur Beute werden mochten.

Mr. Krause hat Louis erzählt, er habe einige Leichen gesehen, etwa zehn, meinte er, obwohl nur fünf nach Apia gebracht wurden, eine davon ohne Kopf. Alle Köpfe, sagte man uns, stammten aus Savaii, auch der des armen Mädchens. Einem hiesigen Brauch entsprechend wird Fanua sich morgen früh die Köpfe ansehen.

Louis ging dorthin, wo man die Verwundeten in der Mission untergebracht hatte. Der Arzt des deutschen Kriegsschiffs stand zwar beträchtlich unter Alkoholeinfluss (er hatte mit Mr. Beckman zu Abend gegessen), schien seine Arbeit aber dennoch ganz ordentlich zu machen, und Louis sagte, es sei ein schöner Anblick gewesen, wie die jungen deutschen Matrosen in Rosa dem Arzt und Mr. Clarke geholfen hätten. Zwei Männer lagen im Sterben, einer mit einem beidseitigen Lungenschuss, ein prachtvoller, gut aussehender alter Mann, dessen Haut für einen Samoaner erstaunlich dunkel war. So jemand war mir von der Hotelveranda aus aufgefallen. Einem, der noch ein Junge war, wurde eine Fleischwunde am Arm verbunden. Zwei Personen hielten seine Beine fest, damit er nicht strampelte, aber er rührte sich nicht und gab keinen Laut von sich. In dem Moment kam Miss Large vorbei und sagte: »Sie scheinen nicht zu wissen, dass er eine Beinverletzung hat.« Eine Untersuchung ergab, dass beide Oberschenkel durchschossen waren.

FANNY   9. Juli 1893

Die Kämpfenden an der Front werden von ihren Familien mit Nahrung versorgt. Lloyd sandte Fono einen Korb. Ich vertraue darauf, dass er noch lebt und ihn erhalten wird. Darin waren genug Kava für zwei Schüsseln, drei Büchsen Fleisch und Schiffszwieback. Ich glaube kaum, dass er die Kava für sich behält, er wird sie vermutlich an einen führenden Häuptling weiterreichen, aber sie zu erhalten und in der Lage zu sein, sie seinem Anführer anzubieten, dürfte ihm selbst eine Vorrangstellung verschaffen. Ich schätze, dass die Kava nach englischen Maßstäben einigen Körben Champagner entspricht.

Man hört, dass einige der Köpfe zurück nach Malie geschickt worden sind, der Kopf des Mädchens gemäß hier geltendem Brauch in seidene Tücher gehüllt. Gestern Abend kamen drei weitere hinzu, und auch noch mehr Verwundete. Yandall kam mit einer Fahne von Haggard zu uns herauf, doch unsere alte *Casco*-Fahne weht bereits über dem Haus, und eine amerikanische Fahne liegt bereit, jederzeit über Lloyds Hütte gehisst zu werden, sollte es nötig werden. Als wir gestern Abend in die Stadt ritten …

Nun hat der Krieg also doch begonnen. Seit vier oder fünf Tagen sammeln sich in Apia die armen Kinder mit den geschwärzten Gesichtern und den roten Stirntüchern, an denen man die Malietoa-Krieger erkennt, und mit dem Wind landen Boote, manche von ihnen mit 50 Mann besetzt, einer Trommel und einem Signalhorn an Bord – das stets schrecklich klingt – und einer Art Narr, der auf der gerundeten Spitze des Bootes herumspringt, und von Zeit zu Zeit lässt die ganze Mannschaft ein bedrohliches Geheul ertönen. Am Freitag marschierten sie in den Busch, und gestern Morgen hörten wir, einige seien über Nacht in ihre Häuser zurückgekehrt, weil es ihnen draußen »zu unbequem« gewesen sei.

Nach dem Abendessen kam ein Bote zu mir herauf und berichtete, dass Verwundete das Missionshaus aufsuchten. Fanny, Lloyd und ich sattelten unsere Pferde und ritten mit einer Laterne los. Es war eine schöne, sternenklare Nacht, wenn auch recht kalt. In Tanugamanono ließen wir die Laterne zurück, im Sternenlicht ging es weiter. Apia war, wie ich selbst, seltsam aufgewühlt. Meine eigene Erregung hatte etwas von Beklommenheit und (so darf ich wohl sagen) wilder Entschlossenheit, andere erschienen wie vor den Kopf geschlagen, wieder andere verdrossen. Der beste Ort in der ganzen Stadt war das Krankenhaus. Ein länglicher Holzbau, mittendrin stand ein Tisch für Operationen, und an den Wänden lagen zehn Samoaner mit durchschnittlich vier Begleitern an ihrer Seite. Clarke war da, unermüdlich im Einsatz; und Miss Large, ein kleiner bebrillter Engel, erwies sich als wahre Trumpfkarte. So ernst die netten, sauberen deutschen Schwestern in ihren weißen Uniformen aussahen, so ernst waren sie auch bei der Sache. (Jemand erzählte mir die hübsche Geschichte, wie Miss Large – eine eiserne Abstinenzlerin – ins Wirtshaus ging, um eine Flasche Brandy zu holen.)

Als ich kam, war kein Arzt vor Ort, und man konnte sehen, dass es mit einem der Männer zu Ende ging. Er war ein prachtvoller Samoaner, sehr dunkelhäutig, mit edlen Gesichtszügen und einer Adlernase. Er sah aus wie ein Araber, und sie standen zu siebt um ihn herum und streichelten dem Liegenden die Glieder: Man hatte ihm durch beide Lungen geschossen. Eine der Schwestern wurde in die Stadt geschickt, um die (deutschen Marine-)Ärzte zu holen, die dort zu Tisch saßen. Indessen erhielt ich meinen eigenen Auftrag. Clarke und Miss Large sagten beide, sie wünschten, sie könnten den Gemeindesaal haben, dessen Vorstand ich bin, und so begab ich mich in die Stadt, holte Leute aus ihren Betten und stellte ein Komitee zusammen und verschaffte ihnen (unter großen Schwierigkeiten, bis wir einen der Männer schließlich gnadenlos überstimmten) den Gemeindesaal. Mit Ausnahme des einen Mannes war es ein großartiges Komitee, und man kam unverzüglich überein, bei Einverständnis der Teilhaber die Kosten aufzuteilen. Gegen halb zwölf Uhr nachts zurück ins Krankenhaus, wo die deutschen Ärzte inzwischen eingetroffen waren. Zwei Männer lagen jetzt im Sterben, einer davon mit einem Bauchschuss; er starb ziemlich qualvoll, in einem dumpfen Dahindämmern zwischen Schmerz und Laudanum, lautlos, mit verzerrtem Gesicht. Der Häuptling mit dem Lungenschuss lag auf der Seite und erwartete seinen Engel; seine Familie hing ihm an den Händen und Beinen, sie alle waren sprachlos, nur eine Frau ergriff plötzlich sein Knie und klagte laut auf, fünf Sekunden lang höchstens, und verfiel dann wieder in Schweigen. Nach Hause und etwa um zwei zu Bett. Was tatsächlich vorging, erscheint undurchsichtig, sicher ist jedoch, dass die Mataafas aus Vaitele vertrieben wurden. Ein schwerer Schlag für sie und der Widerstand weit größer als erwartet – was ein schwerer Schlag für die Laupepas ist. Es deutet alles auf einen langen und blutigen Krieg hin.

Franks Haus in Mulinuu war gleichfalls voller Verwundeter, viele Tote wurden hereingetragen, ich weiß mit Sicherheit von fünf, die in Matten gewickelt waren, und morgen geht ein Pfarrer aufs Schlachtfeld, um weitere zu holen. Die Laupepas brachten elf Köpfe nach Mulinuu, und zum großen Schrecken und zur Fassungslosigkeit der Eingeborenen entpuppte sich einer als der eines Mädchens, und zwar einer *Taupou** – oder Dorfjungfrau – aus Savaii. Heute Morgen erfahre ich zu meiner großen Erleichterung, dass man den Kopf nach Malie zurückgebracht hat, in kostbare Seidentücher gewickelt und mit einer Botschaft des Bedauerns. Mit so etwas war zu rechnen. Das Mädchen hatte seinen Vater begleitet und mit Munition versorgt und wurde erschossen. Ihr Haar hatte man gekürzt und dem Kriegshaarschnitt des Vaters angeglichen – genau wie bei unserer Sina –, und so war der Kopfjäger sich in seinem Kampfesrausch ihres Geschlechts vermutlich überhaupt nicht bewusst gewesen. Ich bedaure ihn für das, was ihm bevorstehen mag. Er wird sich auf viel Spott, vielleicht auch auf Rache gefasst machen müssen. Doch welch ein Ende für eine, die um ihrer Schönheit willen erwählt und in Friedenszeiten von getreuen Alten und Buckligen behütet wurde.

Abends:
Werde ich überhaupt schreiben können? Morgens habe ich Rasentennis gespielt, und nach dem Mittagessen ging es mit Graham hinunter nach Apia. Ulu, den man in die Lungen geschossen hat, lebt noch. Der Mann mit dem Bauchschuss ist zu seinen Vätern gegangen, armes wildes Kind! Helfen konnte ich nur in sehr geringem Maße; vor allem habe ich mir selbst zu Einsichten verholfen und bin dabei nicht mehr gewesen als ein Sternenbeobachter. Doch es scheint keinen Zweifel darüber zu geben, dass die Mataafas fürs Erste vernichtet sind. Der Großteil unserer Freunde ist von diesem Unglück betroffen, wie auch Mataafa selbst, der die Inseln vor einigen Monaten wohl im Handstreich hätte einnehmen können. Dass er eine solche Schmach erleiden muss, tut mir für ihn doppelt leid. Man sagt, die *Taupou* habe selbst ein Gewehr gehabt und gefeuert, doch das mag sehr wohl eine Entschuldigung sein, die man *ex post facto* konstruiert hat. Ich werde

morgen um 12 hinunterreiten, um Miss Large den Nachmittag über zu helfen. Als ich heute zum ersten Mal das Krankenhaus betrat, waren keine Betreuer zu sehen, nur die Verwundeten und ihre Freunde, die allesamt schliefen, die Köpfe auf die hölzernen Kopfstützen gebettet. Ein ganz hübscher Junge ist darunter, nur leicht verwundet und um sein Schicksal zu beneiden: Zwei Mädchen bewachen ihn und teilen mit ihm das Lager, eines davon wunderschön mit strahlenden Augen. In einer anderen Ecke ein weiterer junger Mann, der sehr geduldig und tapfer ist, er liegt dort ganz allein. Insgesamt sechzehn Köpfe in Mulinuu. Ich bin so steif, dass ich mich kaum rühren kann, ohne aufzuschreien.

LOUIS   10. Juli 1893

Man sagt, Mataafa sei über Manono nach Savaii gelangt, was den Krieg um einiges in die Länge ziehen und größere Auswirkungen haben könnte. (Als Sosimo mir heute Morgen mein Frühstück brachte, musste er mir aufhelfen. Es ist kein Spaß, Rasentennis zu spielen, nachdem man den rechten Arm so viele Jahre in einer Schlinge getragen hat.) Was für ein hartes, ungerechtes Geschäft! Wäre Mataafa am 28. losgezogen, hätte er Mulinuu noch für sich einnehmen können. Er wartete, und ich fürchte, genau damit hat er sein Pulver verschossen.

FANNY   10. Juli 1893

Mataafa ist geschlagen und angeblich nach Manono geflüchtet, nachdem er Malie in Brand gesetzt hat und alles in Flammen aufgehen ließ außer seinem eigenen Haus, weil es der Kirche gefährlich nahe steht. Poor White Man's Haus, wo wir noch vor Kurzem Kava getrunken haben, liegt in Schutt und Asche, und Poor White Man ist fort, niemand weiß, wo er geblieben ist. Ich muss dauernd an den lieben alten Mann mit seinen lahmen Beinen denken (er hatte in beiden *Fe fe*), der nun ein heimatloser Flüchtling ist. Mataafas Sohn[20] wurde mit einer Axt getötet. In nächster Nähe zu seinem Angreifer konnte er sein Gewehr nicht in Position bringen, wurde von einem Axthieb seitlich am Kopf getroffen, fiel und wurde enthauptet. Ein Verwandter, der aufseiten der Regierung kämpfte, brachte den kopflosen Körper auf Stangen gebettet und in alte Matten gehüllt herbei. Ihm voran schritt ein Mann, der den Kopf trug, gehüllt in ein Stück einer kostbaren Matte, dahinter folgten die Träger des Körpers. Dieser Sohn Mataafas hatte eine Frau, die mit ihm durchgebrannt war, was ihre Verwandten ihr als einer *Taupo-sa*, einer geweihten Jungfrau, niemals verziehen hatten. Als der Ehemann in den Kampf zog, wollte seine Frau ihn nicht alleine gehen lassen. Sie wurden beide im selben Kampf getötet, und auch ihr Kopf gehörte zu denen, die man der Regierung brachte. Im Ganzen sind drei Köpfe von Frauen nach Mulinuu gebracht worden, was es in Samoa noch nie gegeben hat. Frauen wurden getroffen, als sie in die Schusslinie gerieten, doch nie hätte ein Krieger auch nur im Traum den Kopf einer Frau erbeutet, was laut Henry noch Schande über die Kindeskinder bringt. Die *Tala*, dass der Kopf einer Frau in Tüchern zurück zu Mataafa geschickt worden ist, finde ich nirgendwo bestätigt.

Der Cousin (oder Bruder) von Mr. Dines' Frau hat einen Kopf erbeutet, der in gewohnter Manier schwarz bemalt war. Als er ihn in Mulinuu ablieferte, wusch man die Farbe ab, und zum Vorschein kam das Gesicht seines geliebten Bruders. Als er ihn das letzte Mal sah, so Mr. Dines, habe der Mann mit dem Kopf in den Händen dagesessen, ihn geküsst und mit Tränen bedeckt. Wenn ich richtiggehe, sind

---

20 Gemeint ist Leaupepe, eigentlich Mataafas Neffe, der nach samoanischer Sitte jedoch als Sohn galt.

diese beiden Männer nahe Verwandte Laupepas. Fatulias Stiefsohn überbrachte den Kopf ihres Bruders. Der König nahm die Köpfe auf den Stufen von Mabens Büro im Haus des Präsidenten entgegen.

Louis hat gestern Maben getroffen und Bestrafung für diejenigen gefordert, die Köpfe von Frauen erbeutet haben. Mabens Äußerungen lassen darauf schließen, dass er Angst hat, irgendetwas zu unternehmen. Jede der drei Mächte hat nun ihren Frauenkopf, oder anders gesagt, jeder Konsul einen. Jetzt wird eingeräumt, dass Mataafa, soweit bekannt, keine Köpfe erbeutet und keine Gräueltaten begangen hat. Mag sein, dass er keine Gelegenheit hatte, doch hätte er meines Erachtens ohnehin versucht, Enthauptungen zu verhindern, denn er hat sich seinen weißen Freunden gegenüber oft in diesem Sinne geäußert. Doch nun, da er mit dem Rücken zur Wand steht, allem beraubt, was ihm teuer war – für immer beraubt –, möchte ich gar nicht über die Wahrscheinlichkeit von Vergeltungsmaßnahmen nachdenken.

Heute Morgen kam Henry aus Apia herauf, seltsam blass, und sagte, er wolle uns etwas fragen. Etwas, was so manchen in Apia beschäftige. »Wessen Krieg ist das? Wer ist dafür verantwortlich?« Wir antworteten natürlich: »Die drei Konsuln.« Zu diesem Zeitpunkt war mir nicht klar, dass er vermutlich gehört hatte, es sei Louis. Schrecklich, wenn man bedenkt, dass Louis Mataafa zurückgehalten hat, denn hätte er Mulinuu und Apia angegriffen, dann wäre seine Stellung jetzt gefestigt und er glücklich und in Sicherheit und von den Menschen umgeben, die ihm lieb sind, möglicherweise nur um den Preis einiger weniger Leben. In seiner Sorge, das Richtige zu tun und den Rat seiner Freunde zu beherzigen, hat er seinen Untergang und womöglich einen unrühmlichen Tod besiegelt.

Louis besteht darauf, Maben gegenüber Frieden zu wahren, und nicht nur das – ihm auch freundlich zu begegnen. Doch ich kann Maben nicht die Hand reichen, bevor sie vom Blut der Frauen reingewaschen ist. Dabei fühle ich mich selbst nicht ganz unschuldig. Mit den besten Absichten, im Sinne Mataafas wie auch Samoas zu handeln, um Blutvergießen zu verhindern, haben wir uns für den Frieden eingesetzt. Doch Tatsache ist, dass somit, indirekt durch unser Einwirken, die Köpfe dieser Frauen den Vertretern der drei großen Mächte vorgelegt wurden, und die halten still wie Feiglinge. Der arme alte Laupepa, der zitterte wie im Fieber, als Dines ihn zuletzt sah, ist bloß ein austauschbares Mittel zum Zweck. Die gegenwärtigen Berater des Königs, Cusack-Smith, Beirman und Blacklock, haben den Krieg geplant und herbeigeführt und gaben die Befehle an die Armee (wenn man es eine Armee nennen will). Laupepa segnete nur ab, was man ihn absegnen hieß.

Misifolo kam heute Morgen nicht wie sonst zurück. Das sieht ihm gar nicht ähnlich. Wir fragten die anderen Boys, ob sie wüssten, was los sei. Es stellte sich heraus, dass er mit einem Mädchen aus Talolos Dorf durchgebrannt ist, wobei Talolo der Mittelsmann war. Nach dem Mittagessen ritt Louis hinunter zur Mission, um bei der Versorgung der Kranken zu helfen, obwohl ich den Eindruck hatte, dass wir dort nicht willkommen seien. Später gingen Lloyd und ich zu Fanua und baten sie, uns zu Fatulia zu führen, damit wir sie der Anteilnahme an ihrem furchtbaren Kummer versichern konnten. Doch sie war gerade nach Savaii aufgebrochen. Sitione hat bei den Kämpfen einen Kopf erbeutet. Man hat ihn mit frischem Blut besudelt gesehen, als er den Kopf gerade abgetrennt hatte. »Frisches Blut« klingt schrecklich nach der Enthauptung eines Verwundeten. Am Abend zuvor schickte Louis Pelema [Graham Balfour] zu den Clarkes, er sollte nachsehen, ob sie Hilfe brauchten (ich fürchte, sehr zu Pelemas Empörung). So hat er die Verwundeten gesehen und sagte, auf den einen, den mit dem beidseitigen Lungendurchschuss, passe genau meine Beschreibung des Mannes, der mich »Schweinsgesicht« genannt hat. Man geht davon aus, dass er sterben wird, der arme Teufel. An der Kreuzung trafen wir Louis, der sich auf dem Heimweg befand, auf seinem Pferd Jack, das gehörig lahmte. Offenbar hatte man ihm in der Mission, wo ohnehin Unfrieden herrschte, einen frostigen

Empfang bereitet. Pelema hatte am Abend zuvor die gleiche Erfahrung gemacht. Mr. Hills wollte am Morgen nach Manono, um nach Mataafas Verwundeten zu sehen.

Nach dem Mittagessen ließ Pelema sein Pferd holen und gab sich äußerst geheimnistuerisch. Nachdem er fort war, sagte mir Lloyd, sein Ziel sei Malie. Er habe L gebeten, ihn zu begleiten, doch L habe gesagt, er könne es nicht ertragen, den Ort im jetzigen Zustand zu sehen: niedergebrannt und zerstört und in den Händen der Feinde. Er war rechtzeitig zum Abendessen wieder zurück. In Malie hatte er Daplyn[21] und Christian und Much angetroffen, den kleinen Janney und Davis, die alle mit dem Boot dorthin gelangt waren. Er wurde Zeuge einer gewaltigen Prozession, urtümlich und wild: schwarz angemalte und federgeschmückte Männer, die tanzten und die Kopfjagd nachstellten. Diejenigen, die im Kampf Köpfe erbeutet hatten, hielten große Fleischklumpen zwischen den Zähnen, rohes Schweinefleisch, das sie in Kopfform zurechtgeschnitten hatten. Zu seiner größten Verwunderung stieß er auf Iopo, der ihn mit schwarzem Gesicht wie einen verloren geglaubten Bruder empfing. Bei der Waffenausgabe war man so klug gewesen, unserem »wilden Iren«, wie wir ihn immer genannt hatten, kein Gewehr in die Hände zu geben. Iopo sagte, dass er und seine Frau liebend gern nach Vailima zurückkehren würden, sobald man es ihnen erlaube.

Belle hat sich sehr über meinen armen alten Lafaele amüsiert, der mich am Sonntag besuchte. Er möchte in einer Woche zu uns zurückkommen, wenn sein Monat bei Carruthers zu Ende ist. Lloyd sagte ihm, dass er statt der sechzehn Shilling, die er bei Carruthers erhalte, bei uns nur wieder seinen alten Lohn von dreizehn Shilling bekäme.

»Geld nicht wichtig«, sagte Lafaele. »Mir egal sein. Ich zurück wollen, weil lieben Madame so sehr.«

---

21 Alfred James Daplyn (1844–1926), ein Maler aus Sydney, der auch ein Porträt von Stevenson gemalt hat.

Belle erklärte ihm, dass seine Ausdrucksweise nicht ganz angemessen sei. Es war die Übersetzung von *alofa**, die er gelernt hat, nachdem er fortging. Mr. Dines kam noch spät zu uns herauf und sah nach Jack. Eines seiner Knie ist aufgerieben, und er hat einen Abszess am Huf.

FANNY   11. Juli 1893

Belle hat hervorragende Bilder des Krieges gemalt. Da sie ihre Skizzen vom Haus des Präsidenten nicht mehr recht deuten konnte, ritten wir heute hinunter, um es uns erneut anzusehen. Als wir bei Betrachtung des Gebäudes an der Tür vorbeikamen, sahen wir aus dem Augenwinkel durch die Tür Maben an einem Tisch sitzen, gerade dort, wo der König die Köpfe in Empfang genommen hatte. Bei unserem Anblick war er scheint's wie vom Donner gerührt und saß noch genau so da, den Stift abgesetzt in der Hand, als wir zurückkamen. Wir gaben vor, ihn gar nicht zu bemerken, und nahmen das Haus wie mutmaßliche Einbrecher in Augenschein. Auf der Straße trafen wir auf Seu[manutafa], der einen Trupp bewaffneter Männer anführte. Seu lief auf uns zu, beide Hände ausgestreckt, und begrüßte uns herzlich, beinahe überschwänglich. Ich konnte deutlich sehen, wie bei diesem Anblick eine Bewegung durch seine Männer ging. Sie traten beiseite, machten uns Platz, und jeder, den wir anblickten, gebot uns *Talofa*.

Auf dem Rückweg machten wir bei Laulii halt. Sie war in derart heller Aufregung, dass sie kaum ein englisches Wort herausbrachte. Sie berichtete uns, dass Fatulias Verwandte sämtlich getötet worden seien, einschließlich der »Hälfte eines Bruders«. Sie meinte damit einen Halbbruder. Sie hat große Angst vor Vergeltungsmaßnahmen für die Köpfe der Frauen. Der Mann, von dem man weiß, dass er den Kopf einer Frau erbeutet hat, stammt aus der Stadt, in der sie selbst früher Dorfjungfrau war. Sollte es Vergeltungsmaßnahmen geben, wäre sie wirklich in Gefahr, doch ich bin sicher, dass es dazu nicht kommen wird.

Am Tor begegneten wir der Braut und Loia. Auf der Bank am Tor saß zu unserer Überraschung [Lücke]. Talolo sagte, der Mann habe ihm einen Brief übergeben, sei ansonsten aber sehr schweigsam gewesen. Die Atuaner wollen sich heute Abend mit dem Boot in Richtung Manono auf die Jagd nach Mataafa machen, die anderen morgen früh. In der Stadt deutete nichts darauf hin, dass man sich über ihren Sieg freute. Alle Gesichter zeigten Trauer und Besorgnis, und über der Stadt schien eine düstere Stimmung zu liegen. Ich glaube, dort ist man schockiert, so viele Freunde getötet zu haben, und beschämt über die Kopfjagd auf Frauen. Im Ganzen wurden der Regierung vierzehn Köpfe geliefert, elf von Männern und drei von Frauen. Henry sagt, dass Savaii fest zu Mataafa stehen wird. Sie fürchten das Kriegsschiff nicht und sind begeistert, einen echten Stammesfürsten bei sich zu haben. Doch das lässt sich nicht im Mindesten voraussagen.

Henry hat die allgemeine Darstellung von der Eröffnung der Kämpfe, soweit sie ihm glaubhaft erscheint, wie folgt zusammengefasst: Die Laupepas nahmen vor den Mataafas Aufstellung, welche sich hinter einer Steinmauer verschanzten. Sie senkten ihre Gewehre, und Tofi und Asi[22] riefen den Mataafas zu, sie sollten ihre Waffen niederlegen und zu einem freundschaftlichen Plausch *faa Samoa* herauskommen. Als die Mataafas und ihr Anführer darauf eingingen, rauchte, sprach und lachte man gemeinsam, bis Asi Mataafa einen Judaskuss gab. Das war das Signal für die Laupepas, auf die Mataafas zu schießen, die nun Deckung suchten. Diese Geschichte haben wir so bereits von verschiedenen Leuten gehört, einschließlich des Kusses.

»Dann«, hieß es, »begann plötzlich der Kampf. Manche meinen,

---

22 Zwei samoanische Häuptlinge.

dass die Mataafas zwei der Laupepas erschossen, doch genau weiß niemand, wie es anfing, nur dass es unmittelbar auf den Kuss hin geschah.«

Ich staune. Staune über die Gelassenheit der Samoaner. Wäre ich Samoaner, dann würde ich – und wohl mit Erfolg – ein Massaker an den Weißen anzetteln. Clarke erzählte Louis neulich abends, dass die *Deutschen!* sich Mataafas Sache annehmen würden. Doch wer soll das glauben? Er deutete außerdem an, Louis habe diesen Krieg verursacht. Ich bin fast geneigt zu wünschen, es wäre so. Dann sähen die Dinge jetzt anders aus.

Als wir in der Stadt waren, gingen wir zum Fotografen, im Glauben, er könne vielleicht Fotografien von den Kriegsereignissen haben. Er hatte keine.

Belle fragte: »Warum sind Sie nicht mit dem Fotoapparat losgelaufen, als die Köpfe hergebracht wurden?«

»Ich dachte mehr an meine eigene Haut als an meine Fotografien«, lautete die Antwort.

»Wirklich schade«, beharrte Belle, »dass Sie keine Fotografien von den Köpfen der Frauen gemacht haben.«

»Oh«, erwiderte er in höflicher Zuversicht, »was nicht ist, das kann ja noch werden.«

FANNY   12. Juli 1893

Man hat uns unseren lieben alten Mann entrissen. Offenbar gilt er als »verdächtig«. Schon einmal kam jemand aus seiner Familie, um ihn zu holen, und der alte Mann kaufte sich mit fünf Dollar frei. Doch diesmal sagte der Mann, er müsse mitgehen, oder seine Sippe werde ihn verstoßen. Kein Abschied ist einem Krieger je schwerer gefallen. Der Mann, der ihn holen kam, war ein prächtiger, hübscher Bursche, und der Erste, der die fünf Dollar angenommen hatte, sah sogar noch besser aus. Es heißt, sie seien insgesamt zwölf. Pelema hat sechs davon gesehen, jeder von ihnen ein Bild von Kraft und männlicher Schönheit. Wir ließen Kava bringen, doch der Fremde hatte es eilig und lehnte ab, aß jedoch etwas und trank eine Tasse Tee. Kava und Salz sind vielleicht von gleicher Art. Unser armer alter Mann sagte, er breche besser sofort auf, um nicht den Eindruck mangelnder Bereitschaft zu erwecken, doch er werde im Laufe des Tages zurückkommen. Wir verabschiedeten ihn herzlich und gaben ihm einen Korb mit etwas zu essen und reichlich Kava-Wurzeln mit. Der Mann, der ihn holte, sagt, die Expedition nach Manono sei abgesagt, weil sich Mataafa dem Vernehmen nach in Savaii aufhalte. Man will heute feiern und dann morgen nach Savaii aufbrechen.

Die *Tala* lautet nun, dass die Laupepas sich über die Königin empören (sie ist nicht die richtige Frau des Königs, stammt nicht einmal von den Inseln, ist eine ungehobelte, fette Frau und gleicht nicht im Mindesten einer Samoanerin). Glaubt man der *Tala*, zieht der Kriegertrupp keineswegs zum Kampf nach Savaii, sondern um Mataafa ein Friedensangebot zu machen und danach zurückzukehren und die Königin abzusetzen.

Die Macht der drei Konsuln und Mabens erscheint mir gleich null. Wenn Hunderte von Kriegern es schaffen, bis nach Savaii zu kommen, werden sie wohl kaum Rücksicht auf vier weiße Männer in Apia nehmen.

Talolo war hier, um mit mir zu sprechen. Er sagte, er müsse mir etwas Schreckliches erzählen: dass nämlich Sinas Bruder Afega einer der Männer war, die den Kopf eines Mädchens erbeuteten. Er hat wohl einen Brief bekommen und sagt, seine Mutter sei in Manono, und Mataafa sei, nachdem er seinen Kriegertrupp in Manono an Land gesetzt habe, weiter nach Savaii gereist, in der Hoffnung, die ganze Insel aufzurühren. Seine Männer habe er zum Kämpfen zurückgelassen, weil er damit rechnete, dass Manono angegriffen würde. Ich für meinen Teil denke, er wollte die Aufmerksamkeit des Feindes dorthin lenken, während er in Savaii seine Absichten verfolgte. Talolo hat diese *Tala* so gehört und hält sie für wahr, doch ich sagte ihm, dass ich nichts als Tatsache notieren würde, solange es nicht als erwiesen gelte.

Hier ist die *Tala:* Die *Taupo-sa* erhielt einen Schuss ins Knie und sank in eine Sitzposition. Ein Mann mit einer kleinen Axt lief auf sie zu. Das Mädchen schrie, während es zum Schutz die Hände in einer flehentlichen Geste ausstreckte: »*Faa moli moli* – Ich bin eine Frau!« Doch der Mann rief zurück, dass ihn nicht kümmere, was sie sei, und hackte ihr mit der Axt den Kopf ab.

Dass Sitione einen Kopf erbeutet haben soll, wird bestritten. Ich glaube nicht, dass jetzt noch etwas aus Sinas rechtskräftiger Hochzeit wird. Talolo sagt, sie schäme sich, sobald jemand sie nur ansehe, für die schändliche Tat ihres Bruders. Der alte Mann sprach mit Talolo und sagte ihm, Sinas Familie sei viel zu unbedeutend und gewöhnlich, als dass er sich sein Leben lang an sie binden sollte. »Der alte Mann ist wie ein Vater für mich«, sagte Talolo. »Er tut alles, was ich ihm sage.« Heute Nachmittag will Talolo losziehen und selbst die Wahrheit über die drei Frauen herausfinden, ihre Namen und wer ihre Köpfe erbeutet hat.

Henry sagt, jemand, der zugesehen hat, wie der Kopf der ersten Frau herbeigebracht wurde, habe ihm erzählt, dass ihr Haar kurz war, und zwar nach der Mode der Frauen, vorne mit einem Pony und hinten auf Nackenlänge. »Fünfzehn Zentimeter lang, so wie Ihres, Madame.« Ich sagte ihm, wenn es nach mir ginge, würde Sinas Bruder bestraft, und je schändlicher für ihn, desto besser. Er sagte, das sei auch sein Wunsch.

Die neueste *Tala* lautet, dass Mataafa Savaii erreichte und wieder fortgeschickt wurde, weil man dort nichts mit ihm zu tun haben wollte. Pelema [Graham Balfour] hat diese *Tala* aus der Stadt mitgebracht. Es heißt auch, der Zorn der Soldaten gründe sich darauf, dass Laupepa sein Nichterscheinen beim *Fono* in Malie damit entschuldigt habe, seiner Frau sei »nicht wohl«.

Wie es scheint, haben die Bewohner von Falealili in Atua während ihrer Kriegszüge das Recht, jeden zu töten, der ihren Weg kreuzt. Es ergab sich, dass sie am Tivoli vorbeikamen, wo Haggard am Balkongeländer lehnte. Für ihn sah es aus, als ob sich da einige junge Männer auf der Straße zusammenrotteten, und als die jungen Männer zur Mission rannten, applaudierte Haggard, der das alles für einen Spaß hielt. Doch es war keineswegs ein Spaß. Die jungen Männer brachten sich in Sicherheit, aber dem armen alten Krause wurde Pelema zufolge »beinahe der Hals umgedreht«. Sie trafen auch auf den Obersten Richter, der nach einigem rüden Geschubse erkannte, was los war, und die Straße frei gab.

Sina ist nach Apia gegangen. Talolo erwartet sie zurück, ich jedoch nicht. Die japanischen Pflaumen, die Pelema und ich nach Eintreffen des jüngsten Dampfers gepflanzt haben, tragen Blüten. Am Abend erhielt Louis eine Nachricht von Mr. Clarke, einen sehr aufgeregten *Faa moli moli*-Brief. Als wir zum ersten Mal hinunter in die Mission gingen, empfand ich uns als »Eindringlinge«, und das waren wir offenbar auch. Ich selbst wäre nie dorthin gegangen, doch Louis war in derart heller Aufregung, dass ich es für besser befand, ihn im Auge zu behalten. Ich selbst habe mich nie näher mit den Missionaren eingelassen, auch wenn ich ohne jede Verbindlichkeit so weit ganz gut mit ihnen stand. Ich habe nie einen Fuß in die Kirche gesetzt und habe das auch nicht vor. Einmal damit anfangen hieße ein Exempel statuieren, und ich weiß besser, als mir lieb ist, wie so etwas in einer kleinen Gemeinschaft endet. Louis war einmal verrückt genug, auf eine Bitte hin in ihrer Sonntagsschule eine Art Predigt zu halten. Darüber zerriss man sich dann das Maul, wie man es nur bei religiösem Volk erleben kann. Ich habe mir diese Sonntagsschulpredigt gar nicht angehört.

LOUIS   12. Juli 1893

Keine politischen Neuigkeiten mehr, doch viele Gerüchte. Die Regie-
rungstruppen sind nach Manono aufgebrochen – über Mataafa kein
Wort. […]
    Ein Mann brachte triumphierend einen Kopf nach Mulinuu, man
wusch die schwarze Bemalung ab, und siehe da, es war sein eigener
Bruder! Als man ihn zuletzt sah, saß er in seinem Haus, den Kopf auf
seinem Schoß, und weinte. Der barbarische Krieg ist ein hässliches
Geschäft, doch glaube ich, der zivilisierte ist noch hässlicher – aber,
mein Gott, wie erbaulich!
    Man weiß jetzt mit Sicherheit, dass *drei* Frauenköpfe erbeutet wur-
den. Es war nicht leicht, den Eingeborenen das zu entlocken, denn sie
sind alle sehr beschämt, und die Frauen haben Angst vor Vergeltung.
Es wurde nichts unternommen, um die verhassten Anstifter zu be-
strafen oder zu entehren. Dass man die Köpfe zurückgebracht hätte,
hat sich als falsch erwiesen.

LOUIS   13. Juli 1893

Mataafa aus Savaii vertrieben. Ich kann nicht davon schreiben und
weiß nicht, wohin das noch führen wird.

FANNY   13. Juli 1893

Louis beantwortete die gestrige Nachricht von Mr. C ziemlich kühl.
Lloyd …

Ich konnte nicht weiter Tagebuch schreiben, und das vor lauter Wut. Louis war in die Stadt geritten, um sich von Haggard und Blacklock Mabens Gerede wiederkäuen zu lassen, [[und floss bei seiner Rückkehr über mit der *Tala,* Mataafa sei ein intriganter Feigling, und spricht laut Belle in einem Brief vermutlich unbeabsichtigt [etwa fünf fehlende Wörter]]]. Noch vor Kurzem drehte sich alles um Mataafa, den mächtigen Häuptling, den jedermann respektierte. Das galt, solange man ihn fürchtete. Jetzt, da sie ihre eigenen Männer fürchten und Mataafa nur noch ein kinderloser Flüchtling ist, bewirft man ihn mit Steinen. Grundsätzlich liegen meine Sympathien in einem Kampf immer beim »Schwachen«. Und auch davon abgesehen denke ich daran, wie wir Mataafa, als er noch der Mann war, vor dem alle zitterten, unsere Freundschaft anboten und das Brot mit ihm brachen. Wenn ihm damals schon meine Loyalität galt, dann gilt sie ihm heute fünfzigtausendmal mehr. Es heißt, man habe kompromittierende Briefe von Louis an Mataafa gefunden. Das ist unwahr, denn Louis hat keine kompromittierenden Briefe geschrieben. [[Doch nun mache ich dieses Tagebuch zu einem kompromittierenden Dokument, kompromittierend zu einem einzigen Zweck, und ich habe vor, alles in meiner Macht Stehende zu tun, um Mataafa zu schützen, zweifellos wenig genug, doch so viel ich eben vermag. Und wenn Louis sich auch nur den Bruchteil eines Zolls von ihm abwendet,]] dann werde ich, falls man ihn ermordet, öffentlich Trauer tragen, und falls man ihn als Gefangenen nach Apia bringt, werde ich ganz alleine zu ihm gehen und ihm als meinem König die Hand küssen. Louis sagt, das sei purer Quichottismus. Mag sein, aber wenn ich mir die weißen Männer an der Spitze der Regierung ansehe und nicht zu sagen weiß, wer der größere Feigling ist, dann brennt mein weibliches Herz vor Scham und Wut, und ich bin zu jeder Verrücktheit bereit.

Noch kürzlich sprachen Maben und Blacklock beide mit mir – und in meiner Gegenwart – über den Krieg und ließen keinen Zweifel daran, dass sie ihre kriegerischen Hetzhunde loslassen würden. Nun, da sie besorgt sind, selbst gebissen zu werden, schieben sie alle Last auf die Schultern von Malietoa Laupepa. »Er war so *verbissen*«, sagte Haggard gestern, »dass niemand ihn umstimmen konnte.« Ich sagte, es sei ja etwas ganz Neues, dass man das folgsame alte Schaf, über das alle gelacht hätten, nun plötzlich zum verbissenen Wolf erklärte.

Als wir auf der Veranda saßen, erschien Mr. Haggards Übersetzer Yandall mit einer Kopfwunde und einer Prellung im Gesicht. Er hatte in einem Boot gesessen, über dem die amerikanische Flagge wehte und das mit einem »Schutzbrief« von Laupepa ausgestattet war, als er von einem anderen Boot aus einen Schlag erhielt und bewusstlos niedersank. Haggard reagierte auf diese Schilderung sehr gelassen. Unvermittelt sprang ich auf, platzte damit heraus, dass alle Männer in Samoa Feiglinge seien, und kehrte der Gesellschaft den Rücken. Ich fürchte, ich habe mich ziemlich schlecht benommen. [[Beim Mittagessen wurden Toasts ausgesprochen, und ich trank auf »H. J. Moors, meinen ärgsten Feind und den einzigen weißen Mann in ganz Samoa, der kein Feigling ist«.]]

Yandall hatte auch gemeldet, dass ein englisches Kriegsschiff angekommen sei. Heute Vormittag erhielt Simile [Henry] Besuch von einem Onkel aus Savaii, der im Krieg gekämpft hat. Er war größer, älter, ansehnlicher und »häuptlingshafter« als Simile, doch ansonsten genau wie er, hatte sogar denselben Augenfehler. Bis zum heutigen Nachmittag habe ich vergeblich versucht, dem schweigsamen Henry zu entlocken, was er Neues zu berichten hatte. Schließlich erzählte er mir, dass man auf Savaii ein *Fono* anstrebt, bei dem Laupepa und Mataafa beide anwesend sein sollen.

»Und wenn die weißen Männer das ablehnen, was dann?«, fragte ich.

»Ja – was dann …?«, antwortete Henry.

»Und?«, sagte ich.

»Dann werden sie Mataafa folgen«, gestand Henry widerstrebend.

Vor einer Weile rief man mich, und ich erfuhr, dass man unseren lieben alten Mann, den unfreiwilligen Krieger, hat gehen lassen und er in der Küche sei. Dort saß er, seinem ersten geäußerten Wunsch entsprechend, bei Brot und Tee, und als er mich sah, sprang er auf und lief mir mit leuchtenden Augen entgegen. Er sagte, er habe es seiner schlechten Gesundheit zu verdanken, dass er wieder hier sei. Lloyd war so taktlos, ihn für sein »Stammesfürstenleiden« aufzuziehen. Er scheint davon auszugehen, dass er jetzt in Vailima bleiben kann. Er sieht mager und abgezehrt aus, die arme alte Seele.

Belle erhielt soeben eine Nachricht aus der Stadt. Demnach ist unser Plan (Belles und meiner), einen kranken alten Häuptling in Manono mit Nahrung zu versorgen, zunächst aufgegangen. Eine weitere kompromittierende Feststellung in meinem Tagebuch. Niemand außer uns hat damit zu tun, genau genommen nur ich allein, denn Belle sprach lediglich davon, während ich das Geld zur Verfügung stellte – wenig genug, doch es war alles, was ich selbst besaß, selbst verdient und schon seit Jahren zurückbehalten hatte. Ich habe es erst kürzlich in einem Geheimversteck wiedergefunden. Ich dachte mir, dass ich eines Tages vielleicht ein paar Shilling für einen besonderen guten Zweck gebrauchen könnte, und hatte es dafür zurückgelegt. Immerhin reichte es für etwas Gebäck und Salzfleisch zugunsten eines kranken, leidenden alten Mannes, der seinen Namen Poor White Man erhielt, weil er selbst jedem armen weißen Mann seine Hilfe angedeihen ließ. Die Bemühungen, *ihm* das zu vergelten, lassen nun »in einem erschreckenden Ausmaß« auf sich warten [zehn fehlende Wörter]. Die Nachricht besagt außerdem, dass die Kriegsschiffe sich sämtlich im Aufbruch nach Manono befinden, vorgeblich in friedlicher Mission, und dass die deutschen Kriegsschiffe unter dem Kommando des englischen Kapitäns stehen.

Louis ist wieder da. Er hat keine von Mabens [zehn fehlende Wörter] gesehen. Wie sich herausgestellt hat, ist der Kapitän des Kriegsschiffs Katholik und kein Freund von wahllosem Blutvergießen. Er sagte, er wolle Mataafa in Manono auf ein freundschaftliches Gespräch an Bord bitten. Er werde für Mataafas Sicherheit garantieren und ihm vorschlagen, sich zu ergeben. Louis sollte M einen Brief schreiben, und der Kapitän wird, wenn möglich, Pater Broyer mitnehmen. Es hat vonseiten der Weißen so viel Verrat an Samoanern gegeben, dass eine solche Maßnahme notwendig ist. Sollte M seine Zustimmung verweigern, wäre der Kapitän gezwungen, das Feuer zu eröffnen.

Pelema [Graham Balfour] hat die wahre Geschichte des Angriffs auf Yandall ganz genau in Erfahrung bringen können. Dieser befand sich an Bord eines von Janney, einem Amerikaner, gemieteten Kutters unter amerikanischer Flagge. Sie kamen gerade aus Manono, wo Yandall mit einem »Schutzbrief« des Königs seine Kinder und seine hochbetagte Großmutter abgeholt hatte. Ein Boot fuhr auf sie zu, und die Männer darin sagten, sie seien auf der Suche nach Verwundeten aus Mataafas Lager, um sich ihre Köpfe zu holen. Die Missionare hatten nämlich bekannt gemacht, dass sie bereit seien, unter einem Schutzbrief der Regierung Mataafas Verwundete aufzunehmen und zu versorgen. Die Männer bestritten, Verwundete an Bord zu haben, und einer von beiden, Janney oder Hall, verwies auf die Flagge. Daraufhin schlugen die Männer im Boot Yandall mit einem Gewehr über den Kopf und mit einem Ruder auf die Wange, machten Anstalten, ihn zu sich herüberzuziehen, forderten seinen Kopf und sagten, dass er ein schlechter Mann sei. Auf die Schläge hin warf eine Frau in Janneys Boot Yandall eine englische Fahne über den Kopf. Wenn ich es richtig verstanden habe, wurde er in das Boot der Angreifer gezerrt und samt Fahne mitgenommen. Yandall ist britischer Staatsbürger. Janneys Boot verfolgte sie, bis sie an Land gingen und Yandall in den Busch schleppten, und die weißen Männer mussten befürchten, dass er dort getötet würde. Als sie einen Häuptling des Wegs kommen sahen, drangen sie auf ihn ein, er solle Yandall retten,

und machten ihm eine Keksdose zum Geschenk. Der sagte schließlich, Yandall werde nicht getötet, weil er in Begleitung der beiden
weißen Männer gewesen sei, doch werde man anderweitig versuchen,
ihn zu ermorden. Daraufhin fuhren die weißen Männer zurück, und
der unglückliche Yandall kam später nach. Yandall beschwerte sich,
man habe seine alte, beinahe hundertjährige Großmutter misshan-
delt. Doch nach allem, was mir bekannt ist, ging die schlechte Behandlung nicht sehr weit und bestand im Wesentlichen darin, dass
man sie unsanft aus dem Boot zerrte und an Land herumschubste.
Louis hat sich eine Reihe von Dingen notiert, die er gerne mit dem
Kapitän besprechen möchte.

Vielleicht wird Maben vorschlagen, die etwa 800 Anhänger Mataafas in Manono zu entwaffnen, bis feststeht, was mit ihnen geschehen
soll. Falls das geschieht, und für Außenstehende mag es vernünf-
tig klingen, werden sie möglicherweise alle abgeschlachtet. Wenn es
überhaupt nötig erscheint, wird Louis anbieten, mit nach Manono zu
fahren. Zunächst muss er zu Cusack-Smith und ihn um Erlaubnis
für seinen Brief an Mataafa bitten. Das mag Louis als Erniedrigung
erscheinen, aber ich denke, es ist richtig. C-Smith ist eine so armselige kleine, austauschbare Kreatur mit einem so aberwitzig hässlichen
Gesicht, dass man davor zurückschreckt, ihn überhaupt um irgendetwas zu bitten. In einer Visage, die gemeiner nicht sein könnte, trägt
er den verwegensten gezwirbelten Schnurrbart. Seine Frau ist ein
schlankes, schneidiges, ziemlich ordinäres und gut aussehendes Ding.
Jede Frau muss sich fragen, wie sie ein so bleichgesichtiges Heinzel-
männchen heiraten konnte.

Louis kam sehr spät nach Hause. Er war noch einmal beim Kapitän, um ihm seinen Brief zu überreichen. Der Kapitän hat sein Wort
gegeben, weder Mataafas Leute noch einen der Häuptlinge preiszu-
geben. Er hat versprochen, sie an Bord zu behalten.

LOUIS   17. Juli 1893

Haggard und Ahrens (ein deutscher Beamter) gestern zum Mittagessen hier. Es gibt noch keine verlässlichen Neuigkeiten, nichts, worauf man *schwören* könnte, doch am Himmel sieht es erschreckend düster aus für Mataafa und damit auch für viele unserer Freunde. Die Dinge haben einen widerlichen, einen abscheulichen, albtraumhaften Anstrich. Doch ist es alles in allem erstaunlich, wie wenig einen das berührt: die Verwundeten, die Krankenhausszenen etc., Dinge, die mir anfangs mörderisch zugesetzt haben. Mich beeindruckt viel mehr, wie ausgezeichnet alles geregelt war, wie in einem Panoptikum. Ich war Handlanger bei einer Operation und scherte mich einen Dreck darum.

LOUIS   18. Juli 1893

Am Sonntag legte die *Katoomba* an, mit Kapitän Bickford, C. M. G.[23] Gestern ritten Graham und ich zur Begrüßung hinunter und erfuhren, dass er Befehl hat, Mataafa unverzüglich zu entmachten, und noch heute bei Tagesanbruch nach Manono aufbrechen wird. Er ist ein sehr fähiger, tatkräftiger Mann: Wäre er nur zehn Tage früher hier gewesen, hätte sich all das vermeiden lassen, doch die Fragen, die sich jetzt stellen, wiegen schwer: 1. Wird Mataafa sich ergeben? 2. Werden seine Leute sich entwaffnen lassen? 3. Was wird dann mit ihnen geschehen? 4. Was sollen sie nach den Enttäuschungen der Vergangenheit überhaupt noch glauben?
Die drei Konsuln sind zu Pferde nach Leulumoega zum König ge-

---

23 »Order of St. Michael and St. George« ist ein britischer Orden, der seit 1818 an Diplomaten oder Staatsbürger verliehen wird, die sich im Ausland verdient gemacht haben. Eine der Klassen dieses Ordens ist der »Companion« (C. M. G.).

trappelt; Cusack-Smith also nicht da, ohne dessen Billigung ich keinen Brief an Mataafa senden kann. Ich ritt hier herauf, schrieb meinen Brief im Schweiße des Beistands und der tatkräftigen Unterstützung durch Lloyd – und aß zu Abend. Dann wieder hinunter in anhaltendem Regen und pechschwarzer Nacht und zu Cusack-Smith – immer noch nicht zurück. Auf zum Gasthaus wegen meines Pferdes und noch einmal zu C-S, der gerade eingetroffen war und meinen Brief absegnete. Dann nach Hause, dort gegen 12:30 Uhr nachts, reichlich müde und durchnässt. Heute den ganzen Tag wie außer mir, angespannt und gereizt, strich meinen missratenen Brief zusammen. Auf Neuigkeiten zu warten ist eine abscheuliche Angelegenheit; es könnte immer noch zu einem schrecklichen Massaker kommen.

FANNY   18. Juli 1893

Am frühen Morgen haben alle Schiffe abgelegt. Spät am Nachmittag kamen die beiden deutschen Schiffe mit der Nachricht zurück, Mataafa habe sich ergeben und befinde sich an Bord des englischen Schiffes mit achtundzwanzig seiner Häuptlinge, unter ihnen auch Poor White Man.

FANNY   19. Juli 1893

Heute früh ritten Louis und Lloyd nach Apia, um das Schiff abzupassen, das dem Vernehmen nach bald nach Tagesanbruch landen sollte. Sie waren die Ersten an Bord und die einzigen freundlichen Gesichter, die die Gefangenen zu sehen bekamen. Mataafa wirkte alt und gebrochen und bedachte Louis mit einer wirren Ansprache. Einer der Häuptlinge versuchte vergeblich, Lloyd anzusprechen, und als er endlich Worte fand, fragte er, ob man sie köpfen werde. Der Umgang mit den Gefangenen hat in der Offiziersmesse durchaus Mitgefühl geweckt. Der Kapitän hatte Mataafa drei Stunden Zeit gegeben, zu einer Entscheidung zu kommen, was für die behäbigen, zeremoniellen Samoaner sehr knapp bemessen war. Er war bereits ziemlich nervös, als die Häuptlinge sich erst fünfzehn Minuten vor Ablauf der Frist zeigten. Die Offiziere sagten, die Gefangenen hätten die ganze Nacht geweint. Blacklock hatte einen Gouverneur einsetzen wollen, jemanden, dem er wirklich vertraute und den er zum Gouverneur machen konnte, und die Leute aus Aana* sollten bei ihm bleiben, um das Fußvolk zu bewachen, das entwaffnet wurde. Das Schiff hatte kaum zum Auslaufen angesetzt, als sich auch schon Flammen erhoben. Die Bewacher begannen bereits mit dem Niederbrennen der Häuser. Mataafa fiel vor dem Kapitän auf die Knie und flehte ihn an, seine hilflosen Leute zu retten. Blacklock fuhr, soweit ich weiß, noch einmal zurück und berichtete, Leben seien nicht in Gefahr. Während Louis und Lloyd an Bord waren, wurden dann die Gefangenen aufgeteilt und zwölf von ihnen an Bord des deutschen Kriegsschiffes gebracht. Laut einer *Tala* fragte Jack Eina, Henrys Cousin, der als Übersetzer diente, was denn aus dem Ehrenwort des Kapitäns geworden sei, dass die Gefangenen das englische Schiff nicht verlassen würden, und wurde daraufhin an Land in die katholische Mission geschickt. Doch in der Tat – was ist mit dem Ehrenwort des Kapitäns? In all der Zeit, die ich unter Engländern verbracht habe, ist mir ihre Anschauung zu eigen geworden, dass es so etwas wie das Ehrenwort eines Engländers tatsächlich gebe. Der Kapitän rechtfertigte sich damit, er habe sein Wort *auf das Wort Laupepas* gegründet. Ein Mann, dessen Ehre am Hals dieses armen Schafes hängt, ist wahrlich übel dran. Die Offiziersmesse schien sich ihrer prekären Lage wohl bewusst zu sein. Und das zu Recht, da Brandstiftung und Verrat ihnen bereits anhaften.

Mein armer Talolo hat den ganzen Tag liegend verbracht, mit bedecktem Gesicht. Und während ich selbst mich noch an die Tatsache zu gewöhnen versuchte, dass die Ehre eines Engländers aus brüchigem Material besteht, wollte ich ihn mit einer anschaulichen Schilderung dieser Chamäleonskunst trösten, doch er murmelte nur etwas wie: »Weiße alle gleich ... Häuptlinge von Manono«, in Anspielung auf den Verrat und das von Blacklock als amerikanischem Konsul gekaufte und auf Geheiß des Obersten Richters eingesetzte Dynamit, das sie beinahe in die Luft gesprengt hätte. Interessant zu sehen, wie der englische und der amerikanische Konsul zusammenhalten. Der englische Konsul weiß, dass Blacklock das Dynamit gekauft hat, und Blacklock weiß von einer unehrenhaften finanziellen Transaktion, in die der englische Konsul verwickelt war. Sie *müssen* Freunde sein. Würde das bekannt, wäre die Karriere des englischen Konsuls ruiniert, und es ist sehr anständig von so vielen in Apia, die davon wissen und doch nichts sagen, da sie ihn doch mehrheitlich verachten und hassen.

Aber zurück zu dem Schiff. Lloyd ging an Land und besorgte Tabak, Ava*, eine Ava-Schüssel samt Sieb und Schaber. Auch ein Kruzifix für Mataafa, das Pater Didier gehört hatte, der sich auf einem der vielen verschwundenen Schoner befand, und acht weiße *Lavalavas* für die Häuptlinge, die als Kleidung lediglich etwas *Tapa* trugen. Charley Taylor schickte M das beste Hemd, das er auftreiben konnte, als Geschenk. Der Anblick von M und den Häuptlingen bewegte Lloyd sehr, ihre angstvollen Augen und wie sie tapfer Haltung bewahrten, das rührte ihn zu Tränen. Bevor er die Ava besorgte, begab er sich auf dem Schiff zu Poor White Man, der mit den Häuptlingen darauf wartete, auf das deutsche Kriegsschiff überführt zu werden. Lloyd sagte, der alte Mann habe sich großartig gehalten. Er trug den Kopf aufrecht wie ein alter Löwe und erklärte, sein Herz sei stark. Er habe auf der rechten Seite gekämpft und spüre keine Angst, was auch kommen möge. Von Religion kein Wort. Er sprach lediglich für sich selbst. Ganz anders Mataafa, der aussah wie ein Heiliger und sagte, er lege alles in die Hände Gottes, in den er sein ganzes Vertrauen setze. Als er diese Geschichte erzählte, konnte Lloyd nicht mehr an sich halten: »Wahrhaftig traurig für den alten Mann, wenn ihm nicht mehr geblieben ist als dieser Glaube!« Was ganz so klang wie das »Ist es so weit gekommen?« des Pfarrers.

Als Lloyd mit der Ava zurückkehrte, war Poor White Man bereits auf dem deutschen Schiff, also wurde er mit seinen Geschenken dorthin geführt. Zum Erstaunen der Weißen küsste Lloyd den alten Mann und bekam binnen Minuten einen Wink, er solle sich besser verabschieden. Die Häuptlinge scharten sich um ihn, um ihm die Hände zu schütteln, einer über die Köpfe der anderen hinweg. Ihre Dankbarkeit stand in keinem Verhältnis zu dem, was er für sie getan hatte – die armen Seelen müssen sich sehr verlassen gefühlt haben, ohne einen Menschen, der überhaupt in ihre Nähe kam, glücklich, endlich ein freundliches Gesicht zu sehen.

Louis sprach mit Cusack-Smith über die Kopfjagd. Ich zweifle kein bisschen daran, dass Laupepa die ihm dargebrachten Köpfe abzulehnen gedachte, aber ohne Mabens Rückendeckung hat er das offenbar nicht gewagt. Ich fürchte, genau deswegen ließ Maben sich nicht blicken. Er wagte nicht, dem König im Angesicht der Männer, die die Köpfe überbrachten, die Anweisung zu erteilen, sie abzulehnen. Für eine Frau ist es eigentlich unvorstellbar, einen Mann überhaupt für feige zu halten. Doch werde ich nie Mabens Ausbruch bei einem Abendessen bei Haggard vergessen, als er sagte, niemand tue jemals etwas für sein Land oder seine Mitmenschen, sofern es nicht seinen eigenen Interessen diene. Nun, Mabens falsche, verschlagene Augen zeugten jedenfalls davon. Dabei hatte ich tatsächlich angefangen, ihn zu mögen, allein schon weil er ein Landsmann von Louis ist.

Als die beiden Haus-Boys ihre Arbeit erledigt hatten, gingen sie hinaus zu Talolo, und über Stunden schallten inständige Gebete vom Haus der Eingeborenen zu mir herüber. Sie sind der festen Überzeugung, dass Talolos Mutter und Bruder vom englischen Kapitän verraten wurden und mittlerweile tot und enthauptet sind. Und das Schlimmste ist, dass sie durchaus recht haben könnten. Ich brachte es nicht fertig, Talolo vom Vertrauensbruch des Kapitäns zu erzählen, von den brennenden Häusern, die er zurückließ, allein auf Blacklocks Versicherung hin, die entwaffneten Gefangenen seien in den Händen ihrer Feinde sicher.

Louis fragte Blacklock, was er wegen der Berufung des Gouverneurs unternommen habe.

»Oh, ich habe mit dem König gesprochen.«

»Und wie lautet der Name des Häuptlings, der vertrauenswürdig genug für dieses Amt ist?«

»Das hab ich nicht gefragt«, gab er zur Antwort – um dann kundzutun, dass er Mataafa liebend gerne an einer Kokospalme hängen sehen würde, und zu schildern, wie er seinen besiegten Feind aufgesucht und den alten Mann an Bord des Schiffes mit Worten erniedrigt habe.

Wir haben nun beiderlei näher kennengelernt, englische Ehre und amerikanische Ritterlichkeit. Gott sei Dank ist der Amerikaner nur ein Imitat, er kam in den englischen Kolonien zur Welt und trägt alle Zeichen jüdischer Herkunft. Sewall mag ein großmäuliger Schuljunge gewesen sein, aber so etwas war bei ihm völlig undenkbar.

»Brennende Häuser!«, sagte er (Blacklock). »Das waren doch keine Häuser, das waren bloß Eingeborenenhütten.«

Ich weiß, was eine »Eingeborenenhütte« ist, denn ich habe selbst drei gebaut, und würde es als schmerzlichen Verlust empfinden, wenn nur eine davon niederbrannte. Es war, als würde die britische Königin angesichts von Blacklocks brennendem Haus sagen: »Es war ja kein Palast. Es war bloß das Holzhaus eines Auktionators.«

Früh am Morgen machten sich Talolo und sämtliche Männer daran, einheimische Speisen für die Gefangenen zuzubereiten. Um 11 zogen Lloyd und Pelema dann los, beladen für vier mit in Erde gegartem Taro der größten und besten Sorte, einhundert *Poli samis,* jungen Kokosnüssen und Bananen. Sie sind noch nicht wieder zurück.

Vergangene Nacht um 12 legte der Postdampfer an. Mr. Harris war an Bord und kam an Land und weckte Haggard, um ihm einen Beutel mit Wild und Sellerie für Louis zu geben. Belles Bilder sind nun unterwegs. Mögen sie die Herzen der Regierungsvertreter erwärmen – Feiglinge allesamt! Louis erhielt gestern eine Nachricht von Mrs. Cusack-Smith, die unter seinem Namen eine Fünfdollarspende für die Verwundeten notiert hat.

[[Ich wünschte, ich könnte eine kleine Geschichte schreiben, um für mich selbst etwas Geld zu verdienen. Ich weiß, die Leute reden über mein [acht Wörter unleserlich]. Doch es kümmert mich nicht sehr, denn es ist wirklich ein Segen und ein Vergnügen, alles in [etwa sechs Wörter unleserlich] zu teilen. Das ganze Geld, das ich je verdient habe [etwa acht Wörter unleserlich] anderen Leuten gegeben. Fünfundzwanzig Dollar von insgesamt einhundertfünfzig habe ich meinem sterbenskranken Schwager geschickt. Ich frage mich, was aus einem Mann würde, zu was er verkommen würde, wenn er als Frau leben müsste: genug »zu beißen« und Kleidergeschenke bekommen, und für weitere Zuwendungen immer zu tiefster Dankbarkeit verpflichtet sein. Ich würde hart arbeiten, um einige Pfund pro Monat zu verdienen, und ich könnte ohne Weiteres sehr viel mehr verdienen, wäre da nicht meine Rolle als Louis' Frau. Louis kommt herein und schlägt vor [zwei fehlende Wörter] zu schicken, was geradezu peinlich ist: sowohl im Hinblick auf den deutschen Boy als auch im Hinblick auf das oben Gesagte, denn es käme Betteln gleich, und das fände ich über die Maßen beschämend.]]

Lloyd wieder da. War beim Kapitän, der wenig erfreut schien zu hören, wie Blacklock zum Niederbrennen der Häuser stand. Neulich eröffnete Blacklock Louis mit tiefstem Abscheu: »Der Kapitän ist Papist!«

»Lieber Gott!«, war Louis' Antwort. Frage: Ist B Christ oder Jude?

Lloyd war bei den Häuptlingen auf dem englischen Schiff; natürlich, sagte man ihm, dürften sie Besucher empfangen. »Sie sind keine Verbrecher, sondern Kriegsgefangene.« Immer wieder hatte der Kapitän Mataafa gut vernehmlich und stets im selben Wortlaut versichert, dass an Bord keinerlei Gefahr für sein Leben bestehe. Das scheint M nun eingesehen zu haben, und die Häuptlinge sind offenbar guter Dinge und fühlen sich wohl. Von dem deutschen Schiff schallte aus weiter Ferne ein lauter Ruf herüber. Lloyd erkannte, dass dort Ava ausgerufen wurde, unsere Ava. Der Kapitän hatte vor, einen vertrauenswürdigen weißen Mann nach Manono zu schicken, und – so sagte er – warum nicht Lloyd, woraufhin Lloyd an seine Sympathien für Mataafa erinnerte. Lloyd ging an Bord des deutschen Schiffs, um Nahrung zu verteilen, aber man wies ihn höflich darauf hin, dass niemand mit den Gefangenen sprechen dürfe.

Zwei der Offiziere kamen zum Abendessen zu uns herauf, angenehme, rechtschaffene Leute, der eine mit einem Stottern, das ihn irgendwie nur sympathischer machte. Talolo, dem es noch immer sehr schlecht geht, beeilte sich, ein Abendessen zuzubereiten, und brachte eine sehr ansehnliche Mahlzeit auf den Tisch. Ich hatte den Boys gesagt, sie könnten nach dem Essen hereinkommen, um die Offiziere zu sehen. Sobald der Kaffee serviert wurde, sah ich sie an der offenen Tür der Halle Hemden über die braunen Schultern ziehen. Sie kamen in einer Reihe hereinmarschiert, Talolo an der Spitze, eine sehr präsentable Männerschar. Talolo hielt eine kleine Willkommensrede, und die beiden Offiziere, die auf Ansprachen nicht vorbereitet waren (sie konnten noch kein Samoanisch), waren ziemlich verlegen. Der eine, weil ihm nichts einfiel, was er hätte sagen können, der andere, weil er viel zu sagen gehabt hätte, es aber wegen seines Stotterns nicht vermochte.

FANNY   21. Juli 1893

Mataafa verlangt nach Henry als Übersetzer. Ich befürwortete das, obwohl er kein guter Übersetzer ist. Denn ich befürchte, man könnte M sonst irgendeinen windigen Mischling aufdrücken. Die anderen teilen meine Ansicht offenbar nicht, und damit ist das Thema erledigt.

Lloyd ist hinunter zu C-Smith geritten, um den Protest gegen die Kopfjagd vorzubringen. Ich weiß nicht, warum mich das an Louis' erste Begegnung mit den Kriegsschiffoffizieren denken lässt. Einer der Männer, die bei uns gegessen haben, war im Tivoli und erwartete dort offensichtlich sehr dringend jemanden. Als Louis einen Augenblick an der Tür stehen blieb, fragte der Mann hoffnungsvoll: »Sind Sie Mr. Smith?«

»Wie zum Teufel kommen Sie darauf, dass *ich* Mr. Smith bin?«, war Louis' ruppige Antwort, woraufhin der Fremde sich hastig zurückzog.

Lloyd kam aus der Stadt zurück und berichtete von Bekanntmachungen der Konsuln mit Anweisung an die Soldaten, sich zu zerstreuen und sich zurück nach Hause zu begeben. Als Louis das letzte Mal in der Stadt war, fragte er Blacklock, ob es nicht ratsam wäre, die Männer bei der Ankunft zu entwaffnen. »Ja«, sagte B, »aber ich fürchte, wir haben dazu nicht genügend Streitkräfte.« Eine seltsame Art, von seinen eigenen Streitkräften zu sprechen. Ich vermute, Frankenstein kommt sein eigenes Monster immer erschreckender vor. Vor allen Dingen war es purer Irrsinn, dreitausend unzivilisierte Männer mit Feuerwaffen auszustatten, die unbewaffnet schon nahezu unkontrollierbar sind. Käme die *Adams*, das amerikanische Schiff, könnte man versuchen, die Waffen sicherzustellen, sonst nicht. Einmal ausgegeben, wird keine Waffe und keine Munition je wiederauftauchen [etwa zehn fehlende Wörter].

Vom OR ist überhaupt nichts mehr zu sehen. Niemand verschwendet auch nur ein Wort oder einen Gedanken an ihn. Lloyd sagte heute Abend, in Anspielung auf Tom Balfour: »Er ist eine bessere Ausführung von Isla, aber aus minderwertigem Material.«

Louis schien zuletzt nicht er selbst zu sein. Ich glaube, die Grippe hat ihm mehr zugesetzt, als wir dachten. Man sagt, dass manche ein Jahr oder noch länger brauchen, sie zu überwinden.

Misifolo hat sich bereits mit seiner Braut gestritten. Er ist schwer erkältet, wie auch Talolo und der alte Mann. Ich habe allen dreien ein Davis-Pulver[24] gegeben. Sosimo hat achtlos eine meiner bestgehüteten Pflanzen mit Stumpf und Stiel ausgerissen. Das kann ich ihm nur schwer verzeihen.

FANNY   23. Juli 1893

Hatten Carrick, den Herausgeber des *Herald*, zum Mittagessen zu Gast; befragten Daplyn, der spätnachmittags heraufmarschiert kam und zum Abendessen blieb. Wir waren entsetzt von der Samstagsausgabe, die sich zu Blacklocks Sprachrohr gemacht hat. Am Tag, als der S.F.-Postdampfer eintraf, druckte der *Herald* ein Extrablatt, in dem es hieß, als die Häuser in Manono brannten, habe *Blacklock* den Abzug des Kriegsschiffs befohlen. Wir gaben Carrick zu verstehen, dass das so nicht stimmt. Ich halte ihn für recht annehmbar, obwohl Tante Maggie sich vermutlich über ihn empören würde, weil er so ganz »Glasgow« ist.

---

24 Davis-Pulver: vermutlich ein Präparat des 1866/67 in Detroit, USA, gegründeten Parke-Davis-Unternehmens, das Ende des 19. Jahrhunderts auf dem pharmazeutischen Sektor mit bestimmend war.

Willis war hier, trank Bier und sprach von allerlei Torheiten, erzählte aber auch eine amüsante Geschichte, die auf seine eigenen Kosten ging. Beim letzten Mal hatte er mir von einem Mann erzählt, der eine Messerstichwunde »direkt durch die Eingeweide« davongetragen habe. Er spricht von einem »beinbockigen Mann«. Er und Carrick brachen gemeinsam auf. Dann kamen die Offiziere des Kriegsschiffs, gefolgt von Haggard. H hat sich mit dem Direktor des Tivoli überworfen und ist zurück an seine alte Adresse gezogen, ins Rugi-Haus. Er hat sich auch mit Maben gestritten, ich nehme an, wegen Louis, doch H behauptet, es sei um Mataafa gegangen. H ist jetzt sehr freundlich zu Mataafa, wie auch viele andere. Ich glaube, Louis hat den Anstoß zu mehr Ritterlichkeit im Umgang mit einem großen Mann nach seinem Sturz gegeben. Die Offiziere sagen, dass die Matrosen wetteifern, ihnen Aufmerksamkeit zu widmen, und man ihnen nicht weniger als einhundert Zigarren auf einmal anbot.

Carrick überbrachte uns die unschöne *Tala*, dass Maben alle bis auf neun Häuptlinge auf dem Kriegsschiff ins Gefängnis befördert habe und sie, anstatt für ihre Sicherheit zu sorgen, ihren Feinden überließ, die sie mit Beleidigungen und Schlägen eindeckten. Ich konnte mich nicht zurückhalten und erzählte den Offizieren, dass Blacklock Louis gegenüber damit geprahlt hatte, wie er Mataafa an Bord des Schiffes beleidigt habe. Sie wollten mir gar nicht glauben, dass jemand sich so feige verhalten und dann auch noch damit prahlen könne. Carrick sagte, er habe gehört, was man sich allgemein erzählte: dass Louis Mataafa gleich nach seiner Ankunft habe besuchen wollen, jedoch vom Kapitän unmittelbar des Schiffes verwiesen wurde. Er fragte, ob er die wahre Geschichte in einem Brief in die Kolonien und auch in seiner Zeitung erwähnen könne. »Sicherlich«, antwortete Louis. Danach wird niemand mehr behaupten können, Louis habe nach seiner Niederlage nicht zu Mataafa gestanden.

Den ganzen Tag über herrscht ein Kommen und Gehen von Besuchern im Haus der Eingeborenen. Die Gefangenen aus Manono sind angekommen, und Talolo traf mit seiner Mutter zusammen, die nach seinen Worten gut aussah, aber »viel am Herzen« hatte. Fali wurde, als er an seinem eigenen Dorf vorbeikam, von einigen Männern befreit und ist verschwunden. Die näheren Umstände scheinen im Dunkeln zu liegen. Jetzt fragen sich die Eingeborenen, warum die Gefangenen sich nicht mit den Männern des Königs zerstreuen dürfen, da der Krieg doch beendet ist. Es heißt, man habe in Manono große Mengen Munition und Waffen entdeckt. Das Waffenlager sei von den Weißen beschlagnahmt worden, und jetzt wollten sie es nicht preisgeben und hätten es in Sicherheit gebracht, zweifellos, um darauf zurückzugreifen, wenn es zur Erhebung von Steuern kommt.

Heute Nachmittag erschien der Kapitän des Kriegsschiffs zusammen mit Mrs. Cusack-Smith. Mr. C-S, der auf Louis' Frage hin, welche Schritte man wegen des Tötens von Verwundeten und der Kopfjagd zu unternehmen gedenke, die Sendung einer Petition an Laupepa angeregt hatte, schickte die von Louis verfasste nun zurück, wie wir es hatten kommen sehen. Sie sei »zu samoanisch«, sagte er. Louis hatte sie eigens so formuliert, um eine Übersetzung zu erleichtern. Außerdem wandte er ein, dass man für den Fall, dass weiße Atheisten das Dokument unterzeichneten, den Glauben der Samoaner an Gott besser aus dem Spiel lassen sollte. Es lief also auf etwas recht Kurzes und Trockenes und »durch und durch Britisches« hinaus, das sozusagen eine Art Exempel darstellte. Er sagte, da sein Ausstoß ohne literarischen Wert sei (was stimmte), wäre er sehr erfreut, wenn Louis die Dinge sinnvoll zusammenfügte. Louis machte es kurz und dabei so trocken und durch und durch britisch, dass ich befürchte, C-S wird kaum etwas damit anzufangen wissen.

Vom Kapitän waren alle sehr angetan. Die Aufgaben unserer Männer führten sie ständig über den Rasen vor unser Haus, vielmehr richteten sie das selbst so ein, um den Kapitän zu beäugen. Ich glaube, Letzterer war überrascht, dass sich nicht ein einziger von Mataafas Soldaten bei uns befand, sondern im Gegenteil ziemlich viele Soldaten der Regierung. Belle hatte am Sonntag diejenigen ihrer Zeichnungen präsentiert, die nicht gut genug waren, um sie an Zeitungen zu schicken, und der Kapitän erkundigte sich sofort danach.

Mr. Haggard hat mir bestätigt, dass Sitione einen Kopf erbeutet hat, denn er ist ihm seinerzeit auf der Straße mit einem Stock über der Schulter begegnet, dessen Ende im Hals des Kopfes steckte, und Blut war ihm über den Rücken gelaufen, was einen schauerlichen Anblick bot. Unser kräftiger, würdevoller Friedensrichter Folau ist gesehen worden, wie er halb nackt und mit schwarz bemaltem Gesicht tanzte und herumsprang und eine Prozession anführte, die einen erbeuteten Kopf mit sich führte. Der Mann, der den Kopf trug, warf ihn hoch und fing ihn wieder auf, während Folau wie ein Affe herumhopste und dabei wilde Grimassen schnitt.

Während der Kapitän auf der Veranda seinen Tee zu sich nahm, sah ich niemand anderen als Iopo über den Rasen gehen. Belle und ich sprangen auf, woraufhin Iopo mit strahlendem Lächeln und kleinen Freudenschreien angelaufen kam. Auch Louis erhob sich, und Iopo kniete vor ihm nieder und küsste ihm die Hand. Iopo erzählte uns, es gehe die *Tala* um, dass wir weder ihn noch einen der anderen, die für die Regierung gekämpft hätten, wieder bei uns aufnehmen würden. Er lief überall herum, knüpfte an seine alten Pflichten an und kontrollierte alles mit größtem Eifer. Zu seinem und unserem großen Bedauern war er jedoch nicht gekommen, um zu bleiben. Ich bin sicher, er war aufrichtig. Nachdem sein verletzter Bruder gestorben ist, ist ein weiterer Bruder krank geworden und auch Tali, seine Frau. Die Leute in der Mission kümmern sich um Tali, die an einer Art Mandelentzündung zu leiden scheint. Die anderen Familienmitglieder sagen, sie seien nach der langen Krankheit des verstorbenen

Bruders so erschöpft, dass sie eine weitere Pflege ablehnten. Der arme Iopo war zu Fuß über die ganze Insel gelaufen, auf der Suche nach einer alten Frau, doch sie hatte ihre Hilfe ebenso verweigert, und erschöpft musste er den ganzen Weg wieder zurückgehen. Er sieht verändert aus, dünner, und seine Stirn ist von Kummer und Entbehrungen gezeichnet. All dies kann leicht über Iopos Kräfte gehen, er hat eine schwache Lunge. Seit er hier ist, hat er schon zwei Blutstürze gehabt.

Gerade rechtzeitig zum Abendessen kamen Mr. Gurr und Fanua bei uns an, sie wollten einige Tage bleiben, damit Letztere sich erholen kann; bei ihr besteht der Verdacht auf Schwindsucht. Louis sieht wieder viel besser aus. Er war nicht in der Verfassung für die Strapazen und Aufregungen, die mit diesem Krieg einhergingen, und mein unbeherrschter Ausbruch wegen unserer Haltung gegenüber Mataafa ist sicher auch nicht förderlich gewesen. Er nannte mich einen »blödsinnigen Enthusiasten«. Nun, das ist er selber, und ich bleibe bei meinem Anspruch, dass er sich treu bleiben möge, wenigstens in seinen Idealen. In ihm steckt weder ein Philosoph noch ein Zyniker.

Man sagt, Mabens dünnes Haar sei im Zuge dieses Krieges nahezu weiß geworden. Das mag wohl sein. Wenn jemals einer die Gelegenheit hatte, eine glänzende Rolle zu spielen, dann war es Maben. Bedauerlicherweise besaß er jedoch weder den Mut noch den Verstand dazu. Mataafa hat sich besonders über die Tatsache amüsiert, dass die Landkommission sich weiterhin täglich zusammengesetzt und ihre Arbeit ungeachtet des Krieges fortgeführt hat. Bei diesem Gedanken brach Mataafa lauthals in Lachen aus.

Mr. Haggard, der über Nacht blieb, bekam heute Vormittag einen leichten Sonnenstich. Er hatte vor dem Frühstück auf der Veranda gesessen und ein Buch gelesen, ohne Kopfbedeckung und ganz der Sonne ausgesetzt. Es wirkte für mich fast wie ein leichter Anfall von Lähmung.

Den ganzen Vormittag mit Leuelu Bohnen gepflanzt. Arbeitete wie
so oft ohne Hut im Garten, und die Mittagssonne schien mir voll
auf den Kopf. Wenn jemand einen Sonnenstich haben müsste, dann
ich, doch die Sonne ist mir kein bisschen unangenehm. Eigentlich
hatte ich vorgehabt, den Nachmittag über weiterzupflanzen, doch ich
ließ mich überreden, stattdessen Besuche zu machen – ein dürftiger
Ersatz für den himmlischen Zeitvertreib des Gärtnerns. Außerdem
habe ich große Mengen an Brennspiritus bereitet, was eine ziemlich
widerliche Angelegenheit ist.

Belle und ich besuchten Mrs. Blacklock, eine sehr angenehme junge Eingeborene, dann Mrs. Frings, eine hübsche junge Dame mit sehr
schönen Augen und einem betrunkenen Ehemann, danach Mrs. Janney, eine weitere Eingeborene und Ehefrau eines Weißen, der ein
bisschen verrückt ist, dann Mrs. Schlueter, eine äußerst reizende Eingeborene mit einem angenehmen, sehr dicken deutschen Ehemann,
und dann ging es zurück nach Hause, wo wir am Tor Mrs. Clarke trafen und auf der Veranda einige der neuen Schiffsoffiziere beim Tee-
trinken vorfanden. Ich kann Mrs. Clarke kaum noch ertragen, ihr
Geschnatter ist so hohl und nimmt kein Ende. Eigentlich bin ich mit
der ganzen Mission fertig. Die Offiziere waren recht unterhaltsam,
aber ich glaube, auch etwas verunsichert. Zunächst erwähnte einer
von ihnen beiläufig, man habe die gefangenen Häuptlinge an Bord
des deutschen Schiffes für niedere Arbeiten eingesetzt. Belle ließ einen Schrei der Empörung vernehmen und sah aus, als wolle sie gleich
mit Fächer oder Peitsche auf den Mann losgehen. Ich weiß nicht
mehr, welches von beidem sie in der Hand hielt. Bald darauf sagte
der andere Mann, es sei bedauerlich, dass Mataafa die Vizekönigs-
würde so hartnäckig abgelehnt habe.

»Wer sagt denn, dass er sie abgelehnt hat?«, fragte Louis.

»Mr. Cusack-Smith«, war die Antwort.

»Der Mann lügt, wenn er nur den Mund aufmacht!«, rief Louis und sprang wütend auf.

Vailima muss ihnen vorkommen wie ein zweites Wuthering Heights[25].

Janney erzählte uns von dem Angriff auf sein Boot und dass die Täter in aller Offenheit bekannt hätten, sie seien auf der Suche nach Verwundeten, um sie zu töten. Als sie keine Verwundeten fanden, sagten sie mit Blick auf Yandall: »Der da ist ein schlechter Kerl. Wir werden uns seinen Kopf nehmen.« Melly, seine samoanische Frau, versicherte uns, dass die Geschichte von der Enthauptung eines Mädchens bei lebendigem Leib absolut der Wahrheit entsprach.

Pelema [Graham Balfour] und Mr. Gurr haben heute am Tor ein Drehkreuz angebracht. Morgen will Pelema sich mutmaßliche Ruinen ansehen, mit Yandall als Führer.

FANNY   26. Juli 1893

Lloyd ritt nach Apia, brachte Mataafa Ava und Tabak und erfuhr an Bord, dass den Häuptlingen die Deportation unmittelbar bevorstehe. Die Häuptlinge bettelten darum zu erfahren, wohin man sie schicken wolle. Er konnte ihnen mitteilen, dass die *Sperber* sie zu den Tokelaus bringen werde, da das englische Schiff nicht mehr genügend Kohle habe. Lloyd eilte zurück an Land, um für Faamoina [Faamuina] (Poor White Man) Ava und Tabak zu holen, doch als er ins Boot stieg, sah er die *Sperber* abdampfen. Er eilte nach Hause und überbrachte uns die Neuigkeit, als wir uns gerade im Aufbruch zu Mataafa befanden. Ich nahm es mir schrecklich zu Herzen, denn ei-

---

25 *Wuthering Heights* (1847) ist der Titel des berühmten (und einzigen) Romans von Emily Jane Brontë (1818–1848), der mittleren der drei schreibenden Brontë-Schwestern.

nen früheren Besuch hatte man mir verwehrt. Man hielt es für »nicht statthaft«, wenn Damen Sympathien für ihre gedemütigten Freunde bekundeten, *bevor der Kapitän dazu aufgerufen hatte*. Was für Ausgeburten der Hölle sind diese britischen Matronen, und warum sollte ausgerechnet ich mir ein Beispiel an ihnen nehmen? Gelähmt zu sein wäre ähnlich erstrebenswert. Und doch wird vermutlich etwas davon an mir haften bleiben. Ich habe immer Mary Shelley verachtet, doch bin ich hier keinen Deut besser. Ich verachte mich selbst, das ist die reine Wahrheit.

Kürzlich gingen Lloyd und Pelema die Patres besuchen, und in der Kathedrale wurde ihnen Ava serviert. Mrs. Blacklock blieb den ganzen Nachmittag und zum Abendessen bei uns. Pelema kam sehr müde nach Hause und ist seitdem missmutig.

FANNY   27. Juli 1893

Heute Morgen erzählte mir Lloyd von einem Gerücht, das bis nach Falilatie gedrungen ist und besagt, er und Pelema seien mit Yandall in dem Boot ums Leben gekommen, ebenso wie der alte Häuptling Tagaloa, und das ganze Dorf hat sie beweint und betrauert. Die Männer, die Lloyd bei Ausbruch des Krieges die Straße hinunterjagte, waren anscheinend dieselben, die in Apia Amok liefen.

Sina hat mit Talolo gestritten, um nicht zu sagen, gekämpft, und ist zu ihrer Mutter gezogen. Sie hat Talolo mit Steinen beworfen, ihn geschlagen und gebissen, und er ohrfeigte sie. Die Familie möchte, dass sie bei ihrer Stiefmutter bleibt, bis das Kind zur Welt kommt. Dann muss sie gehen, und vermutlich werden sie das Kind behalten. Haggard geht es wieder besser. Eine *Tala* besagt, dass die Gefangenen, die noch in Mulinuu sind, 30 000 Dollar zahlen müssen, 6000 Pfund. So viel haben sie natürlich nicht. Vielleicht ist es wirklich nur ein Gerücht. Morgen oder übermorgen wird es ein großes *Fono* geben. Laupepa hat das Kriegsschiff nicht betreten, solange Mataafa an Bord war. Ich vermute, man ließ ihn nicht, um zu verhindern, dass die beiden führenden Häuptlinge bei einem Zusammentreffen einer an der Schulter des anderen weinen und sich versöhnen. Das wäre in der Tat ein drolliges Ereignis gewesen und hätte jedenfalls dem Charakter und den Sitten der Samoaner entsprochen.

LOUIS   August 1893

[…] Alles in allem scheint Fanny in der Familie am ehesten – oder gar als Einzige – bei Kräften zu sein. Ein paar Tage lang war sie der Fels in der Brandung. Belle bettelt um Chinin. Lloyd und Graham liegen beide flach mit »Magen von sich geben« (in der Sprache der Schwarzen). Und was mich betrifft, so musste ich mein Rasentennis aufgeben, denn ich hatte (was zu erwarten war) einen heftigen, ganz abrupten Blutsturz. Ich hänge ebenfalls an der Chininflasche. […]

LOUIS   August [?] 1893

[…] Deine guten Worte für *David [Balfour]* freuen mich zutiefst. Meines Erachtens enthalten die beiden Bände zusammen das Beste, was ich je geschrieben habe, und vielleicht das Beste von mir selbst. Wenigstens muss ich mich nicht für sie schämen. Die Sache hat nur einen Haken: Eigentlich sind zwischen den beiden Teilen nur drei Stunden vergangen, aber ich fürchte, dass Davids Charakter vielmehr um drei Jahre gealtert ist. Doch verrate es keinem, das mag selbst herausfinden, wer kann. […]

Gestern war womöglich der leuchtendste Tag in den Annalen von
Vailima. Ich wollte die Kapelle der *Katoomba* heraufkommen lassen,
Kapitän Bickford stimmte zu, und so kamen sie, vierzehn Mann, mit
Trommel, Querflöte, Zimbeln und Hörnern, blauen Jacken, weißen
Mützen und strahlenden Gesichtern. Das Haus war von oben bis unten mit duftenden Ranken geschmückt. Neben unseren neun Außen-
arbeitern hatten wir zusätzlich Männer unter Vertrag genommen, die
auf diesem Wege ihre Kriegsstrafe ableisten konnten. Um die Kapelle
hatte sich auf dem Weg zu uns herauf ein Gefolge von Kindern gebildet, und ihren Empfang besorgte ein Aufgebot an samoanischen
Damen. Huhn, Schinken, Kuchen und Obst wurden gereicht, dazu
Kaffee und Limonade, und den ganzen Nachmittag machte Rotwein-
punsch mit Rum und Limette die Runde. Sie spielten für uns, sie
tanzten, sie sangen, sie wirbelten herum. Einmal gaben unsere Boys
für sie auf der Veranda einen Tanz zum Besten. Es war nicht leicht,
dem Einhalt zu gebieten, als es einmal in Gang gekommen war, doch
ich wusste, dass die Kapelle einem festen Ablauf folgte. Schließlich
ließen sie Mr. und Mrs. Stevens dreimal hochleben, verabschiedeten
sich mit Handschlag, nahmen Aufstellung und marschierten musi-
zierend davon – bis ein ausschlagendes Pferd auf der Koppel dem ur-
plötzlich ein Ende setzte. Wir fürchteten um die Basstrommel, doch
Simelé [Henry] eilte zu Hilfe. Und so wanden sie sich den Hügel ab-
wärts, ohne dass das Horn auch noch ein einziges Mal ertönte, und
ließen uns zurück, zu Tode erschöpft, doch vielleicht die glücklichs-
ten Gastgeber, die jemals ihren zufriedenen Gästen nachschauten.
[…]

IV

»Das Beste, was ich je geschrieben habe«

Vorahnungen

November 1893–Oktober 1894

Literarische und lebenszeitliche
Fragmente

Im Frühling und Sommer 1893 hatte sich Fannys gesundheitlicher Zustand stetig gebessert, zur Erleichterung ihrer Familie und insbesondere ihres Mannes. Dessen Nachrichten an Sidney Colvin und andere Vertraute klangen verhalten euphorisch. Auch die Tatsache, dass sie ihr Tagebuch im Juli 1893 nach langer Pause wiederaufnahm, zeugt von einer Rückkehr zur Normalität. Doch nicht für lange: Mit dem Eintrag vom 27. Juli 1893 versandete Fannys Samoa-Tagebuch endgültig. Dies ist nur ein Indiz dafür, dass von einer Heilung oder auch nur Genesung zumindest vorerst keine Rede sein kann. Wieder ist genaues Hinsehen erforderlich. Nicht nur, dass Fanny – erneut – schriftlich verstummte. Auch in die Schilderungen der Ereignisse in Stevensons Briefen fand sie kaum Eingang, erscheint dort eher wie eine Randfigur. Die schlimmsten Zeiten der Krise waren zwar vorbei, doch dass »alles wieder gut« gewesen wäre, will sich dem Betrachter nicht recht erschließen.

Im September 1893 begab sich Louis auf eine Reise nach Hawaii. Dort war er mit Fanny bereits im Januar 1889 im Zuge der ersten Südseekreuzfahrt auf der *Casco* gelandet, und man hatte dort ereignisreiche und recht glückliche Monate verbracht. Dort wurde der Roman *The Master of Ballantrae* beendet und auf die Reise geschickt, und es war dort, dass Kalakaua, der letzte hawaiianische König, die Aufmerksamkeit auf Samoa als mögliches Reiseziel lenkte. Stevenson hatte die Leprakolonie auf der Insel Molokai besucht und dort, ungeachtet der Ansteckungsgefahr, eine Woche verbracht, tief beeindruckt von der Arbeit der Missionare und Schwestern.

Diesmal jedoch, im Spätsommer und Herbst 1893, verlief die Reise weniger glücklich. Denn Stevenson erkrankte schwer an einer Lungenentzündung. Sein Zustand war so alarmierend, dass Fanny ihm aus Apia nachreiste. Die gemeinsame Rückfahrt nach Samoa erfolgte im November.

Die Reise nach Hawaii erwies sich als der letzte Versuch, dem samoanischen Exil noch einmal für einige Zeit zu entkommen. Stärker als schon zuvor drängte Stevenson seine Freunde in England, ihn in Samoa zu besuchen, denn das wäre die einzige Möglichkeit, sie noch einmal wiederzusehen. Daheim waren zwei der engsten Vertrauten, Charles Baxter und Sidney Colvin, immerhin um das Wohl und den Ruhm des Freundes in der Ferne bemüht. Sie leiteten eine erste Gesamtausgabe der Werke Stevensons in die Wege. Die *Edinburgh Edition* war bald im Entstehen. Das Erscheinen des ersten Bandes sollte Stevenson noch wahrnehmen, doch als Charles Baxter sich auf die Reise machte, ihm persönlich ein Exemplar zu überreichen, kam dieser Aufbruch zu spät. Stevensons Wunsch, seine Freunde wiederzusehen, sollte nicht mehr in Erfüllung gehen.

»Wäre mir nur ein plötzlicher Tod beschieden«, hatte er im Mai 1892 an Sidney Colvin geschrieben. Es war dieser Wunsch, der ihm gewährt wurde.

LOUIS   November 1893

Wieder zu Hause, wo ich alles in bester Ordnung vorgefunden habe,
Gott sei Dank. Ich bin völlig wiederhergestellt und rosiger als eine
Kirsche. Bedenke bitte, dass 8000 für einen Band mit Erzählungen[1]
nicht schlecht sind, die *Merry Men* sind um einiges schlechter weg-
gegangen. Erzählungen verkaufen sich einfach nicht. Ich hoffe, dass
Catriona sich gut macht, das ist die Hauptsache. [...]
    Fanny und ich hatten eine herrliche Schiffsreise, gemeinsam mit
dem neuen OR und dem amerikanischen Landkommissar – alles in
allem, zumal für diese grässlichen Dampfer, eine angenehme Reise-
gesellschaft. [...]
    Der Tag der Arbeit[2] bot Grund zu großer Freude: Unsere protes-
tantischen Boys sind nicht mit ihren eigenen Dörfern oder Familien
mitgelaufen, sondern für sich und in Vailima-Uniformen – Belle hat
passend zu den Uniformen Mäntel für sie gemacht, aus Stoff, den sie
selbst gekauft hatten –, und als sie einmarschierten, bejubelte man sie
als *Tama-ona*, die Kinder des reichen Mannes. Das ist wahrlich eine
Auszeichnung, denn es bedeutet, dass Vailima öffentlich als Familie
angesehen wird. Dann feierten wir mit einwöchiger Verspätung meinen Geburtstag, was eine Diarrhoe am eigentlichen Termin verhin-
dert hatte. Das Fest fand in der Halle statt und glich einer einzigen Essensschlacht: 15 Schweine, 100 Pfund Rindfleisch, 100 Pfund

1 Gemeint ist der Band *Islands' Nights Entertainment* (1893).
2 Der Tag der Arbeit, im Englischen »May Day« (Maifeiertag), wird in Samoa
   am 2. November begangen.

Schweinefleisch sowie Früchte und mengenweise andere Beigaben. Wir hatten sechzig Pfähle zum Anbinden der Pferde in die Koppel beim Tor eingeschlagen; wie viele Gäste es waren, kann ich nur schätzen, vielleicht 150. Sie kamen nachmittags zwischen drei und vier und gingen gegen sieben. Seumanu[tafa] überließ mir einen seiner Namen, und als mein Name beim Kava-Trunk aufgerufen wurde, da lautete er *Au mai taua ma manu-vao!* Würde mich jemand so benennen, würdest Du wohl kaum annehmen, dass ich damit gemeint bin!

Zwei Tage nachdem wir in Apia einen Wagen gemietet hatten, fuhren Fanny, Belle, Lloyd und ich im großen Stil mit einem Eingeborenen als Vorreiter zum Gefängnis, unter dem Sitz große Mengen Ava und Tabak als Geschenk. Das Gefängnis steht jetzt unter dem *Pule** eines Österreichers, Kapitän Wurmbrand, der Glücksritter in Serbien und der Türkei war, ein Mann mit einem entzückenden, klugen, freundlichen Wesen, der bei »seinen Häuptlingen« (wie er sie nennt) hoch angesehen ist, und damit sind *unsere* politischen Gefangenen gemeint. Wir gelangten in den mit Weißblech eingefassten Hof und tranken mit den Gefangenen und dem Kapitän Kava. Es mag Dich amüsieren zu hören, wie man richtig Kava trinkt. Wird einem die Tasse gereicht, streckt man den Arm leicht nach hinten und verschüttet langsam ein Trankopfer, während man sagt, so als spräche man ein Gebet: »*Ia taumafa e le atua. Ua matagofie le fesilafaiga nei –* Möge Gott daran (Stammesfürst) teilhaben! Wie (Stammesfürst) schön, diese (Stammesfürst) Versammlung mitzuerleben!« Diese heidnische Praxis ist sehr wunderlich. Ich sollte erwähnen, dass die Gefängnis-Ava von der wenig ansprechenden Art war, die wir so elegant als Spuck-Ava bezeichnen, doch gab es natürlich kein Entrinnen, und sie musste getrunken werden.

Fanny und ich ritten heim, und unterwegs geriet ich ins Moralisieren. Ob wir es in Europa überhaupt noch aushalten könnten? Ob ihr klar sei, dass wir in den Straßen von London geradezu herumgestoßen würden? Und dass es in ganz Großbritannien niemanden gäbe, der Ava wie ein Gentleman zu trinken wüsste? Schon merkwürdig, zwei Zivilisationen anzugehören, oder, wenn man so will, einer Zivilisation und einer Gesellschaft der Wilden. Wobei Letztere ohne Frage weitaus fesselnder ist. [...]

Fanny ist nun anscheinend auf dem richtigen Weg. Für ihre Verhältnisse geht es ihr sehr, sehr gut, und sie hat kaum Grund zu klagen. Gestern ritt sie *sola* auf einen Besuch in die Stadt (hatte nur einen Reitknecht dabei); Belle, Lloyd und ich gingen die Straße hinauf in die Berge – die große öffentliche Hauptstraße der Insel, wo man hintereinandergehen muss. Wir wollten Belle das prachtvolle Tal des Vaisingano zeigen, dem die Straße folgt. Wenn die Straße ausgebaut und erweitert wird, wie unser neuer Oberster Richter verspricht, dann wird sie eine der schönsten Straßen der Welt sein. Doch die Sache ist die: Ich habe nicht daran gedacht, dass drei Monate in der Zivilisation hinter mir lagen, wo man Schuhe und Socken trägt, und ich sage Dir, das bekam ich auf meinen weichen Füßen schmerzlich zu spüren, als es auf losen Steinen als Trittstufen bergab nach Hause ging. Ich hätte heulen können. [...]

Die Boys im Haus hatten sich nicht gut betragen, deshalb berief ich neulich abends ein *Fono* ein, und Lloyd und ich gingen in ihre Quartiere, wo ich wohl eine halbe Stunde lang zu den Boys sprach und Talolo übersetzte. Lloyd sollte vor allem dem Übersetzer auf den Mund schauen, damit keine gravierenden Missverständnisse entstanden. Ich wusch ihnen allen die Ohren, nur zwei ausgenommen, die ich ausdrücklich lobte. Einem eröffnete ich, dass ich seinen Lohn um die Hälfte gekürzt hätte. Und man stelle sich vor, dass er das lächelnd hinnahm! Seitdem ist er ganz besonders bemüht und grüßt mich mit einem Strahlen von geradezu himmlischem Glanz. Das zeigt ein weiteres Mal, dass sie mich wirklich und wahrhaftig als ihr Oberhaupt anerkennen. Hätte ich in der Anfangszeit einem Mann auch nur einen Sixpence abgezogen, dann hätte er noch zur selben Stunde seine Arbeit niedergelegt, und nun behalte ich seinen halben

Verdienst ein, und er bleibt freudig bei uns, ja erwägt nicht einmal zu
gehen. Und das trotz gewisser Unannehmlichkeiten – damit meine
ich unser Haus im Busch und die Abgeschiedenheit und dass es in er-
träglicher Reichweite kaum Damengesellschaft gibt.

Ich sollte vielleicht unsere Bediensteten in tabellarischer Form
auflisten:

HAUS	KÜCHE	DRAUSSEN
+ ○ *Sosimo,* Vorarbeiter und Butler und mein Kammerdiener	+ ○ *Talolo,* Vorarbeiter und Chefkoch	+ ○ *Henry Simelé,* Vorarbeiter und Aufseher für die Boys draußen
○ *Misifolo,* Kammerherr für Fanny und Belle	+ ○ *Iopu,* zweiter Koch	*Lu*
	Tali, seine Frau, ohne Lohn	*Tasi Sele*
	Ti'a, samoanischer Koch	*Maiele*
	Feiloa'i, sein Kind, ohne Lohn und auch ohne Arbeit – Belles Liebling	*Pulu,* der auch unser Sprachrohr ist und die Ava ausruft
	+ ○ *Leuelu,* Fannys Boy, Gärtner, Mann für alles	

IN APIA

+ *Eliga,* Wäschemann
und zuständig für
tägliche Besorgun-
gen

356

Die Kreuze bezeichnen die wirklich hervorragenden Boys. Ti'a ist derjenige, dem gerade der Lohn um die Hälfte gekürzt wurde. Er ist ein wunderschöner alter Mann, die Verkörperung des »Gladiators im Kampf«, und unübertroffen an Statur – aber ein fürchterliches Schlitzohr. Ich glaube, wir behalten ihn eigentlich nur aufgrund seines Äußeren. Die Markierung o bezeichnet diejenigen, die schon zwei Jahre oder länger zur Familie gehören. Ich sehe gerade, dass ich allen meinen alten Boys das Ehrenkreuz verliehen habe, außer Misifolo. Nun ja, der arme Hund, er tut sein Bestes. Du solltest ihn schrubben sehen. Besucher haben das schon öfter festgestellt: Samoaner sieht man niemals laufen, außer in Vailima. Ist es da nicht verständlich, dass mich das stolz macht? [...]

LOUIS   Dezember 1893

Ich will Dir einen Tag aus meinem Bilderbuchleben schildern: Schöner heißer Tag, halb drei Uhr nachmittags. Wir vier erwachen aus erquickendem Schlaf, gähnen und ächzen, trinken eine Tasse Tee und kleiden uns missmutig an: Am Tag zuvor hatten wir hier eine Gesellschaft, es war der Weihnachtstag, und alle Boys waren fort außer einem, letzthin zwei; den ganzen Tag hatten wir das Essen für den Abend vorbereitet, ein kaltes Mahl, und siehe da, um zwei kamen die ersten Gäste, obwohl das Essen erst für sechs Uhr angesetzt war. Es waren sechzehn, und fünfzehn blieben über Nacht und zum Frühstück. Da kann man sich vorstellen, wie unwillig wir auf unsere Pferde steigen und in der größten Nachmittagshitze losreiten. Viereinhalb Meilen weit, um ein Eingeborenenfest im Gefängnis zu besuchen, und dann viereinhalb Meilen zurück. Aber darum kommen wir nicht herum. Ich bin so etwas wie ein Vater für die politischen Gefangenen und verrichte charge d'âmes[3] in dieser zum Schreien absurden Einrichtung, dem Gefängnis von Apia. Die (wenn ich richtig sehe) dreiundzwanzig Häuptlinge verhalten sich wie gewöhnliche Gefangene. [...]

Das Gefängnis ist ein elender kleiner Bau, ein kleiner Raum und drei Zellen zu beiden Seiten eines Ganges, umgeben von einem Wellblechzaun, über dem man ein Stück Giebel mit der Aufschrift »O le Fale Puipui« sieht. Es liegt am Rande des Mangrovensumpfes und ist über eine Art grasbewachsenen Damm erreichbar. Als wir näher herankamen, sahen wir das Tor offen stehen und davor eine erstaunliche Menschenmenge – erstaunlich für Apia, an die 150 Leute. Die beiden bewaffneten Wachtposten am Tor standen unbeteiligt da, und es herrschte ein ständiges Kommen und Gehen. Der Kapitän trat zu uns; unser Boy, den wir vorausgeschickt hatten, übernahm die Pferde, und wir gingen in den Hof, der voller Nahrungsmittel war, und die ganze Zeit hörte man, wie Geschenke ausgerufen wurden. Ich errötete, als bald darauf mein eigenes Geschenk an die Reihe kam und das eine Schwein sowie die acht kümmerlichen Ananas abgezählt wurden wie Guineen. In den vier Ecken des Hofes und entlang einer der Mauern stehen notdürftige, winzige samoanische Häuser oder Hütten, die errichtet wurden, nachdem Kapitän Wurmbrand die Häuptlinge hierhergebracht hatte. Zuvor hatte man sie alle in die sechs Zellen gepfercht und über Nacht eingesperrt, obwohl einige von ihnen an Ruhr erkrankt waren. Es sind denkbar elende Bauten, in die allein die Gegenwart der Häuptlinge etwas Glanz bringt. Wir hörten heute, wie ein Mann lautstark dafür zurechtgewiesen wurde, dass er eine der Hütten »*Fale*« nannte. »*Maota!*«, brüllte der höchste anwesende Häuptling, »Palast«. Es waren wohl achtzehn Häuptlinge, allesamt prächtig gekleidet, die sich erhoben, um uns zu begrüßen, und uns in eine der *Maotas* führten, die wir nur geduckt, beinahe auf Knien, be-

---

3 Französisch: »Seelsorge«.

treten konnten und auf deren einer Seite eine Reihe hübscher junger Damen damit beschäftigt war, die Ava (Kava) zu bereiten.

Der höchste anwesende Häuptling war ein großartiger Mann, was für die hohen Häuptlinge überwiegend gilt. Es fällt schwer, ihn zu beschreiben. Sein Gesicht ist erfüllt von Klugheit und Autorität, seine Figur die eines Ajax, sein Name lautet Auilua. Er saß am Kopfende der Versammlung und platzierte Belle zu seiner Rechten. Fanny wurde als Erste zur Ava (Kava) gerufen. Unsere Namen wurden nach englischer Sitte aufgerufen, die »Stammesfürstenfrau von Mr. St-« (ein unaussprechliches Etwas), »Mrs. Straw« und dergleichen. Und als wir zum Essen in das andere Haus hinübergingen, saßen wir verteilt zwischen den Häuptlingen um den – Tisch, hätte ich beinahe gesagt, doch wir saßen vielmehr am Boden. Alles sollte mächtig europäisch wirken. Wir waren die einzigen Weißen dort, abgesehen von Wurmbrand, und ich hegte immer noch keinen Verdacht. Sie machten Anstalten, ihre *Ulas* (Halsketten aus scharlachroten Samenkörnern) abzunehmen und sie uns umzuhängen. Wir lehnten höflich ab und erfuhren, dass der König (nach einem Halt bei ihrer *Siva**) eine Nachricht ins Gefängnis geschickt hatte, er benötige für eine morgige Gesellschaft zum Abendessen ihre *Ulas*. Einige von ihnen waren bereit, sie abzugeben, andere nicht. Ärger schwang in der Stimme des Boys mit, als er uns sagte, dass wir sie tragen müssten, bis wir das Haus des Königs passiert hätten.

Nach dem Abendessen, bei dem sie sich als moderate Esser erwiesen, ging es zurück ins Ava-Haus, wo sich plötzlich der Vorhang zur entscheidenden Szene öffnete. Wir nahmen Platz, und Auilua setzte an, mir Geschenke zu überreichen, wobei er jedes Stück angemessen kommentierte. Mehrmals bezeichnete er mich als »ihren einzigen Freund«, sagte, sie befänden sich alle in Sklaverei, hätten kein Geld, und diese Dinge hätten ihre Familien selbst gemacht, nichts davon sei gekauft, und bei einem Satz hob sich seine Stimme und klang triumphierend: »Dies ist ein Geschenk von den armen Häuptlingen an den reichen Mann.« Dreizehn Stück *Tapa*, einige von erstaunlicher, eines sogar von erlesener Qualität; dreißig Fächer in allen Formen und Farben; ein Kava-Becher etc., etc. Zunächst behandelte Auilua die Sache mit gewichtigem Ernst, doch spätestens bei den dreißig Fächern wurden seine Bemerkungen spaßhaft. Als ein kleiner Korb an die Reihe kam, sagte er: »Hier wäre ein kleiner Korb für Tusitala, da passt ein Sixpence hinein – falls er den aufbringen kann«, wobei er genüsslich das Gesicht verzog. Ich antwortete, so gut es mit einem schlechten Übersetzer eben ging, und währenddessen hörte ich die ganze Zeit draußen im Hof den Ausrufer meine mitgebrachten Essensgaben verkünden, was sich anhörte, als wäre deren Ausmaß gigantisch. Ich hatte nur drei Boys mitgebracht. Es war klar, dass sie vollkommen überfordert sein würden. Wir schlugen vor, unsere Geschenke am folgenden Morgen abzuholen, doch der Übersetzer sagte, nein, das gehe keinesfalls, es müsse noch heute sein. Mulinuu solle sehen, wie meine Träger die Sachen abtransportierten, »und sie machen neide«, wie der Übersetzer es ausdrückte. Und erst da wurde mir klar, was es mit den wirklich prächtigen Geschenken auf sich hatte. Halb wollte man sich mir gegenüber dankbar zeigen – halb dem König eins auswischen.

Und nun kommen wir zu den dunkleren Tönen, denn Du musst wissen, dass mein Besuch im Gefängnis durchaus riskant war und es verschiedentlich Grund zur Besorgnis gab. Man *hätte* die Situation ausnützen und einen Tamasese-Aufstand anzetteln können.[4] Schließlich hätten Tusitala und seine Familie gute Geiseln abgegeben. Andererseits waren da überall die Leute aus Mulinuu. Kapitän Wurmbrand war seine Besorgnis anzusehen, der unserem Abgang ebenso nervös entgegenfieberte, wie er unsere Ankunft befürchtet hatte; er war totenbleich, und die lärmerfüllte Kulisse bereitete ihm of-

---

4 Tamasese war neben Mataafa ein weiterer Anwärter auf die samoanische Königswürde, der zeitweise von den deutschen Machthabern favorisiert wurde.

fenbar üble Kopfschmerzen. Allmählich geriet der Lärm zum Aufruhr, am Tor, wo die beiden Posten immer noch untätig dastanden, herrschte Bewegung – einwärts, nicht auswärts. Auilua sprang von seinem Platz auf (dies war der Moment, da ich ihn Ajax taufte), und im nächsten Augenblick hörten wir seine dröhnende Stimme und sahen seine mächtige Gestalt in dem Tohuwabohu hin und her wanken. Wie der Teufel es wollte, konnten wir von alldem kein Wort verstehen. Vielleicht war es nicht mehr als das übliche Umarmungsspektakel, mit dem ein Fest gewöhnlich schließt, vielleicht aber auch etwas Ernsteres. Für meine *Tapas*, meine Fächer etc. trafen wir Vorkehrungen, so gut wir konnten, ebenso wie für meine fünf Schweine und die Mengen an Fisch, Taro etc., und behängt mit *Ulas* und anderem Schmuck zogen wir in großer Erhabenheit an den Posten vorbei durch den heulenden Mob zu unseren Pferden. Ende gut, alles gut.

Um Fannys und Belles willen ritten wir im Schritt, und, wie Lloyd es ausdrückte, er hätte nie gedacht, »mal in einem Zirkus aufzutreten«. Durch ganz Apia ritten wir im Triumphzug, vorbei am Königspalast, vorbei an der deutschen Firma in Sogi [...], unter verzückten Ausrufen wie »*Mawaia*« – wunderbar –, was so viel besagte wie »Meine Güte, sind die ausstaffiert!«, bis wir schließlich im letzten Schein der Dämmerung in unsere Straße einbogen. Es war wirklich aufregend. Und eines ist sicher: Nie zuvor wurde zu Ehren einer einzigen Familie ein solches Fest gegeben, und nie zuvor erhielt ein Weißer solche Geschenke. Da kann man sich durchaus als Held fühlen. Und was auch sonst noch hineingespielt haben mag, es geschah zweifellos aus Dankbarkeit. Finanziell gesehen habe ich bei dem Tausch ohne Weiteres gewonnen! [...]

[...] Der Krieg ist vorbei. Fünfzehn Häuptlinge müssen sich heute
Vormittag einer kuriosen Doppelverhandlung vor Gericht unterziehen, vergleichbar mit einem Kriegsgericht, bei dem man ihren Beschwerden Gehör schenken und gegebenenfalls stattgeben wird,
während zugleich ihr Verhalten getadelt und womöglich bestraft werden soll. Bislang hat sich dieses Verfahren als äußerst erfolgreich erwiesen, doch liegt die kritische Zeit noch vor uns. Eine einzige Exekution, und meinem Gefühl nach wäre alles aufs Spiel gesetzt. Anlass
zur Hoffnung gibt die unkomplizierte, beinahe phlegmatische Art
der Menschen. Dies sind keine Maoris. Die Macht, die Cedarcrantz
durch Missbrauch eingebüßt hatte, gewinnt der neue OR klamm-
heimlich und entschlossen zurück, und vielleicht gilt das auch für einige andere. Er hat sich bei den Häuptlingen in Mulinuu ein Gesetz
gegen die Kopfjagd ausbedungen, bei Strafe von sechs Jahren Gefängnis und für einen Häuptling die Degradierung. Die Durchsetzung
dieser ehrgeizigen und entschiedenen Maßnahme bleibt ihm allein
überlassen. Wenn die Eingeborenen das erdulden, nun gut. Doch ich
bin sehr skeptisch.

Letzte Woche kam Austin von der Schule zurück, und damit ist für
die Amanuensis ganz ohne Frage eine herrliche Zeit angebrochen.
Am Samstag lief dann die *Curaçoa* ein – dieselbe Truppe mit all unseren alten Freunden, und am Sonntag gingen Austin und ich wie gesagt hinunter zum Gottesdienst und aßen hinterher in der Offiziersmesse zu Mittag. Die Offiziere waren schrecklich nett zu Austin –
es ist das liebenswürdigste Schiff der Welt –, und nach dem Essen
ging ein Zettel herum: Man sollte raten und notieren, wie viele Blät-

ter eine Ananas hat. Dieses Spiel ist mir vollkommen neu, aber wie es scheint, ist es bei der königlichen Marine sehr beliebt. Haben alle gewettet, dann rupft einer aus der Runde die Blätter der Ananas ab, und wer am weitesten danebenliegt, muss den Sherry bezahlen. Plötzlich schreckten mich Rufe von der *The American Commodore* aus meinem Gleichmut. Es stellte sich heraus, dass Austin an Bord gegangen war und ungefähr eine Flasche Sherry verloren hatte! Er wandte sich mir mit großer Gelassenheit zu und sagte: »Ich fürchte, da muss ich dich bemühen, Onkel Louis.«

Der Sonntagsschuleinsatz ist nur ein Experiment, dem ich auf Anfrage des früheren amerikanischen Landkommissars zugestimmt habe. Ich werde es einen Monat lang versuchen, und wenn es mir so schlecht gelingt, wie ich annehme, und die Jungs es nur halb so langweilig finden wie ich, dann wird es auch in einem Monat enden. Ich habe *carte blanche* und kann sagen, was ich will, aber wird auch nur eine Seele mich verstehen?[5]

Fanny geht es alles in allem viel besser. Lloyd ist angeschlagen und reist für einen Monat auf die Südinsel Neuseelands zum Eislaufen, Gott bewahre! Ich begebe mich hier unter den Beamten schon genug aufs Eis. [...]

LOUIS   18. Juni 1894

[...] Ich habe die beiden deutschen Schiffe besucht, die im Hafen liegen und mit denen wir gute Beziehungen pflegen, umso bessere natürlich mit unseren eigenen Leuten von der *Curaçoa*. Doch gibt es am

---

5 Der Überlieferung zufolge versuchte Stevenson die Schüler eifrig dazu zu ermuntern, Fragen zu stellen, und erntete als erste die desaströse Frage: »Wer hat Gott gemacht?« So bei Rosaline Masson: *Life of Robert Louis Stevenson*, London 1923, S. 333 f. (Übersetzung L. D.)

Strand auch Widrigkeiten. Jemand hat einen der Lokalredakteure damit beauftragt oder dazu ermuntert, einmal wöchentlich eine Attacke gegen mich zu fahren. Er ist nicht zimperlich und nimmt es mit der Wahrheit nicht so genau. Wenn ich dieser Bestie einmal wöchentlich ins Auge schaue, überkommt mich zuerst eine Wut, gefolgt von einer tiefen, goldenen Genugtuung und Seligkeit, als wollte ich jedermann mitteilen: »Seht, so ist es um mich bestellt: Ich bin ein rechtschaffener Mann, der in einem Haus im Busch lebt, und seht, welche Geschütze sie gegen mich auffahren – und mein Einfluss ist so groß, dass sie sich genötigt sehen, in wöchentlichen Artikeln zu behaupten, ich besäße keinen.« [...]

Uns geht es weiterhin ziemlich gut. Fanny, Belle und ich hatten zwei Monate für uns und haben es genossen. Doch morgen, spätestens übermorgen wird der ganze Clan wieder um den Tisch in Vailima versammelt sein, auch das werden wir genießen, sieben Personen insgesamt, und in der großen Halle, die so lange leer und still war, wird wieder babylonisches Stimmengewirr erklingen. [...]

LOUIS   Juli 1894

[...] Dank unseren guten Freunden von der *Curaçoa* ist der vergangene Monat besonders vergnüglich verlaufen. Sie ist wirklich ein Musterschiff mit entzückenden Offizieren und entzückenden Seeleuten. Letzten Monat gaben sie einen Ball, der sehr ausschweifend und fröhlich und marin war.

Am darauffolgenden Tag gegen eins befanden sich drei Reiter auf dem Weg nach Vailima, die sich bald als zwei rangniedrige Offiziere und ein eingeborener Führer ausmachen ließen. Der Sprecher (ein Marineunteroffizier) nahm Haltung an, grüßte und sagte: »Ich und meine Kameraden laden Mr. und Mrs. Stevens, Mrs. Strong, Mr. Austin und Mr. Balfour zu einem Ball ein, der heute Abend stattfinden soll.« Wir konnten natürlich unmöglich ablehnen, doch begrenzte ich meine Teilnahme auf ein sehr kurzes Erscheinen. Ein Blick genügte: Der Ball zündete von Beginn an wie eine Rakete. Ich sah Belle gerade noch mit einer galanten Blaujacke herumwirbeln, die genauso groß war wie sie selbst – britischer Marinestandard –, ein ausgezeichneter Tänzer und vermutlich ein ausgewiesener Plauderer, und hörte die Bemerkung eines Strandstreuners: »Ein schöner Anblick, die Offiziere und die Männer gemeinsam tanzen zu sehen, aber ich sage Ihnen, das sind die Männer, die auch gemeinsam kämpfen werden!« [...]

Wir haben noch weitere Besucher im Hafen. Einen Grafen Festetics de Sona, ein österreichischer Offizier, ein sehr angenehmes, einfaches, jungenhaftes Geschöpf, mit seiner jungen Frau, der Tochter eines amerikanischen Millionärs. Er ist ein Freund unseres Kapitäns Wurmbrand, und es ist sehr bedauerlich, dass Wurmbrand nicht da ist.

Schön, dass Lysaght[6] solchen Anklang gefunden hat. Er hat in unserem Haus den denkbar freundlichen und gefälligen Eindruck eines guten, angenehmen, aufgeweckten Burschen hinterlassen, gesund an Körper und Geist, der vergnügt ist und auch anderen Freude bereitet. Ich freue mich, dass er unsere Umgebung und unser Leben hier so treffend geschildert hat, aber es wundert mich nicht, denn ich glaube, er hat hier eine großartige Zeit verbracht – und auch selbst für eine solche gesorgt.[7]

---

6 Sidney Royce Lysaght, irischer Dichter (1860–1941).
7 Als Lysaght Ende 1894 von Stevensons Tod erfuhr, schrieb er in einem Brief: »Seine Kraft einer gewinnenden Liebe war so groß, dass ich, obgleich ich ihn kaum eine Woche kennengelernt habe, den Verlust so manchen weit intimeren Freundes leichter hätte tragen können als den Stevensons. Als ich ihn vergangene Ostern traf, gab es keinerlei Anzeichen schwindender Kraft. Nach allem, was ich über seine angegriffene Gesundheit gehört hatte, erstaunte mich seine Vitalität. Er war um fünf Uhr auf und kurz darauf an der Arbeit, und noch um elf Uhr abends tanzte er auf dem Parkett der großen Halle zu schottischen und irischen Reels, die ich auf

Mit den beiden Staatsvertragsoffiziellen stehe ich auf gutem Fuß, wenngleich man auf solche Vertraulichkeiten nie viel geben kann. Bei den Konsuln nehme ich, wie ich wohl kaum betonen muss, einen beklagenswerten Rang ein. Der [neue] Präsident (Herr Emil Schmidt) ist ein recht verträumter Mann, den ich gut leiden kann. Lloyd, Graham und ich sind morgen bei ihm zum Frühstück eingeladen. Am Tag darauf wird unsere gesamte Gesellschaft auf der *Curaçoa* zu Mittag essen und später an einem *Bierabend* bei Dr. Funk teilnehmen. Für die kommende Woche haben wir mit einigen der jungen deutschen Beamten eine Schnitzeljagd angesetzt, und eine Art Kinderfest für Erwachsene steht bevor, mit Kussspielen etc. hier in Vailima. Derart bunt ist die Gesellschaft, in der wir uns bewegen. [...]

LOUIS   7. August 1894

[...] Wir haben eine Schnitzeljagd in der Vailele-Pflanzung, etwa 15 Meilen von uns entfernt, veranstaltet, und etwas Besseres hätte man sich nicht wünschen können. Es macht wahrhaftig mehr Spaß, als Spürhunden zu folgen, denn man muss sein eigener Spürhund sein, und ich war ein denkwürdig schlechter, folgte bis zum bitteren Ende jeder falschen Spur, wurde schließlich doch noch Drittletzter auf meinem kleinen Jack, der tapfer ausharrte, und erfuhr dafür das Lob einiger feinfühliger Personen. (5 + 7 + 2 ½ = 14 ½ Meilen, so viel

dem wackligen Klavier spielte. Er erzählte mir stundenlang von zu Hause und von alten Freunden, doch mit bewundernswerter Heiterkeit, obwohl er wusste, dass er ihnen für den Rest seines Lebens fern sein würde, durch seine Liebe jedoch immer nah. Ich glaubte fest daran, dass er leben würde; er zeigte lebhaftes Interesse für mein eigenes bescheidenes Schaffen, und ich hatte mir unter anderem fest vorgenommen, ihm eines Tages ein Buch zu schicken, das seiner Aufmerksamkeit würdiger wäre.« Sidney Colvin (Hg.): *Vailima Letters*, London 1895, S. 260 (Übersetzung L. D.).

war es alles in allem.) In freudiger Erregung wurde man wieder zum Entdecker, ein Urinstinkt war geweckt, und ich fühlte mich wie mit 17, was eine schöne Erfahrung ist. Das Ganze fand jedoch an einem Sonntag statt, und für die Engländer bin ich nun das Allerletzte – als ob es noch einer Verschärfung meiner Unbeliebtheit bedurft hätte. Ich sollte es also nicht wiederholen, es bereitet armen Menschen nur unnötigen Kummer, und Kummer bereiten wollen wir ganz sicher nicht.

Man hat mir verboten zu arbeiten, und stattdessen habe ich jeden Morgen meine zwei oder drei Stunden in der Pflanzung verbracht. Ich wünschte, jemand zahlte mir 10 Pfund pro Tag fürs Kakaopflanzen, und ich könnte die Literatur anderen überlassen. Viel Bewegung anstatt Arbeit tut mir zweifellos gut. [...]

LOUIS   13. August 1894

Plötzlich ereilt mich der Ruf der Ereignisse oben an der Küste, ich kann nur kurz berichten. Für unsere Marinekommandanten ist unverhofft der Ernstfall eingetreten, sie unternehmen oben an der Küste ein Bombardement der Atua-Rebellen. Am Samstag versetzte uns der Lärm der Bombardierung den ganzen Vormittag über in Unruhe. Heute hallte erneut Kanonendonner die Küste entlang.

Morgen in aller Frühe werde ich mich selbst dorthin auf den Weg machen. [...]

LOUIS   10. September 1894

[...] Ich habe bereits über Gebühr von unseren politischen Gefangenen erzählt. Eines Tages nun, vor etwa zwei Wochen, wurde der letzte von ihnen freigelassen. Old Poè, den ich sicherlich schon erwähnt habe, der Stiefvater meines Kochs, hat mir bereits einigen Ärger bereitet. Ich hatte dafür gesorgt, dass ein Arzt ihn untersuchte und krankheitsbedingt seine vorübergehende Entlassung erwirkte, und als er wieder zurückmusste, zahlte ich die Kaution. Nicht zu vergessen, dass meine Frau auf Geheiß des Arztes mit ihm aus dem Gefängnis floh, ein Abenteuer, das unser Freund, der Gefängniswärter, wahrhaftig mit seiner Entlassung bezahlte. Sobald er schließlich frei war, trommelte Poè seine Mitgefangenen zusammen. Den ganzen Sonntag debattierten sie darüber, was zu tun sei, und am Montagmorgen gab mir Talolo den rätselhaften Hinweis, ich dürfe an diesem Tag mit Besuchern rechnen, die mich um Rat ersuchen wollten. Solche Konsultationen sind mir mittlerweile sehr vertraut, und in Anbetracht dessen, dass ich erstens selten weiß, welchen Rat ich erteilen soll, und dass sie ihn zweitens nicht immer annehmen (obwohl sie ihn in einigen bemerkenswerten Fällen angenommen haben und zu meinem eigenen Erstaunen dann meist mit recht gutem Ausgang), sind mir diese Besuche eher unlieb. Sie schmeicheln der Würde, aber nicht dem Seelenfrieden, und kosten unmäßig viel Zeit, dazu noch vormittags, wenn ich sie am wenigsten erübrigen kann.

Dieses Mal aber war es eine Konsultation ganz anderer Art. Poè erschien mit acht anderen Häuptlingen, die sich in einen großen Kreis auf den Boden des alten Speisezimmers hockten, das jetzt der Rauchsalon ist. Und die Familie, repräsentiert durch Lloyd, Graham, Belle, Austin und mich selbst, ergab sich in den Austausch der notwendigen Höflichkeiten. Dann übernahm ihr Sprecher das Wort. Er sagte, dass sie im Gefängnis gewesen seien, dass ich mich währenddessen immer um sie bemüht hätte, dass man sie nun bedingungslos in Freiheit gesetzt habe, während doch einige der anderen Häuptlinge, die vor ihnen freigekommen seien, immer noch zur Zwangsarbeit beim Straßenbau verpflichtet seien, und dass dies für sie ein Beweggrund gewesen sei, zu beraten, wie sie ihre Dankbarkeit ausdrücken könnten. Nun hätten sie sich darauf geeinigt, mir die Arbeit an der Straße zum Geschenk zu machen. Wie sie betonten, handele es sich dabei nur um die Abzweigung, die mein Haus mit dem öffentlichen Weg verbindet.

Dieses Zeichen der Wertschätzung erfreute mich zutiefst, auch wenn (für jemanden, der mit Eingeborenen umzugehen gewohnt ist) nicht viel dahinterzustehen schien. Es bedeutete lediglich, dass ich eine gute Summe für Werkzeuge und Verpflegung auslegen und Arbeiter – mit »Geschenken« – entlohnen dürfte, bei denen es sich in der Mehrzahl um Alte und Kranke handeln würde. Man stelle sich vor, wie überrascht und gerührt ich war, als sie mir das Vorhaben dann im Ganzen darlegten. Sie wollten in ihre Heimatdörfer zurückkehren und ihre Familien holen, einige der jungen Männer sollten mit einem Boot von Apia aus die Küste hinunter nach A'ana und A'tua und wieder zurück fahren, um den Arbeitertrupp mit Verpflegung zu versorgen (in unserem Tuamasaga* sind die Ressourcen bereits ausgeschöpft). Nach Werkzeugen erkundigten sie sich, betonten jedoch, dass sie von mir keinerlei Geschenke erwarteten. Kurz, diese kleine »Bescherung« war im Ganzen um einiges besser durchdacht, als man es gewöhnlich von Manövern der Eingeborenen erwarten darf.

Heute Morgen kam die ganze Truppe in aller Frühe herauf, im Wesentlichen kräftige und ganz gewöhnliche Burschen, und machte sich an meine neue Straße. Old Poè war bester Laune und sah gesünder aus denn je in den letzten beiden Jahren, sichtlich verjüngt durch den Erfolg seines Vorhabens. Er scherzte beim Austeilen der Werkzeuge, und wie ich gestehen muss, verdammte er die Regierung nach Strich und Faden, vielleicht, um sich vor seinen jungen Arbeitern als Freund der Familie auszuweisen. Ob ihr Elan für eine ganze Straße ausreichen wird oder nicht, ist für mich letztlich nicht von Bedeutung. Es zählt allein die Tatsache, dass sie es angegangen sind, dass sie sich aus freien Stücken bereit erklärt haben und nun wahrhaftig etwas in Samoa Einzigartiges durchführen wollen. Man stelle sich das vor!

Straßenbau – der häufigste Grund für Rebellionen in Samoa (nach der Besteuerung), eine Sache, zu der sie nicht mit Gold und guten Worten zu bewegen sind, und nicht einmal bei Androhung von Strafe! Das gibt mir das Gefühl, in Samoa schließlich doch etwas bewegt zu haben. [...]

LOUIS   6. Oktober 1894

Ein recht denkwürdiger Monat liegt hinter uns, gerade in Bezug auf die Straße, von deren bevorstehender Verwirklichung ich berichtet habe. Ihr Bau ging reibungslos vonstatten, was mich, wie ich zugeben muss, nicht wenig überrascht hat. Als es vollbracht war, verfasste ich eine Ansprache an die Männer, schickte sie einem der Missionare zum Übersetzen und lud alle ein zu einem Fest. Dieses Fest war für mich von einiger Bedeutung. Der Anlass war wirklich denkwürdig. Es sollte den Menschen im Gedächtnis bleiben. Und ich wollte so viele einflussreiche Zeugen wie möglich versammeln. Doch als der Tag näher kam, erhielt ich nichts als Absagen. Allerseits vermutete man einen politischen Anlass – dass ich einen Schlupfwinkel für Rebellen eingerichtet hätte und im Begriff stünde, neue Fronten zu schaffen. [...]

Der Kapitän hat mir seine begründete Ablehnung mitgeteilt, und am Ende musste ich beinahe bitten und betteln, um Leute zusammenzutrommeln. Schließlich erschienen sie aber doch in ansehnlicher Zahl, wie man dem beiliegenden Zeitungsbericht entnehmen kann. Die Straße erhielt folgende, von den Häuptlingen selbst entworfene Inschrift:

»Straße der Dankbarkeit

Die tiefe Liebe, die Tusitala während unserer Leidenszeit im Gefängnis mit seinen liebevollen Bemühungen bewiesen hat, wollen wir mit einem großen Geschenk belohnen. Möge sie niemals im

Schlamm versinken, möge sie für immer überdauern, diese Straße, die wir gebaut haben.«

Das konnte der Zeitungsreporter in Unkenntnis des Samoanischen nicht liefern. Was im Übrigen auch seine Bemerkungen zu Seumanutafas Rede erklärt, die keineswegs lang und *sehr wohl* bedeutend war, denn es war eine Rede der Versöhnung und der Vergebung für seine früheren Feinde. Sie erhielt sehr viel Beifall. Zweitens war es nicht Poè, es war Mataafa (nicht zu verwechseln mit *dem* Mataafa), der für die Häftlinge sprach. Ansonsten ist der Bericht äußerst korrekt.

Ich bitte um Nachsicht – so viel über meine Ureinwohner. Doch sogar Du wirst Dich mit mir über dieses unerhörte Kompliment freuen und dass es mir gelungen ist, eine derart ernste Predigt zu halten, die so gut aufgenommen wurde. Eine interessante Gewissensfrage: Was verspreche ich mir davon? Ich denke, die Welt sollte von diesem Treffen, von seiner unmittelbaren Wirkung und dem Inhalt meiner Ansprache erfahren. Damit möge mir, dem nicht allzu viel Gerechtigkeit zuteilwurde, ein wenig Gerechtigkeit widerfahren. Wenn ich den Bericht an die Zeitungen schicke, ist das natürlich auch ein Akt der Selbstdarstellung, und das widerstrebt mir. Doch ist das für jemanden, den man so verunglimpft hat, nicht vertretbar? Ich weiß es nicht; sei Du mein Richter. Die Menschheit ist mir zu kompliziert, und ich selbst bin es erst recht. Möchte ich mich darstellen? Ich glaube, ja, Gott helfe mir! Ich habe hier schwierige Zeiten durchlebt, wie jeder, der sich in öffentliche Belange einmischt, und ich beweine mich selbst in dem Wissen, dass ich stets im Interesse des Friedens und einer guten Regierung gehandelt habe, und da ich meine Sicht der Dinge nun einmal dargelegt habe, möchte ich wohl auch, dass die Welt davon erfährt. Doch zugleich schreckt etwas in mir davor zurück.

Ich weiß, ich befinde mich in derselben Krise wie jeder Mann, der von seinen geistigen Erträgen lebt, also verzweifle ich nicht daran.

Doch die Wahrheit ist, dass ich in Sachen Literatur zurzeit beinahe nutzlos bin, und ich bitte Dich, schonend mit *St. Ives* umzugehen, wenn es Dich erreicht; es ist eine Art *Count Robert of Paris*. Hoffentlich eher ein *Dombey and Son,* oder besser *Our Mutual Friend* und *Great Expectations* und *A Tale of Two Cities.*[8] Ich habe mich redlich abgemüht, und es *will sich* einfach nicht fügen, doch ich muss leben, wie auch meine Familie. Hätte meine Gesundheit es nicht unmöglich gemacht, so könnte ich mir in meinem Herzen nicht vergeben, dass ich in jungen Jahren nicht einen ehrlichen, bodenständigen Beruf ergriffen habe, der mich durch diese schwierigen Jahre gebracht hätte. Glaube nur nicht, dass ich in allem so mutlos bin. Aber meine Kunst, die ist nicht mehr das, was sie einmal war. Sie war eine winzig kleine Dosis Eingebung, garniert mit etwas stilistischer Kunstfertigkeit, die längst der Vergangenheit angehört, und veredelt durch einen heldenmütigen Arbeitseifer. Bisher ist es mir gelungen, den Kritikern zu gefallen. Doch weiß ich schon lange, dass ich nur noch ein Schatten meiner selbst bin. Meine Bücher werden von Kritikern gelesen, von schreibenden Kollegen und von Knaben. Ihnen verdanke ich, *incipit et explicit,* meine Popularität. Und doch, gut so! Hat dies doch der Werkausgabe[9] zum Erfolg verholfen. Und was den Nachruhm betrifft, so bin ich guten Mutes. Ich glaube nicht an große gesundheitliche Heilungsprozesse, wenn sie nicht auch mit geistigen einhergehen. Obwohl natürlich die Möglichkeit besteht, dass sich Literatur als ein tödliches Sekret mit Gesundheit nicht vereinbaren lässt! Noch weniger Illusionen als ich könnte wohl niemand haben. Manchmal wünschte ich, ich hätte mehr. Sie sind entzückend. Aber ich kann

8   *Count Robert of Paris:* Roman von Walter Scott (1832). *Dombey and Son* (1848), *Our Mutual Friend* (1865), *Great Expectations* (1861) und *A Tale of Two Cities* (1859) sind Romane von Charles Dickens.

9   Es handelt sich um die erste von Charles Baxter und Sidney Colvin besorgte Gesamtausgabe der Werke Stevensons, die insgesamt 28-bändige *Edinburgh Edition* (1894–1898), deren erster Band bereits erschienen war.

mich selbst als Künstler nicht ernst nehmen; die Grenzen sind so unverkennbar. Als Arbeiter vom alten Schlag habe ich mich ernst nehmen können, doch meine Kraft hat mich verlassen. Jetzt bin ich ein Müßiggänger und eine Bürde für die Erde, auf der ich wandle. Dafür mag als Entschuldigung dienen, dass zwanzig Jahre der Mühsal und der Krankheit den Rahm bereits abgeschöpft haben.

Während ich diesen letzten Satz schrieb, hörte ich den Regen geräuschvoll vom Wald her näher kommen, und als ich beim Wort »Rahm« angekommen war, stürzte er auf mein Dach und braust jetzt doppelt so stark darauf nieder. Eine äußerst willkommene Abwechslung. Alles riecht so schön nach nasser Erde, süßlich, fast ein wenig wie in den Highlands. Im Aufblicken sehe ich die sich kreuzenden silbrigen Fäden des Regenschauers wie ein Netz über allem, und eine sanfte und ersehnte Kühle umfängt mich in kleinen gepriesenen Schüben, die keine Kälte bringen, sondern nur die Temperatur erträglich machen.

Nun ist der Regen über uns hinweggezogen, doch ich kann sein Rauschen noch aus nächster Nähe hören – und gerade erst haben mich einige verirrte Regentropfen von der Veranda vertrieben, die durch die Ritzen der japanischen Sichtblenden hindurchspritzten. Die Flecken auf dem Papier sind keine Tränen! Jetzt perlt es von den Fenstern, es tropft vom Dach. Das ist gut, ein Widerhall von etwas tief in meinem Innern, ich weiß nicht, von was, vielleicht von alten Erinnerungen an das feuchte Hochlandmoor.

Nun hat es sich beruhigt, und während es auf der Veranda vor sich hin tropft, sitze ich wieder an meinem Platz – und bin sehr zum Plaudern aufgelegt. Ohne so recht zu wissen, worüber! Nur dass es bitter sein wird, weiß ich, und das ist seltsam, denn ich selbst bin eigentlich nicht verbittert. Doch ich bin an dem Punkt angekommen, von dem aus ein Mann die Schattenseite des Daseins vollends überblickt, und habe einige Zeit an einem stillen Ort gelebt, an dem es ihm vergönnt ist, die kleinen Motive auszumachen, die er in der großen Welt vermisst, und tatsächlich bin ich heute fast geneigt, die Welt einen Irrtum zu nennen. Warum? Weil ich mich nicht mit erfolgreicher Arbeit berauscht habe, und mir dröhnt es in den Ohren von all den Banalitäten des Lebens, unliebsamen Banalitäten, von den nichtigsten bis zu den – nun, den recht großen. Die mich betreffen, sind recht groß, und doch betreffen sie mich bei näherer Betrachtung nicht im Geringsten, abgesehen von der einen ewigen Bürde, immer weiter den Lebensunterhalt zu bestreiten. Gäbe es einen Ort, wohin ich mich, sagen wir, für zwei Jahre ganz zurückziehen und an dem ich auf Kosten der erlauchten Öffentlichkeit leben könnte, und wäre es auch nur eine Irrenanstalt, wahrhaftig, ich würde es tun! Doch leider, leider kann man nicht beides haben. [...]

In alle Winde

NACHWORT

»Der Tenor dieser letzten Briefe Stevensons an mich, wie auch anderer, die er verschiedenen Freunden schrieb, gab doch einigen Grund zur Sorge«, schreibt Sidney Colvin im Nachwort zu den von ihm herausgegebenen *Vailima Letters*. »Wie der Leser bemerkt haben wird, hatte der Ton der Korrespondenz sich im Laufe der letzten Monate nach und nach deutlich verändert. [...] Gemessen an diesen Briefen wich seine alte unerschütterliche Geisteshaltung innerer Heiterkeit depressiven Stimmungen und überzogenen Empfindungen.«[10]

Im Herbst des Jahres 1894 war Stevenson voller Zweifel, stellte vieles infrage. Einige der Gründe dafür liegen auf der Hand, andere müssen wir – wiederum – erschließen. Die literarische Krise lässt sich den Briefen ablesen, die er den Freunden schrieb. Die persönliche, die private Krise jedoch wird in ihrem Ausmaß erst bei genauem Hinsehen erkennbar.

Als Stevenson diesen letzten Brief an Colvin schrieb, hatte er keine zwei Monate mehr zu leben – und bezweifelte, dass sich ein Weiterkämpfen lohnte. Ob er seinen Tod vorausahnte, lässt sich nicht bestimmen. Nachweislich war es Fanny, die in den Tagen vor dem 3. Dezember eine böse Vorahnung hatte. Irgendetwas Schlimmes würde geschehen, dessen war sie sich sicher, doch Louis zog sie damit auf, er schien recht vergnügt zu sein, und vielleicht hatte er zu diesem Zeitpunkt tatsächlich das Schlimmste bereits überwunden. Denn seit Wochen schrieb er nun mit Eifer an seinem Roman *Weir*

---

10 Sidney Colvin (Hg.): *Vailima Letters*, London 1895, S. 297 (Übersetzung L. D.).

of Hermiston, den er selbst für das Beste hielt, was er je verfasst hatte. Noch am Nachmittag hatte er Belle diktiert und war mitten im Satz stecken geblieben. »… eine willkürliche Erschütterung der brutalen Natur«, lauteten die letzten verfassten Worte.

Später, bei den Vorbereitungen für die Abendmahlzeit, als man auf der Veranda gemeinsam Salat und Mayonnaise anrichtete, kam Fannys Katastrophe, kam »die willkürliche Erschütterung der brutalen Natur«, ganz plötzlich und beinah in Gestalt des äußerst Vorstellbaren. Louis fasste sich plötzlich an den Kopf. »Was ist das?«, fragte er, und direkt an Fanny gewandt: »Fällt dir irgendetwas an mir auf?« Dann brach er zusammen. Mehr als zwei Stunden lag er bewusstlos in der Halle von Vailima, ohne noch einmal zu sich zu kommen. Lloyd holte die erreichbaren Ärzte, Dr. Funk und Dr. Anderson, den Schiffsarzt der *Wallaroo*. Beide diagnostizierten übereinstimmend eine Blutung im Gehirn, all ihre Anstrengungen blieben vergebens. Man rieb ihn mit Brandy ein, und als Dr. Anderson seine Arme sah, sagte er: »Wie konnte jemand mit diesen dünnen Armen Bücher schreiben?« Margaret Stevenson, die Mutter, sagte erbost: »Er hat *alle* seine Bücher mit diesen Armen geschrieben!«

In Wahrheit jedoch hatte er seit Längerem Belle, seiner Amanuensis, die Bücher diktiert, wie diese sich erinnert, so flüssig, als wäre bereits alles geschrieben und er läse es irgendwo ab. Um zehn Minuten nach zwanzig Uhr an diesem Montagabend, dem 3. Dezember 1894, starb Stevenson. Kein Blutsturz hatte ihn dahingerafft, wie man es stets erwartet hatte, sondern eine Gehirnblutung. Er starb zu früh. Zu früh, um sein letztes – und vielleicht bestes – Buch zu beenden, um beweisen zu können, dass er noch nicht am Ende war. Zu früh für Fanny, der eine zwanzigjährige Witwenschaft bevorstand. Zu früh für jedermann in seiner Umgebung. Sein Tod zerriss ein ganzes Gefüge von menschlichen Beziehungen, Verflechtungen und Abhängigkeiten. Binnen Kurzem würde Vailima, diese kleine Welt für sich, in sich zusammenfallen.

Stevensons literarische Bestandsaufnahme, der Selbstprozess, dem er sich in den Briefen an Freunde unterwarf, ist bemerkenswert. Im Zweifel an seinen stilistischen Fähigkeiten schießt er weit übers Ziel hinaus. Es ist eine Ironie, dass in ebendiesem Abschnitt des letzten Briefes an Sidney Colvin seine ganze stilistische Kunstfertigkeit offenbar wird, die er lange verloren glaubte. Schon in diesen letzten Monaten seines Lebens spürte er jedoch das Dilemma seines literarischen Ruhms hellsichtig voraus: Er würde der Autor von Abenteuergeschichten sein, die Nachwelt würde ihn vor allem als Jugendbuchautor abstempeln und ihm tiefere Anerkennung versagen. Zu romantisch die Stoffe seiner Romane und Erzählungen, zu arm an glaubwürdigen Frauengestalten, zu reich an oberflächlichem Geschehen. Wie alle Dichter, die einen Klassiker der Weltliteratur hervorbringen, wird ihm ebendieser zum Fluch werden. Er ist und bleibt der Autor von *Treasure Island,* und auch bei unzähligen, variantenreichen Verfilmungen des *Dr. Jekyll and Mr. Hyde*-Stoffes wird man auf ihn als Urheber verweisen. Er hat sich während der Jahre in Vailima in zweitrangige Projekte verstrickt, anstatt die ambitionierten Vorhaben anzugehen, hat ohne persönlichen Eifer eine Geschichte Samoas geschrieben, eher unbedeutende Romane wie *The Wrecker* und *St. Ives,* letzterer unvollendet, weil er dem Autor selbst fade erscheint und einfach nicht gelingen will. Hat viel Zeit für die Arbeit an gemeinsamen Romanen mit seinem Stiefsohn Lloyd aufgewendet – »verschwendet« liegt einem geradezu auf der Zunge. Die Hinwendung zu ernsteren Vorhaben kommt – beinahe – zu spät. Kritiker sind sich zu allen Zeiten einig gewesen, dass das Fragment *Weir of Hermiston* Stevenson auf dem Höhepunkt seines Schaffens zeigt. Dabei ist auch zuvor nicht nur Mittelmäßiges entstanden. *The Beach of Falesá* zeugt davon, der Roman, an dem Stevenson selbst so viel gelegen war, aber auch schon *The Master of Ballantrae* und Erzählungen wie *The Bottle Imp.*

Stevensons Fehler, wenn er denn einen beging, war der, sich zu sehr von Publikumserwartungen und den Meinungen und der Kritik anderer beeinflussen zu lassen. Der Kritik seiner Frau fiel manche Passage und manches Projekt zum Opfer. Eine erste Fassung von *The Strange Case of Dr. Jekyll and Mr. Hyde* (von der er selbst begeistert war) vernichtete er auf Fannys harsche Kritik hin – ein Albtraum für Literaturliebhaber und -wissenschaftler – und war fortwährend bestrebt, die Abenteuerromane zu schreiben, die das Publikum verlangte. Hinzu kam eine existenziell bedingte Hast. Nicht nur, dass ein früher Tod ständig im Raum stand wie ein Gespenst – mit dem Schreiben musste Stevenson in Samoa auch den aufwendigen Lebensstil eines ganzen Familienclans samt Bediensteten bestreiten. Die finanziellen Sorgen lasteten schwer, bis zu seinem Tod.

Als der Verstorbene auf dem Gipfel des Berges Vaea, vierhundert Meter über dem Meeresspiegel, begraben war, zerstreuten sich die Bewohner von Vailima in alle Winde.

Fanny blieb zunächst in Vailima, doch war ihr das Leben dort zu deprimierend. Im April 1895 reiste sie über Hawaii nach San Francisco. Ein weiterer Versuch währte bis 1897, doch dann verkaufte sie Vailima an einen deutschen Bankier, behielt aber das Areal auf dem Berg Vaea, wo Stevenson begraben lag und wo auch sie nach ihrem Tod im Jahr 1914 die letzte Ruhe finden würde. Später residierten in Vailima die Vertreter wechselnder Mächte: Deutschland, Großbritannien, Amerika, Westsamoa. Das Haus wurde indessen erweitert und umgebaut. Heute lockt es als Robert-Louis-Stevenson-Museum viele Besucher nach Upolu.

Graham Balfour, der zeitweise mit dem Clan in Vailima gelebt hatte, wurde Stevensons erster Biograf. *The Life of Robert Louis Stevenson* erschien 1901.

Margaret Stevenson ging zurück nach Edinburgh, wo sie im Mai 1897 im Alter von 68 Jahren an einer Lungenentzündung starb. Ihre letzten Worte galten ihrem Sohn. »Da ist Louis. Ich muss gehen.«[11]

Alison Cunningham, die »Cummy« aus Louis' Kindertagen, war durch finanzielle Unterstützung der Stevensons – und später Fannys – lebenslang versorgt. Sie starb erst 1913 im Alter von 91 Jahren.

Lloyd heiratete 1896 Katherine Durham, die er in Honolulu kennengelernt hatte. Eine denkbar unglückliche Beziehung, trotz zweier gemeinsamer Söhne, Alan und Louis. Denn diese Frau wurde Fannys größte Widersacherin in der Öffentlichkeit und nährte eifrig die Legende, Fanny habe Louis nur geheiratet, um an sein Erbe zu gelangen. Nach Fannys Tod kam Lloyd in den Besitz der Rechte an Stevensons Werk und führte ein Leben ohne finanzielle Engpässe. Er heiratete noch einmal, wurde ein weiteres Mal geschieden, hatte mit über siebzig noch einen weiteren Sohn mit einer 26-Jährigen. Mit seinen Büchern und Theaterstücken konnte er nur mäßige Erfolge verzeichnen. Er starb im Mai 1947 im Alter von 79 Jahren.

Joe Strong kehrte nach seinem Bruch mit dem Stevenson-Clan zurück nach Kalifornien und heiratete in San Francisco ein zweites Mal. Aber das neue Glück währte nicht lange, denn Strong starb am 5. April 1899 im Alter von nur 45 Jahren. Bilder von ihm sind heute unter anderem im Oakland Museum of California zu sehen.

Belle rettete ihre Erinnerungen an die Zeit in Vailima noch in die zweite Hälfte des 20. Jahrhunderts. Nach dem Tod ihrer Mutter heiratete sie deren Sekretär, Begleiter und Vertrauten Ned Field. Ölfunde auf ihrem Grundbesitz machten sie in den 1920er-Jahren zur Milliardärin. 1937 veröffentlichte sie ihre Erinnerungen unter dem Titel *This Life I've Loved.* Dass es vor allem Erinnerungen an die Zeit in Vailima sind, sagt alles. Erst 1953 starb mit 95 Jahren die Frau, die 59 Jahre zuvor *Weir of Hermiston* niedergeschrieben hatte. Was für ein Leben: als Kind in den Silbergräbercamps des Wilden Westens, später in Paris und Grez in den Künstlerkreisen der Bohemiens, dann in

---

11 James Pope Hennessy: *Robert Louis Stevenson,* New York 1974, S. 309 (Übersetzung L. D.).

Vailima als Sekretärin eines der bedeutendsten Literaten englischer Sprache, Ölmilliardärin im Alter.

Austin Strong, Belles Sohn, wurde – nach Louis – der Erfolgreichste aus dem Stevenson-Clan. Seine Theaterstücke feierten am Broadway große Erfolge und wurden zum Teil in Hollywood verfilmt. Einer der größten Filmerfolge ist *Seventh Heaven* (»Das Glück in der Mansarde«) von 1927; das zugrunde liegende Stück hatte ab 1922 über 700 Vorstellungen erlebt. Er starb am 17. September 1952, 71-jährig, kinderlos, noch vor seiner Mutter.

Mataafa, der 1893 verbannt worden war, wurde im Jahr 1900 überraschend von den deutschen Machthabern zurückgeholt und als Oberhaupt der samoanischen Bevölkerung im Beamtenstatus wieder eingesetzt. Als Vorsitzender einer Ratsversammlung der Eingeborenen durfte er weitgehend über die Belange der Insulaner entscheiden. Er regierte bis zu seinem Tod 1912 als anerkannter und von allen geachteter Anführer, ganz im Sinne von Fanny und Louis. Malietoa **Laupepa,** sein Widersacher, war bereits im August 1898 – noch in Königswürden – gestorben.

Und noch einmal, detaillierter, **Fanny:** 1897 hatte sie Vailima aufgegeben, lebte in Kalifornien, unternahm zahlreiche Reisen, unter anderem nach Frankreich, Madeira, Mexiko. »Die bevorstehenden Jahre kommen mir vor wie große, leere Zimmer«[12], hatte sie nach Louis' Tod in einem Brief befunden, und tatsächlich widmete sie ihm, seinem Andenken, seinem Nachruhm den Rest ihrer Tage, wachte eifrig über den Umgang mit seinem Werk, seinem Nachlass. Sie, die (Über-)Lebenskünstlerin, die »gestandene« Frau, trug laut ihrer Schwester Nellie ein Notizbuch mit sich herum, als Anleitung für alle Lebenslagen. Dort fanden sich Koch- und Backrezepte ebenso wie das Datum ihres Hochzeitstages (den sowohl Fanny als auch

---

12 Nellie Van de Grift Sanchez: *The Life of Mrs. Robert Louis Stevenson*, London 1920, S. 263 (Übersetzung L. D.).

Louis gern einmal vergaßen), aber auch Anleitungen für alle möglichen Medikationen, das Anmischen von Außen- und Innenfarben, den Zaunbau, das Bekämpfen von Ameisen und dazu, wie man ein Boot abdichtete. In Kalifornien wurde sie Nachbarin und Mentorin eines großen literarischen Talents, des brillanten jungen Autors Frank Norris *(The Octopus)*, der 32-jährig früh verstarb. Und ein junger Bewunderer wich kaum von ihrer Seite: Ned Field, Illustrator und später Drehbuchautor, der ihr Sekretär, ihr Reisebegleiter und Vertrauter wurde. Und mehr als das? Später würde Ned Field ihre Tochter Belle heiraten. Doch was heißt das schon in diesem seltsamen Beziehungsgeflecht, das sich um Fanny und Belle offenbar überall bildete, in Grez ebenso wie später in Kalifornien? Natürlich wurde Fanny die Liaison mit dem um fast dreißig Jahre jüngeren Begleiter nachgesagt, natürlich gab es Klatsch, wohin auch immer sie kam.

Wenn sie einen jungen Mann mit über sechzig noch derart beeindrucken konnte, spricht auch das für ihr Charisma, das auf Fotografien offenbar nicht recht festzuhalten war. Verfolgt man ihr Leben anhand der biografischen Daten, wird man jedenfalls – bis ganz zum Schluss – immer aufs Neue überrascht.

Die Biografen der Folgezeit waren bemüht, alle Krisen, alle Unstimmigkeiten und alle Schattenseiten zu verdecken, alles Fragliche wurde verharmlost oder einfach übergangen. Auch diese »verdächtige« Bindung an einen viel jüngeren Mann. Ebenso fand sich kein Wort von Stevensons Umtrieben in den Schmuddelvierteln Edinburghs als Jugendlicher, nichts von einer Prostituierten Kate Drummond, die er geliebt haben soll. Das gemeinsame Leben der Stevensons wurde zum Eheglück, die Zeit in Vailima zur Idylle verklärt – womit wir wieder bei der zentralen Frage wären: Wie glücklich war ihr Leben, wie glücklich waren Fanny und Louis miteinander?

Hinter der oberflächlichen Kulisse verbirgt sich viel Unschönes. Der Geruch nach erbrochenem Blut in den Räumen. Ein dürrer, abgezehrter Mann, dessen unbekleideter Körper einem Betrachter vermutlich Entsetzen eingeflößt hätte. Eine weinende, tobende, hysterische Fanny, um deren Verstand man fürchten musste. Unschöne Details, an denen niemand gerne rühren mag. Denn Fanny, die Starke, die Emanzipierte, war zuweilen auch bis an den Rand der Katastrophe zerbrechlich.

Ab Sommer 1892 ergeben sich in Fannys Tagebuch große Lücken. Dann, im Sommer 1893, bricht es ganz ab, weit über ein Jahr vor Stevensons Tod. Die Brüche markieren die Zeiten, in denen Fannys physischer und psychischer Zustand bis zu einem bedenklichen Maß zerrüttet war oder in denen sie sich von solchen gesundheitlichen Einbrüchen erholte. Körperlich litt sie an vielerlei Leiden. Gallensteine plagten sie, sie musste sich 1898 einer riskanten Operation unterziehen. Doch schlimmer noch waren die seelischen Krisen. Das Scheitern ihrer ersten Ehe, der Tod ihres kleinen Sohnes in Paris, der unermüdliche Kampf gegen den drohenden Tod ihres zweiten Mannes hatten Spuren hinterlassen. Als man in die Südsee aufbrach, war sie beinahe fünfzig, eine Frau in den Wechseljahren. Die Angst, nicht mehr attraktiv zu sein, der Gram darüber, Louis keine Kinder mehr gebären zu können, die wilde Eifersucht auf andere Frauen in seiner Nähe, selbst auf ihre eigene Tochter, das alles nagte an ihr. Und einige der Einträge in ihrem Tagebuch – vor allem die im Nachhinein ausgelöschten – zeugen von tiefer Verletztheit. Sie fühlte sich missverstanden, ja missachtet von einem Mann, der in ihr vor allem die Gärtnerin und Bäuerin sah und die Künstlerin, die auch sie so gern sein wollte, nicht zur Kenntnis nahm.

Ob oder wann es zu einem ernsthaften Zerwürfnis kam, ist nicht ganz einfach zu bestimmen. Doch als man im Juli 1890 nach der Südseereise auf der *Janet Nicholl* Noumea in Neukaledonien erreichte, trennten sich die Wege des Paares für einige Wochen. Fanny fuhr mit Lloyd weiter nach Australien, Louis blieb allein zurück, auf eigenen Wunsch. Eine längere Trennung, zum ersten Mal.

Wochenlange Trennungen und getrennte Schlafzimmer in Vailima sind noch keine Beweise für eine Entfremdung. Doch sie sprechen eine deutliche Sprache, besonders im Zusammenhang mit einigen Einträgen im Tagebuch, mit Fannys psychischer Krise, mit ihrer rasenden Eifersucht, den Phasen tiefer Depression bis hin zu Halluzinationen und geistiger Verwirrung. Alles deutet darauf hin, dass die sexuelle Beziehung der Vergangenheit angehörte. Inwieweit sie während all der Jahre überhaupt bestehen konnte, geht über den Horizont des heutigen Betrachters weit hinaus. In allen Belangen wird die Krankheit Robert Louis Stevensons mit ihren immer wiederkehrenden, sehr kritischen Phasen ein normales Eheleben erheblich beeinträchtigt haben. Was ihre emotionale Bindung nicht entscheidend berührt haben muss: In einem Liebesgedicht Stevensons für sie und in vielen ihrer Einträge kommt eine gegenseitige Bewunderung und Anerkennung zum Ausdruck, die ein eindeutiges Urteil erschwert. Wie zerrüttet war die Beziehung im Dezember 1894? Auch nach Betrachtung des Tagebuchs und der Briefauszüge muss sich darüber letztlich jeder selbst ein Urteil bilden.

Mit Stevensons Tod ging ein erstaunliches Südseeabenteuer zu Ende, das oft untersucht, oft erzählt und sogar verfilmt worden ist. Ströme von Touristen ziehen heute hinauf zum Berg Vaea auf Upolu, wo Fanny und Robert Louis Stevenson begraben liegen.

Denn man muss sich klarmachen, mit wem man es hier zu tun hat: mit zwei der ungewöhnlichsten und faszinierendsten Persönlichkeiten ihrer Zeit.

ANHANG

Editorische Notiz

Die Übersetzung des Tagebuchs von Fanny Stevenson basiert auf *Our Samoan Adventure* (Weidenfeld & Nicolson, London 1956), herausgegeben von Charles Neider (1915–2001). Die Übersetzung der Briefauszüge von Robert Louis Stevenson basiert auf *Vailima Letters* (Methuen & Co., London 1895), herausgegeben von Sidney Colvin (1845–1927), Mentor und Freund, an den Stevensons Briefe gerichtet waren.

Teile der *Vailima Letters* nahm Charles Neider in *Our Samoan Adventure* auf, um Fanny Stevensons Tagebucheinträge sinnvoll zu ergänzen. Diesem Verfahren folgt auch das hier vorliegende Buch, weicht aber in der Auswahl der Zitate ab und geht im Umfang insgesamt um einiges über die von Charles Neider angeführten Briefe hinaus. Die persönlichen Ansprachen im Brieftext sind – wo sie nicht ausgelassen wurden – an Sidney Colvin gerichtet.

Die Tagebucheinträge und Briefe, die im Original nur äußerst wenige Absatzumbrüche aufweisen, wurden behutsam in sinnvolle Abschnitte unterteilt. Stevensons oft seitenlange Briefe erscheinen hier in Auszügen. Auch innerhalb der Auszüge wurden hin und wieder Kürzungen vorgenommen, die mit […] gekennzeichnet sind. Die Tagebucheinträge Fanny Stevensons erscheinen ungekürzt.

Die 1956 von Charles Neider vorgenommenen Anmerkungen wurden im Wesentlichen übernommen, in vielen Fällen jedoch ergänzt, erweitert und dem Informationsbedarf der heutigen Zeit angepasst. Entsprechend sind auch viele Anmerkungen hinzugekommen.

Der hier enthaltene »Brief an die *Times*« war in Fanny Stevensons Tagebuch zwar als Beilage angekündigt worden, lag aber *de facto* nicht vor. Charles Neider hat ihn im Anhang aufgeführt, im hier vorliegenden Buch wird er stillschweigend an entsprechender Stelle eingesetzt.

Der Text der »Überlassungsurkunde« für Anne Ide wurde für die vorliegende Ausgabe hinzugefügt.

Zum besseren Verständnis wurden kleine Ergänzungen, zumeist Namen, in eckigen Klammern in den Text eingefügt. Normale, runde Klammern erscheinen entsprechend dem Original.

Im Originalmanuskript der Tagebuchnotizen Fanny Stevensons waren einige Stellen nachträglich (vermutlich von ihren Kindern) unkenntlich gemacht worden. Sie wurden 1955 mit damals zur Verfügung stehenden technischen Mitteln weitgehend wieder kenntlich gemacht. Zur deutlichen Identifizierung erscheinen diese Stellen hier in doppelten eckigen Klammern wie folgt: [[…]].

Glossar

Aana, auch A'ana ein Bezirk auf Upolu

Aitu in der samoanischen Mythologie eine (oft gestaltwandlerische) Geistererscheinung

Alofa samoanisch für »Liebe«

Ambrotypie Fotografie im Direktpositiv-Verfahren. Dabei wird ein Negativ erzeugt, das auf dunklem Grund als Positiv erscheint. Dieses Verfahren war in den 1850er- bis 1880er-Jahren weitverbreitet.

Aneurysma krankhafte Gefäßerweiterung

Atua, auch A'tua ein Bezirk auf Upolu

Ava siehe **Kava**

Buhach Pyrethrum, ein natürliches Insektizid aus den Blüten verschiedener Tanacetum-Arten (Wucherblumen; zum Beispiel Mutterkraut, Balsamkraut)

Butaritari Inselgruppe im Pazifik, die geografisch zu den Gilbert-Inseln gehört. Politisch sind die Inseln heute ein Teil von Kiribati. Die Stevensons besuchten Butaritari während ihrer Kreuzfahrt auf der *Equator*.

Chlorodyne ein im 19. Jahrhundert im Britischen Empire weitverbreitetes Mittel, das von Dr. John Collis Browne (1819–1884) ursprünglich zur Behandlung der Cholera entwickelt worden war. Wegen des hohen Opiatanteils wirkte es schmerzstillend und schlaffördernd. In veränderter und »entschärfter« Form ist das Präparat unter Brownes Namen bis heute gebräuchlich.

Cochin eine Hühnerart aus China

Epsom-Salz Magnesiumsulfat

faa Samoa samoanisch für »auf samoanische Art«

Faipule Teilnehmer an einem **Fono** als Gesandte eines Dorfes oder Bezirks

Fe fe Filariose, in den Tropen auch bekannt als Elefantiasis, ist das krankhafte Anschwellen eines Körperteils bis hin zur völligen Deformation. Ursache sind unter anderem Fadenwürmer.

Fono Ratsversammlung der Samoaner. Heute ist es eine Bezeichnung für das samoanische Parlament.

Frambösie eine Infektionskrankheit der Haut. Der Name ist abgeleitet vom französischen »framboise«, Himbeere, in Beschreibung der Hauptsymptome, geröteten Hautverdickungen.

Granadilla süße Frucht der Passionsblume

Hervey-Inseln (Herveys) Die heutigen Cookinseln, eine Inselgruppe im südlichen Pazifik, befanden sich seit 1888 im englischen Einflussbereich und erlangten 1965 ihre Unabhängigkeit, in freier Assoziierung mit Neuseeland.

Holaku ein weites, luftiges Kleidungsstück

Huri schönes Mädchen im islamischen Paradies

Kai kai, auch **Kiki** samoanisch für »essen«

Kalomel Quecksilber(I)-chlorid, ein selten vorkommendes Mineral

Kava ein immergrüner Strauch im polynesischen Raum, verwandt mit dem schwarzen Pfeffer. Aus Teilen der Pflanze wird ein leicht berauschendes Getränk hergestellt.

Lava-lava ein kiltartiges Lendentuch

Linieninseln Inselgruppe im östlichen Teil Polynesiens, die sich von Nordwest nach Südost 2350 Kilometer weit über den Äquator hinweg erstreckt. Die Linieninseln bestehen aus acht Atollen und gehören heute politisch zum Inselstaat Kiribati.

Melaga polynesischer Begriff für eine Rundreise; »g« wird im Samoanischen wie »ng« (in ›Tonga« oder »Bongo«) ausgesprochen.

musu samoanisch für »unfreundlich, missmutig«

Nanouti eine der Gilbert-Inseln, eine Kette von insgesamt sechzehn pazifischen Atollen, die politisch, wie auch die Linieninseln, dem Inselstaat Kiribati zugehören

Nekrose, auch **Nekrobiose** Absterben der Zellen des lebenden Gewebes

Noumea Stadt in Neukaledonien, einer zu Frankreich gehörenden Inselgruppe im südlichen Pazifik

Papalagi Begriff, mit dem die Eingeborenen alles Nicht-Samoanische bezeichneten

Penrhyn Insel im Südpazifik, Station der Stevensons im Mai 1890

Persimone eine Art Dattelpflaume

Piccaninny Begriff aus dem Pigeon English für ein farbiges Kind, der zeitgenössisch als »Negerbaby« zu übersetzen wäre

Poli sami ein vegetarischer Brei

Pua Frangipani oder Tempelbaum *(Plumeria)*

Pule samoanisch für »Leitung, Führung«

Rami, auch **Ramie** eine Faserpflanze aus dem südostasiatischen Raum, die zur Textilgewinnung angebaut wird *(Boehmeria nivea)*

Rosella eine indische Hibiskusart

Salicyl Salz der Salicylsäure, auch Spirsäure, die sich später im Markennamen Aspirin® wiederfand

Saque Kleiderform aus der französischen Mode des 18. Jahrhunderts mit großen, von den Schultern herabfallenden Falten, in Deutschland seinerzeit als »Contouche« geläufig

Savage Island heute Niue, eine Insel im Südpazifik, zu Neuseeland gehörig, aber unter Selbstverwaltung

Siva ein samoanischer Tanz, eine Tanzdarbietung bei Festlichkeiten

Skrofulose eine Haut- und Lymphknotenerkrankung, früher oft mit Tuberkulose in Verbindung gebracht

Tala samoanisch für »Klatschgeschichte, Gerücht«

Talofa samoanische Begrüßung. **Alofa** ist das samoanische Wort für »Liebe«.

Tapa Bezeichnung für einen Rindenbaststoff, unter anderem vom Papiermaulbeerbaum

Tapu ein in polynesischen Sprachen verbreiteter Begriff für etwas Unantastbares, Heiliges. Es kann aber auch Unreines bezeichnen.

Taro eine tropische Nahrungspflanze (auch Wasserbrotwurzel). Genutzt werden vor allem die Wurzelknollen.

Taupou, auch **Taupo-sa** Dorfjungfrau, ein ehrenvolles Amt, für das Anmut und Schönheit die Voraussetzungen waren und das vor allem mit zeremoniellen Pflichten einherging, wie dem Zubereiten der Kava und dem Eröffnungs- und Abschlusstanz bei Festlichkeiten.

Ti-Baum ein kleiner Baum aus der Familie der Liliengewächse (Keulenlilien, *Cordyline terminalis*)

Tofa samoanischer Abschiedsgruß

Togafiti samoanisch für »Täuschungsmanöver, Trick«

Tuamasaga ein Bezirk auf Upolu

Vailele Name der deutschen Pflanzung auf Upolu

Wallis Insel im Pazifik nördlich von Fidschi, 1888 von Frankreich annektiert. Heute ist sie Teil des französischen Überseegebiets Wallis und Futuna.

Zahntaube eine samoanische Wildtaubenart *(Didunculus strigirostris)*

Personenverzeichnis

Übersicht über Personen von Bedeutung im politischen und gesellschaftlichen Leben in Samoa der 1890er-Jahre:

William **Blacklock,** amerikanischer Vizekonsul in Samoa von 1886–1903, später Konsul

Richard Irving Hetherington **Carruthers,** Rechtsberater der Stevensons und offenbar ein Nachbar

Conrad **Cedarcrantz,** schwedischer Diplomat, Oberster Richter in Samoa bis Ende 1893, laut Berliner Vertrag von 1889 eingesetzt als unabhängiger Schiedsmann in den Angelegenheiten der drei politischen Mächte Deutschland, Großbritannien und USA

William Edward **Clarke,** Geistlicher von der London Missionary Society

Arthur Edward **Claxton,** Missionar von der London Missionary Society

Thomas **Cusack-Smith,** britischer Konsul in Samoa

Edwin William **Gurr,** direkter Nachbar der Stevensons

Bazett **Haggard,** britischer Landkommissar in Samoa

Henry Clay **Ide,** amerikanischer Landkommissar in Samoa und späterer Oberster Richter

Malietoa **Laupepa,** samoanischer König (1875–1887) und noch einmal von 1889 bis 1898 von den deutschen Kolonialherren eingesetzt. »Malietoa« (wörtlich »Guter Kämpfer«) wurde zum Titel der samoanischen Könige. Laupepa ist der Eigenname.

Thomas **Maben,** Landvermesser und späterer samoanischer Staatsminister

Mataafa Iosefo, genannt **Mataafa,** führender samoanischer Häuptling und Rivale Laupepas um die Königswürde

Harry Jay **Moors,** amerikanischer Händler in Apia, bei dem die
Stevensons besonders in der Anfangszeit ihre Waren bezogen

Baron **Senfft von Pilsach,** deutscher Diplomat, Präsident der
samoanischen Ratsversammlung in Apia

Harold Marsh **Sewall,** amerikanischer Konsul in Samoa und
späterer amerikanischer Staatsminister auf Hawaii

Robert Louis Stevenson mit seiner Familie und den Hausangestellten,
Vailima, 31. Juli 1892

Inhalt

Fanny Stevenson, geboren 1840 in Indianapolis als Fanny Vandegrift, amerikanische Amateurmalerin, lernte Robert Louis Stevenson 1876 in Frankreich in der Künstlerkolonie Grez-sur-Loing kennen, wo sie getrennt von ihrem ersten Mann Samuel Osbourne mit ihren beiden Kindern lebte. 1880 entschloss sie sich schließlich zur Scheidung und zur Heirat mit Robert Louis Stevenson. 1890 zog die Familie wegen Robert Louis' Lungenleidens auf den Südseearchipel Samoa, wo der Schriftsteller 1894 starb. Nach seinem Tod lebte Fanny wieder in Europa und den USA. Sie starb 1914 in Kalifornien.

Robert Louis Stevenson (eigentlich Robert Lewis Balfour Stevenson), geboren 1850 in Edinburgh, studierte Jura und wurde nach dem Studium freier Schriftsteller. Nachdem er lange vergeblich ein Klima gesucht hatte, das seine Krankheit heilte, lebte er seit 1890 auf Samoa, wo er bei den Eingeborenen in hohem Ansehen stand und 1894 starb. Zu seinen berühmtesten Werken zählen *Die Schatzinsel* (1882) und *Der seltsame Fall des Dr. Jekyll und Mr. Hyde* (1886).

Lucien Deprijck, Jahrgang 1960, ist Autor von Romanen und Erzählungen sowie Übersetzer englischer und amerikanischer Literatur. Unter anderem übertrug er Mark Twain und Stephen Crane ins Deutsche. Er lebt in Köln.

173°   172°

N

S

13°

Südpazifischer

Savaii

Safune
Falealupo   Asau   ○ ○ Matautu Harb.
Falelima

Mauga Silisili

Salailua   Sapapalii
                                        Upolu
Tanga   Palauli *Apolima Str.* Apolima- Malie
                        Insel Mulifanua   Apia
                     Manono-I.   Saluafala Harb
                              Lefanga Harb.
14°   Siumu
                                           Lotofanga

Samoa-Insel

0   10   20   30 km

15°   173°   172°